沈阳考古文集

（第9集）

丛丽莉　主编

沈阳市文物考古研究所　编

科学出版社

北　京

内 容 简 介

本集共收录考古发掘报告、简报、学术论文等文章22篇，内容涉及沈阳市文物考古研究所近年来的文物考古工作和研究成果，以及辽宁省内其他文物考古学者的研究成果。

本书可供考古学、历史学，尤其是沈阳地域性考古学文化和沈阳地方史研究者，以及其他相关专业研究者参阅。

图书在版编目（CIP）数据

沈阳考古文集. 第9集 / 丛丽莉主编；沈阳市文物考古研究所编. —北京：科学出版社，2024.6.

ISBN 978-7-03-078747-7

Ⅰ. K872.311.4-53

中国国家版本馆CIP数据核字第2024KH6892号

责任编辑：赵　越／责任校对：邹慧卿
责任印制：赵　博／封面设计：张　放

科 学 出 版 社出版

北京东黄城根北街 16 号
邮政编码：100717
http://www.sciencep.com
北京中科印刷有限公司印刷
科学出版社发行　各地新华书店经销

*

2024年6月第　一　版　开本：889×1194　1/16
2025年1月第二次印刷　印张：23 1/2　插页：11
字数：660 000

定价：**238.00元**
（如有印装质量问题，我社负责调换）

《沈阳考古文集》(第9集)

编辑委员会

目　　录

目　录

沈阳市马贝遗址 2021 年发掘简报 *

沈阳市文物考古研究所

马贝村隶属于辽宁省沈阳市铁西区大潘街道，地处辽河与浑河之间的冲积平原，西北距辽河31千米、距蒲河14千米，南距浑河3千米，南侧600米是细河。地势西、北高，东、南低，较为平坦（图一）。马贝遗址主要分布在马贝村的东、南部。1979年，在马贝村西南部曾发现一座青铜时代墓葬，出土青铜短剑、铜凿等遗物，与位于其东北14千米郑家洼子遗址出土器物的形态较为一致，据此推断其属"郑家洼子类型"。第三次全国文物普查时，将马贝村的此次发现登记为"马贝墓地"。邻近的先秦时期遗存还有西北2.1千米的林台钱币窖藏。

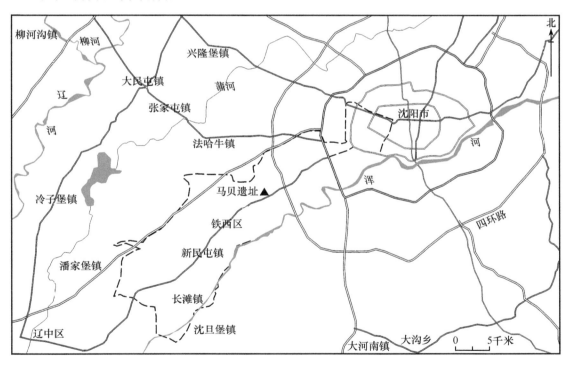

图一　马贝遗址地理位置图

* 本文是国家社科基金一般项目"沈阳郑家洼子遗址发掘资料的整理与研究"（立项批准号19BKG004）阶段性成果。

2020年沈阳经济技术开发区拟收储马贝村东侧"宝马公租房南"地块，沈阳市文物考古研究所按土地储备前置考古勘探的要求，对该地块进行考古勘探，发现了灰坑等遗迹，确认是一处青铜时代聚落遗址。2021年4月至7月，经国家文物局批准，沈阳市文物考古研究所对马贝遗址进行了考古发掘。为便于今后开展考古工作，在马贝村西南部设立一个虚拟基点，将遗址区落在第一象限内。此次发掘共布置5米×5米探方23个，中心位置地理坐标为东经123°11'6.77″，北纬41°42'2.17″。发现了3座房址、2座野外灶址、59个灰坑、4条灰沟及2座墓葬（图二），出土了大量的陶质、石质遗物，器形有叠沿罐、鼎、甗、壶、碗、豆、网坠、纺轮、石刀、石斧、石范、加重器等。

一、地层堆积

根据勘探发现的遗迹分布情况，选取了2处发掘地点，命名为北部发掘地点、南部发掘地点。地层堆积比较一致，可以分为5层。以TN040E177为例介绍（图三）。

第1层：耕土层，分为2个亚层。

第1a层：黄褐色黏土，厚12～14厘米。

第1b层：浅灰色黏土，厚6～8厘米。

第2层：深褐色黏土。土质较致密，含有少量青花瓷片、夹砂陶片等。遍布全方。厚34～40厘米。为近代层。

第3层：黑灰色黏土层。土质较疏松，含有夹砂红褐陶片、夹砂灰褐陶片、烧土粒等。遍布全方。厚14～28厘米。为青铜时代文化层。

第4层：青灰色黏土层。土质较致密，含有夹砂红褐陶片、夹砂灰褐陶片、烧土粒等。遍布全方。厚15～30厘米。H27开口于此层下。为青铜时代文化层。

第5层：黄褐色黏土层。土质较致密，含有少量夹砂陶片，遍布全方。厚16～20厘米。为青铜时代文化层。

第5层下为生土。

此次发掘区域是紧邻马贝村东部的耕地。第1层为现代农耕土，又分为2个亚层，是由生产活动、垫土而形成的两层不同时期的耕土层。第2层是清代时马贝村的活动层，可见少量青花瓷片，以及经人类活动扰动后在本层可见的夹砂陶片。第3层的包含物较单纯，均为青铜时代的遗物，此层土色为黑灰色，未见打破此层的青铜时代遗迹，大概是人类活动或长期淤积形成的青铜时代地层。第4层是主要的人类活动文化层。有大量遗迹开口于此层下。第5层土色呈黄褐色，遗物较少，此层下发现2条灰沟，这是稍早的青铜时代文化层。

第1层、第2层在这两个邻近的发掘区域广泛存在。第2层在北部发掘地点较厚，厚30～40厘米，在南部发掘地点较薄，厚10～15厘米。第3层分布在北部发掘地点的全部区域、南部发掘地点的南部。第4层分布在此北部发掘地点全部区域、南部发掘地点的南部。第5层在两个发掘地点均有分布。

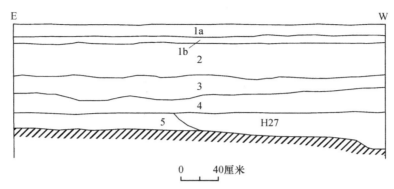

图三 TN040E177南壁剖面图

二、遗 迹

发现的遗迹主要有房址、野外灶址、灰坑、灰沟、墓葬等。

（一）房 址

共发现3座。开口于3层下。平面多呈圆角长方形，未发现明确的门道，有柱洞、活动面，个别房址发现灶址。以F2为例加以介绍。

F2 近圆角长方形半地穴式。大部分位于TN030E186内，南部及东部探入TN029E186、TN030E187内。开口于3层下，打破生土。西南部被F1打破，东南部被H4打破。平面大体为圆角长方形，长4.4、宽4米，穴壁保留高度0.3米。居住面稍有起伏。灶址位于房址南部，被F1打破，直径0.9～1米，中部有较明显的烧烤面。居住面上发现4个柱洞，近圆形，直径约0.26、深约0.15米。未见门道。

房内中部堆积颜色稍深，呈黑褐色。四周堆积颜色稍浅，呈青灰色。土质较疏松，出土遗物较多，以夹砂黑褐、红褐陶为主，器形有叠沿罐、豆座、壶、碗、石刀等（图四；图版一，1）。

（二）野外灶址

发现2处野外灶址。平面呈椭圆形，灶址边缘烧灼痕迹明显，有一定厚度的红烧土。以Z1为例加以介绍。

Z1 大部分位于TN032E185北隔梁，南部的一部分探入TN031E185内。开口于3层下，被F3打破。平面近椭圆形，长径0.92、短径0.88、保存深度0.23米。弧壁、圜底。灶坑有一层烧结面，四周呈红色，底部呈黑色。在灶坑上覆盖一件残陶瓮的腹部残片。瓮中腹部上装饰一个横桥耳、在瓮的肩部装饰一个尖纽状盲耳（图五；图版一，2）。

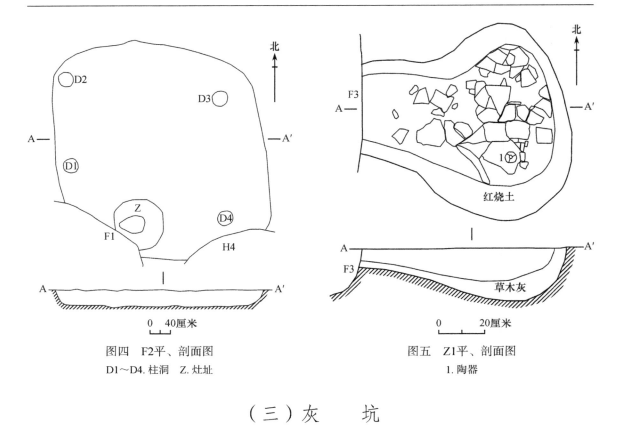

图四　F2平、剖面图　　　　　　　　图五　Z1平、剖面图
D1～D4.柱洞　Z.灶址　　　　　　　　　　1.陶器

（三）灰　　坑

发现59个灰坑，平面形状有椭圆形、长条形及不规则形等。以个别灰坑为例加以介绍。

H5　位于TN031E187的东部。开口于3层下，打破H18。平面近椭圆形，弧壁，圜底。长径1.94、短径1.71、保存深度0.51米。坑内堆积为黑褐色黏土，夹杂少量灰褐色黏土，土质较疏松，包含少量烧土粒。出土了少量夹砂红褐陶片、夹砂黑褐陶片，器形有壶、甗、鼎、罐等（图六）。

H15　位于TN032E186东南部。开口于3层下，打破H16、H56。平面近椭圆形，近直壁，底近平。长径2.66、短径1.88、保存深度0.72米。坑内堆积分为2层。第1层，灰褐色黏土为主，夹杂少量黑褐色土，土质较疏松，有少量烧土粒。第2层，为黑褐色黏土，土质较疏松，有少量烧土粒、炭粒等。两层均有大量夹砂陶片出土。器形有叠沿罐、壶、扁平鼎足、甗腰等（图七；图版一，3）。

H54　位于TN030E186、TN031E186、TN031E187、TN030E187内。开口于3层下，被H36叠压。平面近方形，近直壁，底部不平，底部中部有一条土棱，西部较深，东部稍浅。长2.74、宽2.64、保存深度0.32～0.76米。坑内堆积分为2层。第1层，灰褐色黏土，土质较致密。第2层，以黑色草木灰为主，土质较疏松。两层出土遗物较多，有夹砂红陶片、红褐陶片等。器形有叠沿罐、石刀等（图八；图版二，1）。

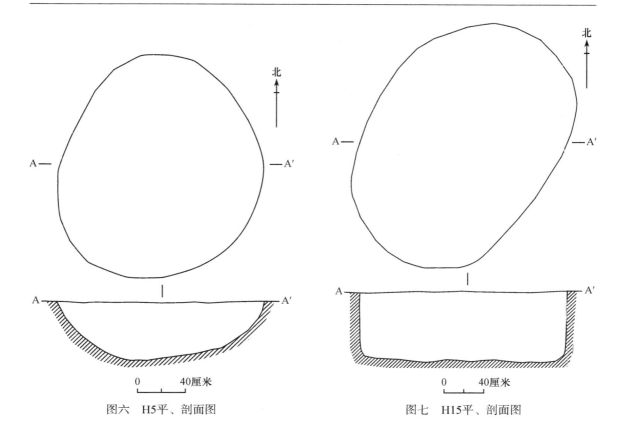

图六 H5平、剖面图   图七 H15平、剖面图

H56 位于TN031E186北部、TN032E186南部。开口于3层下，被H15打破，被H16叠压。平面呈椭圆形，壁上部较直，下部弧壁，底部近平。长径1.92、短径1.54、保存深度0.76～1.02米。坑内堆积分为2层。第1层，黄褐色黏土，土质较致密。第2层，黑灰色黏土，土质较疏松。含有烧土粒、炭粒等。两层均出土较多夹砂陶片，器形有壶、罐、鼎、甗、网坠等（图九；图版二，2）。

H63 位于TN032E186北部、TN033E186南部。开口于3层下，被H60叠压。平面圆角长方形，弧壁，底近平。长1.82、宽1.44、保存深度0.46米。坑内堆积为灰褐色黏土，土质较致密，坑底有一层5厘米厚的黑色淤泥。出土少量夹砂陶片，器形有叠沿罐、壶、碗等（图一〇；图版二，3）。

（四）灰   沟

发现4条灰沟。以G3为例加以介绍。

G3 位于T033E184、T033E185、TN032E184、TN032E185、T031E184、T030E184、T029E184内，通过勘探确认，G3依东北—西南方向延伸探出发掘区，向北与G4交会，南部在NT030E184内向西有一条支沟。G3开口于5层下，口大底小。揭露长24.6、宽2.5～3.6、保存深度0.74～0.94米。沟内堆积为灰褐色黏土，土质较致密，出土少量的夹砂陶片，器形有鼎、甗、壶、罐等（图版二，4）。

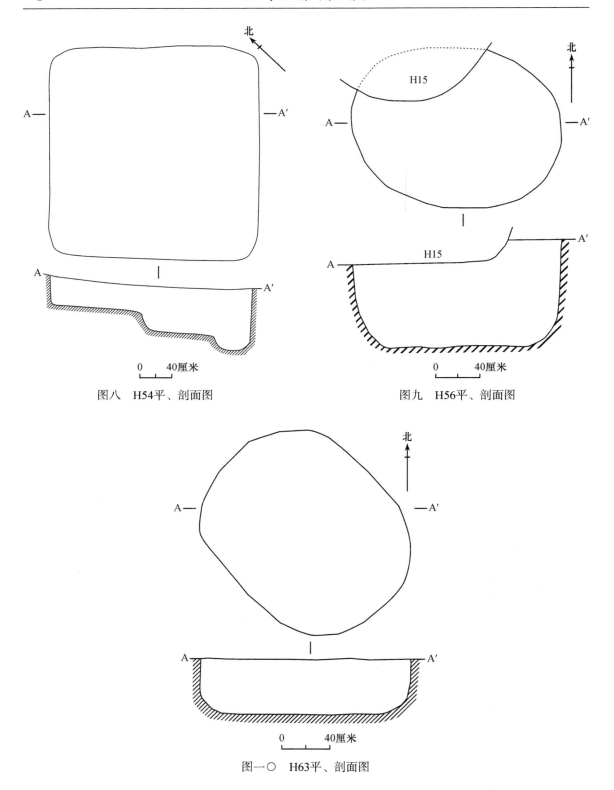

图八　H54平、剖面图

图九　H56平、剖面图

图一〇　H63平、剖面图

（五）墓　　葬

发现2座墓葬，均为竖穴土坑墓。以M1为例加以介绍。

M1　位于TN041E177的东部及TN041E178的西部。开口于4层下，打破H46。开口于4层下，墓向310°。平面近圆角梯形，长2.72、宽1.66、保存深度0.51米。未发现葬具。在墓室偏南侧发现一具下肢骨，在下肢骨南侧随葬1件陶壶（图一一）。

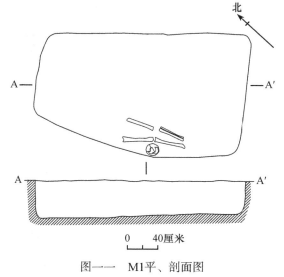

图一一　M1平、剖面图

三、遗　　物

出土的遗物分为陶器、石器、玉器三类。

（一）陶　　器

陶器均为夹砂陶，陶色以灰黑色、灰褐色为主，红褐色其次，也有黄褐色。陶器均为手制，制法多为泥条筑成法，有些陶片有较明显的叠筑的泥条；少量大量陶器采用泥条贴筑的制法；个别陶塑是采用捏塑法制成。陶器表面以素面为主，有少量的戳刺纹、附加堆纹、刻划纹等。在有些叠沿罐沿部、陶器器耳上装饰戳刺纹，陶甗腰部装饰压印窝状附加堆纹，少量陶器腹片装饰刻划纹等。陶器器形有罐、碗、豆、壶、鼎、甗、甑、钵、杯、瓮、纺轮、网坠、陶饼、陶球、陶塑等，以罐、碗、豆、壶、鼎、甗等器形为主。

罐　陶罐的数量较多，以有无叠沿可以分二型。

A型　叠沿罐，即在陶罐口沿部叠压一圈泥条。根据叠沿的形态，又可以分三亚型。

Aa型　弧叠沿罐。陶罐口沿叠压的泥条呈圆弧形。标本54件。

从口部形态看，有侈口、直口、敞口之分，以侈口为多。沿部多为素面，也有少量口沿装饰压印窝纹。标本TN029E187③：2，残，夹砂红褐陶，侈口，弧叠沿，弧腹，素面。肩部装饰一舌状鋬耳。口径15、残宽8.1、残高7.8厘米（图一二，1）。标本F1：11，残，夹砂灰黑陶，掺滑石。侈口，弧叠沿，沿部装饰压印窝状纹，弧腹，腹部素面。口径18、残宽13.8、残高7.9厘米（图一二，2）。标本TN040E177④：12，残，夹砂红褐陶，侈口，弧叠沿，沿部装饰压印窝状纹，压窝位置超出沿部，起到加固沿部的作用。口径18、残宽7.8、高5.9厘米（图一二，3）。标本F2②：3，残，夹砂红褐陶，近直口，弧叠沿，沿部装饰压印窝状纹，窝状纹超出沿上部。弧腹，素面。口径25、残宽7.3、残高7.3厘米（图一二，4）。标本TN041E177④：13，残，夹砂红褐陶，敞口，弧叠沿，弧腹，素面。口径40、残宽13.3、残高7.0厘米（图一二，5）。

Ab型　平叠沿罐。口沿叠压的泥条经过抹平处理。133件。

平叠沿罐口部以侈口为多。口沿部多为素面，有少量口沿处或口沿与肩部结合处有按压的窝状纹。标本F1：9，残，夹砂灰黄陶，敞口，平叠沿，弧腹，素面。口径27、残宽14.9、残高5.3厘米（图一二，6）。标本H15：6，残，夹砂黑褐陶，敞口，宽平叠沿，素面。残宽9、残高4.7厘米（图一二，7）。标本H32：4，残，夹砂红褐陶，敞口，平叠沿，沿上装饰压印窝状纹。口径14、残宽5.1、残高4.4厘米（图一二，8）。标本H26：7，残，夹砂灰褐陶，侈口，平叠沿，弧腹，素面。口径13、残高19.5厘米（图一二，10）。标本H55：35，残，夹砂红褐陶，侈口，平叠沿，弧腹。沿部与肩部连接处装饰压印窝状纹，器身素面。口径20、残宽14.3、残高8.7厘米（图一二，9）。标本F2：11，残，夹砂红褐陶，敛口，平叠沿。沿下部装饰戳刺纹。肩部装饰一个鸡冠耳。残宽6.7、残高3.5厘米（图一二，11）。标本H8：2，残，夹砂红褐陶，敛口，宽叠沿。沿部装饰压印不规则窝状纹。残宽12.5、残高9.3厘米（图一二，12）。标本H33：4，残，夹砂红褐陶，近直口，平叠沿。口径12、残宽11.7、残高10.8厘米（图一二，13）。

Ac型　凸叠沿罐。口沿叠压的泥条经捏后形成凸沿。2件。

标本H55：34，残，夹砂灰黑陶。口微敞，凸叠沿，弧腹。口沿下部装饰有压印窝状纹。在上腹部装饰1件柱状錾耳。口径16、残宽20.5、残高13.5厘米（图一二，14）。

B型　非叠沿罐。8件。

标本F1：13，残，夹砂黑褐陶，敛口，尖唇，弧腹，素面。口径13、残宽9.3、残高5.7厘米（图一二，15）。标本H36：12，残，夹砂灰黑陶，敛口，尖唇，弧腹。在口部装饰压印窝状纹。口径22、残宽7.1、残高7.1厘米（图一二，16）。

碗　按陶碗腹部形态可分二型。

A型　直腹碗。30件。

标本H36：6，可修复。夹砂灰黑陶。敞口，圆唇，直腹，平底。素面。口径14、底径7、高6.8厘米（图一三，1）。标本H36：14，残，夹砂红褐陶。敞口，圆唇，直腹。腹部内壁上装饰一组戳刺纹。口径17、残宽5.8、残高3.1厘米（图一三，2）。

B型　弧腹碗。17件。

标本H26：6，可修复，夹砂灰黑陶。敞口，圆唇，弧腹，圈足底。素面。口径17.5、底径7.8、高9.9厘米（图一三，3；图版三，1）。标本H15：4，残，夹砂黑陶，敞口，近尖唇，弧腹。素面。口径12、残宽8.4、残高6.6厘米（图一三，4）。

豆　未发现完整的陶豆，发现的为豆盘或豆座。

豆盘　根据豆盘深度，可分为深盘豆、浅盘豆二型。

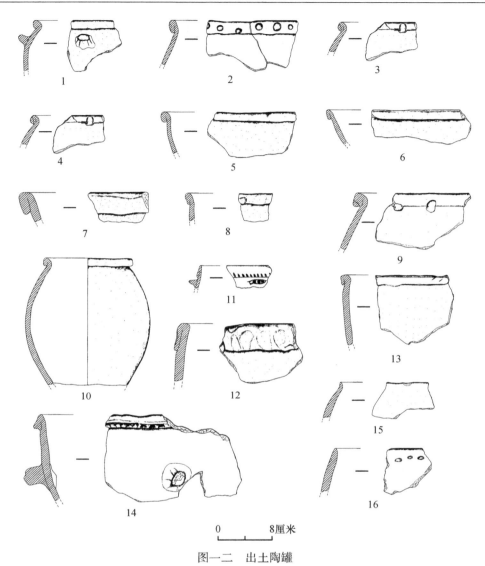

图一二　出土陶罐

1～5. Aa型（TN029E187③：2、F1：11、TN040E177④：12、F2②：3、TN041E177④：13）

6～13. Ab型（F1：9、H15：6、H32：4、H55：35、H26：7、F2：11、H8：2、H33：4）

14. Ac型（H55：34）　　15、16. B型（F1：13、H36：12）

A型　豆盘为深盘。4件。

标本H26：17，残，夹砂红褐陶。近方唇，敛口，弧腹。素面。口径20、残宽6.9、残高5.6厘米（图一三，5）。

B型　豆盘为浅盘。20件。

标本H55：11，残，夹砂红褐陶。敞口，近方唇，折腹。素面。口径28、残宽8.2、残高2.6厘米（图一三，6）。

豆座　均为喇叭口底，素面。根据豆座柄部形态，又可分为宽柄豆座、细柄豆座。

A型　豆座为宽柄豆座。9件。

标本TN041E177④：11，残，夹砂红褐陶。素面。底径9.2、残高5厘米（图一三，7）。标本F2：1，残，夹砂灰黑陶。素面。底径15.4、残高12厘米（图一三，8）。

B型 豆座为细柄豆座。3件。

标本TN030E186③：15，残，夹砂红褐陶。素面。底径4.8、残高7厘米（图一三，9）。

壶 按口部形态不同，可分二型。

A型 侈口壶。15件。

标本H34②：32，残，夹砂红褐陶，有红陶衣，器表光滑。侈口，方唇，弧腹。素面。口径8.6、残高12.7厘米（图一三，10）。

B型 直口壶。13件。

标本M2：1，可修复，夹砂红褐陶。直口，圆唇，弧腹，平底。腹部中部对称装饰4个桥状盲耳。口径4.8、底径5、高11.8厘米（图一三，11；图版三，2）。标本H56②：1，残，夹砂红褐陶。直口，尖唇，弧腹。口部对称装饰一对钮状盲耳、一对竖桥耳。口径10.8、残高24.8厘米（图一三，12）。

鼎 未发现较完整的鼎，发现的多为鼎足和少量的鼎口沿残片。

鼎口沿 10件。

标本H56：1，残，夹砂红褐陶。口微敞，圆唇，素面。口径34、残宽10.6、残高7.1厘米（图一三，13）。

鼎足 绝大多数为扁平状鼎足，有少量柱状足、锥状足。50件。

标本H36：33，残，夹砂红褐陶。扁平状，素面。足径长6.8、宽2.1、残高14厘米（图一三，14）。标本G3：11，残，夹砂红褐陶。扁平状，素面。足径长3.8、宽2.9、残高11.4厘米（图一三，15）。标本G3：12，残，夹砂红褐陶。柱状，素面。足径5.2～6、残高8.2厘米（图一三，16）。标本TN033E185②：9，残，夹砂红褐陶。锥状，素面。足径0.9～5.1、残高12.8厘米（图一三，17）。

甗 未发现较完整的甗，发现的多为甗腰、甗足。39件。

甗腰 均装饰压印窝状附加堆纹。8件。

标本H36：39，残，夹砂红褐陶。腰部装饰压印窝状附加堆纹。残宽6.2、残高7厘米（图一三，18）。

甗足 31件。

标本H5：17，残，夹砂红褐陶。袋足，矮实足根。残宽11.1、残高19.1厘米（图一三，19）。

甑 甑底。7件。

标本H17：1，残，夹砂红陶。弧腹，平底。底部甑孔间距不一。底径8.5、甑孔径0.5、残高8.2厘米（图一三，20）。

钵 7件。

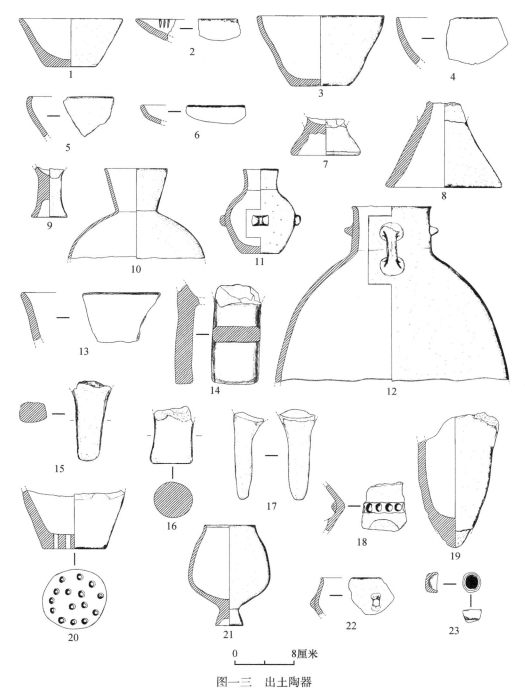

图一三　出土陶器

1、2.A型碗（H36：6、H36：14）　3、4.B型碗（H26：6、H15：4）　5.A型豆盘（H26：17）

6.B型豆盘（H55：11）　7、8.A型豆座（TN041E177④：11、F2：1）　9.B型豆座（TN030E186③：15）

10.A型壶（H34②：32）　11、12.B型壶（M2：1、H56②：1）　13.鼎口沿（H56：1）　14～17.鼎足（H36：33、

G3：11、G3：12、TN033E185②：9）　18.甗腰（H36：39）　19.甗足（H5：17）　20.甑（H17：1）

21、22.钵（H56②：2、F2①：4）　23.杯（F1：8）

标本H56②：2，可修复。敛口，尖唇，弧腹，最大腹径在下腹部。小圈足。素面。口径6.9、底径3.8、高14厘米（图一三，21）。标本F2①：4，残，夹砂红陶。圆唇，鼓腹。在腹部装饰1件桥状盲耳。素面。口径8、残宽6.2、高5.1厘米（图一三，22）。

杯　5件。

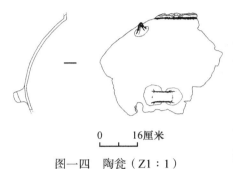

图一四　陶瓮（Z1：1）

标本F1：8，基本完整。夹砂红褐陶。敞口，尖唇，弧腹，圜底。口径2.8、底径2.4、高1.7厘米（图一三，23）。

瓮　1件。

标本Z1：1，残，夹砂红褐陶。系用泥片贴筑法制成。仅剩瓮的颈部、腹部的一部分。束颈，溜肩，弧腹。在肩部装饰一尖纽状鋬耳，在中腹部装饰一竖桥耳。残宽52.1、残高45.1厘米（图一四）。

纺轮　按照剖面形状不同，可分三型。

A型　剖面为半椭圆形或近三角形，整体呈菌盖状。9件。

标本H31：2，完整，夹砂黑陶。剖面为半椭圆形。中部有1圆孔。直径3.2～3.9、孔径0.8、高2.7厘米（图一五，1）。标本H34②：9，完整。夹砂红陶。剖面呈近三角形。直径3.5、孔径0.6、高2.8厘米（图一五，2）。

B型　剖面为圆角梯形或近椭圆形，整体呈算珠状。27件。

标本H26：5，可修复，夹砂红褐陶。剖面近椭圆形。中间有1圆孔。纺轮表面装饰刻划弦纹。直径3～3.2、孔径0.6、高2.6厘米（图一五，3）。标本H55：7，可修复。夹砂红褐陶。剖面呈圆角梯形。中间有1圆孔。素面。直径3.2、孔径0.6、高2.6厘米（图一五，4）。

C型　剖面为圆角长方形，整体呈扁圆形饼状。12件。

标本TN032E184③：1，完整，夹砂红黄陶。剖面呈圆角长方形，素面。中间有1圆孔。直径5.9～6.2、孔径0.6、高1.2～1.4厘米（图一五，5）。

网坠　出土数量较多。依据形态不同，可分四型。

A型　整体呈两端锥状的柱状。此型网坠均有1个纵向穿孔。网坠表面为素面或装饰横向沟纹、纵向沟纹、交错沟纹等纹饰。31件。

标本H26：1，可修复，夹砂红褐陶。两端锥状，中部圆鼓。有1纵向穿孔。素面。直径2.7～3.2、孔径0.7、长7.1厘米（图一五，6；图版三，3）。标本H34①：6，完整，夹砂红褐陶。有1个纵向穿孔。表面有1条横向沟纹。直径3.4、孔径0.5、长8.4厘米（图一五，7）。标本H34①：12，残，夹砂黑褐陶。可修复。有1个纵向穿孔。表面有1圈纵向沟纹。直径3.1、孔径0.3～0.4、长8.4厘米（图一五，8）。标本H34①：5，完整，夹砂红褐陶。有1个纵向穿孔。表面有交叉沟纹。直径3.1、孔径0.7、长8厘米（图一五，9）。

B型 整体呈两端近平的柱状。此型网坠多数有1个纵向穿孔，也有无孔的。表面多为素面，也有网坠装饰纵向沟纹。15件。

标本H27：3，完整，夹砂红褐陶。有1纵向穿孔。素面。直径3.1、孔径0.7、高5.6厘米（图一五，10）。标本F1：2，完整，夹砂红黄陶。有1个纵向穿孔。表面有1条纵向沟纹。直径2.7、孔径0.4、长4.4厘米（图一五，11）。标本H34②：4，完整，夹砂黑褐陶。无穿孔。表面有1圈纵向沟纹。直径2.2、长4.1厘米（图一五，12）。

C型 整体呈扁圆形饼状。此型网坠多数有2条穿孔，也有少量网坠没有穿孔。表面为素面或者有1条沟纹或2条相交的沟纹。21件。

标本H51：6，完整，夹砂黑褐陶。近圆形。有2条纵横穿孔，穿孔不连通。素面。直径6.2～6.6、孔径0.5～0.6、厚3.4厘米（图一五，13；图版三，4）。标本TN032E185④：3，完整，夹砂红陶。椭圆形。有1条穿孔，表面有1条与穿孔平行的宽沟纹。直径6.1～7.6、孔径0.8、厚4.5厘米（图一五，14）。标本H51：7，完整，夹砂红褐陶，网坠表面有部分呈黑色。近圆形。无穿孔。表面有十字交叉的沟纹。直径5.1、厚2.2厘米（图一五，15）。

D型 该型网坠类似大型纺轮，宽度普遍大于4.5厘米，穿孔孔径多数大于1.5厘米。33件。

标本H34①：11，完整，夹砂红褐陶。整体呈柱状。素面。直径4.9、孔径1.6～2.4、厚4.3厘米（图一五，16）。标本H15：2，完整，夹砂红黄陶。整体呈近圆形饼状。素面。直径9.3、孔径1、厚2.6厘米（图一五，17）。标本TN041E177③：1，完整，夹砂红褐陶。整体呈近柱体。素面。直径6.1、孔径1.6、厚3.7厘米（图一五，18）。

陶饼 6件。

标本F1：7，完整，夹砂灰黑陶。近圆形。素面。直径3.6～3.7、厚1.2厘米（图一五，19）。

陶球 1件。

标本H32：1，完整，夹砂红褐陶。表面部分区域装饰戳点纹。直径3.1、高3.1厘米（图一五，20）。

器耳 发现较多，有錾耳、盲耳、柱状环耳、鸡冠耳、桥耳等。

錾耳 81件。有柱状錾耳、舌状錾耳、纽状錾耳之分，其中柱状錾耳数量最多。标本F1：25，残，夹砂红黄陶。柱状錾耳，素面。腹片残长4.4、宽4.3厘米，耳长3.6、宽2.5、高3.5厘米（图一五，21）。标本H36：22，残，夹砂红黄陶。舌状錾耳。素面。腹片残长7.9、宽6.9厘米，耳长6.9、宽4.6、厚2.7厘米（图一五，22）。标本TN032E186③：11，残，夹砂红褐陶。纽状錾耳。素面。腹片长4.8、宽4.4厘米。耳长4.7、直径1.2～2.4厘米（图一五，23）。

盲耳 32件。盲耳较小，有纽状盲耳、桥状盲耳之分。

标本H34①：27，残，夹砂灰黑陶。纽状盲耳。素面。腹片残长9.2、残宽8.3厘米，

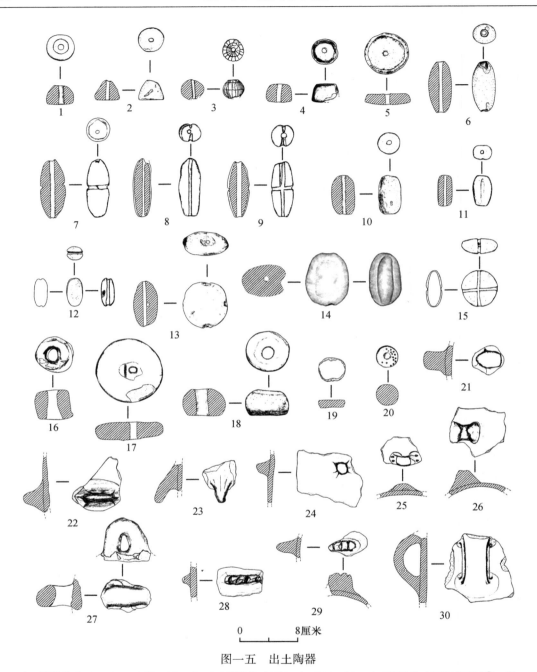

图一五　出土陶器

1、2. A 型纺轮（H31：2、H34②：9）　3、4. B 型纺轮（H26：5、H55：7）　5. C 型纺轮（TN032E184③：1）

6~9. A 型网坠（H26：1、H34①：6、H34①：12、H34①：5）　10~12. B 型网坠（H27：3、F1：2、H34②：4）

13~15. C 型网坠（H51：6、TN032E185④：3、H51：7）　16~18. D 型纺轮（H34①：11、H15：2、TN041E177③：1）

19. 陶饼（F1：7）　20. 陶球（H32：1）　21~23. 錾耳（F1：25、H36：22、TN032E186③：11）

24~26. 盲耳（H34①：27、F1：24、H36：20）　27. 柱状环耳（TN030E185④：13）　28、29. 鸡冠耳（F2①：8、

H51：26）　30. 桥耳（F1：19）

耳长1.7、直径0.6～2.6厘米（图一五，24）。标本F1：24，残，夹砂灰褐陶。桥状盲耳。桥耳两侧装饰戳刺纹。腹片残长5.7、残宽4.2厘米，耳长4.5、宽2厘米（图一五，25）。标本H36：20，残，夹砂红褐陶。桥状盲耳。素面。腹片残长7.9、残宽7.2厘米，耳长4.2、宽3.1厘米（图一五，26）。

柱状环耳　28件。

标本TN030E185④：13，残，夹砂红褐陶。柱状环耳。素面。残长7、宽6.4厘米（图一五，27）。

鸡冠耳　8件。

标本F2①：8，残，夹砂红褐陶。耳部装饰压印沟纹，类似鸡冠形。腹片残长6.6、残宽4.3厘米，耳长5.1、宽1.2、厚1.1厘米（图一五，28）。标本H51：26，残，夹砂红陶。耳部装饰压印沟纹，类似鸡冠形。腹片残长5.4、残宽3.6厘米，耳长4.4、宽1.4、厚2.7厘米（图一五，29）。

桥耳　24件。

标本F1：19，残，夹砂红褐陶。桥耳。素面。腹片残长9.6、残宽9.9厘米，耳长9.6、宽3.7～6.1厘米（图一五，30）。

器底　发现数量较多，有平底、台底、圈足等型。少量器底外缘装饰压印窝状纹。101件。

标本F2①：10，残，夹砂红陶。平底。直径6.2、残高3.1厘米（图一六，1）。标本H26：21，残，夹砂黑陶。台地。底径12.5、残高4.2厘米（图一六，2）。标本H34②：24，残，夹砂红黄陶。圈足底。底部外缘有一圈压印窝状纹。底径7.2、残高2.5厘米（图一六，3）。标本H36：29，残，夹砂红褐陶。圈足。底径6.1、残高3.4厘米（图一六，4）。

盖形器　捏制而成。1件。

标本F2②：1，完整，夹砂红褐陶。类似器盖，手捏制成。素面。直径3.4、窝径2.2、厚1.4厘米（图一六，5）。

器流　1件。

标本TN032E186③：6，残，夹砂黑灰陶。为陶器的流口。长4、流直径0.7厘米（图一六，6）。

有孔陶器　1件。

标本H36：42，残，夹砂红陶。用途不清。斜直腹，平底。器体中部残留穿孔。底径18、孔径5、残高6.7厘米（图一六，7）。

之字纹陶片　无法辨别装饰该纹饰陶器的类型，装饰在陶器的腹片上。6件。

标本H55：32，残，夹砂灰陶。装饰类似压印之字纹的纹饰。陶片残长6.9、宽4.8厘米（图一六，8）。

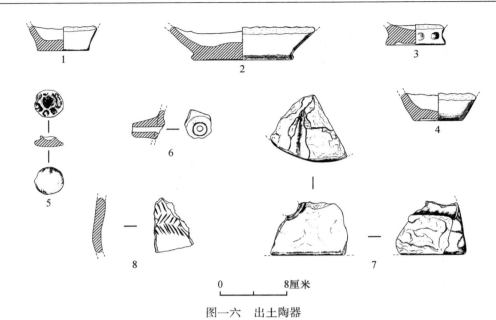

图一六　出土陶器

1~4. 器底（F2①：10、H26：21、H34②：24、H36：29）　5. 盖形器（F2②：1）　6. 器流（TN032E186③：6）

7. 有孔陶器（H36：42）　8. 之字纹陶片（H55：32）

（二）石　　器

出土少量的石器，器形有加重器、石范、石斧、石刀、石镞、石网坠、石纺轮、石棍棒头、石镰、石凿、石钺形器、磨石等。

加重器　2件。

标本 TN030E185④：2，完整。通体磨制。凹槽形，四脊五槽。中间高，底平。长5.8、宽2.3、高2.6厘米（图一七，1；图版三，5）。标本 H26：26，完整。通体磨制。近枕形。长6.6、宽2.7、高3.6厘米（图一七，2）。

石范　1件。

标本 TN040E177④：7，残，滑石。通体磨制。石范一面为铜斧范的一角，另一面为一铜镞范的上部、网格纹。残长4.4、残宽3.2、厚0.5~1.4厘米（图一七，3；图版三，6）。

石斧　5件。

标本 H51：5，基本完整。通体磨制。两面刃。长12.2、宽3.8、厚2.9厘（图一七，4）。

石刀　11件。

标本 H18：1，残，通体磨制。直背弧刃，双面刃。刀身残留2个对钻的圆孔。残长7.1、宽4.7、厚0.9厘米，孔径0.4~1厘米（图一七，5）。标本 H34②：8，残，通体磨制。直背弧刃，双面人。刀身残留1个对钻的圆孔。残长7.8、宽5.5、厚1.4厘米，孔径0.6~2厘米（图一七，6）。

石镞　均为燕尾形镞。7件。

标本TN031E184③：5，完整。通体磨制。两翼两面刃，燕尾，中部两面有凹槽。长4.1、宽1.6厘米（图一七，7）。

石网坠　依形态不同，分为长条形、椭圆形或不规则形。5件。

标本TN031E184③：11，完整，通体磨制。长条形，表面有一圈纵向沟纹。长3.3、宽2.2、厚1.3厘米（图一七，8）。标本TN040E177④：2，完整，通体磨制。近椭圆形。表面有4个打制形成的豁口。直径4.8～5.5、厚0.8厘米（图一七，9）。

石纺轮　3件。

标本H34②：10，残，通体磨制。圆形饼状。中间有1个钻孔。直径7.4、孔径0.8、厚0.5厘米（图一七，10）。

石棍棒头　1件。

标本H61：2，残，通体磨制。算珠状。中间有1圆孔。直径6、孔径2.2、高4.5厘米（图一七，11）。

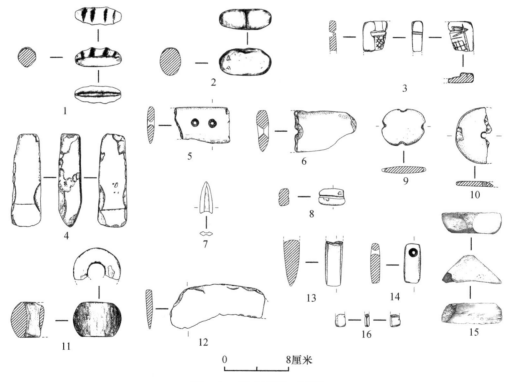

图一七　出土石器、玉器

1、2. 加重器（TN030E185④：2、H26：26）　3. 石范（TN040E177④：7）　4. 石斧（H51：5）　5、6. 石刀（H18：1、
H34②：8）　7. 石镞（TN031E184③：5）　8、9. 石网坠（TN031E184③：11、TN040E177④：2）
10. 石纺轮（H34②：10）　11. 石棍棒头（H61：2）　12. 石镰（TN031E186④：2）　13. 石凿（H36：3）
14. 石钺形器（TN040E177③：2）　15. 磨石（H36：4）　16. 玉器（H51：1）

石镰　1件。

标本TN031E186④：2，残，通体磨制。两面刃。残长12、残宽5.8、厚0.9厘米（图一七，12）。

石凿　1件。

标本H36：3，残，通体磨制。两面刃。残长5.9、宽2.2、厚2厘米（图一七，13）。

石钺形器　1件。

标本TN040E177③：2，完整，通体磨制。钺形，器体较小。上部有1个对钻的圆孔。长5.2、宽2.1、厚1.1、孔径0.4～1厘米（图一七，14）。

磨石　3件。

标本H36：4，残，平面呈近三角形，两面磨制。残长7.5、残宽3.9、厚2.9厘米（图一七，15）。

（三）玉　　器

仅发现1件，器体较小，器形不明。

标本H51：1，残，通体磨制。青灰色，长1.6、宽1.3、厚0.5厘米（图一七，16）。

四、结　语

此次发掘区域位于马贝村东的原农田内，属于遗址的东部边缘，因较少被近现代人为活动扰动，地层堆积保存较好。在发掘区内的两处地点，均发现了较丰富的遗迹，有房址、灰坑、灰沟、墓葬等。东南发掘区内的遗迹，除1条灰沟开口于5层下外，其余遗迹开口于3层下。西北发掘区的遗迹，除1条灰沟开口于5层下外，其余遗迹开口于4层下。各区遗迹间存在一些叠压打破关系。

根据地层关系，观察遗迹单位出土的遗物标本，本次发掘的遗存可分为早、晚两期。

早期遗存包含第5层及开口于5层下的两条灰沟G3、G4。第5层出土的陶片数量极少；两条灰沟出土的陶片数量也较少，仅G3挑选出少量标本。以G3为例，G3出土陶片以红陶、红褐陶为主，占总陶片数量的63.9%，黄褐陶占总陶片数量的20.9%，黑褐陶占总陶片数量的15.2%。可辨器形有甗、鼎、钵等。鼎足有柱状鼎足、扁平鼎足等，柱状鼎足G3：12与新乐遗址2014年出土的新乐上层文化的鼎足G1①：5[1]形态相近，扁平鼎足G3：11与郝心台遗址2011年出土的鼎足H34：22[2]形态相近；G3出土的器耳除有桥耳外，还有舌状錾耳、柱状錾耳，在郝心台遗址出土了这样的舌状錾耳，而柱状錾耳在新乐上层文化晚期的遗存中尚未发现，可能是稍晚于新乐上层文化晚期的器物。郝心台遗址是新乐上层文化晚期的遗存，因此，判断此次发掘的马贝遗址早期遗存稍晚于新乐上层文化晚期遗存。

晚期遗存是本次发掘的主体遗存，包括第3层、第4层及开口于这两层下的遗迹。遗迹类型比较齐全，有半地穴式房址、灰坑、灰沟、墓葬等类型。出土遗物较为丰富，有大量的陶质遗物，少量的石质、玉质遗物。叠沿罐的沿部装饰压印窝状纹，有数量较多的柱状錾耳、柱状环耳，形制多样的网坠等，这些特点与郑家洼子遗址[3]所揭示的郑家洼子类型的内涵较为一致，陶壶H34②：32表现的侈口、装饰红陶衣、表面磨光等特点与郑家洼子陶壶M6512：63[4]相近。这表明，此次发掘的马贝遗址晚期遗存的文化内涵是郑家洼子类型。此次发掘揭示出郑家洼子类型的遗址区材料的文化内涵。平叠沿罐、弧叠沿罐、豆、碗、壶、鼎、甗构成了典型的器物组合。叠沿罐数量最多，类型较为丰富，是这一时期文化遗存最典型的器物之一。豆多为喇叭口宽柄座，未见镂空型豆柄。陶壶型式多样，既有郑家洼子类型典型的侈口壶，也有继承新乐上层文化因素的竖耳壶。鼎、甗等三足器在这一期文化遗存依旧数量较多，主要特点是鼎足多为扁平足。陶器器耳较为丰富，有錾耳、盲耳、柱状环耳、鸡冠耳、桥耳等，其中柱状环耳、柱状錾耳、鸡冠耳是具有本期文化遗存特征的器耳。发现了数量较多的网坠，是这期文化遗存的一个特点。网坠类型丰富，反映出渔猎在当时的经济生活中占据重要地位。

此次发掘的早期遗存稍晚于新乐上层文化晚期；晚期遗存是郑家洼子类型，郑家洼子类型的年代为春秋末至战国初期[5，6]，晚期遗存的年代大致为春秋晚期至战国初期。我们采集了大量的炭样并已送检，尚未获得测年结果。待获得炭样测年结果后，将会对判断两期遗存的绝对年代提供参考。

在发掘期间，我们通过勘探对马贝遗址的范围有了一定的了解。马贝遗址东部边界超出马贝村屯东部，在浑河二十二街以西；北部边界在开发二十一号路附近；南部边界稍超出马贝村屯南侧；西部边界还需进一步确认，如将1979年青铜短剑墓地点纳入遗址范围，则西部边界在马贝村屯的西部。

通过此次发掘，我们对遗址的聚落布局有了一定的认识。首先，马贝遗址有较长的使用时期。主体文化内涵是郑家洼子类型，此次发现了稍晚于新乐上层文化晚期的遗存。其次，早期遗存的遗迹是两条灰沟。发掘期间，通过勘探确认了灰沟的走向，G3向西南方向延伸，G4向西延伸。早期遗存应该分布在沟的西侧。此外，发现了较为丰富的晚期遗存，有房址、大量的灰坑，说明此处是郑家洼子时期较为集中的居住区。

此次发掘工作是对郑家洼子类型遗址的首次大面积发掘，基本揭示出郑家洼子类型的居址形态，进一步补充了墓葬材料，揭露该文化类型的主要器物组合、典型器物特征，初步了解了其陶器制作工艺、生产技术水平、社会经济形态等方面，加深了对郑家洼子类型的认识。以此次考古工作为契机，我们应继续对遗址开展考古工作，进一步揭示遗址的文化内涵，充分阐释遗址的价值，促进含青铜短剑遗存的研究，进而推动沈阳地区两周史的研究，同时，应做好对遗址的保护利用工作。

附记：本次考古发掘的项目负责人是李树义，参加发掘人员有李晓钟、李树义、曲斌、苏哲、胡家硕、梁校银、罗录会等。遗迹线图由罗录会绘制，遗物图由韩玉岩、梁校银、孙铭俊等绘制，照片由张天琦、苏哲、梁校银、胡家硕拍摄。

执笔：李树义　苏　哲　胡家硕

注　释

［1］　沈阳市文物考古研究所：《沈阳市皇姑区新乐遗址2014年的发掘》，《考古》2018年8期。

［2］　沈阳市文物考古研究所：《沈阳市郝心台遗址2011年发掘报告》，《沈阳考古文集》（第6集），科学出版社，2017年。

［3］　中国社会科学院考古研究所东北工作队：《沈阳肇工街和郑家洼子遗址的发掘》，《考古》1989年10期。

［4］　沈阳故宫博物馆、沈阳市文物管理办公室：《沈阳郑家洼子的两座青铜时代墓葬》，《考古学报》1975年1期。

［5］　同［4］。

［6］　成璟瑭、徐韶钢：《郑家洼子类型小考》，《文物》2019年8期。

沈阳上伯官城址 2011 年度考古发掘报告

沈阳市文物考古研究所

上伯官城址是沈阳市东部发现的一座汉魏时期城址。2011年8～9月，沈阳市文物考古研究所在配合沈阳四环路建设进行的考古调查和勘探过程中于浑南区汪家街道上伯官屯村西四环路六标段范围内发现汉魏时期城址。为了解该城址的结构与布局，需要对该城址局部进行考古发掘。10月，我所开始对该城址位于四环路建设范围内的重点区域进行了为期近两个月的考古发掘。通过发掘发现了上伯官汉魏城址南夯土城墙西段、护城河，并发现了城内、外的地面遗迹及城内堆积，共清理了4个灰坑及3座墓葬。

一、地理位置及地层堆积情况

上伯官城址位于沈阳市东陵区汪家街道上伯官屯，地处东陵区东部，浑河南岸，东与抚顺市刘尔屯接壤。该城址所处位置地理坐标为东经123°48′，北纬40°49′，属受季风影响的温带湿润大陆性气候（图一）。

发掘区域位于上伯官屯西部，西沿当时的省道一〇七，北部和南部均邻上伯官屯村

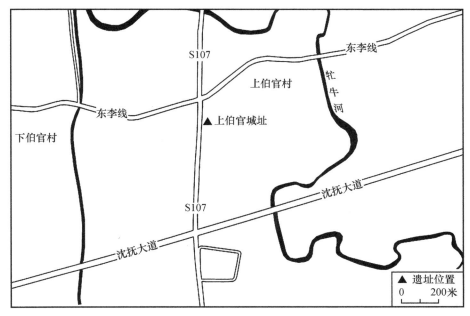

图一　上伯官城址地理位置示意图

道，东邻上伯官村住宅。本次发掘共布5米×5米探方33个，自西向东分布3列，最东侧一列的11个探方为避开居民住宅，由北到南布方面积逐步缩减（图二）。

地层堆积情况以TN10E01～TN10E03的南壁，城墙之内地层为例（图三），介绍如下：

第1层：该范围无分布，含现代砖瓦残片和生活垃圾，为现代地层。

第2层：浅灰褐色，土质略松，厚0～50厘米，含砖瓦残片，为近代地层。

第3层：深灰褐色，土质紧密略硬，厚5～45厘米，夹零星红烧土和木炭颗粒和动物骨骼，为明清地层。

第4层：棕褐色，土质致密，厚0～40厘米，含有大量红烧土颗粒和黄土斑块，为辽金地层。

第5层：浅灰色，厚5～45厘米，含大量卵石，局部有草木灰小夹层及动物骨骼，为魏晋地层。

第6层：黑褐色，质密略硬，厚5～65厘米，出土大量青砖块和板瓦筒瓦残片及零星骨渣，为魏晋地层。

第7层：深红褐色，土质紧密较硬，厚25～35厘米，含有零星卵石和大量筒瓦板瓦残片，为东汉地层。

第8层：浅红褐色，质密较硬，厚30～60厘米，含大量粗沙卵石和零星泥质灰陶片，为东汉地层。

第9层：红褐色，坚硬，厚2～5厘米，无包含物，为踩踏面，东汉地层。

第10层：黄褐色，致密略硬，厚20～25厘米，内含卵石，为东汉地层。

该层下即为黄色含沙土层，土质纯净，应为生土。

二、汉魏时期文化遗存

发现的遗迹包括城墙、灰沟、灰坑和墓葬。下文选取代表性遗迹进行介绍。

（一）遗　　迹

1. 城墙

城垣呈长方形分布，南北长、东西宽，周长约2500米，城内街道为东西—南北十字街布局。发掘部分为该城墙西南角，地表原为民居，城墙西南角的南城墙及西城墙南端东半部基本暴露出来，而西半部由于压在公路下，其情况不得而知。目前揭露的南城墙顶部破坏严重，残高2.6米，暴露部分长约13米；西城墙残高1～2.2米，暴露部分长约15米。

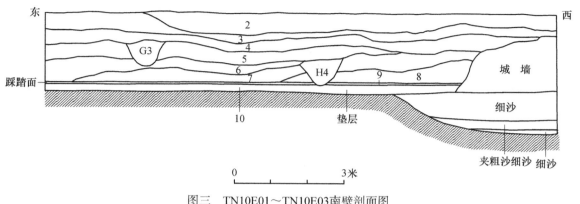

图三　TN10E01～TN10E03南壁剖面图

为了更好了解城墙的结构和修筑方式，选取T05E01、T06E01、T07E01的东隔梁对南城墙进行解剖（图四）。

通过对南城墙的解剖了解到，该城墙叠压在第11层之上，并被第10层叠压，大致为东汉时期修筑；其修筑方法如下：墙体底部先挖基槽，内填纯净沙土夯实，其上用纯净黄土起夯，夯层厚8～13厘米。城内地面局部发现一段用河卵石铺成的道路，城外地面则是一层踩踏形成的灰土硬面（图六）。

2. 灰沟和灰坑

灰沟　3处。

HG1　位于发掘区域的南部，贯穿TN01E01、TN01E02、TN01E03、TN02E01、TN02E02、TN02E03、TN03E01，开口于第7层下，打破M2。整体呈长条形，剖面斜壁圜底，由于发掘面积有限，沟两端未发掘，长度不详，宽约550厘米，深约95厘米。填土可分为HG1①和HG1②两层：HG1A为黄褐色填土，土质紧密，厚0～65厘米，分布于HG1西部，出土陶片多为泥质红陶、灰陶，可辨器形物板瓦、筒瓦、罐、青砖等；纹饰有外饰绳纹、内饰布纹、弦纹。HG1②为黑灰色土，土质质密略硬，厚0～30厘米，可辨器型有板瓦、筒瓦、盆等，陶片为泥质红陶、泥质灰陶等，纹饰有外饰绳纹、布纹、菱格纹（图五）。

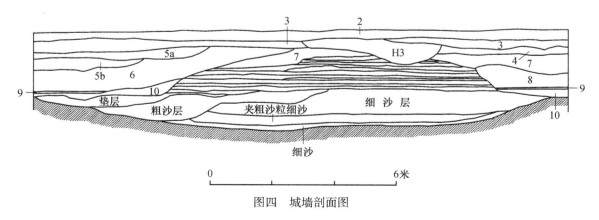

图四　城墙剖面图

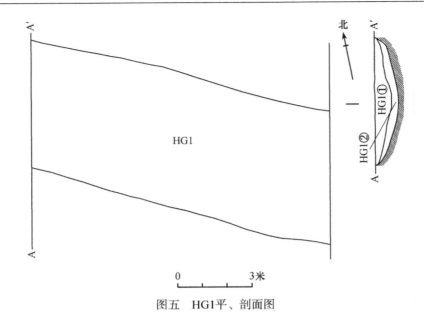

图五　HG1平、剖面图

G1　位于发掘区的中部，横跨TN04E01、TN04E02、TN04E03，开口于第5a层下，打破第5b层、第6层。此沟呈东西向，沟的上口呈长条状，斜壁平底，东西发掘部分长12米，两端均压在隔梁下，上口宽20～158、底宽30～56、深90～112厘米（图七）。

沟内填土根据土质可划分为3层：

G1A为浅褐色土，层厚10～30厘米，土质略硬，含有大量砂石，未出遗物，该层分布于沟东部。

G1B为浅红褐色土，层厚40～55厘米，土质硬，含有大量砂石，出土大量泥质陶片，以灰陶为主，灰褐陶、黄褐陶次之，少量红陶、红褐陶和灰黑陶。纹饰以外饰绳纹、内饰布纹或菱格纹为主，少量细绳纹和附加堆纹等。可辨器形有筒瓦、板瓦和罐。该层分布于整个遗迹单位。

G1C为灰褐色，层厚25～50厘米，土质硬，较细，含有大量细砂，未出土遗物。该层分布于整个遗迹单位。

G2　位于发掘区中部，横跨TN05E01、TN05E02、TN05E03，开口于第5b层下。此沟呈东西向，沟上口呈长条状，斜壁平底，发掘部分东西长12米，两端压在隔梁下，上口宽64～90、底宽50～80、深28～60厘米。填土呈灰褐色，土质疏松，含有大量细砂，未见出土遗物，沟内堆积厚28～60厘米（图八）。

灰坑　3处。

H4　位于TN09E02北部偏西，部分延伸于TN10E02中。开口于第6层下，打破第7层、第8层、第9层和第10层。平面形状为不规则椭圆形，口大底略小，弧壁圜底，口宽80～230、底宽50～70、深50～70厘米，开口距地表深度为110～160厘米。坑内填土为一次性倾斜堆积，土色呈灰褐色，质地疏松，出土大量青灰色泥质板瓦和筒瓦残片及零星泥质黑陶片，可辨器形为陶罐；纹饰有粗绳纹和细绳纹，布纹和菱格纹等（图九）。

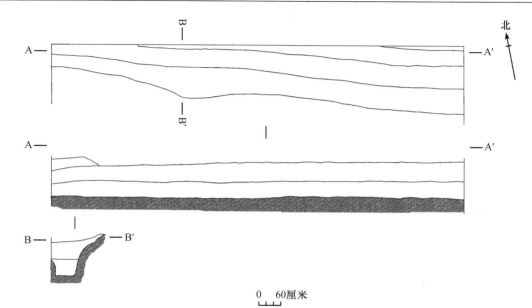

0　60厘米

图七　G1平、剖面图

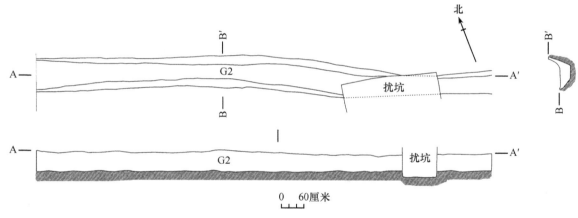

0　60厘米

图八　G2平、剖面图

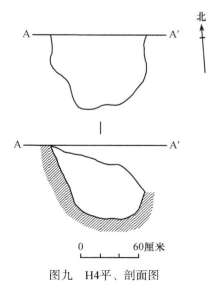

0　60厘米

图九　H4平、剖面图

3. 墓葬

墓葬　3处。

M1　位于TN01E01中部，开口于第10层下，打破第11层和生土层。墓葬平面呈圆角长方形，墓向13°，墓口长194厘米，宽50～60厘米，墓底长170厘米，宽50～54厘米，墓深60厘米。墓壁向下轻微斜收，葬具为瓮棺，内有一副直肢人骨，头向北，保存较差（图一〇）。

瓮棺　2件。两件器形相近，子母口，均为直腹圜底。上半部分饰粗凹弦纹，下腹部至底部满饰压印纹（图一一）。

M2　位于发掘区域南部，TN02E01的东部，TN02E02的西部。开口于第7层下，打破第8层。墓葬平面为长方形，墓向358°，墓长370厘米，宽252厘米，深20厘米。填土为浅灰色，较质密。为长方形砖室墓，东西两侧均被扰坑打破，扰乱严重，墓圹平直，西部有横竖相间的长40、宽20、厚10厘米的青砖平铺，东部底面为半砖拼铺。其他均被破坏（图一二）。

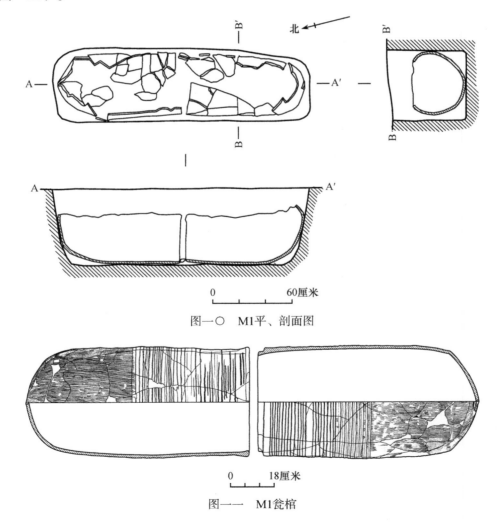

图一〇　M1平、剖面图

图一一　M1瓮棺

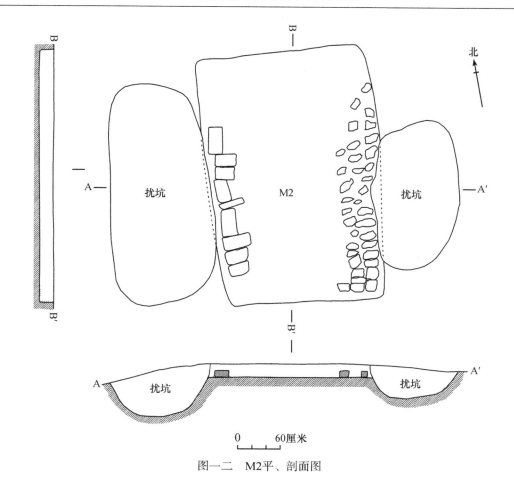

图一二 M2平、剖面图

M3 位于发掘区南部，TN03E02的东南，延伸到TN03E02的东隔梁内，只进行部分发掘。开口于第5a层下。平面为长方形，墓向350°，长约200厘米，宽约84厘米，深64厘米。为土坑竖穴墓，墓底平铺一层大小不一的卵石，卵石层厚约4厘米，填土为灰褐色，土质较松。人骨为仰身直肢葬，头向西北，保存较差。随葬品出土一把铁刀，位于墓穴中部，人骨东侧（图一三）。

铁刀 1件。M3：1，锈蚀残损严重。残宽1.9、厚0.3厘米（图一四）。

（二）遗　物

汉魏时期出土遗物主要为陶器残片，其中以瓦和陶器口沿为主，陶器器底次之，有少量器耳等；此外出土铜钱1枚和银环1件。陶器残片可辨器形主要有陶罐、陶盆、陶瓮、筒瓦及少量的陶钵、陶纺轮和陶璧。出土陶器残片质地以泥质灰陶为主，有少量泥质褐陶和夹砂红陶。

陶釜 3件。斜展沿，无颈，直腹圜底。标本TN03E02⑧：1，泥质红陶，轮制，

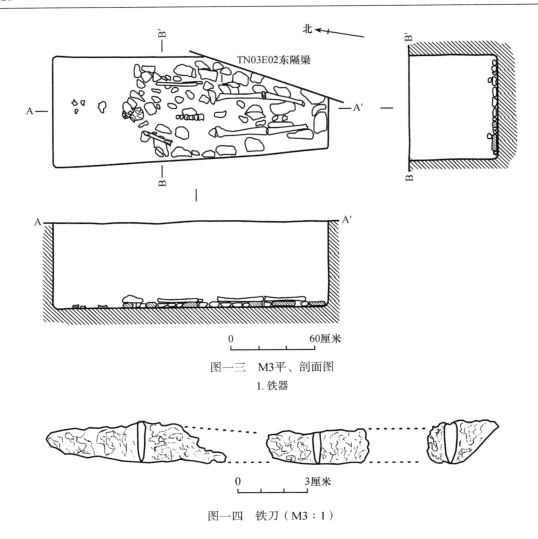

图一三　M3平、剖面图

1. 铁器

图一四　铁刀（M3∶1）

直口微敛，斜展沿，尖唇，口沿内有明显折棱，无肩，直腹斜收，上腹部有凸棱纹。口径29.2厘米（图一五，12）。标本TN03E01⑫∶2，泥质红陶，轮制，敛口，外折斜沿，重唇，口沿内有明显折棱，直肩陶釜口沿残片，口径约29厘米（图一五，1）。标本TN03E02⑧∶2，陶釜圜底残片，夹砂红陶，轮制，小平底，腹部压印粗绳纹，底径5.8、残高4.5厘米（图一五，5）。

陶瓮　9件。根据口沿形制可分三型。

A型　3件。敛口扁唇或敛口处饰有弦纹形似扁唇。标本TN04E02③∶1，泥质红陶，轮制，敛口扁唇，沿内有一圈轮制凹痕。口径23厘米（图一五，6）。标本TN08E02④∶2，泥质红陶，轮制，敛口，沿外侧饰有两圈间距较宽的轮制凹弦纹，沿内有明显轮制折棱。口径约27厘米（图一五，10）。标本TN08E02④∶3，泥质红陶，轮制，敛口扁唇，沿外侧饰有两圈间距较宽的轮制凹弦纹，沿内有明显轮制凸棱。口径约37.2厘米（图一五，7）。

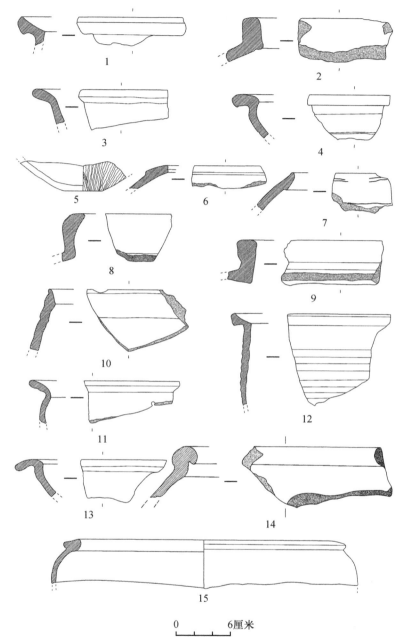

图一五　汉魏时期出土器物（一）

1、5、12. 陶釜（TN03E01⑫：2、TN03E02⑧：2、TN03E02⑧：1）　2、6~10、14、15. 陶瓮（TN09E03③：8、TN04E02③：1、TN08E02④：3、TN04E01⑪：2、TN08E03③：1、TN08E02④：2、TN11E03②：4、TN09E03③：4）

3、4、11、13. 陶盆（TN09E03③：7、TN11E03②：2、TN11E03③：2、TN09E03③：6）

B型　4件。直口。标本TN08E03③：1，泥质灰陶，轮制，微敛直口平沿，矮直领。口径约为40.1厘米（图一五，9）。标本TN04E01⑪：2，泥质灰陶，轮制，微敛直口圆唇，短颈。口径约20厘米（图一五，8）。标本TN09E03③：8，泥质灰陶，轮制，直口，圆沿矮直领，颈内侧有明显折棱和轮制凹痕。口径约27.6厘米（图一五，2）。标本

TN03E02⑨：1，夹砂灰陶，轮制，直口圆沿，溜肩，弧腹内收，素面，部分器内壁有布纹痕迹。口径21.6、残高19、壁厚0.6厘米（图一七，9）。

C型 2件。敛口圆唇。标本TN09E03③：4，泥质灰陶，敛口外折圆唇，圆肩，素面。口径约31.4厘米（图一五，15）。标本TN11E03②：4，泥质灰陶，轮制，敛口，沿部内卷，圆唇，素面，表面有轮制痕迹。口径约为60厘米（图一五，14）。

陶盆 4件。多为泥质灰陶，外折沿，根据腹部特征分二型。

A型 1件。斜直腹。标本TN09E03③：7，泥质灰陶，轮制，敞口，斜展沿，斜直腹，折沿上有一圈轮制凹痕，素面。口径约为52.2厘米（图一五，3）。

B型 3件。斜弧腹。标本TN09E03③：6，泥质灰陶，轮制，侈口外折沿，弧腹斜收，素面。口径约52厘米（图一五，13）。标本TN11E03②：2，泥质灰陶，轮制，敞口圆唇，外折平沿，弧腹斜收。表面有轮制修整弦纹。口径约60厘米（图一五，4）。标本TN11E03③：2，泥质灰陶，轮制，斜展沿，沿外有轮制痕迹，无颈，弧腹斜收，上腹接近折沿处有一钻孔。口径约44.5厘米（图一五，11）。

陶罐 16件。多为泥质灰陶，少量泥质褐陶，轮制，根据口沿形制可分五型。

A型 2件。敛口斜沿。标本TN08E03③：4，泥质灰陶，轮制，敛口斜沿，口沿外侧有若干轮制弦纹。口径20.6厘米（图一六，4）。标本TN04E01⑪：1，泥质灰陶，轮制，敛口斜沿尖唇，外饰一圈轮制凹痕。口径34.5、壁厚1厘米（图一六，9）。

B型 3件。重唇。标本TN09E03③：3，泥质灰陶，轮制，重唇，素面。口径约为30厘米（图一六，3）。标本TN08E03⑥：1，泥质灰陶，轮制，敞口圆沿，尖重唇。口径约28.4厘米（图一六，1）。

C型 6件。口沿唇部外翻，根据唇部可分三亚型。

Ca型 1件。外翻尖唇。标本TN03E03⑤：1，泥质灰陶，轮制，敞口外翻尖唇，素面，口径13.6厘米（图一六，2）。

Cb型 2件。外翻圆唇。标本TN08E01②：1，泥质灰陶，轮制，外卷圆唇。口径51厘米（图一六，11）。标本TN10E03③：4，泥质褐陶，轮制，外卷圆唇，短束颈，溜肩，素面。口径为25.4厘米（图一六，6）。

Cc型 3件。外翻卷唇。标本TN0803⑤：1，泥质灰陶，轮制，外卷唇，表面有明显轮制修整痕迹。口径31厘米（图一六，18）。标本TN10E03③：5，泥质灰陶，轮制，敞口外翻，素面。口径25厘米（图一六，7）。标本TN11E03⑤：3，夹砂灰陶，轮制，外卷圆唇，短颈。口径35厘米（图一六，8）。

D型 2件。微敛圆唇。标本TN10E03⑤：1，泥质褐陶，轮制，敛口，弧沿内收，外凸圆唇，无颈，沿下肩部饰有8条深浅不一的刻划细弦纹。口径约33厘米（图一六，10）。标本TN08E03③：2，泥质褐陶，轮制，微敛圆唇，素面。口径约19.2厘米（图一六，5）。标本TN09E01④：3，泥质灰陶，轮制，敛口圆唇，溜肩，肩部饰一内嵌竖桥耳。口径24厘米（图一六，12）。

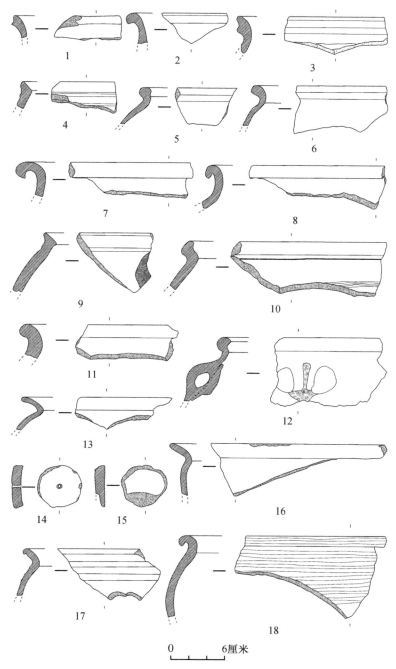

0　　　　6厘米

图一六　汉魏时期出土器物（二）

1～13、16～18. 陶罐（TN08E03⑥：1、TN03E03⑤：1、TN09E03③：3、TN08E03③：4、TN08E03③：2、
TN10E03③：4、TN10E03③：5、TN11E03⑤：3、TN04E01⑪：1、TN10E03⑤：1、TN08E01②：1、TN09E01④：3、
TN11E02④：7、TN10E03③：2、TN10E01③：1、TN0803⑤：1）　14. 陶纺轮（TN09E03③：1）

15. 圆陶片（TN09E03③：2）

E型　3件。斜展沿。标本TN10E03③：2，泥质灰陶，轮制，斜展沿，溜肩，斜弧腹，表面有轮制弦纹痕迹。口径48厘米（图一六，16）。标本TN10E01③：1，泥质灰陶，轮制，敞口圆唇，溜肩，表面饰有三条细凸弦纹。口径30.8厘米（图一六，17）。标本TN11E02④：7，泥质灰陶，轮制，斜展沿，内外均有若干轮制弦纹。口径11厘米（图一六，13）。

陶壶　1件。标本TN11E02④：2，泥质灰陶，表面有黑皮，轮制，微侈口圆唇，窄沿外折，短束颈，下部残损。口径18、残高5.2厘米（图一七，6）。

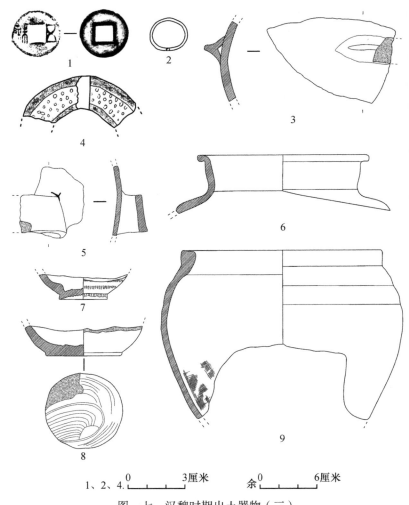

图一七　汉魏时期出土器物（三）

1. 五铢钱（TN10E02③：1）　2. 银环（TN01E03③：1）　3. 鍪耳（TN08E02④：1）　4. 陶璧（TN03E02⑤：1）
5. 桥耳（TN11E02④：1）　6. 陶壶（TN11E02④：2）　7、8. 陶钵（TN10E02⑤：1、TN11E03③：1）
9. 陶瓮（TN03E02⑨：1）

陶钵 2件。标本TN10E02⑤：1，泥质灰陶，轮制，内壁及表面有黑皮，弧腹，器底为平底圈足，底有弧形压印纹，上部残。底径7.8、残高3.2厘米（图一七，7）。标本TN11E03③：1，泥质褐陶，轮制，弧腹，矮圈足底，圈足外侧及环腹部饰有数圈篦点纹，圈足底部有较浅弧状压印纹，上部残。底径5、残高2.8厘米（图一七，8）。

陶纺轮 1件。标本TN09E03③：1，夹滑石陶片改制，素面圆饼状，中有圆形穿孔，略有残损。直径4.7、厚0.95、孔径0.2厘米（图一六，14）。

圆陶片 1件。标本TN09E03③：2，陶片改制，素面圆饼状，无孔，一面已残损。宽5.2、厚1.1厘米（图一六，15）。

陶璧 1件。标本TN03E02⑤：1，泥质灰陶，模制，圆形扁平，残环状，内部有孔，陶璧内孔边缘和外缘有一圈凸棱，璧面饰有减地谷纹，残损。直径6.8、厚0.75厘米（图一七，4）。

银环 1件。标本TN01E03③：1，银质，环形。直径2、粗0.15厘米（图一七，2）。

铜钱 1件。标本TN10E02③：1，五铢钱。直径2.6、方孔径0.8厘米（图一七，1）。

器耳 2件。标本TN11E02④：1，泥质灰陶，轮制，扁宽横桥耳，素面。耳残长4.9、宽4.1、厚0.7厘米（图一七，5）。标本TN08E02④：1，泥质灰陶，轮制，弧腹，肩部有錾耳。耳残长5.2、厚1.8、宽3厘米（图一七，3）。

施纹陶片纹饰主要有凹弦纹、压印细绳纹、压印之字纹、布纹、菱格纹、篦点纹、水波纹等。

标本TN05E01③：1，绳纹为底纹，上饰粗凹弦纹（图一八，1）。

标本TN11E02④：8，刻划曲纹（图一八，2）。

标本TN09E03⑥：2，饰有粗细不一的凹弦纹（图一八，3）。

标本TN11E02④：9，饰有水波纹（图一八，4）。

标本TN11E02④：11，饰有平行细弦纹和刻划曲纹（图一八，5）。

标本TN09E02⑥：3，饰有菱形纹（图一八，6）。

标本TN08E01②：3，饰有折角纹（图一八，7）。

标本TN09E03⑥：3，饰有篦点纹（图一八，8）。

标本TN04E01⑤：1，饰有细绳纹，多施于瓦（图一八，9）。

标本TN09E02⑥：4，布纹，多施于瓦和陶器的内侧（图一八，10）。

标本TN08E03③：7，细绳纹为底纹，上抹平形成若干弦纹（图一八，11）。

标本TN08E02⑤：2，菱格纹（图一八，12）。

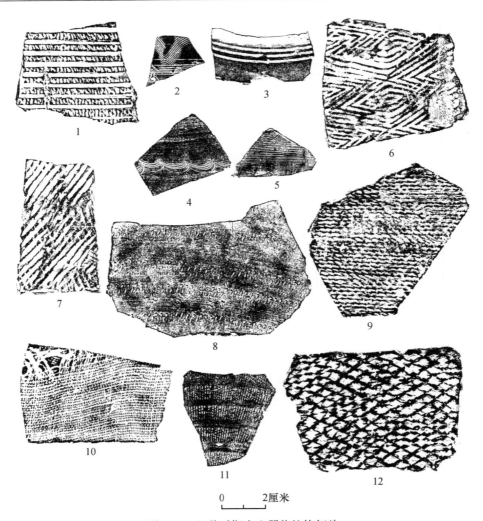

图一八　汉魏时期出土器物纹饰拓片

1. 细绳纹、粗凹弦纹（TN05E01③：1）　2. 刻划曲纹（TN11E02④：8）　3. 凹弦纹（TN09E03⑥：2）

4. 水波纹（TN11E02④：9）　5. 细弦纹、刻划曲纹（TN11E02④：11）　6. 菱形纹（TN09E02⑥：3）

7. 折角纹（TN08E01②：3）　8. 箆点纹（TN09E03⑥：3）　9. 细绳纹（TN04E01⑤：1）　10. 布纹（TN09E02⑥：4）

11. 细绳纹、弦纹（TN08E03③：7）　12. 菱格纹（TN08E02⑤：2）

三、辽金时期文化遗存

（一）遗　迹

灰坑　2处。

H2　位于TN08E01探方内东北角，开口于第3层下，打破第7层和H3。该遗迹北部及东部均在隔梁之内，西部被房基打破，弧壁，底部近平，灰坑口长168、宽62～82、自深46厘米。坑内堆积土质土色一致，灰褐土内含细砂及少量卵石，结构较硬。出土灰陶片和残瓦片。纹饰有外饰绳纹、内饰布纹和外表素面内饰布纹（图一九）。

H3 位于TN08E01东部和TN08E02的西部，开口于第3层下，打破第7层和部分城墙夯土层。坑口清理部分为不规则半圆形，坑底北高南低，弧壁，坑口东西长570厘米，南北宽400厘米，自深112厘米。填土根据土质土色可分4层（图二〇）：

H3①层：红褐沙质土，内含小卵石，质地紧密，无出土遗物。

H3②层：红褐淤泥、淤沙层，质地较硬，无出土遗物。

H3③层：黄褐色沙质土，内含大量卵石，质地较硬，出土泥质黑陶、泥质红陶、泥质灰陶、泥质黄褐陶片，纹饰有绳纹、凹弦纹、内饰布纹或菱格纹，可辨器形有筒瓦、板瓦和豆柄。

H3④层：黄褐淤泥及淤沙层，质地较硬，无出土遗物。

豆柄 1件。标本H3：1，泥质灰陶，轮制陶豆残件，仅余豆柄与豆盘连接处。宽5.1、豆柄内径1.7、残高2.1厘米（图二一）。

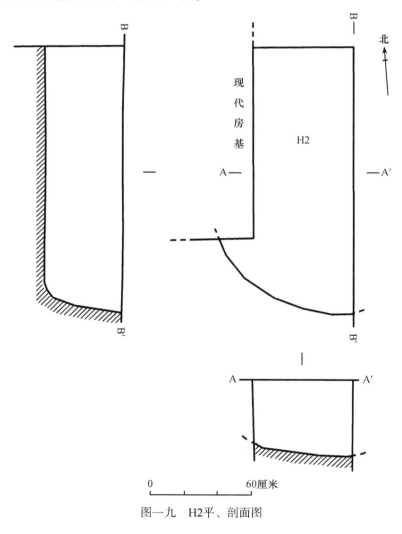

图一九 H2平、剖面图

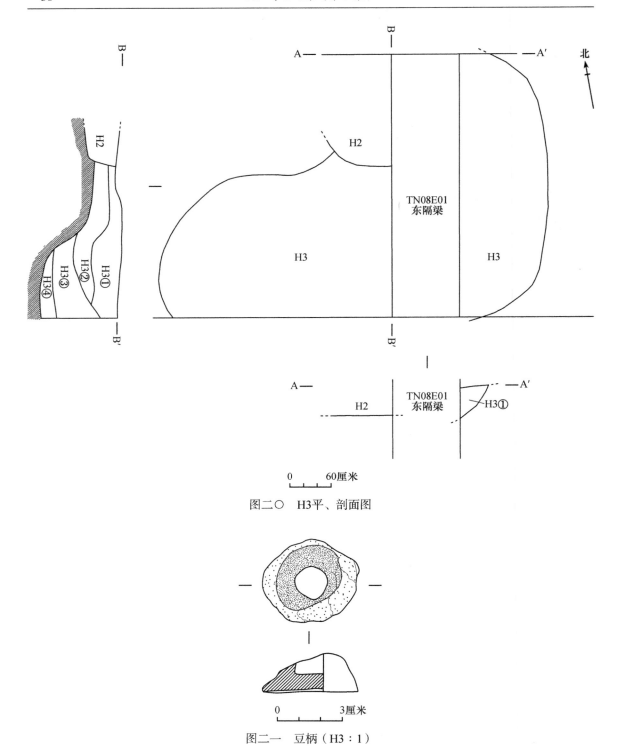

图二〇　H3 平、剖面图

图二一　豆柄（H3：1）

（二）遗　物

辽金时期出土遗物主要以陶器口沿残片为主。可辨器形主要有罐及少量的碗、甑和铜钱等。出土陶器残片质地以黑皮灰陶为主，有少量黑皮褐陶和泥质褐陶。

陶盆　2件。标本TN09E03③：5，泥质褐陶，轮制，敞口外折平沿，表面有明显轮制痕迹。口径58.2厘米（图二二，9）。标本TN09E03③：9，泥质灰陶，轮制，敞口，外折平沿，颈部饰有一圈指印附加堆纹。口径52.4厘米（图二二，1）。

陶罐　11件。根据口沿形制可分三型。

A型　5件。圆唇。标本TN09E01④：2，泥质灰陶，表面有黑皮，轮制，侈口圆沿，外折圆唇，束颈，颈下部有轮制凹弦纹，表面有轮制痕迹，素面。口径45.2厘米（图二二，11）。标本TN11E02⑤：1，泥质褐陶，表面有黑皮，轮制，外卷圆唇，表面有轮制修整痕迹。口径29.8厘米（图二二，5）。标本TN11E02⑤：2，泥质褐陶，表面有黑皮，轮制，敛口外卷圆唇，溜肩。内外均有轮制修整痕迹，口径25厘米（图二二，7）。标本TN11E02④：4，泥质灰陶，表面有黑皮，轮制，敞口，外折圆唇，短束颈，圆肩，表面有若干轮制弦纹痕迹。口径28厘米（图二二，2）。标本TN11E02④：5，泥质褐陶，表面有黑皮，轮制，圆唇，外饰若干轮制弦纹，口径48.6厘米（图二二，12）。

B型　3件。尖唇。标本TN09E01③：1，泥质灰陶，表面有黑皮，轮制，外卷尖唇，短束颈，颈下饰有轮制凹槽，表面有轮制修整痕迹，素面。口径52厘米（图二二，8）。标本TN11E03③：3，泥质灰陶，表面有黑皮，轮制，侈口卷唇，短颈，圆肩，肩部饰一条凹弦纹。口径48.8厘米（图二二，4）。标本TN11E03⑤：2，泥质灰陶，表面有黑皮，轮制，外卷尖唇，短颈，溜肩。外饰弦纹。口径43厘米（图二二，6）。

C型　3件。外卷唇。标本TN11E03②：3，泥质灰陶，表面有黑皮，轮制，外卷圆唇，沿内有明显轮制凹槽，短颈，溜肩，素面。口径60厘米（图二三，4）。标本TN09E03⑥：1，泥质灰陶，表面有黑皮，轮制，直口外卷圆唇，束颈，流肩，沿内饰有一圈凹弦纹，素面。口径32厘米（图二三，2）。标本TN05E02③：1，泥质褐陶，表面有黑皮，轮制，外卷圆唇。口径52厘米（图二三，3）。

陶甑　1件。标本TN11E02③：1，夹细砂褐陶，表面有黑皮，轮制，斜腹平底，残底可见三个残损近圆形钻孔。底径29、残高1.9、底厚0.8、孔径4～6厘米（图二三，1）。

瓷碗　1件。标本TN11E03⑤：1，陶碗残损，仅余底部。弧腹，矮圈足，红褐色胎土，外饰白色化妆土有流釉痕迹，内施白色釉面。底径7、残高3.2、胎厚0.5厘米（图二二，10）。

铜钱　1件。标本TN09E02⑤：1，祥符元宝。直径2.6、方孔0.5厘米（图二二，3）。

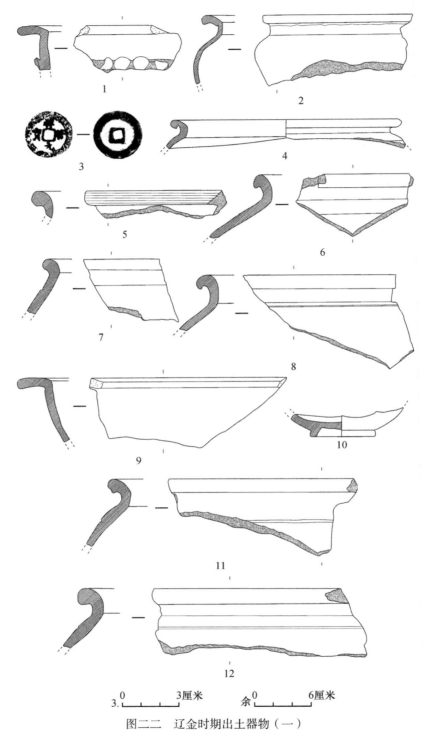

图二二　辽金时期出土器物（一）

1、9.陶盆（TN09E03③：9、TN09E03③：5）　　2、4～8、11、12.陶罐（TN11E02④：4、TN11E03③：3、
TN11E02⑤：1、TN11E03⑤：2、TN11E02⑤：2、TN09E01③：1、TN09E01④：2、TN11E02④：5）
3.铜钱（TN09E02⑤：1）　　10.瓷碗（TN11E03⑤：1）

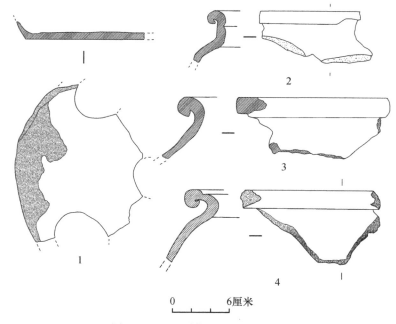

图二三　辽金时期出土器物（二）

1. 陶甑（TN11E02③：1）　　2～4. 陶罐（TN09E03⑥：1、TN05E02③：1、TN11E03②：3）

四、结　　语

通过多年来对上伯官地区的考古调查、勘探和发掘，结合本次配合基本建设对上伯官城址西南部的考古发掘工作，有以下几点认识：

1. 对上伯官城址范围和布局的认识

20世纪80年代文物调查时，发现上伯官城址整体叠压在现代村落民居下。2011年，在配合基本建设过程中，对该城址西南城角进行了考古发掘，并对城址进行了再次调查。该城址平面为长方形，南北长，东西窄，周长约2500米，城址面积约27万平方米。城址的西墙北段、西北角、北墙西段、东北角、东墙南段、东南角被蜿蜒流经该城址东、北两侧的牤牛河冲毁，西墙西半部和西侧护城河叠压在省道107公路和四环快速路下。经实测，西墙残长250米，南墙残长430米，东墙残长230米，北墙残留东段115米。该城址应有四个城门，其中东、西城门可能位于穿过上伯官村的东李线公路（沈抚故道）下，南城门位于村内南北主干道南端，北城门位于村落最北。城内街道应为十字街布局，且在城外靠近北门位置发现一座夯土台基，疑为城外高台建筑址，或为墩台。

2. 对上伯官城址夯土城墙的认识

在以往工作中最常见的是通过夯层和夯窝来确定夯土，但在发掘上伯官屯城址西南城角时却发现，除了在解剖城墙基槽时看到的夯层外，在地面以上的城墙断面上看不到清晰的夯层，有人认为这种情况下不能确定其为夯土城墙。这种例子不仅存在于上伯官屯城址，在沈阳青桩子战国汉代城址[1]、抚顺新宾永陵南汉城址[2]、抚顺新宾白旗堡城址[3] 等也存在这种情况。

笔者通过比较分析，本文认为造成这种现象主要有以下几方面的因素。

（1）这几座城址的共同特点是位于临近河流、地势开阔的坡岗上，周围土层中含沙量大，有的就是沙土。由于沙土比较松散，黏合性不强，为了增加强度和黏合度，往往在夯打时加入卵石。这种融合卵石的沙土经夯打后不易分出层位。

（2）采用夯筑方法的不同。传统意义上的夯筑一般为逐层起夯，一般用带木柄的圆形石柱或将平整的石块用绳子固定四角来夯打。前者在平面上会形成连续的夯窝，在剖面上会出现一层叠压一层的现象；后者一般在平面上形成的痕迹不明显，而在剖面上也会形成逐层叠压的情况。

如果用版筑法筑城墙，在外侧用木板砌成轮廓，其内垒土起夯，会形成墙外侧夯打得比较结实，墙内由于局部受力原因，不能形成明显的分层。一般采用版筑法筑的夯土城墙，外侧有明显的版筑痕迹。如果这几座城址采用此种夯筑法修筑，可能由于年久失修和风化的原因，已在墙体表面看不出痕迹了。

（3）这几座城址修筑年代基本都在战争年代。除了沈阳青桩子城址尚不能确定外，其余几座都与玄菟郡的内迁有关。

《汉书·地理志》中对玄菟郡总人口的记载是"户四万五千六，口二十二万一千八百四十五"，《后汉书·郡国志》中对玄菟郡总人口的记载更是少到"户一万五百九十四，口四万三千一百六十三"。

在生产力相对低下的汉代，以如此数量的人口来修筑如上伯官城址这样规模宏大的郡城，所需耗费的人力物力将十分惊人。此外，由于战争需要，不可能耗费大量时间去逐层起夯，应是采用版筑垒土起夯的方式快速筑城。

3. 对上伯官城址城名和年代的认识

通过考古发掘，清理出该城址的西南城角及西城墙一部分，均为夯土筑就，城墙外侧15米有护城河。西南城角平面外方内弧，城墙底部先挖基槽，基槽内逐层起夯，地面以上墙体系垒土起夯，夯层不甚明显。在城墙内、外发现有长期踩踏形成的活动面，叠压在东汉时期文化层上，其上为魏晋时期文化层。初步判定，该城址始建年代大致在东汉时期，魏晋时期沿用。

从上伯官城址与辽阳襄平古城之间距离、所处地理位置、建城及沿用年代、城址规模等方面综合分析，该城址应为玄菟郡第三郡治。自东汉安帝永初元年（公元107年）玄菟郡从抚顺新宾永陵地区内迁到沈阳和抚顺之间的上伯官屯，至东晋安帝元兴三年（公元404年）玄菟郡废[4]，上伯官城为玄菟郡第三郡治共历经298年。

上伯官城址是汉代玄菟郡二迁三治所在地，是沈阳境内汉魏时期规模最大的城址和政治、经济、军事活动的中心。加强对该城址及其他玄菟郡辖县的研究，对于探究汉魏时期沈阳地区社会经济、军事政治、文化交流及民族关系史都具有重要意义。

勘探、发掘：付永平　刘　明　孙鹏飞　刘卫民　等

资料整理：付永平　刘卫民　张　彤

绘　　图：刘卫民　张　彤

摄　　影：张天琦　刘卫民

执　　笔：付永平　张　彤

注　释

［1］　李晓钟：《沈阳地区战国秦汉考古初步研究》，《沈阳考古文集》（第1集），科学出版社，2007年。

［2］　徐家国：《汉玄菟郡二迁址考略》，《社会科学辑刊》1984年3期；徐家国：《辽宁新宾县永陵镇汉城址调查》，《考古》1989年11期；金辉：《抚顺汉城与玄菟郡西迁》，《东北史地》2008年6期。

［3］　王绵厚：《西汉时期的玄菟郡"帻沟娄"城与高句丽早期"南北二道"的形成——关于高句丽早期历史文化的若干问题之六》，《东北史地》2008年5期。

［4］　赵红梅：《玄菟郡研究》，东北师范大学博士学位论文，2006年。

下伯官一号魏晋墓发掘简报

辽宁省文物考古研究院

2021年4月，沈抚改革创新示范区人民文化公园二期工程在施工中意外发现墓葬1座，辽宁省文物考古研究院派员赴现场对墓葬进行了考古调查，并对周边其他拟施工区域进行了考古勘探，无其他墓葬发现。2021年6～7月，辽宁省文物考古研究院对该墓葬进行了考古发掘。

一、地理位置及地形地貌

墓葬位于近年辽宁省规划的沈抚改革创新示范区，南距浑南东路约450米，北距沈抚二号公路约450米，东距沈阳市四环路约940米，西距金紫街约380米，地理中心坐标为东经123°38′49.29″、北纬41°48′47.58″，海拔61米（图一）。墓葬上方原为下伯官屯民居，现已拆迁，其东1千米外为省级文物保护单位——上伯官城址，该区域周边地势平坦，浑河支流小沙河从其北部和东部经过，现地表分布有稀疏的房屋建筑、树木以及拆迁后的建筑垃圾。

图一　下伯官墓葬位置示意图

二、地层堆积

发掘采用了布方发掘，于墓葬上方布正南北向探方一个，发掘面积约50平方米。

探方内地层堆积以探方东壁为例：

第1层：表土层。呈黑灰色，土质较疏松，包含有建筑垃圾，植物根系等，厚20～30厘米。

第2层：淤积层。呈浅灰褐色，土质疏松，较纯净，厚5～8厘米。墓葬开口于此层下。

第3层：汉代文化层。呈灰褐色，土质疏松，包含有少量青砖碎块。厚30～35厘米。3层下为生土。

三、墓葬形制

此次发掘揭露出墓葬1座，编号为M1。墓穴开口于2层下，打破第3层及生土，平面呈刀形。墓道近正南向，呈斜坡状，因邻近道路，未完整揭露。发掘部位开口呈长方形，长1.6、宽2.5米。墓坑北部被破坏，开口平面呈长方形，斜壁，平底。口残长4.4～6米，宽4.6、深2.4米。

砖构墓室位于墓坑偏东部，造墓用砖混杂，由不同规格和形制的青砖组成，且夹杂有大量残半砖。墓室由墓门、横前室、东、西甬道和东、西后室组成（图二；图版四，1）。

1. 墓门

墓门位于墓室东南部，正对墓道，保存完好，面宽0.7米，内高0.9米，进深0.4米。墓门东西两壁用砖和砌法有所不同，东壁用半砖平、侧混合砌筑；西壁用整砖，采用平、竖相结合的砌法。两壁均从0.8米处起券，券顶中部使用楔形砖闭合。墓门由青砖封堵，封堵用砖可为内外两层，内层位于墓门过道之内，用半砖和整砖混合平砌；外层位于墓门过道之外，用残半的子母砖堆砌于墓门过道外中下部。墓门西侧有一段短墙，由残砖砌筑，高1.1米。墓门之上砌有一段额墙，由规格较小的子母砖自墓门顶部向上叠涩砌筑。额墙于墓门正上方呈东西向分布，至墓门东部折向东南，全长2.4米，距墓顶高0.7米（图二；图版四，2、3）。

2. 横前室

墓门以北为横前室，保存完整。墓底部用残半砖横向错缝铺砌，平面呈长方形，长2.5、宽1米。四壁用青砖错缝砌筑，砌法为二平一竖。顶部用楔形砖起券，距底部高1.4米。室内北壁东西两侧各有1甬道与东西后室相连。

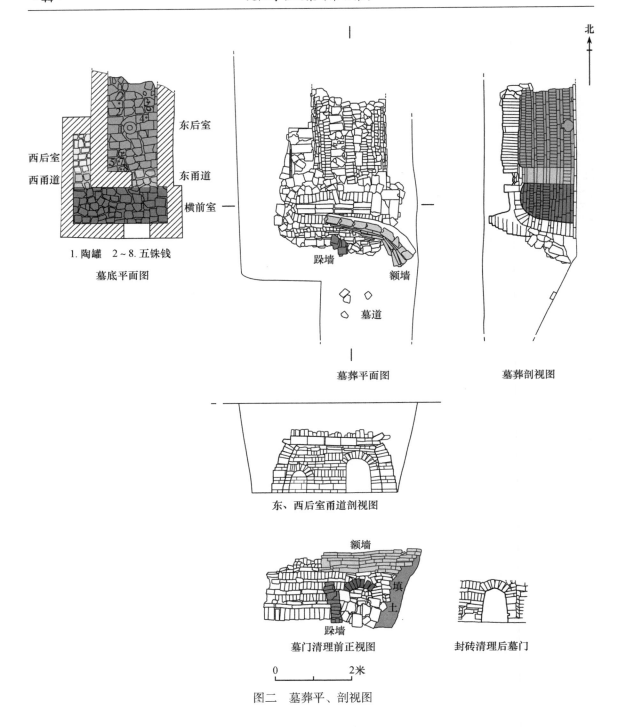

北

西后室
西甬道

东后室

东甬道

横前室

1. 陶罐　2 ~ 8. 五铢钱

墓底平面图

踩墙　　额墙

墓道

墓葬平面图

墓葬剖视图

东、西后室甬道剖视图

额墙

填土

踩墙

墓门清理前正视图

封砖清理后墓门

0　　　　　　2米

图二　墓葬平、剖视图

3. 东甬道

位于横前室的东北部，正对墓门，规模与墓门相近，券顶，进深0.4、宽0.7、高0.9米。

4. 东后室

位于东甬道北部，北部被破坏。室内南部由甬道连接横前室。墓底部用残半砖横向错缝铺砌，平面呈长方形，残长2.3~2.6米，宽1.3米。墓壁用青砖错缝砌筑，砌法为二平一竖。墓顶用楔形砖起券，距底部高1.5米。室内发现陶罐1件，五铢钱7件，头盖骨残块2块（图版四，4）。

5. 西甬道

位于横前室西北部，券顶，进深与东甬道相同，为0.4米；宽度与西后室宽度相同，为0.45米，高0.6米。

6. 西后室

位于东后室西侧，紧依东后室，保存完整，与东后室相比，规模极小。西后室南部由甬道与横前室相连。室内底部用残半砖横向铺砌，平面呈长方形，长1.5、宽0.45米。室内西壁用青砖错缝顺砌，东壁借用东后室的西壁。墓室顶部为平顶，可以分为上下二层，搭建方式为下层先用完整大号的青砖纵向横铺于墓室东西两壁之上，上层再用残半砖横纵铺砌，墓顶距墓底高0.4米（图版四，5）。

四、出土遗物

该墓已在施工中被破坏，且早期经过严重的盗扰，此次发掘在墓室内不见葬具，仅在东后室内保存2块残头盖骨，随葬品仅存陶罐1件、五铢钱7件。另外，此次发掘在墓葬填土中出土有少量青砖，同时采集了少量墓葬本体用砖。

陶罐　1件。M1:1，泥质灰陶，素面，圆唇，口沿外斜，矮领，束颈，溜肩，鼓腹，平底，上腹部饰有一周篦点纹。口径17.3、最大腹径32.2、底径18.6、高28.2厘米（图三，1）。

普通青砖　M1本体:1，取自于西后室墓顶下层用砖，完整。背面使用绳纹，正面素面。长44.6、宽20.9、厚9.9厘米（图三，2）。

楔形砖　1件。M1填土:1，出土于墓道近墓门处，头部残。背面绳纹，正面素面，两侧斜直，头部窄，尾部宽。残长31.1、尾部宽20.7、头部宽14.9、厚7.9厘米（图三，3）。

异形砖　M1本体:2，取自西后室墓顶下层用砖，完整。背面饰有绳纹，正面素面。一侧长边凸起。长43.6、宽17.9~20.9、厚9.6厘米（图三，4）。

　　子母砖　按规格大小可分二型。形制相近，均背面饰有绳纹，正面素面，一端正中有凸榫，另一端有卯槽，与其他相同形制青砖相互咬合衔接使用。

　　A型　规格较大。M1填土：3，出土于墓道近墓门处，卯槽一侧残缺。长55.9、宽26.9、厚11.2厘米（图三，5）。

　　B型　规格较小。M1填土：2，出土于墓道近墓门处，完整。长44.6、宽16.4～17.3、厚6.3米（图三，6）。

　　五铢钱　7件。多数锈蚀严重，文字隐约可辨，形制基本相同。以M1：3为例：圆形，方穿，正面篆书钱文"五铢"，右向左对读。"五"字交笔弯曲，"朱"字头方折，"金"字头呈翼足形。光背。范铸。钱径2.5、穿径1、郭厚0.15、郭宽0.1厘米（图三，7）。

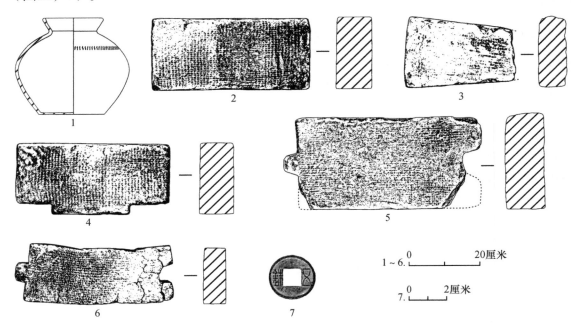

图三　墓葬出土器物及拓片

1. 陶罐（M1：1）　2. 普通青砖（M1本体：1）　3. 楔形砖（M1填土：1）　4. 异形砖（M1本体：2）

5. A型子母砖（M1填土：3）　6. B型子母砖（M1填土：2）　7. 五铢钱拓片（M1：3）

五、墓葬年代与性质

　　M1被破坏严重，出土的随葬品极少，缺乏确认墓葬准确年代的成套器物组合。该墓位于上伯官城址西约1千米，多年来，沈阳市考古工作者在其周边发现并清理了不少墓葬[1]，这些墓葬主要以多室砖墓为主，年代多集中在汉魏时期。从墓葬形制来看，M1为横前室结构，与洛阳烧沟汉墓中的第五型墓葬（前堂横列墓）形制相似，属于汉墓中最晚出现的形制[2]。此墓用砖和砌筑方法与1963年伯官屯M1、M6[3]相似，出土的陶罐形制与1963年伯官屯M6内的陶罐（M6：10）近似。以上两座墓葬的随葬品中少见模型明器，出土有铁镜、粗陶小碗、双耳小釉陶罐等，发掘者认为这两座墓葬年代为魏晋时期。因此，此次发掘的M1的具体年代也应为魏晋时期。

M1除北部被破坏一小部分外，基本保存完整，特别是墓顶、墓门结构保存完好，为该地区罕见，这为研究沈阳地区汉魏墓葬砌筑工艺提供了素材。

M1和以前周边发现的汉魏墓葬，当属同一个墓群，且与附近的上伯官城址有关，推测墓主人属于同时期上伯官城址内居住的人群。从墓葬规模和形制来看，该墓主人非一般平民，但该墓用砖规格杂乱，且掺杂大量半砖，特别是墓葬西后室规模极小，仅似象征意义，推测墓主人身份为级别不高的官吏。

勘探、发掘：苏军强　童　海　胡国富

资 料 整 理：苏军强　童　海　胡国富

绘　　　　图：苏军强　胡国富

摄　　　　影：苏军强　童　海

执　　　　笔：苏军强　李海波　童　海　姜洪军

注　释

［1］　沈阳市文物工作组：《沈阳伯官屯汉魏墓葬》，《考古》1964年11期；沈阳市文物考古工作队：
　　　　《沈阳上伯官汉墓清理报告》，《辽海文物学刊》1991年2期；沈阳市文物考古研究所：《沈阳上
　　　　伯官汉墓2005年发掘报告》，《沈阳考古文集》（第2集），科学出版社，2008年；沈阳市文物考
　　　　古研究所：《沈阳下伯官汉墓2007年发掘报告》，《沈阳考古文集》（第2集），科学出版社，
　　　　2008年。

［2］　中国科学院考古研究所：《洛阳烧沟汉墓》，科学出版社，1959年。

［3］　沈阳市文物工作组：《沈阳伯官屯汉魏墓葬》，《考古》1964年11期。

2021年沈阳市浑南区麦子屯西墓葬发掘报告

沈阳市文物考古研究所

2021年沈阳市浑南区麦子屯西墓葬，位于浑南区东湖街道麦子屯村西（图一），东距文溯街约100米，北距绕城高速公路（G1501）约500米。沈阳市文物考古研究所在配合城市基本建设的考古工作中，经国家文物局批准后，布设10米×10米探方20个，发掘面积2000平方米（图二；图版五），清理清代至民国墓葬59座，出土遗物256件/套。

所发掘墓葬布局杂乱无章，均为竖穴土圹木棺墓。其中，单棺墓40座，双棺墓18座，三棺墓1座。骨骸普遍保存极差，均已粉化。随葬器物以方孔铜钱、铜币、陶盆和日用首饰为主。铜钱多置于棺底，其年代上迄唐代，下至民国时期。陶盆有灰陶盆、绿釉陶盆。首饰以扁方、耳环等银饰较常见。

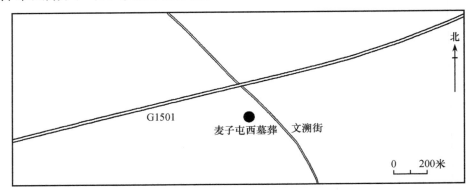

图一　2021年浑南区麦子屯西墓葬位置图

一、地 层 堆 积

第1层：现代耕土层，厚20～30厘米，呈深灰褐色土，土质较疏松，含大量植物根系、现代垃圾。

第1层下为浅黄褐色土，土质较致密，纯净、未见包含物，经发掘者判断为生土。

二、遗迹与遗物

1. 2021SHMM1

（1）形制与结构

位于T1302北部、向北进入北隔梁，为竖穴土圹单木棺墓，墓向296°。开口于第1层下，墓圹平面呈长方形。长280、宽100、底距开口深100～120厘米。

木棺长240、宽60厘米，棺内不见人骨或其残痕，棺盖板上方出土陶盆1件（图三）。

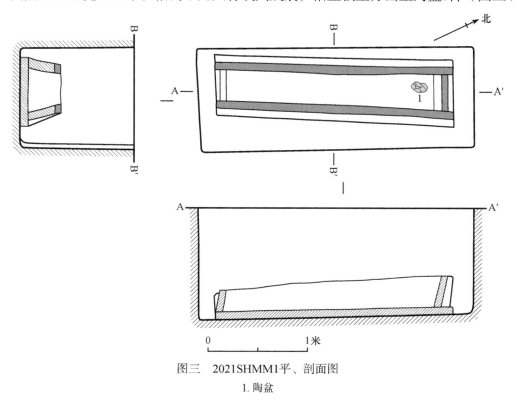

图三　2021SHMM1平、剖面图
1. 陶盆

（2）出土遗物

陶盆　1件。2021SHMM1：1，器身破裂，局部残缺；绿釉红胎，釉色不均，局部呈墨绿色；圆唇、平折沿、弧腹、平底，外壁近口沿处有1周凸棱。口径30、底径18、高12.6厘米（图四；图版八，4）。

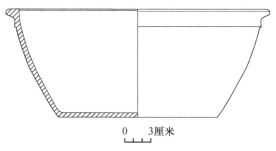

图四　2021SHMM1出土器物
陶盆（2021SHMM1：1）

2. 2021SHMM2

（1）形制与结构

位于T1303南部，为竖穴土圹双木棺墓，墓向42°。开口于第1层下，墓圹平面呈梯形。长260、宽160～200、底距开口深60厘米。

左棺长180、宽60～80厘米，棺内不见人骨或其残痕；右棺长180、宽60～80厘米，棺内不见人骨或其残痕，出土"嘉庆通宝"1枚（图五）。

（2）出土遗物

嘉庆通宝　1枚。2021SHMM2：1，方孔圜钱，通体锈蚀，呈铁锈色，夹杂铜绿色；正面阳文楷书，直读"嘉庆通宝"、背面阳文满文；直径2.4、穿边长0.55、厚0.1厘米。

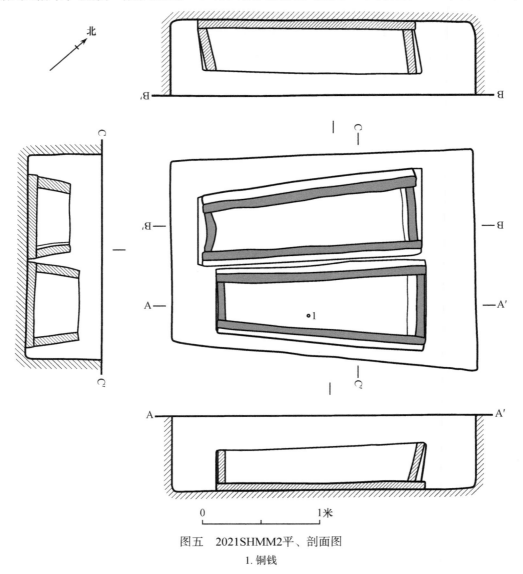

图五　2021SHMM2平、剖面图

1. 铜钱

3. 2021SHMM3

（1）形制与结构

位于T1203中部，为竖穴土圹单木棺墓，墓向292°。开口于第1层下，墓圹平面呈梯形。长220、宽80～110、底距开口深40厘米。

木棺长160、宽40～60厘米，棺内仅见头骨及部分下肢骨残痕；棺盖板上方出土陶盆1件，棺内墓主人头侧出土银发簪1件、铜钱5枚（图六）。

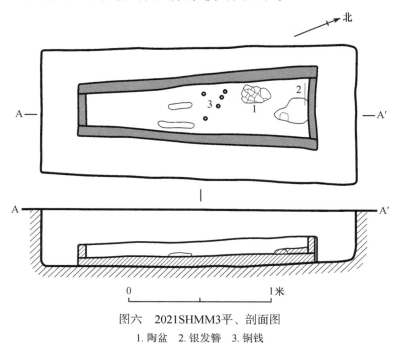

图六　2021SHMM3平、剖面图
1. 陶盆　2. 银发簪　3. 铜钱

（2）出土遗物

陶盆　1件。2021SHMM3：6，器身破裂，局部残缺；泥质灰陶，陶色不均，局部呈黑色；敞口、方唇、弧腹、平底。口径21.6、底径9.4、高8.7厘米（图七，2）。

银发簪　1件。2021SHMM3：1，基本完整，簪首略有残缺；局部有黑褐色附着物；通体扁平，簪首作花卉形，一面有压印"同兴"字款。长15.6、簪首宽2.3、簪身直径0.2～0.4厘米（图七，1）。

铜钱　5枚。

乾隆通宝　2枚，尺寸相近，形制、钱文均相同。2021SHMM3：2，方孔圜钱，通体锈蚀，呈铜绿色；正面阳文楷书、直读"乾隆通宝"，背面阳文满文。直径2.4、穿边长0.55、厚0.1厘米。

嘉庆通宝　3枚，尺寸相近，形制、钱文均相同。2021SHMM3：7，方孔圜钱，通体锈蚀，呈铜绿色；正面阳文楷书、直读"嘉庆通宝"，背面阳文满文。直径2.4、穿边长0.6、厚0.1厘米。

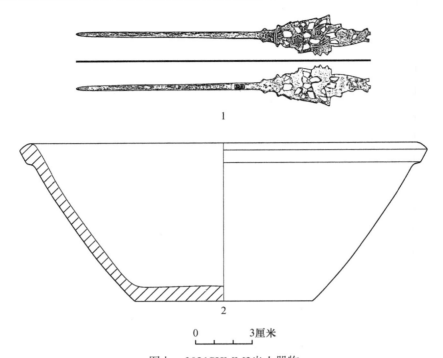

图七　2021SHMM3出土器物

1. 银发簪（2021SHMM3：1）　2. 陶盆（2021SHMM3：6）

4. 2021SHMM4

（1）形制与结构

位于T1203西北部，为竖穴土圹双木棺墓，墓向46°。开口于第1层下，墓圹平面呈梯形，长240、宽140～160、底距开口深39～41厘米。

左棺长180、宽44～50厘米，棺内仅见头骨及部分下肢骨残痕，墓主人头侧出土银扁方1件、金环1件，身侧出土银戒指2件、铜扣3枚、铜钱2枚；右棺长180、宽36～44厘米，棺内不见人骨或其残痕（图八）。

（2）出土遗物

银扁方　1件。2021SHMM4：1，基本完整，局部有黑色附着物；平面略呈直尺状，前端呈方形，向正面翻卷呈筒状，尾端呈半圆形，平直；正面近首端处刻划飞鸟纹，近尾端处刻划四分格涡纹，外缘饰1周葵花纹。长12.2、宽2.5、厚0.05厘米（图九，1；图版六，1）。

金环　1件。2021SHMM4：2，基本完整，局部有黑色附着物；环状，通体素面。外径2.6、内径2.2、环径0.2厘米（图九，2）。

银戒指　2件，尺寸相近，形制相同。2021SHMM4：4，基本完整，局部有黑色附着物；环状，戒面有六边形花纹，两侧近边缘处各有2处镂空，边缘呈波浪形，环身扁平。直径1.9～2、戒面宽1、厚0.18厘米（图九，3、7）。

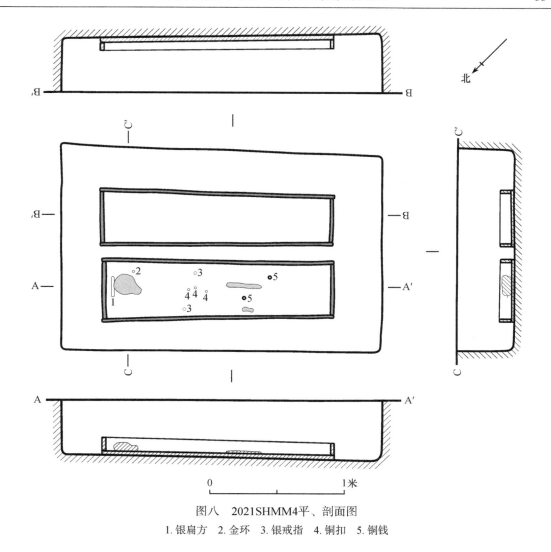

图八 2021SHMM4平、剖面图
1. 银扁方 2. 金环 3. 银戒指 4. 铜扣 5. 铜钱

铜扣 3枚，尺寸相近，形制相同（图九，4～6）。2021SHMM4：6，基本完整，通体锈蚀，呈铜绿色，局部铁锈色；扣首呈环状，扣身略呈扁球体，表面有凹槽。扣径1.3、通高1.9厘米。

铜钱 2枚。因锈蚀严重，1枚铜钱已不可识别钱文。

光绪通宝 1枚。2021SHMM4：3，方孔圜钱，通体锈蚀，呈铜绿色；正面阳文楷书、直读"光绪通宝"，背面阳文满文。直径1.8、穿边长0.5、厚0.1厘米。

5. 2021SHMM5

（1）形制与结构

位于T1203西部，为竖穴土圹单木棺墓，墓向269°。开口于第1层下，墓圹平面呈长方形。长220、宽160、底距开口深20厘米。

木棺长222、宽51～60厘米，棺内仅见头骨及部分肢骨；棺内出土铜扣2枚、铜钱1枚（图一〇）。

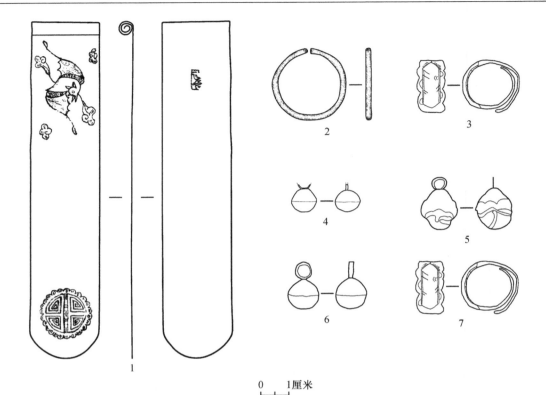

0　　1厘米

图九　2021SHMM4出土器物

1. 银扁方（2021SHMM4：1）　2. 金环（2021SHM4：2）　3、7. 银戒指（2021SHMM4：4）

4～6. 铜扣（2021SHMM4：5～M2021SHM4：7）

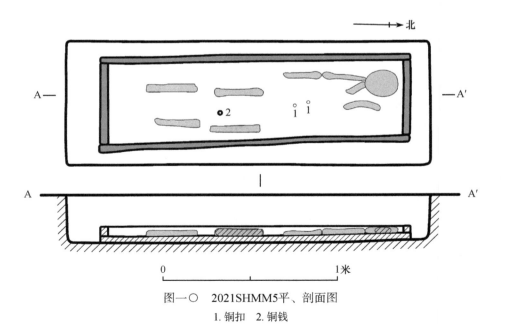

0　　　　　　　　　　　　1米

图一〇　2021SHMM5平、剖面图

1. 铜扣　2. 铜钱

（2）出土遗物

铜扣 2枚，尺寸相近，形制相同。2021SHMM5：1，基本完整，通体锈蚀，呈铜绿色；扣首呈环状，扣身略呈扁球体，表面有凹槽；扣径1.3、残高1.75厘米（图一一）。

道光通宝 1枚。2021SHMM5：2，方孔圜钱，通体锈蚀，呈铁锈色，夹杂铜绿色；正面阳文楷书、直读"道光通宝"，背面阳文满文。直径2.3、穿边长0.55、厚0.2厘米。

6. 2021SHMM6

形制与结构

位于T1103南部，为竖穴土圹单木棺墓，墓向243°。开口于第1层下，墓圹平面呈长方形。长220、宽80、底距开口深60厘米。

木棺长197、宽57厘米，棺内不见人骨或其残痕，未出土遗物（图一二）。

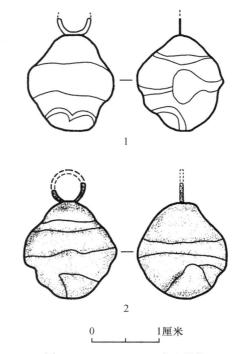

图一一　2021SHMM5出土器物

1、2.铜扣（2021SHMM5：1、2021SHMM5：3）

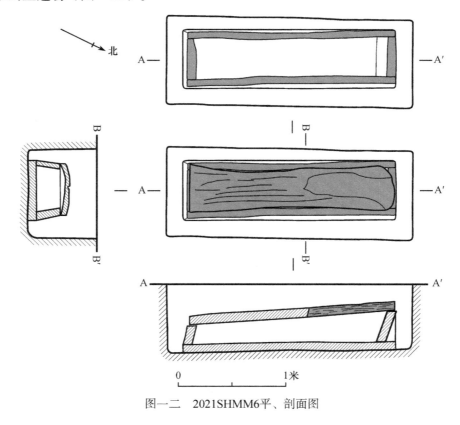

图一二　2021SHMM6平、剖面图

7. 2021SHMM7

（1）形制与结构

位于T1103北部，为竖穴土圹单木棺墓，墓向306°。开口于第1层下，墓圹平面呈长方形。长260、宽140、底距开口深54～60厘米。

木棺长180、宽80厘米，棺内仅见1截下肢残骨，出土瓷盅1件、银耳环1件、铜钱1枚（图一三）。

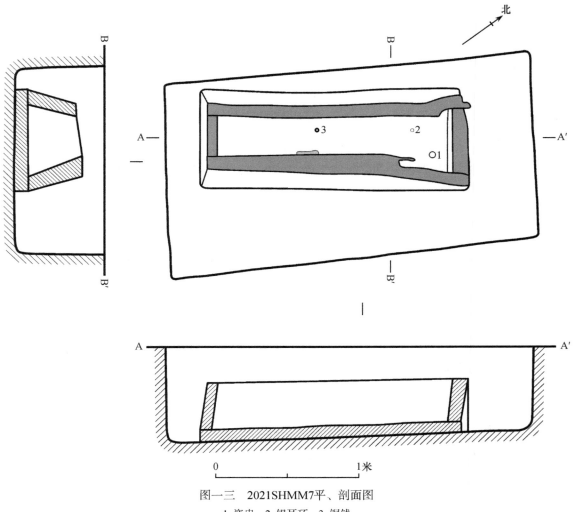

图一三　2021SHMM7平、剖面图

1.瓷盅　2.银耳环　3.铜钱

（2）出土遗物

瓷盅　1件。2021SHMM7：1，口沿略有残缺，内外壁有青花图案，敞口、方唇、直腹、平底。口径4.2、底径2、高1.9厘米（图一四，1；图版八，1）。

银耳环　1件。2021SHMM7：2，基本完整，通体有黑色附着物，环面饰花卉纹，环身前段为圆柱体，后段扁平，可见"世合盛"字款；直径1.7～1.9、宽0.2～0.45、厚0.2厘米（图一四，2）。

道光通宝　1枚。2021SHMM7：3，方孔圜钱，通体锈蚀，呈铁锈色，夹杂铜绿色；正面阳文楷书、直读"道光通宝"，背面阳文满文；直径2、穿边长0.5、厚0.15厘米。

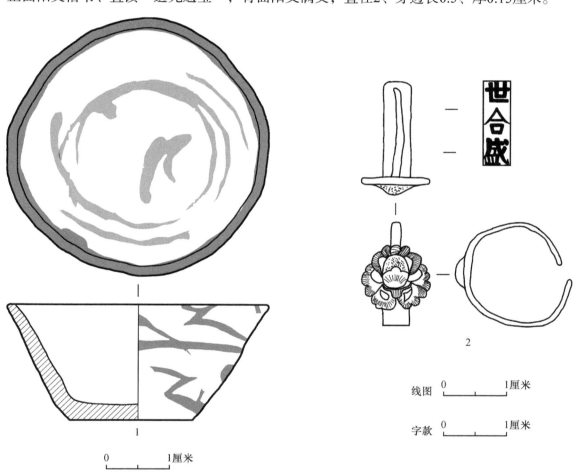

图一四　2021SHMM7出土器物

1. 瓷盅（2021SHMM7：1）　2. 银耳环（2021SHMM7：2）

8. 2021SHMM8

（1）形制与结构

位于T1104西南部，为竖穴土圹双木棺墓，墓向6°。开口于第1层下，墓圹平面呈梯形。长220、宽140～180、底距开口深88～92厘米。

左棺长200、宽55～75厘米，棺内不见人骨或其残痕，出土铜钱4枚；右棺长200、宽52～74厘米，棺内不见人骨或其残痕，出土银发簪1件、银扁方1件、铜钱4枚（图一五）。

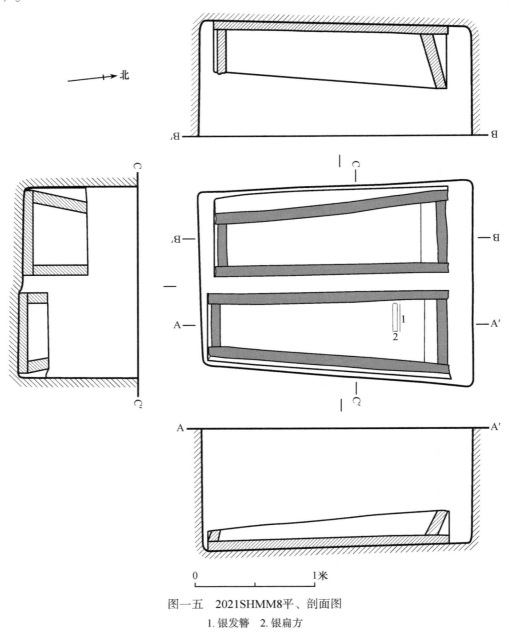

图一五　2021SHMM8平、剖面图

1. 银发簪　2. 银扁方

（2）出土遗物

银发簪　1件。2021SHMM8：1，基本完整，通体有黑褐色附着物；簪首呈卷边状，簪身呈圆柱体。长24.6厘米（图一六，1）。

银扁方　1件。2021SHMM8：2，基本完整，通体有黑色附着物；平面略呈直尺状，前端呈方形，向正面翻卷呈筒状，尾端呈半圆形，平直；正面近首端处刻划飞鸟纹，近尾端处刻划四分格涡纹，外缘饰1周葵花纹，背面有"义盛魁""纹银楼"字款。长18.5、宽3.5～3.8、厚0.07厘米（图一六，2）。

铜钱　8枚。因锈蚀严重，1枚铜钱已不可识别钱文。

乾隆通宝　3枚，尺寸相近，形制、钱文均相同。2021SHMM8：5，方孔圜钱，通体锈蚀，呈铜绿色；正面阳文楷书、直读"乾隆通宝"，背面阳文满文。直径2.4、穿边长0.55、厚0.1厘米。

嘉庆通宝　1枚。2021SHMM8：10，方孔圜钱，通体锈蚀，呈铜绿色；正面阳文楷书、直读"嘉庆通宝"，背面阳文满文。直径2.4、穿边长0.6、厚0.1厘米。

道光通宝　2枚，尺寸相近，形制、钱文均相同。2021SHMM8：8，方孔圜钱，通体锈蚀，呈铁锈色，夹杂铜绿色；正面阳文楷书、直读"道光通宝"，背面阳文满文。直径2、穿边长0.5、厚0.15厘米。

咸丰通宝　1枚。2021SHMM8：4，方孔圜钱，通体锈蚀，呈铜绿色；正面阳文楷书、直读"咸丰通宝"，背面阳文满文。直径2.15、穿边长0.55、厚0.18厘米。

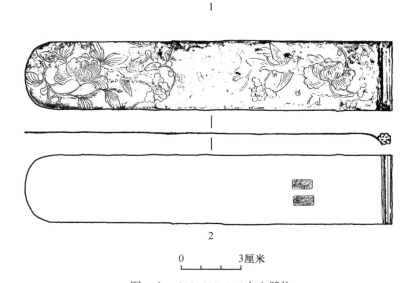

1

2

0　　　　　3厘米

图一六　2021SHMM8出土器物

1. 银发簪（2021SHMM8：1）　2. 银扁方（2021SHMM8：2）

9. 2021SHMM9

（1）形制与结构

位于T1003东部，为竖穴土圹单木棺墓，墓向279°。开口于第1层下，墓圹平面呈梯形。长220、宽76～80、底距开口深44～48厘米。

木棺长186、宽42～61厘米，棺内不见人骨或其残痕，出土铜钱3枚（图一七）。

（2）出土遗物

铜钱　3枚。

乾隆通宝　1枚。2021SHMM9：2，方孔圜钱，通体锈蚀，呈铜绿色；正面阳文楷书、直读"乾隆通宝"，背面阳文满文。直径2.4、穿边长0.55、厚0.1厘米。

嘉庆通宝　2枚，尺寸相近，形制、钱文均相同。2021SHMM9：3，方孔圜钱，通体锈蚀，呈铜绿色；正面阳文楷书、直读"嘉庆通宝"，背面阳文满文。直径2.4、穿边长0.6、厚0.1厘米。

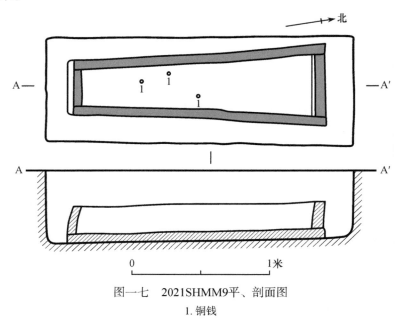

图一七　2021SHMM9平、剖面图
1. 铜钱

10. 2021SHMM10

（1）形制与结构

位于T1004东部，为竖穴土圹单木棺墓，墓向82°。开口于第1层下，墓圹平面呈梯形。长220、宽100～102、底距开口深33～38厘米。

木棺长180、宽56～71厘米，棺内仅见头骨，出土铜钱1枚（图一八）。

（2）出土遗物

乾隆通宝　1枚。2021SHMM10：1，方孔圜钱，通体锈蚀，呈铜绿色；正面阳文楷书、直读"乾隆通宝"，背面阳文满文。直径2.4、穿边长0.55、厚0.1厘米。

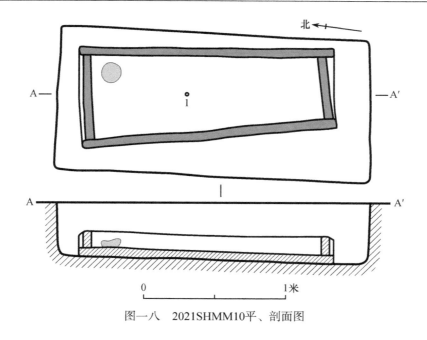

图一八　2021SHMM10平、剖面图

11. 2021SHMM11

形制与结构

位于T1003西北部，为竖穴土圹单木棺墓，墓向298°。开口于第1层下，墓圹平面呈四边形，长232～237、宽88～99、底距开口深59～62厘米。

木棺长167、宽48～61厘米，棺内仅见头骨及部分下肢骨骼，未出土遗物（图一九）。

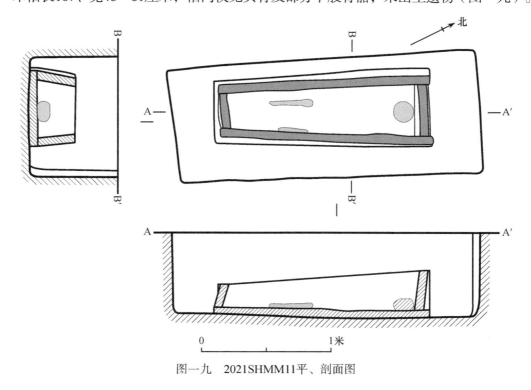

图一九　2021SHMM11平、剖面图

12. 2021SHMM12

（1）形制与结构

位于T0904北部，为竖穴土圹双木棺墓，墓向280°。开口于第1层下，墓圹平面呈梯形。长220、宽131～157、底距开口深41～54厘米。

左棺长200、宽45～58厘米，棺内仅见头骨及部分下肢骨骼，出土瓷盅1件、铜钱4枚；右棺长180、宽48～61厘米，棺内不见人骨或其残痕，出土瓷盅1件、铜钱3枚；墓圹填土中出土陶盆1件、瓷碗1件（图二〇）。

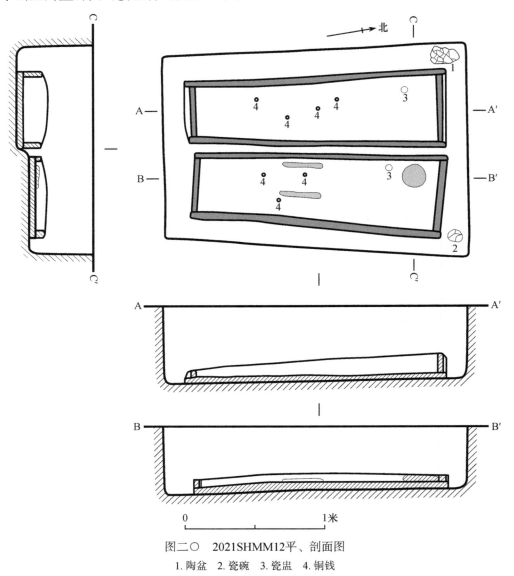

图二〇　2021SHMM12平、剖面图

1. 陶盆　2. 瓷碗　3. 瓷盅　4. 铜钱

（2）出土遗物

陶盆 1件。2021SHMM12：9，器身破裂，局部残缺；泥质灰陶，器身颜色不均，局部黑色；圆唇、平折沿、弧腹、平底。口径35.2、底径19.6、高10.2厘米（图二一，3）。

瓷碗 1件。2021SHMM12：10，器身破裂，局部残缺；外壁近底处饰褐色釉；圆唇、敞口、弧腹、圈足。口径16.8、底径6.8、高5.5厘米（图二一，4）。

瓷盅 2件。2021SHMM12：4，口沿略缺。青瓷，尖唇，侈口，弧腹，圈足。通体素面。口径5、底径2.4、高3.1厘米（图二一，1）。2021SHMM12：8，基本完整。青瓷，通体素面，口沿无釉。尖唇，侈口，弧腹，平底。口径4.3、底径1.6、高2.1厘米（图二一，2）。

铜钱 7枚。因锈蚀严重，1枚铜钱已不可识别钱文。

政和通宝 1枚。2021SHMM12：1，方孔圜钱，正面略残，通体锈蚀，呈黑褐色。正面阳文篆书、直读"政和通宝"，光背。直径2.9、穿边长0.7、厚0.2厘米。

宽永通宝 1枚。2021SHMM12：7，方孔圜钱，背面略残，通体锈蚀，铁锈色，夹杂铜绿色。正面阳文楷书、直读"宽永通宝"，光背。直径2.3、穿边长0.55、厚0.1厘米。

乾隆通宝 3枚，尺寸相近，形制、钱文均相同。2021SHMM12：5，方孔圜钱，通体锈蚀，呈铜绿色；正面阳文楷书、直读"乾隆通宝"，背面阳文满文。直径2.4、穿边长0.55、厚0.1厘米。

光绪通宝 1枚。2021SHMM12：3，方孔圜钱，背面略残，通体锈蚀，呈黄褐色；正面阳文楷书、直读"光绪通宝"，背面阳文满文。直径2.3、穿边长0.55、厚0.1厘米。

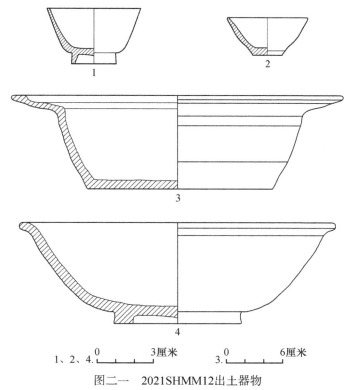

图二一 2021SHMM12出土器物

1、2.瓷盅（2021SHMM12：4、2021SHMM12：8） 3.陶盆（2021SHMM12：9） 4.瓷碗（2021SHMM12：10）

13. 2021SHMM13

（1）形制与结构

位于T0805东南部，为竖穴土圹双木棺墓，墓向21°。开口于第1层下，墓圹平面呈长方形，长260、宽200、底距开口深103～109厘米。

左棺长200、宽60厘米，棺内不见人骨或其残痕，出土银耳环1对、铜钱5枚；右棺长180、宽40～80厘米，棺内仅见头骨及部分骨骼，出土玻璃扣3枚、铜钱5枚（图二二）。

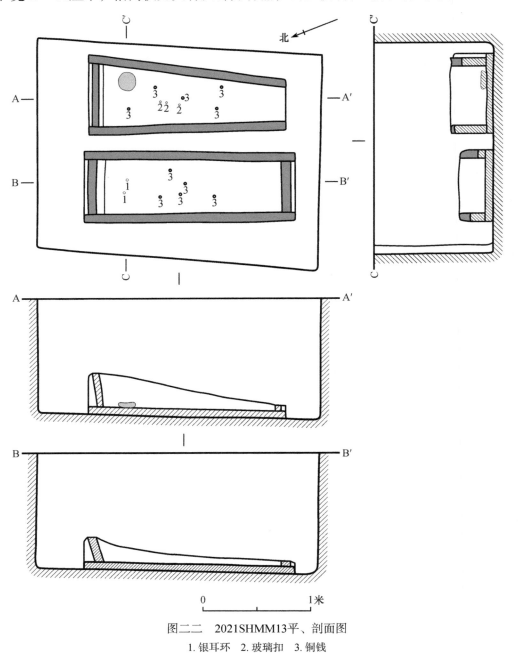

图二二　2021SHMM13平、剖面图

1. 银耳环　2. 玻璃扣　3. 铜钱

（2）出土遗物

银耳环　1对。2021SHMM13：1，基本完整，局部有黑色附着物；环状，通体素面；直径1.4～1.5、宽0.2厘米（图二三，1）。

玻璃扣　3枚，尺寸相近，形制相同（图二三，2～4）。2021SHMM13：12，基本完整，环首，器身通体呈红色，内部有气泡；扣径1.1、环径0.6、通高1.4厘米。

铜钱　10枚。因锈蚀严重，2枚铜钱已不可识别钱文。

乾隆通宝　2枚，尺寸相近，形制、钱文均相同。2021SHMM13：5，方孔圜钱，通体锈蚀，呈铜绿色；正面阳文楷书、直读"乾隆通宝"，背面阳文满文。直径2.4、穿边长0.55、厚0.1厘米。

嘉庆通宝　5枚，尺寸相近，形制、钱文均相同。2021SHMM13：6，方孔圜钱，通体锈蚀，呈铜绿色；正面阳文楷书、直读"嘉庆通宝"，背面阳文满文。直径2.4、穿边长0.6、厚0.1厘米。

道光通宝　1枚。2021SHMM13：4，方孔圜钱，通体锈蚀，呈铁锈色，夹杂铜绿色；正面阳文楷书、直读"道光通宝"，背面阳文满文。直径2、穿边长0.5、厚0.15厘米。

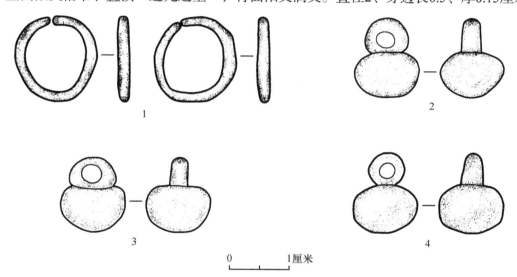

图二三　2021SHMM13出土器物

1. 银耳环（2021SHMM13：1）　2～4. 玻璃扣（2021SHMM13：11、2021SHMM13：12、2021SHMM13：14）

14. 2021SHMM14

（1）形制与结构

位于T0804东南部，为竖穴土圹单木棺墓，墓向268°。开口于第1层下，墓圹平面呈长方形。长220、宽80～100、底距开口深36～43厘米。

木棺长180、宽51～72厘米，棺内仅见头骨及部分下肢骨骼，出土铜币1枚（图二四）。

（2）出土遗物

铜币　1枚。2021SHMM14：1，边缘略残，局部锈蚀，呈铜绿色，正背面铭文均不可辨。直径2.3、厚0.1厘米。

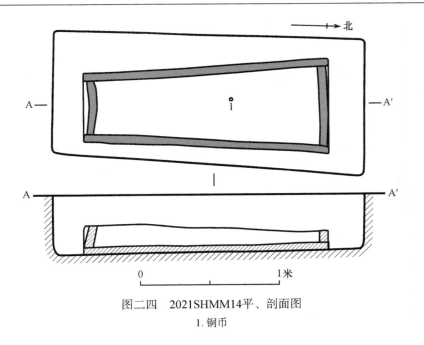

图二四　2021SHMM14平、剖面图

1. 铜币

15. 2021SHMM15

（1）形制与结构

位于T0805西部，为竖穴土圹单木棺墓，墓向304°。开口于第1层下，墓圹平面呈长方形。长240、宽77～80、底距开口深49～52厘米。

木棺长200、宽45～50厘米，棺内仅见部分肢骨，出土陶盆1件、铜钱3枚（图二五）。

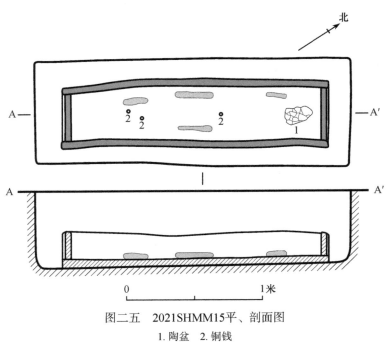

图二五　2021SHMM15平、剖面图

1. 陶盆　2. 铜钱

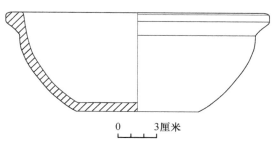

图二六 2021SHMM15出土器物
陶盆（2021SHMM15：4）

（2）出土遗物

陶盆 1件。2021SHMM15：4，器身破裂，局部残缺；泥质灰陶，轮制，火候较低，陶色不均，局部呈黑色；平折沿、方唇、弧腹、平底。口径20.3、底径9.4、高7.9厘米（图二六）。

铜钱 3枚。

乾隆通宝 2枚，尺寸相近，形制、钱文均相同。2021SHMM15：1，方孔圜钱，通体锈蚀，呈铜绿色；正面阳文楷书、直读"乾隆通宝"，背面阳文满文。直径2.4、穿边长0.55、厚0.1厘米。

光绪通宝 1枚。2021SHMM15：2，方孔圜钱，背面略残，通体锈蚀，呈黄褐色；正面阳文楷书、直读"光绪通宝"，背面阳文满文。直径2.3、穿边长0.55、厚0.1厘米。

16. 2021SHMM16

（1）形制与结构

位于T0704西北部，为竖穴土圹双木棺墓，墓向96°。开口于第1层下，墓圹平面呈四边形。长220～240、宽120～140、底距开口深56～62厘米。

左棺长177～178、宽43～63厘米，棺内仅见头骨，出土铜钱6枚；右棺长170、宽48～61厘米，棺内仅见部分下肢骨骼，出土铜钱6枚（图二七）。

（2）出土遗物

铜钱 12枚。因锈蚀严重，2枚铜钱已不可识别钱文。

开元通宝 1枚。2021SHMM16：11，方孔圜钱，通体锈蚀，呈铜绿色；正面阳文楷书、直读"开元通宝"，光背。直径2.5、穿边长0.6、厚0.2厘米。

乾隆通宝 3枚，尺寸相近，形制、钱文均相同。2021SHMM16：5，方孔圜钱，通体锈蚀，呈铜绿色；正面阳文楷书、直读"乾隆通宝"，背面阳文满文。直径2.4、穿边长0.55、厚0.1厘米。

嘉庆通宝 1枚。2021SHMM16：2，方孔圜钱，通体锈蚀，呈铜绿色；正面阳文楷书、直读"嘉庆通宝"，背面阳文满文。直径2.4、穿边长0.6、厚0.1厘米。

道光通宝 4枚，尺寸相近，形制、钱文均相同。2021SHMM16：6，方孔圜钱，通体锈蚀，呈铁锈色，夹杂铜绿色；正面阳文楷书、直读"道光通宝"，背面阳文满文。直径2、穿边长0.5、厚0.15厘米。

咸丰通宝 1枚。2021SHMM16：3，方孔圜钱，通体锈蚀，呈铜绿色；正面阳文楷书、直读"咸丰通宝"，背面阳文满文。直径2.15、穿边长0.55、厚0.18厘米。

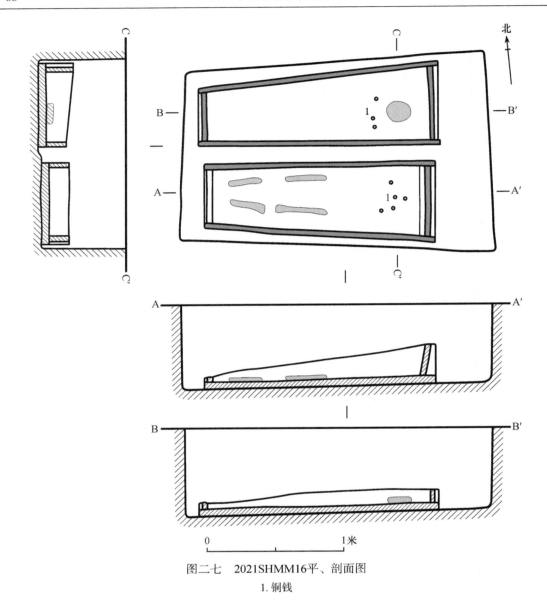

图二七　2021SHMM16平、剖面图

1. 铜钱

17. 2021SHMM17

（1）形制与结构

位于T0705南部，为竖穴土圹单木棺墓，墓向251°。开口于第1层下，墓圹平面呈梯形。长220、宽60～100、底距开口深44～51厘米。

木棺长180、宽46～60厘米，棺内仅见头骨及部分下肢骨，出土铜钱1枚（图二八）。

（2）出土遗物

道光通宝　1枚。2021SHMM17：1，方孔圜钱，通体锈蚀，呈铁锈色，夹杂铜绿色；正面阳文楷书、直读"道光通宝"，背面阳文满文。直径2、穿边长0.5、厚0.15厘米。

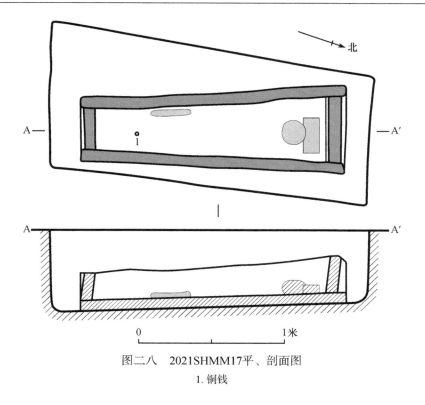

图二八　2021SHMM17平、剖面图
1. 铜钱

18. 2021SHMM18

（1）形制与结构

位于T0705北部，为竖穴土圹双木棺墓，墓向10°。开口于第1层下，墓圹平面呈四边形。长220～240、宽140～160、底距开口深24～30厘米。

左棺长180、宽40～60厘米，棺内仅见头骨及部分肢骨，出土银发簪1件、铜钱2枚；右棺长180、宽60厘米，棺内仅见头骨及部分下肢骨骼，未出土遗物（图二九）。

（2）出土遗物

银发簪　1件。2021SHMM18：1，基本完整，局部有黑褐色附着物；通体扁平，簪首为盆花形，簪身略有弯曲，可见"德义□记"商号。长13.2、簪首宽1.8、簪身宽0.3～0.4、厚0.1厘米（图三〇；图版八，5）。

乾隆通宝　2枚，尺寸相近，形制、钱文均相同。2021SHMM18：2，方孔圜钱，通体锈蚀，呈铜绿色；正面阳文楷书、直读"乾隆通宝"，背面阳文满文。直径2.4、穿边长0.55、厚0.1厘米。

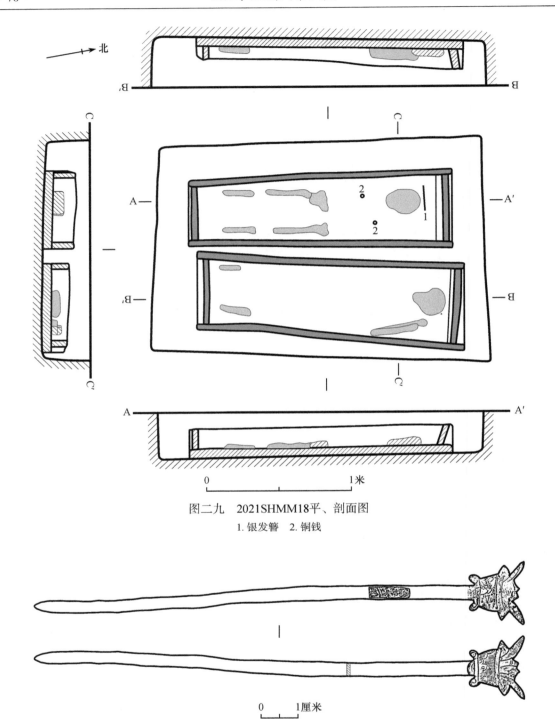

图二九　2021SHMM18平、剖面图
1.银发簪　2.铜钱

图三〇　2021SHMM18出土器物
银发簪（2021SHMM18：1）

19. 2021SHMM19

（1）形制与结构

位于T0605中部，为竖穴土圹单木棺墓，墓向248°。开口于第1层下，墓圹平面呈梯形。长200、宽80、底距开口深41～44厘米。

木棺长180、宽40～60厘米，棺内不见人骨或其残痕，出土铜钱1枚、铜币1枚（图三一）。

（2）出土遗物

乾隆通宝　1枚。2021SHMM19：1，方孔圜钱，通体锈蚀，呈铜绿色；正面阳文楷书、直读"乾隆通宝"，背面阳文满文。直径2.4、穿边长0.55、厚0.1厘米。

铜币　1枚。2021SHMM19：2，边缘略残，局部锈蚀，呈铜绿色，正背面铭文均不可辨。直径2、厚0.12厘米。

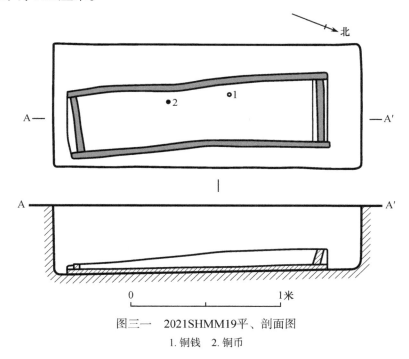

图三一　2021SHMM19平、剖面图
1.铜钱　2.铜币

20. 2021SHMM20

（1）形制与结构

位于T0605南部，为竖穴土圹单木棺墓，墓向251°。开口于第1层下，墓圹平面呈长方形。长240、宽100、底距开口深91～92厘米。

木棺长180～200、宽60～80厘米，棺内不见人骨或其残痕，出土银扁方1件、银耳环1件、铜钱4枚（图三二）。

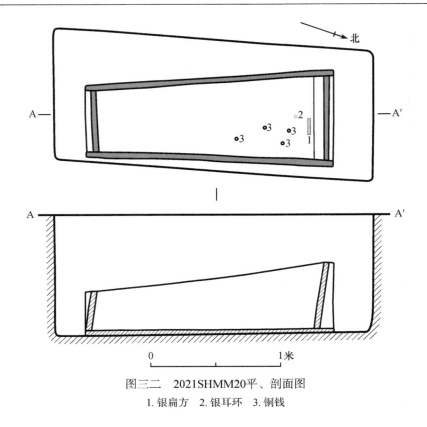

图三二　2021SHMM20平、剖面图

1. 银扁方　2. 银耳环　3. 铜钱

（2）出土遗物

银扁方　1件。2021SHMM20∶1，基本完整，银质，局部有黑色附着物；平面略呈直尺状，前端呈方形，侧面呈花朵状，尾端呈半圆形，平直；正面近首端处刻划四分格涡纹，外缘饰1周葵花纹，近尾端处刻划蝙蝠纹；背面有"祥盛"商号。长12.7、宽1.7～1.8、厚0.05厘米（图三三，1；图版六，2）。

银耳环　1件。2021SHMM20∶2，基本完整，局部有黑色附着物；环状，通体素面。直径1.9～2.2、环径0.2厘米（图三三，2）。

铜钱　4枚。因锈蚀严重，1枚铜钱已不可识别钱文。

乾隆通宝　2枚，尺寸相近，形制、钱文均相同。2021SHMM20∶3，方孔圜钱，通体锈蚀，呈铜绿色；正面阳文楷书、直读"乾隆通宝"，背面阳文满文。直径2.4、穿边长0.55、厚0.1厘米。

道光通宝　1枚。2021SHMM20∶5，方孔圜钱，通体锈蚀，呈铁锈色，夹杂铜绿色；正面阳文楷书、直读"道光通宝"，背面阳文满文。直径2、穿边长0.5、厚0.15厘米。

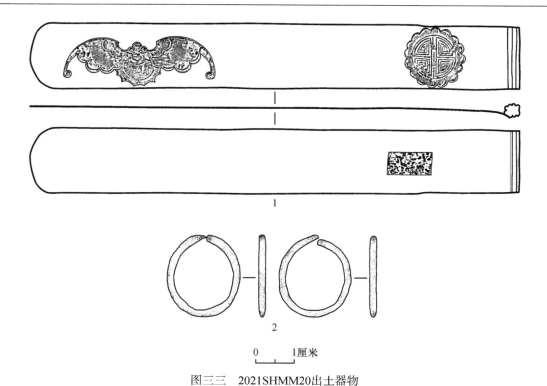

图三三　2021SHMM20出土器物

1. 银扁方（2021SHMM20∶1）　2. 银耳环（2021SHMM20∶2）

21. 2021SHMM21

（1）形制与结构

位于T0505南部，为竖穴土圹单木棺墓，墓向270°。开口于第1层下，墓圹平面呈梯形。长240、宽100～120、底距开口深58～63厘米。

木棺长180、宽46厘米，棺内不见人骨或其残痕，出土铜钱4枚（图三四）。

（2）出土遗物

铜钱　4枚。

嘉庆通宝　2枚，尺寸相近，形制、钱文均相同。2021SHMM21∶3，方孔圜钱，通体锈蚀，呈铜绿色；正面阳文楷书、直读"嘉庆通宝"，背面阳文满文。直径2.4、穿边长0.6、厚0.1厘米。

道光通宝　1枚。2021SHMM21∶2，方孔圜钱，通体锈蚀，呈铁锈色，夹杂铜绿色；正面阳文楷书、直读"道光通宝"，背面阳文满文。直径2、穿边长0.5、厚0.15厘米。

光绪通宝　1枚。2021SHMM21∶1，方孔圜钱，背面略残，通体锈蚀，呈黄褐色；正面阳文楷书、直读"光绪通宝"，背面阳文满文。直径2.3、穿边长0.55、厚0.1厘米。

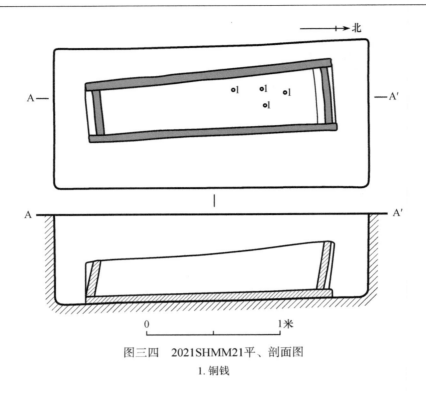

图三四　2021SHMM21平、剖面图
1. 铜钱

22. 2021SHMM22

（1）形制与结构

位于T0505东南部，为竖穴土圹双木棺墓，墓向328°。开口于第1层下，墓圹平面呈梯形。长240、宽160～200、底距开口深34～68厘米。

左棺长180、宽40～80厘米，棺内不见人骨或其残痕，出土耳环1件；右棺长180、宽40～60厘米，棺内不见人骨或其残痕，出土铜扣1件、钱币5枚（图三五）。

（2）出土遗物

耳环　1件。2021SHMM22：1，基本完整，通体有黑色附着物，环面为蝶形纹，环身前段呈圆柱体，后段扁平，可见"恒兴"商号。环面宽1.7、直径2.5～2.6、厚0.1～0.2厘米（图三六，1）。

铜扣　1枚。2021SHMM22：4，环首缺，通体锈蚀；呈铜绿色，扣身略呈扁球体，表面有凹槽；扣径1.2、残高1.3厘米（图三六，2）。

铜币　5枚。

大清铜币　4枚，尺寸相近，形制、钱文均相同。2021SHMM22：2，圆钱，无孔，大部锈蚀，呈铜绿色；正面阳文楷书、直读"大清铜币""丁未"，背面铭文和纹饰不可辨。直径2.7、厚0.1厘米。

"五分"铜币　1枚。2021SHMM22：7，圆钱，无孔，通体锈蚀，呈铜绿色；正面阳文楷书"五分"，背面可辨"康德二年"。直径2、厚0.15厘米。

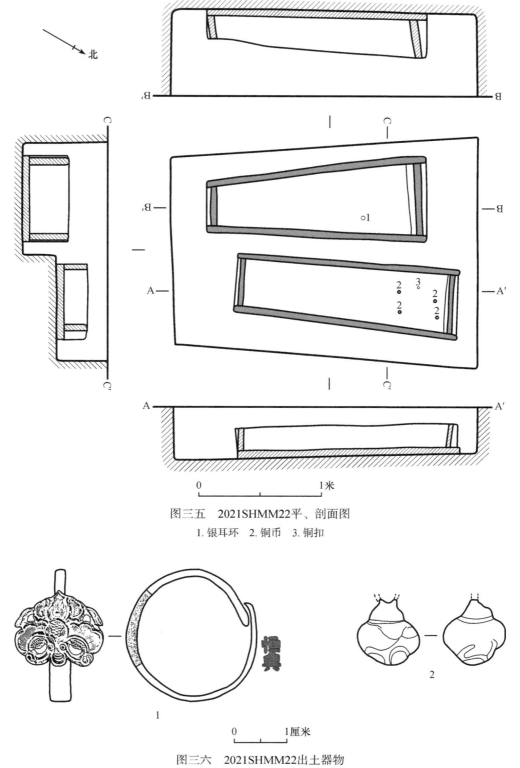

图三五　2021SHMM22平、剖面图

1. 银耳环　2. 铜币　3. 铜扣

图三六　2021SHMM22出土器物

1. 银耳环（2021SHMM22∶1）　2. 铜扣（2021SHMM22∶4）

23. 2021SHMM23

（1）形制与结构

位于T0405中部，为竖穴土圹单木棺墓，墓向271°。开口于第1层下，墓圹平面呈梯形。长240、宽120～140、底距开口深111～116厘米。

木棺长180、宽40～60厘米，棺内不见人骨或其残痕，出土陶盆1件、银扁方1件、铜币6枚（图三七）。

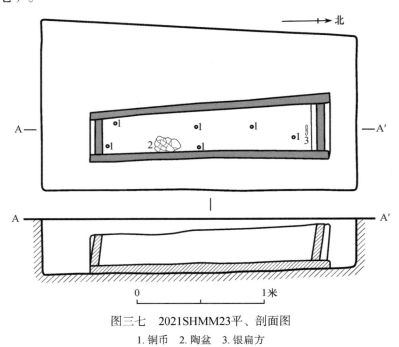

图三七　2021SHMM23平、剖面图

1. 铜币　2. 陶盆　3. 银扁方

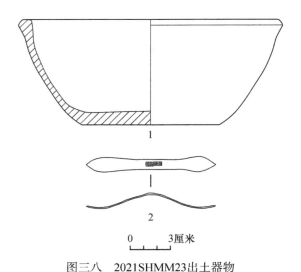

图三八　2021SHMM23出土器物

1. 陶盆（2021SHMM23：5）　2. 银扁方（2021SHMM23：8）

（2）出土遗物

陶盆　1件。2021SHMM23：5，器身破裂，局部残缺；泥质灰陶，轮制，陶色不均，局部呈深灰色；敞口、圆唇、弧腹、平底。口径19.6、底径10.2、高8.1厘米（图三八，1）。

银扁方　1件。2021SHMM23：8，基本完整，局部有黑色附着物；整体略呈把手状，两端略宽，正面素面，背面有"恒兴德记"商号。长9.6、宽0.8～1.2、厚0.1厘米（图三八，2）。

铜币　6枚。因锈蚀严重，2枚铜币已不可识别钱文。

光绪元宝　1枚。2021SHMM23：1，圆钱，无孔，通体锈蚀，呈铁锈色；正面阳文楷书、直读"光绪元宝"，余不可辨，背面文字、纹饰均不可辨。直径2.8、厚0.1厘米。

大清铜币　2枚，尺寸相近，形制、钱文均相同。2021SHMM23：2，圆钱，无孔，大部锈蚀，呈铜绿色；正面阳文楷书、直读"大清铜币""当钱十文"，背面铭文和纹饰不可辨。直径2.8、厚0.15厘米。

中华铜币　1枚。2021SHMM23：3，圆钱，无孔，通体锈蚀，呈铜绿色；正面阳文楷书"壹枚"，背面可辨"中华铜币"。直径2.8、厚0.15厘米。

24. 2021SHMM24

（1）形制与结构

位于T0406东南部，为竖穴土圹双木棺墓，墓向32°。开口于第1层下，墓圹平面呈梯形。长240、宽140～160、底距开口深60～66厘米。

左棺长180、宽40～60厘米，棺内仅见头骨，出土瓷盅1件、银扁方1件、铜钱3枚；右棺长180、宽40～60厘米，棺内仅见头骨及部分肢骨，出土铜钱1枚、铜币1枚（图三九）。

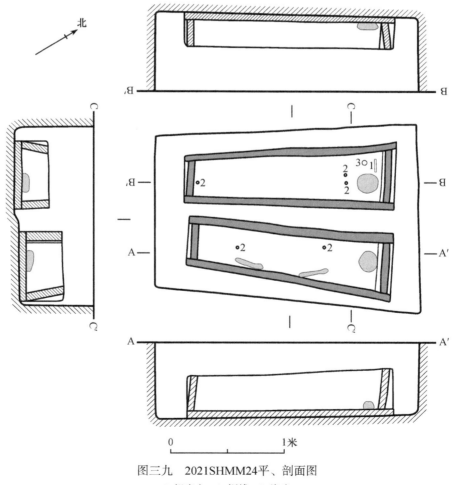

图三九　2021SHMM24平、剖面图

1. 银扁方　2. 铜钱　3. 瓷盅

（2）出土遗物

瓷盅　1件。2021SHMM24：2，器身破裂，口部略残；青釉，釉色不均；敞口、弧腹、圈足。口径4.6、底径1.8、高2.2厘米（图四〇，2）。

银扁方　1件。2021SHMM24：1，基本完整，局部有黑色附着物。平面略呈直尺状，前端呈方形，向正面翻卷呈筒状；尾端呈半圆形，平直。正面近首、尾端处刻划莲花纹，背面有"世合盛"商号。长11、宽2.2～2.3、厚0.05厘米（图四〇，1；图版六，3）。

铜钱　4枚。

乾隆通宝　1枚。2021SHMM24：3，方孔圜钱，通体锈蚀，呈铜绿色；正面阳文楷书、直读"乾隆通宝"，背面阳文满文。直径2.4、穿边长0.55、厚0.1厘米。

嘉庆通宝　1枚。2021SHMM24：4，方孔圜钱，通体锈蚀，呈铜绿色；正面阳文楷书、直读"嘉庆通宝"，背面阳文满文。直径2.4、穿边长0.6、厚0.1厘米。

道光通宝　2枚。2021SHMM24：5，方孔圜钱，通体锈蚀，呈铁锈色，夹杂铜绿色；正面阳文楷书、直读"道光通宝"，背面阳文满文。直径2、穿边长0.5、厚0.15厘米。

"壹角"铜币　1枚。2021SHMM24：7，圆钱，无孔，通体锈蚀，呈黄铜色，夹杂铁锈色。正面阳文楷书"壹角"，背面文字、纹饰均不可辨。

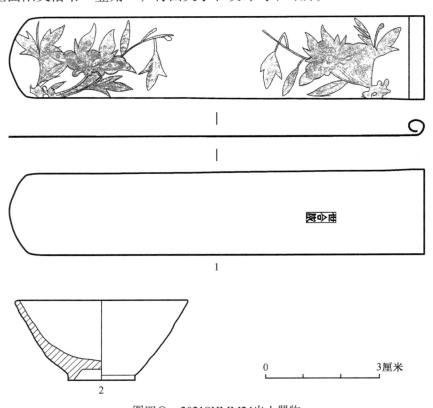

图四〇　2021SHMM24出土器物

1. 银扁方（2021SHMM24：1）　2. 瓷盅（2021SHMM24：2）

25. 2021SHMM25

（1）形制与结构

位于T0306南部，为竖穴土圹单木棺墓，墓向265°。开口于第1层下，墓圹平面呈四边形。长220～240、宽110～120、底距开口深61～64厘米。

木棺长200、宽40～60厘米，棺内仅见头骨及部分下肢骨骼，出土铜币3枚（图四一）。

（2）出土遗物

大清铜币　3枚，尺寸相近，形制、钱文均相同。2021SHMM25：1，圆钱，无孔，通体锈蚀，呈黄铜色，夹杂铜绿色。正面可辨"大清铜币"字样，汉文楷体阳书，背面文字、纹饰均不可辨。直径2.8、厚0.1厘米。

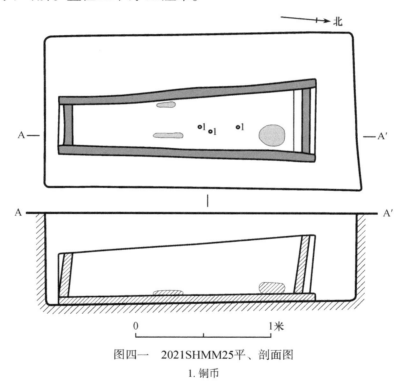

图四一　2021SHMM25平、剖面图
1. 铜币

26. 2021SHMM26

（1）形制与结构

位于T0406西南部，为竖穴土圹双木棺墓，墓向6°。开口于第1层下，墓圹平面呈梯形。长260～264、宽160～200、底距开口深56～73厘米。

左棺长180、宽40～80厘米，棺内仅见头骨及部分下肢骨骼，出土陶盆1件、银发簪1件、铜钱2枚；右棺长180、宽50～60厘米，棺内仅见头骨及部分下肢骨骼，出土铜钱2枚（图四二）。

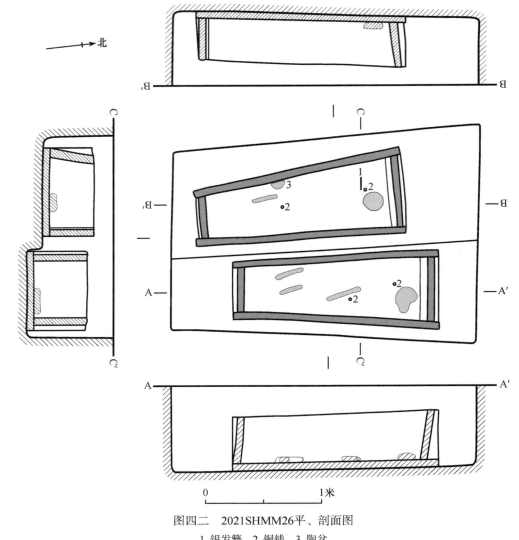

图四二　2021SHMM26平、剖面图

1.银发簪　2.铜钱　3.陶盆

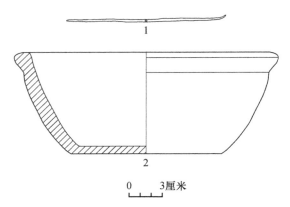

图四三　2021SHMM26出土器物

1.银发簪（2021SHMM26：2）

2.陶盆（2021SHMM26：4）

（2）出土遗物

陶盆　1件。2021SHMM26：4，器身完整，局部釉面有破损。绿釉红胎，外壁施釉不及底。圆唇，敞口，弧腹，平底。高9.3、口径23.5、底径13.4厘米（图四三，2；图版九，1）。

银发簪　1件。2021SHMM26：2，基本完整，通体有黑色锈。簪身呈锥状，两头尖，素面。长14.2、直径0.2厘米（图四三，1）。

铜钱　4枚。因锈蚀严重，1枚铜钱已不可识别钱文。

康熙通宝　2枚，尺寸相近，形制、钱文均相同。2021SHMM26：1，方孔圜钱，通体锈蚀，呈铜绿色；正面阳文楷书、直读"乾隆通宝"，背面阳文满文。直径2.7、穿边长0.6、厚0.1厘米。

乾隆通宝　1枚，尺寸相近，形制、钱文均相同。2021SHMM26：3，方孔圜钱，通体锈蚀，呈铜绿色；正面阳文楷书、直读"乾隆通宝"，背面阳文满文。直径2.4、穿边长0.55、厚0.1厘米。

27. 2021SHMM27

（1）形制与结构

位于T0306西南部，为竖穴土圹单木棺墓，墓向16°。开口于第1层下，墓圹平面呈四边形。长220～240、宽80～100、底距开口深40～49厘米。

木棺长180、宽40～60厘米，棺内仅见头骨，出土陶盆1件、铜钱2枚、铜币2枚（图四四）。

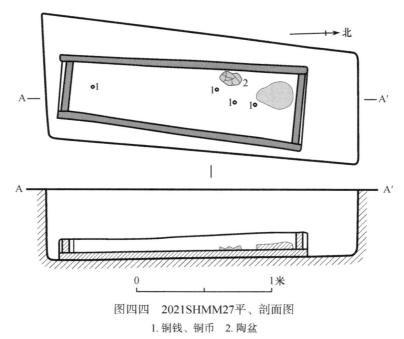

图四四　2021SHMM27平、剖面图
1. 铜钱、铜币　2. 陶盆

（2）出土遗物

陶盆　1件。2021SHMM27：3，器身破裂。泥质灰陶，陶色不均，局部呈黑色。圆唇，敞口，弧腹，平底。高9.3、口径24.4、底径11.2厘米（图四五；图版九，2）。

铜钱　2枚。

乾隆通宝　1枚。2021SHMM27：4，方

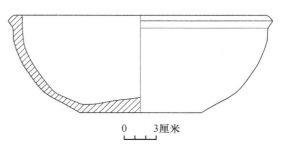

图四五　2021SHMM27出土器物
陶盆（2021SHMM27：3）

孔圜钱，通体锈蚀，呈铜绿色；正面阳文楷书、直读"乾隆通宝"，背面阳文满文。直径2.4、穿边长0.55、厚0.1厘米。

嘉庆通宝　1枚。2021SHMM27：5，方孔圜钱，通体锈蚀，呈铜绿色；正面阳文楷书、直读"嘉庆通宝"，背面阳文满文。直径2.4、穿边长0.6、厚0.1厘米。

铜币　2枚。

大清铜币　2枚，尺寸相近，形制、钱文均相同。2021SHMM22：2，圆钱，无孔，通体锈蚀，呈铜绿色，夹杂铁锈色。正面可辨"大清铜币""己酉""当制钱二十"汉文楷体阳书，背面文字、纹饰均不可辨。直径3.3、厚0.15厘米。

28. 2021SHMM28

（1）形制与结构

位于T0206东部，为竖穴土圹双木棺墓，墓向347°。开口于第1层下，墓圹平面呈梯形。长240、宽160～180、底距开口深42～71厘米。

左棺长180、宽40～60厘米，棺内仅见头骨；右棺长180、宽40～69厘米，棺内仅见头骨及部分下肢骨骼；出土陶盆1件、银耳环1件、铜钱8枚（图四六）。

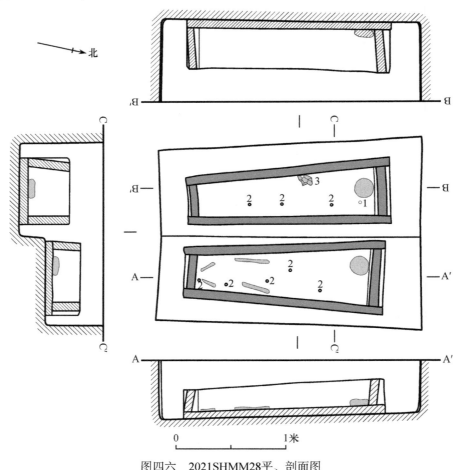

图四六　2021SHMM28平、剖面图

1.银耳环　2.铜钱　3.陶盆

（2）出土遗物

陶盆　1件。2021SHMM28：3，器身破裂，局部绿釉剥落。绿釉红胎。方唇，敞口，弧腹，平底。高9.7、口径19.4、底径11.2厘米（图四七，2）。

银耳环　1对。2021SHMM28：1，基本完整，局部有黑色锈。环状，鎏金，通体素面。基本完整，局部有黑色附着物；环状，通体素面；直径1.8～1.9、环径0.1～0.2厘米（图四七，1）。

铜钱　8枚。

乾隆通宝　6枚，尺寸相近，形制、钱文均相同。2021SHMM28：2，方孔圜钱，通体锈蚀，呈铜绿色；正面阳文楷书、直读"乾隆通宝"，背面阳文满文。直径2.4、穿边长0.55、厚0.1厘米。

嘉庆通宝　1枚。2021SHMM28：8，方孔圜钱，通体锈蚀，呈铜绿色；正面阳文楷书、直读"嘉庆通宝"，背面阳文满文。直径2.4、穿边长0.6、厚0.1厘米。

道光通宝　1枚。2021SHMM28：9，方孔圜钱，通体锈蚀，呈铁锈色，夹杂铜绿色；正面阳文楷书、直读"道光通宝"，背面阳文满文。直径2、穿边长0.5、厚0.15厘米。

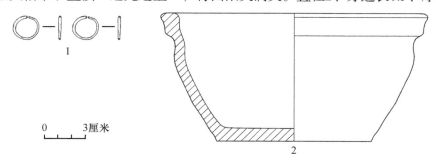

图四七　2021SHMM28出土器物

1. 银耳环（2021SHMM28：1）　2. 陶盆（2021SHMM28：3）

29. 2021SHMM29

形制与结构

位于T0206中部，为竖穴土圹单木棺墓，墓向272°。开口于第1层下，墓圹平面呈四边形。长200～220、宽80～85、底距开口深34～37厘米。

木棺长160、宽40～60厘米，棺内仅见头骨及部分下肢骨，未出土遗物（图四八）。

30. 2021SHMM30

形制与结构

位于T0206西南部，为竖穴土圹双木棺墓，墓向82°。开口于第2层下，墓圹平面呈梯形。长240、宽140～151、底距开口深53～55厘米。

左棺长180、宽40～60厘米，棺内仅见头骨；右棺长180、宽40～60厘米，棺内仅见头骨及部分下肢骨骼；未出土遗物（图四九）。

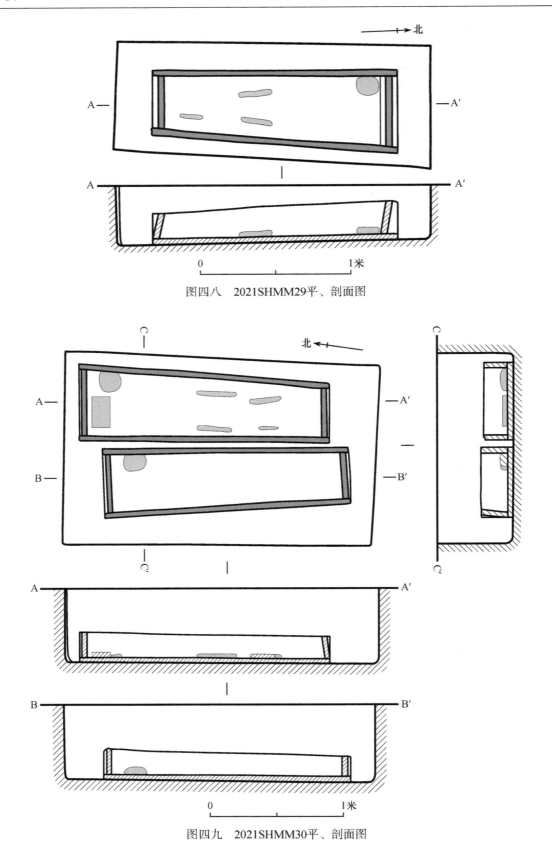

北

图四八　2021SHMM29平、剖面图

北

0 ——————— 1米

图四九　2021SHMM30平、剖面图

31. 2021SHMM31

形制与结构

位于T0106东南部，为竖穴土圹单木棺墓，墓向270°。开口于第1层下，墓圹平面呈梯形。长220、宽100～120、底距开口深18厘米。

木棺长200、宽59～63厘米，棺内不见人骨或其残痕，未出土遗物（图五〇）。

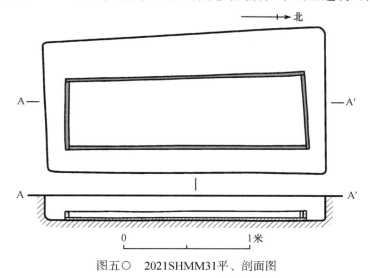

图五〇　2021SHMM31平、剖面图

32. 2021SHMM32

形制与结构

位于T0106中部，为竖穴土圹单木棺墓，墓向322°。开口于第1层下，墓圹平面呈梯形。长140、宽60～80、底距开口深28厘米。

木棺长120、宽20～40厘米，棺内不见人骨或其残痕，未出土遗物（图五一）。

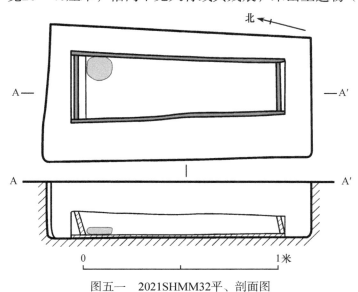

图五一　2021SHMM32平、剖面图

33. 2021SHMM33

（1）形制与结构

位于 T0106 西部，为竖穴土圹单木棺墓，墓向 4°。开口于第 1 层下，墓圹平面呈梯形。长 220、宽 99～106、底距开口深 55～58 厘米。

木棺长 180、宽 53～60 厘米，棺内不见人骨或其残痕，出土金耳环 1 件、铜钱 2 枚（图五二）。

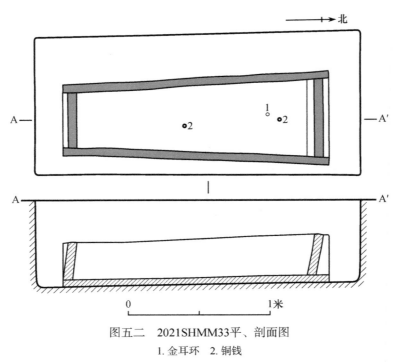

图五二　2021SHMM33 平、剖面图

1. 金耳环　2. 铜钱

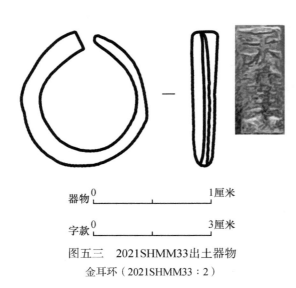

图五三　2021SHMM33 出土器物

金耳环（2021SHMM33：2）

（2）出土遗物

金耳环　1 件。2021SHMM33：2，基本完整。呈圆柱体，环身前段较粗，尾端较细，略尖。环内可见"天华"商号。直径 1.1～1.2、环径 0.1～0.2 厘米（图五三）。

乾隆通宝　2 枚，尺寸相近，形制、钱文均相同。2021SHMM33：1，方孔圜钱，通体锈蚀，呈铜绿色；正面阳文楷书、直读"乾隆通宝"，背面阳文满文。直径 2.4、穿边长 0.55、厚 0.1 厘米。

34. 2021SHMM34

（1）形制与结构

位于T0106东部，为竖穴土圹双木棺墓，墓向12°。开口于第1层下，墓圹平面呈梯形。长220、宽180～200、底距开口深58～76厘米。

左棺长180、宽40～60厘米，棺内不见人骨或其残痕，未出土遗物；右棺长180、宽40～60厘米，棺内仅见头骨，出土铜钱4枚、铜币1枚（图五四）。

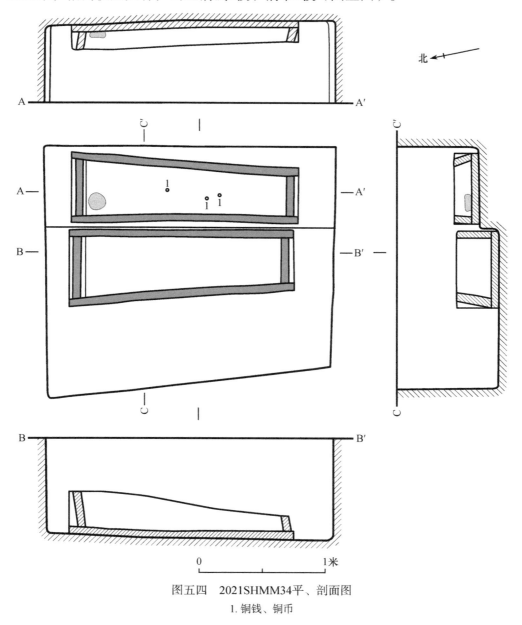

北

图五四　2021SHMM34平、剖面图
1. 铜钱、铜币

（2）出土遗物

乾隆通宝　3枚，尺寸相近，形制、钱文均相同。2021SHMM34：1，方孔圜钱，通体锈蚀，呈铜绿色；正面阳文楷书、直读"乾隆通宝"，背面阳文满文。直径2.4、穿边长0.55、厚0.1厘米。

嘉庆通宝　1枚。2021SHMM34：4，方孔圜钱，通体锈蚀，呈铜绿色；正面阳文楷书、直读"嘉庆通宝"，背面阳文满文。直径2.4、穿边长0.6、厚0.1厘米。

大清铜币　1枚。2021SHMM34：5，圆钱，无孔，大部锈蚀，呈铜绿色；正面阳文楷书、直读"大清铜币"，背面铭文和纹饰不可辨。直径2.7、厚0.1厘米。

35. 2021SHMM35

（1）形制与结构

位于T1203东南部，向东进入东隔梁，为竖穴土圹单木棺墓，墓向32°。开口于第2层下，墓圹平面呈长方形。长220、宽80、底距开口深34～38厘米。

木棺长180、宽40～60厘米，棺内不见人骨或其残痕，出土铜钱2枚（图五五）。

（2）出土遗物

铜钱　2枚。因锈蚀严重，1枚铜钱已不可识别钱文。

光绪通宝　1枚。2021SHMM35：1，方孔圜钱，背面略残，通体锈蚀，呈黄褐色；正面阳文楷书、直读"光绪通宝"，背面阳文满文。直径2.3、穿边长0.55、厚0.1厘米。

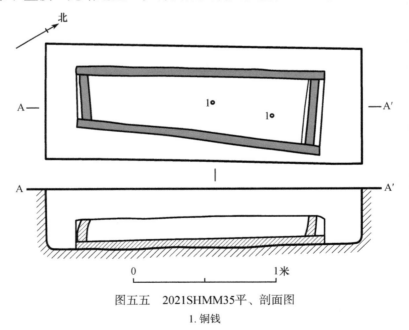

图五五　2021SHMM35平、剖面图
1. 铜钱

36. 2021SHMM36

（1）形制与结构

位于T1103北部，向北进入T1203，为竖穴土圹双木棺墓，墓向14°。开口于第1层下，墓圹平面呈长方形。长240、宽160、底距开口深73～96厘米。

左棺长200、宽40～60厘米，棺内不见人骨或其残痕，未出土遗物；右棺长180、宽40～53厘米，棺内不见人骨或其残痕，出土银扁方1件、铜耳环1件、铜扣1枚、铜钱3枚（图五六）。

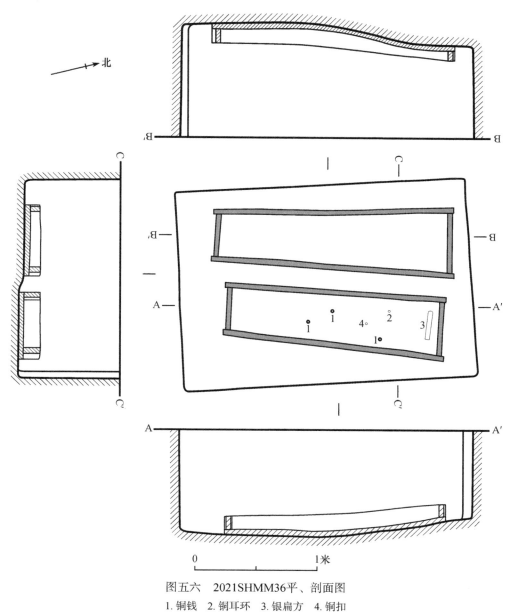

图五六　2021SHMM36平、剖面图
1.铜钱　2.铜耳环　3.银扁方　4.铜扣

（2）出土遗物

银扁方　1件。2021SHMM36：5，基本完整，局部有黑色附着物。平面略呈直尺状，前端呈方形，侧面呈花朵状；尾端呈半圆形，平直。正面近首端处刻划花卉纹，近尾端处刻划花卉纹。背面可见商号字款，不可辨。长14.2、宽2.8～2.4、厚0.1厘米（图五七，3）。

铜耳环　1件。2021SHMM36：4，基本完整，局部有黑色锈蚀。环面作蝙蝠纹；环身前段圆柱形，后段扁平，内部可见模糊商号。直径2.7～3、宽0.2～0.5厘米（图五七，2）。

铜扣　1枚。2021SHMM36：1，通体锈蚀。器表有凸起。通高1.8、扣径1.3厘米（图五七，1）。

铜钱　3枚。

宽永通宝　1枚。2021SHMM36：2，方孔圜钱，背面略残，通体锈蚀，铁锈色，夹杂铜绿色。正面阳文楷书、直读"宽永通宝"，光背。直径2.3、穿边长0.55、厚0.1厘米。

乾隆通宝　2枚，尺寸相近，形制、钱文均相同。2021SHMM36：3，方孔圜钱，通体锈蚀，呈铜绿色；正面阳文楷书、直读"乾隆通宝"，背面阳文满文。直径2.4、穿边长0.55、厚0.1厘米。

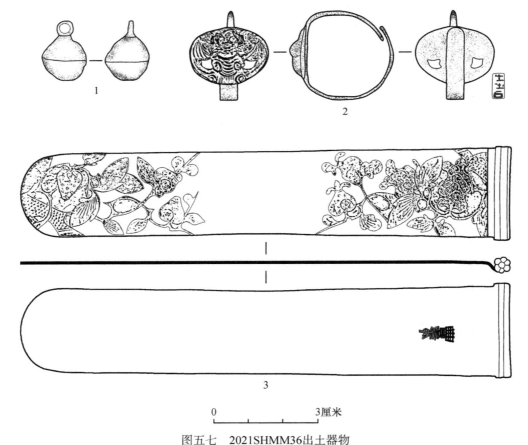

图五七　2021SHMM36出土器物

1. 铜扣（2021SHMM36：1）　2. 铜耳环（2021SHMM36：4）　3. 银扁方（2021SHMM36：5）

37. 2021SHMM37

（1）形制与结构

位于T1004西北部，向西进入T0904，为竖穴土圹单木棺墓，墓向49°。开口于第1层下，墓圹平面呈梯形。长260、宽100、底距开口深51～54厘米。

木棺长220、宽54～60厘米，棺内不见人骨或其残痕，出土银扁方1件、铜钱6枚（图五八）。

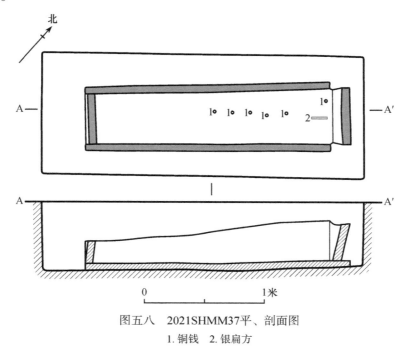

图五八   2021SHMM37平、剖面图
1. 铜钱   2. 银扁方

（2）出土遗物

银扁方   1件。2021SHMM37：1，局部略残。表面有黑色附着物。平面略呈直尺状，前端呈方形，向正面翻卷呈筒状，正面有浮雕花卉图案；尾端呈半圆形，平直。正面近首、尾端处刻划金鱼纹。长13.2、宽2.5～2.6、厚0.03厘米（图五九；图版七，1）。

铜钱   6枚。

乾隆通宝   3枚，尺寸相近，形制、钱文均相同。2021SHMM37：3，方孔圜钱，通体锈蚀，呈铜绿色；正面阳文楷书、直读"乾隆通宝"，背面阳文满文。直径2.4、穿边长0.55、厚0.1厘米。

嘉庆通宝   3枚。2021SHMM37：4，方孔圜钱，通体锈蚀，呈铜绿色；正面阳文楷书、直读"嘉庆通宝"，背面阳文满文。直径2.4、穿边长0.6、厚0.1厘米。

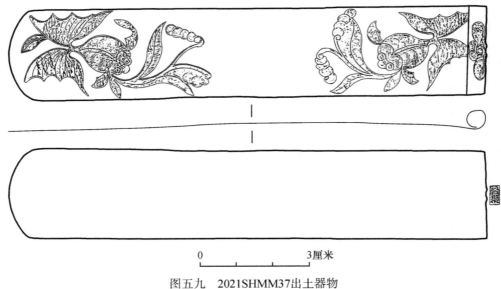

图五九　2021SHMM37出土器物

银扁方（2021SHMM37：1）

38. 2021SHMM38

（1）形制与结构

位于T0704北部，向北进入T0705，为竖穴土圹单木棺墓，墓向45°。开口于第1层下，墓圹平面呈梯形，长220、宽96～102、底距开口深63～65厘米。

木棺长180、宽40～60厘米，棺内不见人骨或其残痕，出土陶盆1件（图六〇）。

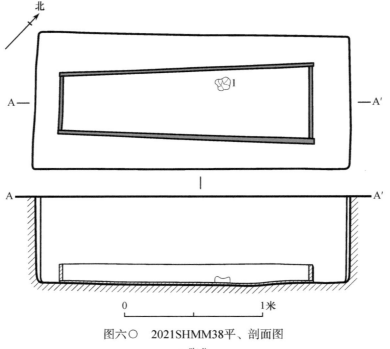

图六〇　2021SHMM38平、剖面图

1. 陶盆

（2）出土遗物

陶盆　1件。2021SHMM38：1，器身破裂。泥质灰陶，轮制，火候较高，表面散见黑褐色斑点，局部有土沁。方唇，平折沿略下垂，弧腹，平底。高9.3、口径22.4、底径12.4厘米（图六一；图版九，3）。

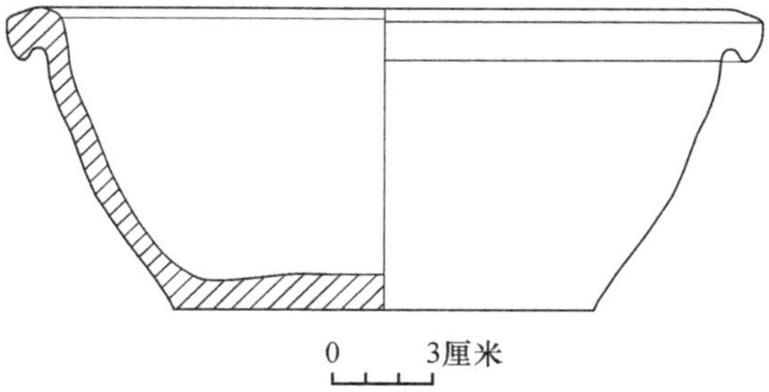

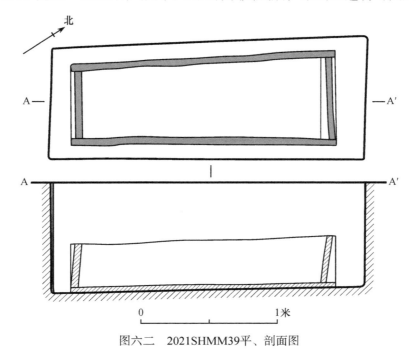

图六一　2021SHMM38出土器物
陶盆（2021SHMM38：1）

39. 2021SHMM39

形制与结构

位于T1103中部，为竖穴土圹单木棺墓，墓向41°。开口于第1层下，墓圹平面呈梯形。长240、宽80～100、底距开口深77～81厘米。

木棺长200、宽60～80厘米，棺内不见人骨或其残痕，未出土遗物（图六二）。

图六二　2021SHMM39平、剖面图

40. 2021SHMM40

（1）形制与结构

位于T1103北部，向北进入T1203，为竖穴土圹三木棺墓，墓向8°。开口于第1层下，墓圹平面呈四边形，长240～244、宽240～245、底距开口深68～77厘米。

左棺长180、宽60厘米，棺内仅见头骨，出土银发簪1件、铜钱2枚；中棺长180～200、宽40～60厘米，棺内不见人骨或其残痕，出土银发簪1件、银耳环2件、铜钱5枚；右棺长180、宽51～60厘米，棺内仅见头骨，出土铜钱4枚（图六三）。

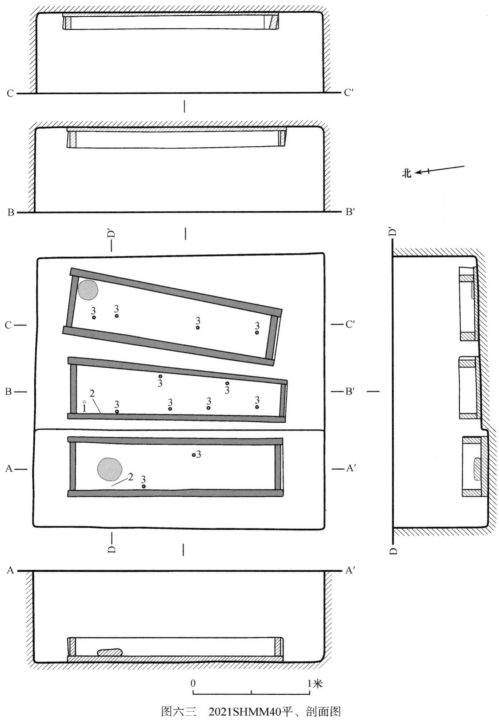

图六三　2021SHMM40平、剖面图

1. 银耳环　2. 银发簪　3. 铜钱

（2）出土遗物

银发簪　1套。2021SHMM40：3-1，簪身弯曲，一端钩状，近顶端处作花卉形。2021SHMM40：2和2021SHMM40：3形制和结构接近，柱状簪身，花枝状簪首，以螺旋状银丝缠绕固定于簪身上端。2021SHMM40：1，长23.7、直径0.25厘米；2021SHMM40：2，长14.6、直径0.25厘米；2021SHMM40：3，长14.9、直径0.25厘米（图六四，3）。

银发簪　1件。2021SHMM40：9，局部略残，局部有黑褐色附着物。整体近锥状，簪身呈圆柱形，头尾略尖。长14.4、直径0.2～0.3厘米（图六四，4）。

银耳环　2枚，尺寸相近，形制相同，为一对。2021SHMM40：1，基本完整，通体有黑色附着物。环面作花卉纹，错金。环身前段圆柱形，后段扁平，可见"全记"商号。直径2.5～2.7厘米（图六四，1、2；图版八，2）。

铜钱　12枚。因锈蚀严重，1枚铜钱已不可识别钱文。

乾隆通宝　6枚，尺寸相近，形制、钱文均相同。2021SHMM40：6，方孔圜钱，通体锈蚀，呈铜绿色；正面阳文楷书、直读"乾隆通宝"，背面阳文满文。直径2.4、穿边长0.55、厚0.1厘米。

嘉庆通宝　5枚。2021SHMM40：10，方孔圜钱，通体锈蚀，呈铜绿色；正面阳文楷书、直读"嘉庆通宝"，背面阳文满文。直径2.4、穿边长0.6、厚0.1厘米。

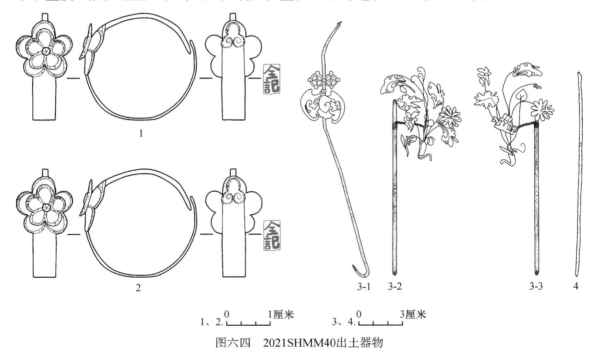

图六四　2021SHMM40出土器物

1、2.银耳环（2021SHMM40：1、2021SHMM40：2）　3、4.银发簪（2021SHMM40：3、2021SHMM40：9）

41. 2021SHMM41

（1）形制与结构

位于T1103北部，向北进入T1203，为竖穴土圹双木棺墓，墓向348°。开口于第1层下，墓圹平面呈四边形。长260～268、宽180～189、底距开口深48～75厘米。

左棺长180、宽40～80厘米，棺内仅见头骨及部分下肢骨骼，出土扁方1件、发簪2件、铜扣2枚、铜钱2枚；右棺长180、宽53～60厘米，棺内仅见头骨，出土戒指1件、铜扣1枚、铜钱1枚（图六五）。

（2）出土遗物

银扁方　1件。2021SHMM41：1，基本完整，局部有黑色附着物。平面略呈直尺状，前端呈方形，侧面有多层花朵状装饰，正面刻划花草纹；尾端呈半圆形，平直。正面近首、尾端处刻划莲花纹；背面可见"复全永记"商号。长17.7、宽2.7～3.3、厚0.1厘米（图六六，1；图版七，2）。

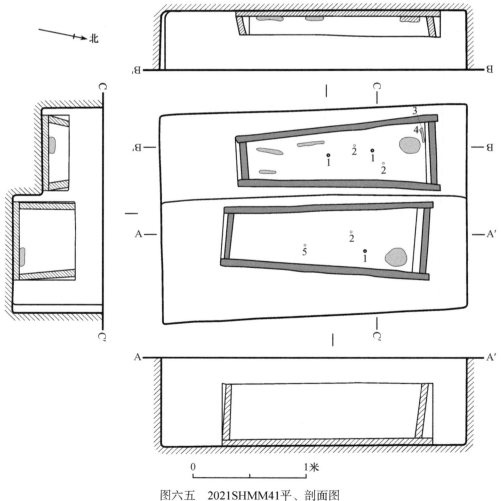

图六五　2021SHMM41平、剖面图
1.铜钱　2.铜扣　3.银扁方　4.银发簪　5.铜戒指

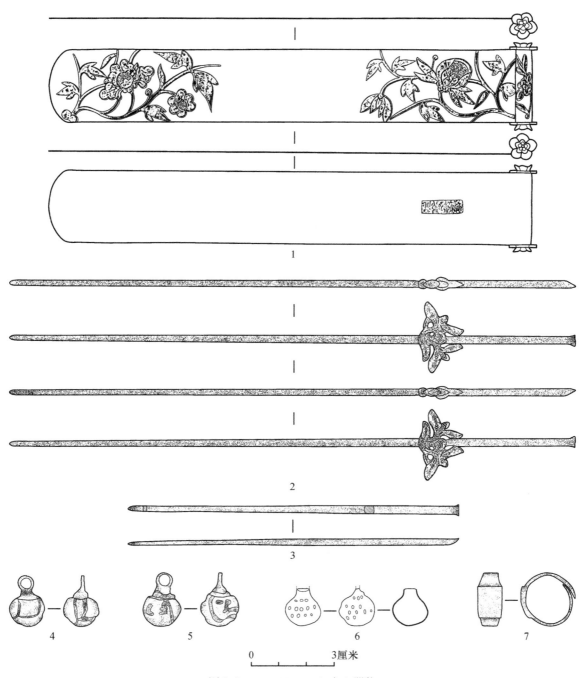

图六六　2021SHMM41出土器物
1. 银扁方（2021SHMM41：1）　　2、3. 银发簪（2021SHMM41：2、2021SHMM41：3）
4～6. 铜扣（2021SHMM41：4～2021SHMM41：6）　　7. 铜戒指（2021SHMM41：10）

银发簪　2件。2021SHMM41：2，局部略残，局部有黑褐色附着物。簪身作圆柱形，簪花作花卉形。长20.5、簪身直径0.2～0.4、簪花宽2.7厘米（图六六，2）。2021SHMM41：3，基本完整，局部有黑褐色附着物。整体近锥状，素面。长12、直径0.1～0.4厘米（图六六，3）。

铜戒指　1件。2021SHMM41：10，基本完整，通体锈蚀，呈铜绿色。环状，戒面呈长方形，环身扁平。直径2、戒面宽0.7～0.9厘米（图六六，7）。

铜扣　3枚，尺寸相近，形制相同。2021SHMM41：4，基本完整，通体锈蚀。器表有凹凸纹路。通高1.9、扣径1.3厘米（图六六，4～6）。

铜钱　3枚。

康熙通宝　2枚，尺寸相近，形制、钱文均相同。2021SHMM41：6，方孔圜钱，通体锈蚀，呈铜绿色；正面阳文楷书、直读"乾隆通宝"，背面阳文满文；直径2.7、穿边长0.6、厚0.1厘米。

道光通宝　1枚。2021SHMM41：9，方孔圜钱，通体锈蚀，呈铁锈色，夹杂铜绿色；正面阳文楷书、直读"道光通宝"，背面阳文满文；直径2、穿边长0.5、厚0.15厘米。

42. 2021SHMM42

（1）形制与结构

位于T0705中部，向南进入T0704，为竖穴土圹单木棺墓，墓向330°。开口于第1层下，墓圹平面呈四边形。长220～240、宽100～120、底距开口深22～25厘米。

木棺长160、宽60厘米，棺内仅见头骨及部分肢骨，未出土遗物（图六七）。

（2）出土遗物

青砖　1块。2021SHMM42：1，基本完整。位于墓主头侧，推测墓主以青砖为枕。

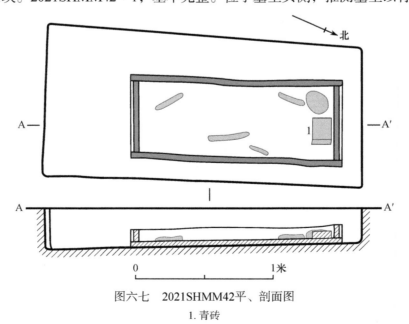

图六七　2021SHMM42平、剖面图

1. 青砖

43. 2021SHMM43

（1）形制与结构

位于T0705西南部，向西进入T0605，为竖穴土圹单木棺墓，墓向43°。开口于第1层下，墓圹平面呈长方形。长220、宽80、底距开口深22～29厘米。

木棺长190～200、宽55～66厘米，棺内仅见头骨及部分肢骨，出土银耳环1件（图六八）。

（2）出土遗物

银耳环   1件。2021SHMM43：1，基本完整，银质，通体有黑色附着物。游龙衔尾状。直径1.5、环径0.2厘米（图六九；图版八，3）。

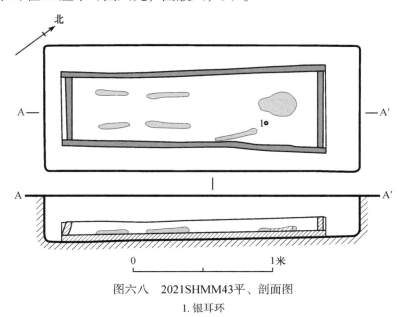

图六八   2021SHMM43平、剖面图

1.银耳环

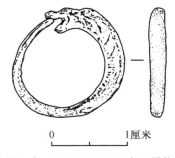

图六九   2021SHMM43出土器物

银耳环（2021SHMM43：1）

44. 2021SHMM44

（1）形制与结构

位于T0206西部，为竖穴土圹单木棺墓，墓向38°。开口于第1层下，墓圹平面呈梯形。长220、宽60～80、底距开口深66～70厘米。

木棺长180、宽40～58厘米，棺内不见人骨或其残痕，出土铜扣1件、铜钱3枚（图七〇）。

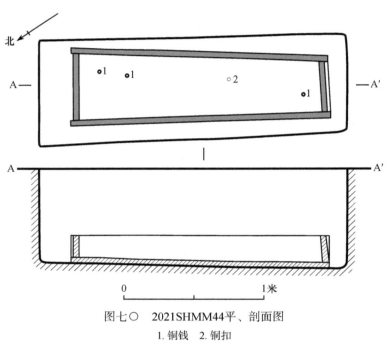

图七〇　2021SHMM44平、剖面图

1. 铜钱　2. 铜扣

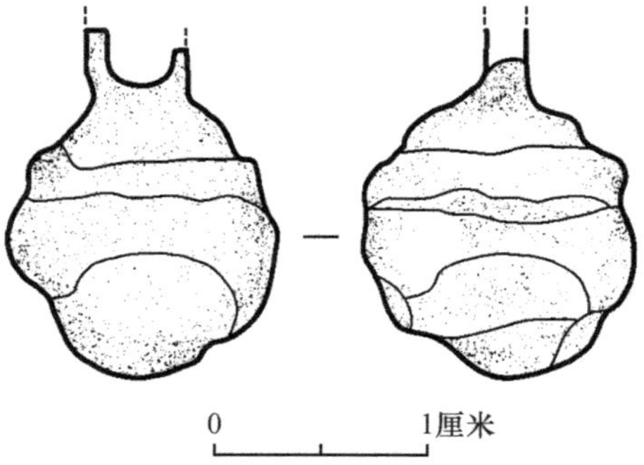

（2）出土遗物

铜扣　1枚。2021SHMM44：2，环首残，通体锈蚀，呈铜绿色。泡身表面凹槽。残高1.7、扣径1.3厘米（图七一）。

铜钱　3枚。因锈蚀严重，2枚铜钱已不可识别钱文。

乾隆通宝　1枚。2021SHMM44：1，方孔圜钱，通体锈蚀，呈铜绿色；正面阳文楷书、直读"乾隆通宝"，背面阳文满文。直径2.4、穿边长0.55、厚0.1厘米。

图七一　2021SHMM44出土器物

铜扣（2021SHMM44：2）

45. 2021SHMM45

（1）形制与结构

位于T0206西南部，向西进入T0106，为竖穴土圹单木棺墓，墓向22°。开口于第1层下，墓圹平面呈四边形。长200～208、宽77～85、底距开口深26厘米。

木棺长180、宽40～60厘米，棺内不见人骨或其残痕，出土铜顶针1枚、铜钱6枚（图七二）。

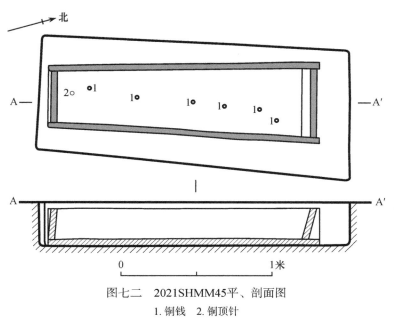

图七二　2021SHMM45平、剖面图
1. 铜钱　2. 铜顶针

（2）出土遗物

铜顶针　1枚。2021SHMM45：7，基本完整，有黑色锈。正面有六边形图案，内饰"囍"图案，环内现"纹银"字样。直径1.6～1.7、面宽1厘米（图七三）。

铜钱　6枚。因锈蚀严重，1枚铜钱已不可识别钱文。

开元通宝　2枚，尺寸相近，形制、钱文均相同。2021SHMM45：4，方孔圜钱，通体锈蚀，呈铜绿色；正面阳文楷书、直读"开元通宝"，光背。直径2.5、穿边长0.6、厚0.2厘米。

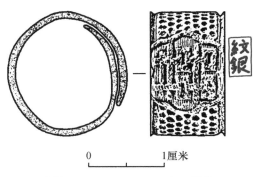

图七三　2021SHMM45出土器物
铜顶针（2021SHMM45：7）

康熙通宝　2枚，尺寸相近，形制、钱文均相同。2021SHMM45：2，方孔圜钱，通体锈蚀，呈铜绿色；正面阳文楷书、直读"乾隆通宝"，背面阳文满文。直径2.7、穿边长0.6、厚0.1厘米。

乾隆通宝　1枚。2021SHMM45：1，方孔圜钱，通体锈蚀，呈铜绿色；正面阳文楷书、直读"乾隆通宝"，背面阳文满文。直径2.4、穿边长0.55、厚0.1厘米。

46. 2021SHMM46

（1）形制与结构

位于T0605西北部，向北进入北隔梁，为竖穴土圹单木棺墓，墓向52°。开口于第1层下，墓圹平面呈长方形。长220、宽100、底距开口深27厘米。

木棺长180、宽40～60厘米，棺内仅见部分下肢骨，出土陶盆1件（图七四）。

（2）出土遗物

陶盆　1件。2021SHMM46：1，器身破裂，局部残缺。绿釉红胎，轮制，釉色不均，局部呈墨绿色。方唇，敞口，弧腹，平底，中央略隆起。高11.4、口径29.2、底径15.6厘米（图七五）。

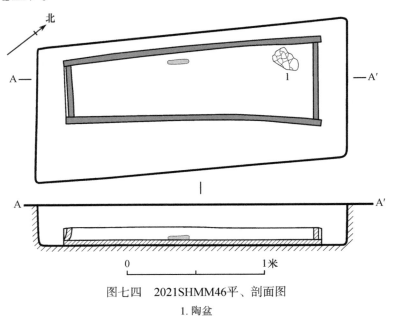

图七四　2021SHMM46平、剖面图
1. 陶盆

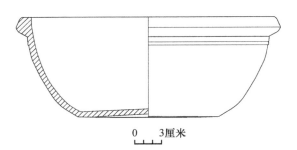

图七五　2021SHMM46出土器物
陶盆（2021SHMM46：1）

47. 2021SHMM47

形制与结构

位于T0505北部，向北进入北隔梁，为竖穴土圹单木棺墓，墓向55°。开口于第1层下，墓圹平面呈长方形。长200、宽100、底距开口深65厘米。

木棺长160、宽40～60厘米，棺内不见人骨或其残痕，未出土遗物（图七六）。

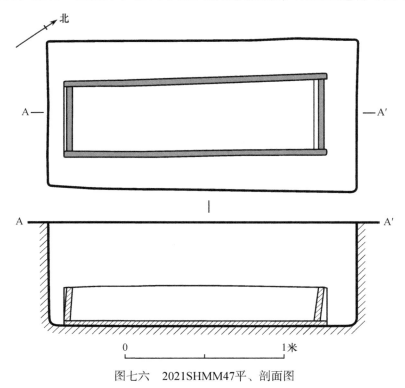

图七六　2021SHMM47平、剖面图

48. 2021SHMM48

（1）形制与结构

位于T0506南部，向南进入T0505，为竖穴土圹单木棺墓，墓向55°。开口于第1层下，墓圹平面呈长方形。长220、宽64～68、底距开口深54～55厘米。

木棺长180、宽39～47厘米，棺内仅见头骨及部分下肢骨，出土铜钱5枚（图七七）。

（2）出土遗物

铜钱　5枚。

绍圣元宝　1枚。2021SHMM48：2，方孔圜钱，通体锈蚀，呈铜绿色，边缘略残。正面汉文篆体阳书"绍圣元宝"，背面素面。直径2.4、穿边长0.6、厚0.1厘米。

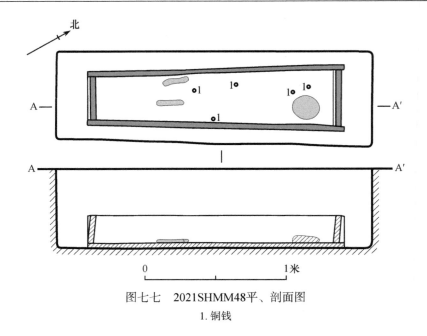

图七七　2021SHMM48平、剖面图

1. 铜钱

嘉庆通宝　2枚，尺寸相近，形制、钱文均相同。2021SHMM48：4，方孔圜钱，通体锈蚀，呈铜绿色；正面阳文楷书、直读"嘉庆通宝"，背面阳文满文。直径2.4、穿边长0.6、厚0.1厘米。

道光通宝　2枚，尺寸相近，形制、钱文均相同。2021SHMM48：1，方孔圜钱，通体锈蚀，呈铁锈色，夹杂铜绿色；正面阳文楷书、直读"道光通宝"，背面阳文满文。直径2、穿边长0.5、厚0.15厘米。

49. 2021SHMM50

（1）形制与结构

位于T0405北部、向北进入T0406，为竖穴土圹单木棺墓，墓向36°。开口于第1层下，墓圹平面呈四边形。长220～240、宽80～100、底距开口深74～75厘米。

木棺长200、宽60～75厘米，棺内不见人骨或其残痕，出土银发簪1件、铜钱1枚（图七八）。

（2）出土遗物

银发簪　1件。2021SHMM50：1，基本完整，局部有黑褐色附着物，尖端残。整体略呈圆帽钉状，簪首镂空，簪身略弯曲。残高16.5、簪身宽0.1～0.3、簪首宽0.9厘米（图七九）。

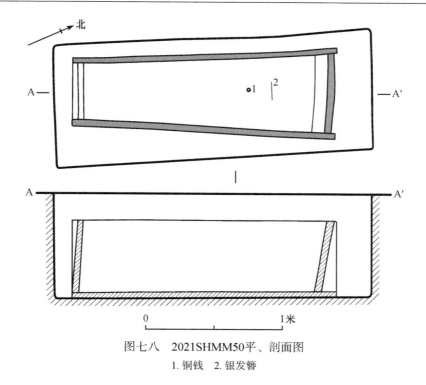

图七八　2021SHMM50平、剖面图

1. 铜钱　2. 银发簪

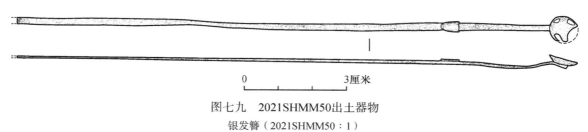

图七九　2021SHMM50出土器物

银发簪（2021SHMM50：1）

　　元祐通宝　1枚。2021SHMM50：2，方孔圜钱，通体锈蚀，呈铜绿色。顶部残缺。正面汉文楷体阳书"元祐通宝"，背面素面。直径2.4、穿边长0.6、厚0.1厘米。

50. 2021SHMM51

　　形制与结构

　　位于T0306东南部、向东进入东隔梁，为竖穴土圹单木棺墓，墓向48°。开口于第1层下，墓圹平面呈长方形。长240、宽100、底距开口深42～44厘米。

　　木棺长200、宽60厘米，棺内不见人骨或其残痕，未出土遗物（图八○）。

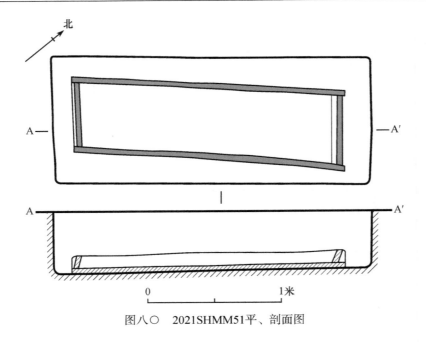

图八〇　2021SHMM51平、剖面图

51. 2021SHMM52

形制与结构

位于T0306南部，为竖穴土圹单木棺墓，墓向32°。开口于第1层下，墓圹平面呈四边形。长220～223、宽97～103、底距开口深25～27厘米。

木棺长180、宽60～80厘米，棺内不见人骨或其残痕，未出土遗物（图八一）。

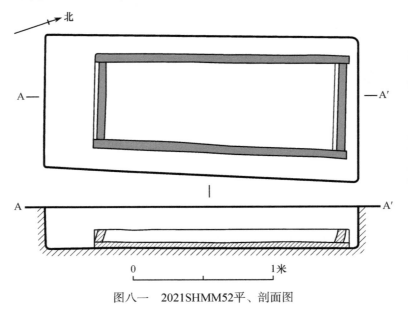

图八一　2021SHMM52平、剖面图

52. 2021SHMM53

（1）形制与结构

位于T0306西南部，为竖穴土圹单木棺墓，墓向6°。开口于第1层下，墓圹平面呈梯形。长220、宽92～102、底距开口深31～32厘米。

木棺长180、宽40～60厘米，棺内仅见头骨，出土铜钱5枚（图八二）。

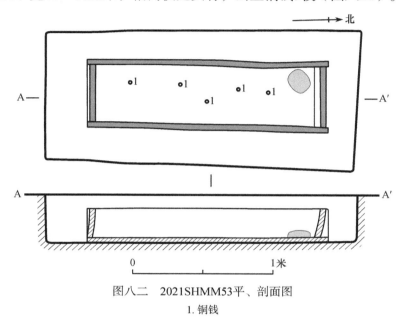

图八二　2021SHMM53平、剖面图
1. 铜钱

（2）出土遗物

铜钱　5枚。因锈蚀严重，1枚铜钱已不可识别钱文。

乾隆通宝　4枚，尺寸相近，形制、钱文均相同。2021SHMM53：1，方孔圜钱，通体锈蚀，呈铜绿色；正面阳文楷书、直读"乾隆通宝"，背面阳文满文。直径2.4、穿边长0.55、厚0.1厘米。

53. 2021SHMM54

（1）形制与结构

位于T0206西部、向西进入T0106，为竖穴土圹单木棺墓，墓向10°。开口于第1层下，墓圹平面呈长方形。长220、宽120、底距开口深39～42厘米。

木棺长180、宽40～60厘米，棺内不见人骨或其残痕，出土陶盆1件、铜钱1枚（图八三）。

（2）出土遗物

陶盆　1件。2021SHMM54：1，基本完整，器身破裂。绿釉红胎，施釉不及底。方唇，侈口，弧腹，平底。口径19.8、底径11、高11.3厘米（图八四；图版九，4）。

嘉庆通宝　1枚。2021SHMM54：2，方孔圜钱，通体锈蚀，呈铜绿色；正面阳文楷书、直读"嘉庆通宝"，背面阳文满文。直径2.4、穿边长0.6、厚0.1厘米。

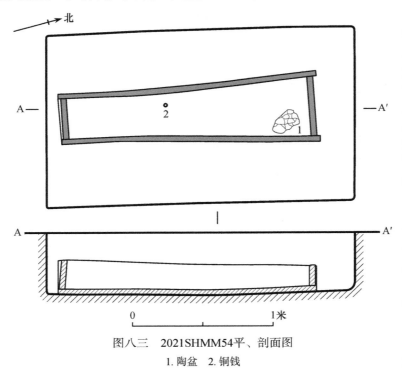

图八三　2021SHMM54平、剖面图

1. 陶盆　2. 铜钱

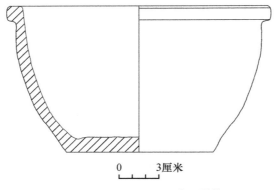

图八四　2021SHMM54出土器物

陶盆（2021SHMM54：1）

54. 2021SHMM55

形制与结构

位于T0605东隔梁中段，为竖穴土圹单木棺墓，墓向0°。开口于第1层下，墓圹平面呈梯形。长200、宽84～90、底距开口深39～40厘米。

木棺长180、宽58～68厘米，棺内不见人骨或其残痕，未出土遗物（图八五）。

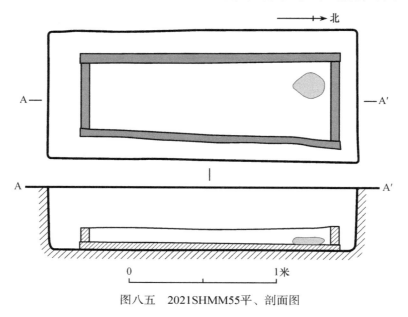

图八五　2021SHMM55平、剖面图

55. 2021SHMM56

（1）形制与结构

位于T0605东北部，为竖穴土圹双木棺墓，墓向37°。开口于第1层下，墓圹平面呈梯形。长300～320、宽200、底距开口深146～155厘米。

左棺长200、宽40～80厘米，棺内不见人骨或其残痕，出土银发簪1件、铜钱2枚；右棺长200～220、宽60厘米，棺内不见人骨或其残痕，出土铜钱3枚（图八六）。

（2）出土遗物

银发簪　1件。2021SHMM56：1，边缘略残，银质，局部有黑褐色附着物，局部锈蚀。通体扁平，簪首饰几何纹，簪身弯曲。残高14.5、宽0.4～1.4、厚0.1～0.2厘米（图八七）。

铜钱　5枚。

康熙通宝　1枚。2021SHMM56：2，方孔圆钱，通体锈蚀，呈铜绿色；正面阳文楷书、直读"乾隆通宝"，背面阳文满文。直径2.7、穿边长0.6、厚0.1厘米。

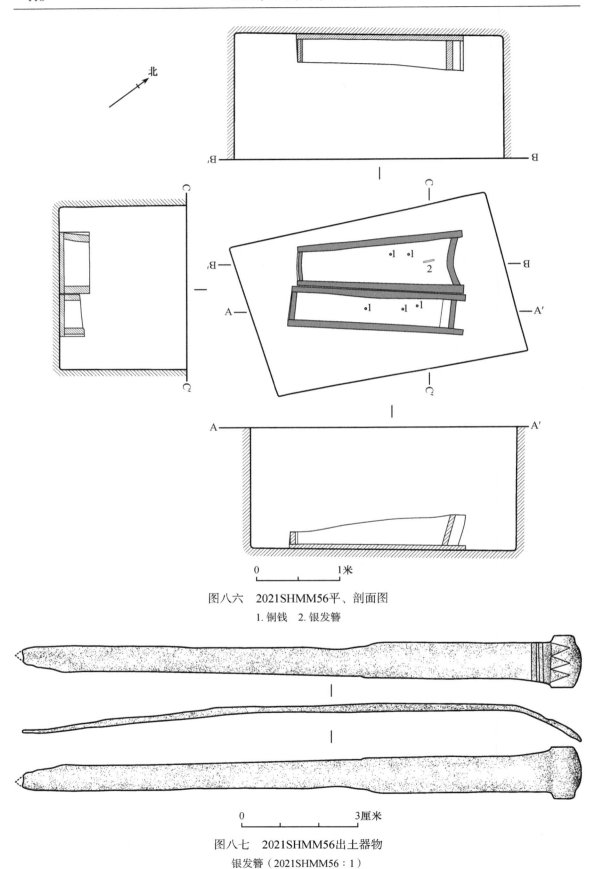

图八六　2021SHMM56平、剖面图

1. 铜钱　2. 银发簪

图八七　2021SHMM56出土器物

银发簪（2021SHMM56：1）

乾隆通宝　3枚，尺寸相近，形制、钱文均相同。2021SHMM56：2，方孔圜钱，通体锈蚀，呈铜绿色；正面阳文楷书、直读"乾隆通宝"，背面阳文满文。直径2.4、穿边长0.55、厚0.1厘米。

嘉庆通宝　1枚。2021SHMM56：6，方孔圜钱，通体锈蚀，呈铜绿色；正面阳文楷书、直读"嘉庆通宝"，背面阳文满文。直径2.4、穿边长0.6、厚0.1厘米。

56. 2021SHMM57

（1）形制与结构

位于T1004东北部，向西进入T0904，被2021SHMM37打破，为竖穴土圹单木棺墓，墓向350°。开口于第1层下，墓圹平面呈四边形。长140～220、宽90～100、底距开口深34～36厘米。

木棺长140～200、宽57～60厘米，棺内不见人骨或其残痕，出土铜扣1枚、铜钱1枚（图八八）。

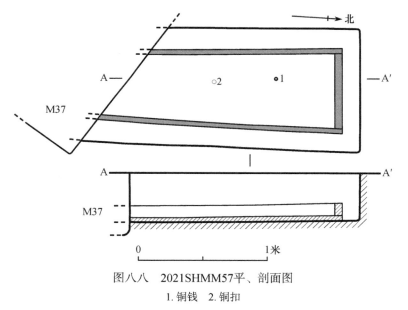

图八八　2021SHMM57平、剖面图
1. 铜钱　2. 铜扣

（2）出土遗物

铜扣　1枚。2021SHMM57：2，环首残缺，通体锈蚀，呈铜绿色。扣身器表有凹槽。残高1.2、扣径1.2厘米（图八九）。

嘉庆通宝　1枚。2021SHMM57：1，方孔圜钱，通体锈蚀，呈铜绿色；正面阳文楷书、直读"嘉庆通宝"，背面阳文满文。直径2.4、穿边长0.6、厚0.1厘米。

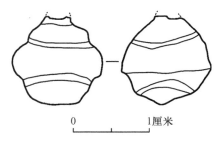

图八九　2021SHMM57出土器物
铜扣（2021SHMM57：2）

57. 2021SHMM58

（1）形制与结构

位于T0505西北部，向北进入北隔梁，为竖穴土圹双木棺墓，墓向9°。开口于第1层下，墓圹平面呈长方形。长240、宽180、底距开口深52～73厘米。

左棺长200、宽40～80厘米，棺内不见人骨或其残痕；右棺长180、宽60厘米，棺内不见人骨或其残痕；出土铜钱7枚（图九〇）。

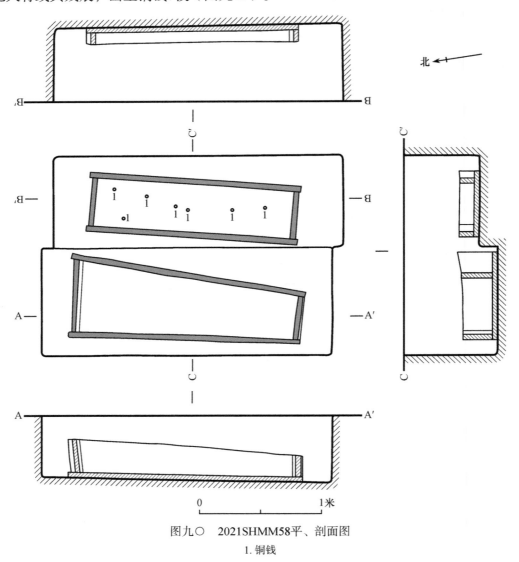

图九〇　2021SHMM58平、剖面图

1. 铜钱

（2）出土遗物

铜钱　7枚。

乾隆通宝　5枚，尺寸相近，形制、钱文均相同。2021SHMM58：1，方孔圜钱，通体锈蚀，呈铜绿色；正面阳文楷书、直读"乾隆通宝"，背面阳文满文。直径2.4、穿边长0.55、厚0.1厘米。

嘉庆通宝　1枚。2021SHMM58：3，方孔圜钱，通体锈蚀，呈铜绿色；正面阳文楷书、直读"嘉庆通宝"，背面阳文满文。直径2.4、穿边长0.6、厚0.1厘米。

道光通宝　1枚。2021SHMM58：2，方孔圜钱，通体锈蚀，呈铁锈色，夹杂铜绿色；正面阳文楷书、直读"道光通宝"，背面阳文满文。直径2、穿边长0.5、厚0.15厘米。

58. 2021SHMM59

形制与结构

位于T0904东北部、向北进入北隔梁，为竖穴土圹单木棺墓，墓向45°。开口于第1层下，墓圹平面呈梯形。长220、宽80～100、底距开口深50～56厘米。

木棺长200、宽60～80厘米，棺内不见人骨或其残痕，未出土遗物（图九一）。

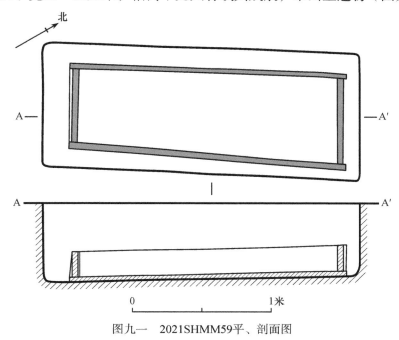

图九一　2021SHMM59平、剖面图

59. 2021SHMM60

（1）形制与结构

位于T0505东部、向东进入T0605，为竖穴土圹双木棺墓，墓向336°。开口于第1层下，墓圹平面呈梯形。长220、宽160～200、底距开口深55～69厘米。

左棺长180、宽60～80厘米，棺内不见人骨或其残痕，出土银扁方1件、银发簪1件、银耳环2件、玻璃扣1件、铜钱2枚；右棺长200、宽60～80厘米，棺内不见人骨或其残痕，出土陶盆1件、铜钱5枚（图九二）。

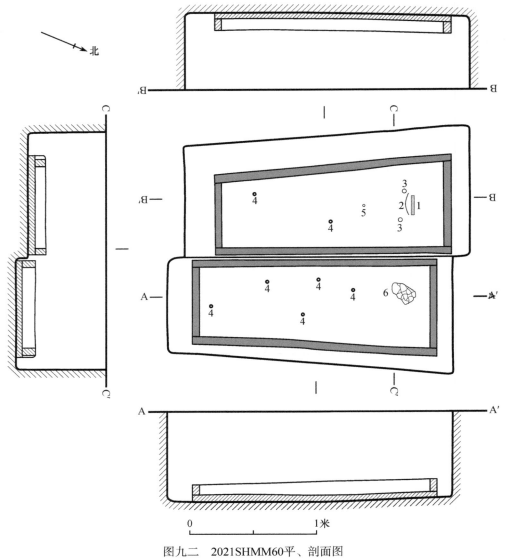

图九二　2021SHMM60平、剖面图

1. 银扁方　2. 银发簪　3. 银耳环　4. 铜钱　5. 玻璃扣　6. 陶盆

（2）出土遗物

陶盆　1件。2021SHMM60：13，基本完整，器身破裂。泥质灰陶。圆唇，敞口微敛，弧腹，平底。口径20.4、底径9.6、高7.8厘米。

银扁方　1件。2021SHMM60：1，基本完整，局部有黑色附着物。平面略呈直尺状，前端呈方形，向正面翻卷，呈齿轮状；尾端呈半圆形，平直。近首段与近尾端处刻划蝙蝠纹与祥云纹，错金，背面近尾端处有"恒兴顺记"商号。长16.1、宽2.1～2.2、厚0.05厘米（图九三，1；图版七，3）。

银发簪　1件。2021SHMM60：2，基本完整，局部有黑褐锈。通体近锥状，簪身略有弯曲。簪花部分呈净瓶状。长23.3、直径0.2～0.3厘米（图九三，2）。

银耳环　2件，尺寸相近，形制相同。2021SHMM60：3，基本完整，通体有黑色锈。通体环状，素面。直径2.8、环径0.2厘米（图九三，3、4）。

玻璃扣　1件。2021SHMM60：5，环首，铜制，锈蚀，呈灰白色，残缺约一半。

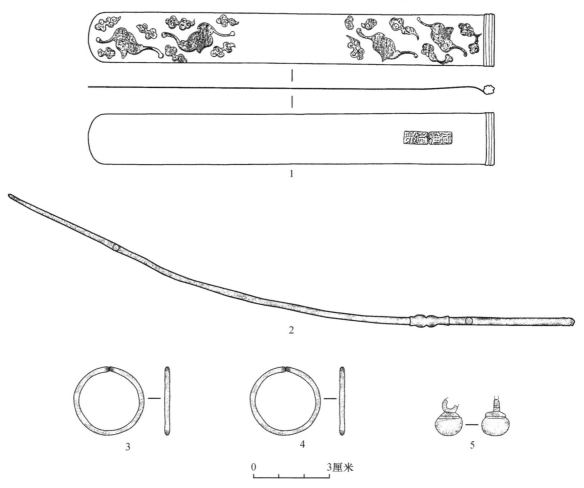

图九三　2021SHMM60出土器物

1. 银扁方（2021SHMM60：1）　2. 银发簪（2021SHMM60：2）　3、4. 银耳环（2021SHMM60：3、2021SHMM60：4）

5. 玻璃扣（2021SHMM60：5）

泡，玻璃质，蓝色，局部破裂。残高1.5、泡径1.1厘米（图九三，5）。

铜钱 7枚。因锈蚀严重，2枚铜钱已不可识别钱文。

乾隆通宝 2枚，尺寸相近，形制、钱文均相同。2021SHMM60∶6，方孔圜钱，通体锈蚀，呈铜绿色；正面阳文楷书、直读"乾隆通宝"，背面阳文满文。直径2.4、穿边长0.55、厚0.1厘米。

嘉庆通宝 1枚。2021SHMM60∶9，方孔圜钱，通体锈蚀，呈铜绿色；正面阳文楷书、直读"嘉庆通宝"，背面阳文满文。直径2.4、穿边长0.6、厚0.1厘米。

道光通宝 2枚，尺寸相近，形制、钱文均相同。2021SHMM60∶10，方孔圜钱，通体锈蚀，呈铁锈色，夹杂铜绿色；正面阳文楷书、直读"道光通宝"，背面阳文满文。直径2.0、穿边长0.5、厚0.15厘米。

三、相关认识

麦子屯村是沈阳东南郊的古村落之一。据现存的麦子屯关帝庙铁钟铭文记载，其建置年代不晚于乾隆三十七年（1772年）四月。据宣统二年（1910年）的《承德县志书》记载，麦子屯在清末隶属于奉天府承德县第二分驻所。据民国六年（1917年）《沈阳县志》记载，麦子屯在民国初年隶属于奉天府沈阳县东路第二区。

麦子屯西墓葬布局杂乱无章，均为竖穴土圹木棺墓。其中，单棺墓40座，双棺墓18座，三棺墓1座。骨骸普遍保存极差，均已粉化。随葬器物以方孔铜钱、铜币、陶盆和日用首饰为主。铜钱多置于棺底，其年代上迄唐代，下至民国时期。陶盆有灰陶盆、绿釉陶盆。首饰以扁方、耳环等银饰较常见。

通过本次发掘，结合以往相关的考古工作，对麦子屯古村落的历史沿革、墓葬的属性、村落和墓葬的关系有了以下认识：

（1）未发现清代以前的任何遗物。初步判断，麦子屯村落的建置时间不早于清代。

（2）墓葬分布密集，且数量较大，反映了从清代到民国时期，麦子屯村落人口较多。

（3）麦子屯北部区域的为麦子屯村的公共墓地，均为一般的平民墓葬。

近年来，随着城市化进程的加快，包括麦子屯在内的一些古村落多已湮没，在其周围发现的墓葬多为该村落先民的墓葬。在以后的考古工作中，遇到类似的墓葬，应考虑墓葬与村落的关系，通过考古成果更多地保留城市记忆。

附记：参与此次发掘的人员有刘明、张宏涛、汤钰、冯露茜、谷旭嵩、刘秋晨。现场遗物的保护与提取工作由汤钰承担。现场照片由谷旭嵩拍摄。考古绘图由冯露茜绘制，电子绘图由刘明绘制。器物照片由刘明、谷旭嵩拍摄。

执笔：刘秋晨 刘 明 冯露茜 谷旭嵩

论查海遗存在中国史前考古中的地位和意义 [*]

王　闯[1]　李井岩[2]

（1.辽宁大学考古文博学院，沈阳市文博中心；2.查海遗址博物馆）

查海遗址位于辽宁省阜新市阜新蒙古族自治县沙拉镇查海村，遗址处在一座东西向山梁的东南端漫坡上，下临深沟，现存面积约12000平方米。1982年全国第二次文物普查时发现，经过1986～1994年的七次考古发掘，遗址绝大部分已被揭露，并在原地建立了博物馆[1]。查海遗址是目前辽宁境内所发现的最早的新石器时代遗址，揭露的文化遗存内涵相当丰富，开创了数个中国乃至世界之最。然而，自其被发现及发掘后的数十年内，我们对查海遗存[2]的认识和关注明显不足，以至于其存在的价值和意义被严重低估。近些年，随着考古新发现及研究的推进，查海遗存重新回到人们的视野之中，其内涵再一次被挖掘，其重要性也渐渐得以凸显。

以此为契机，本文系统梳理了查海遗存的内涵及特征，详细阐释了其在史前时期的突出贡献和重要意义，希望能够唤起更多学者及广大公众的关注，推进对查海遗存的深入研究和保护。

一、"中华第一村"

查海遗址以其年代久远、发掘揭露了一处较为完整的史前古村落而著称，被誉为"中华第一村"。这里发现有房址、窖穴、居室葬、居址葬、大型"龙形堆石"和中心广场等遗迹，村外还有壕沟环绕，周围没有现代村庄的干扰，极好地保留了原始村落的自然风貌。

村落的主要功能是居住和生活，房屋是其中最重要的组成部分。查海遗址共清理出房址55座，这些房址虽然不属于同一时期，但是它们在东西和南北方向上均成排分布，共同构成了一个统一整体，房址之间极少见到叠压打破的现象，这说明村落营建过程并非随意进行，而是有严格的规划和统一的安排。早期房址集中在西北部靠近坡上的位置，中、晚期逐渐向下发展，靠近东南部坡下的晚期房址有些已被冲沟所毁坏。房址开

* 本文得到2022年度辽宁省社会科学规划基金项目"大凌河流域夏家店下层文化遗址航空影像数据采集与研究"资助（编号L22BKG001）。

凿在原生黄土层或花岗岩基岩内，虽然穿凿基岩费工费力，但这正是查海遗存的特色所在，同时也体现了查海人高超的建筑水平。辽西地区的房子与中原有所不同，黄河流域的仰韶文化多见圆形半地穴式房屋，以中、小型为主，而辽西主要流行圆角方形或长方形半地穴式房屋，且面积一般都比较大。在查海遗址中虽然也存在13～20平方米的小型房子，但为数不多，绝大多数房子都在40～60平方米，大者可达百余平方米。F46面积为157.32平方米，这座超大型房屋位于村落中部偏北，可能是村中长者或地位较高者居住之所，抑或是氏族举行集会、祭祀等具有特殊功能和用途的场所。房址周围共发现窖穴35个，有圆形、椭圆形和近圆形三种。一部分窖穴集中在村落的西北部呈南北向排列，其余则分散在各房址之间。有些窖穴内有柱洞，表明其上应有木架结构，可能用于储藏食物或其他物品，有些窖穴被当作垃圾坑，而有些则作为祭祀坑使用。

村落的正中有一座中心广场，其西侧是一处人工堆摆的巨型石堆，外形酷似一条长龙，因而称为"龙形堆石"。广场的中部，紧靠龙腹下方发现有10座居址葬，为长方形竖穴土坑墓，单人葬，仰身直肢。从墓葬和人骨数量看，这里不是埋葬普通氏族成员的场所。龙形堆石和居址葬处于整个村落的中心，被所有房址围绕，其地位显然非比寻常。石龙应是查海先民共同崇拜和祭祀的对象，是他们精神的核心，肩负着守护整个氏族免受灾祸、保佑氏族成员平安的神圣职责。查海人死后将自身作为牺牲献祭给神龙以祈求护佑，他们选择埋葬在龙腹下方，大概是希望能够回到神龙的怀抱，同时也似乎暗含其为龙的传人之意。查海遗址没有发现独立于村落之外的公共墓地，仅在村落内见有少量墓葬。除了集中分布于中心广场的居址葬外，居室葬也是一种重要的埋葬方式。此类墓葬均发现于房址之内，查海遗址共见有六座，而同阶段的兴隆洼、兴隆沟等遗址中发现有数十座之多[3]。根据墓葬中人骨性别、年龄及群组特征判断，查海社会的发展程度似乎有超越氏族阶段的趋势，产生了相对独立的个体小家庭[4]。村落的外围挖有壕沟，截面呈倒梯形，上宽下窄，沟口宽1.4～2米，深0.45～0.55米。就壕沟的宽度和深度而言，其防御野兽和敌人的功能是次要的，而主要用途除了作为界沟表示村落范围外，应是用来防洪排水的。在山区生活过的人都知道，每逢雨季，细流汇集成山洪，水势往往比较湍急，对土壤和道路的破坏力极大。查海遗址地处丘陵坡地，挖一条环壕来保护村落内各项设施免受山洪侵害是十分必要的，这充分体现了查海人的聪明和智慧。

查海遗址的房址内出土有大量的生活用器和生产工具，有些明显是摆放在原地或原位的。生活用器多为陶器，主要包括罐、钵、杯三类。罐有斜腹、直腹和鼓腹之分，又可依据高矮区分为大、中、小三种。大者可达半米以上，小者不足十厘米。罐的主要用途是储藏食物和水等，当然也不排除有些可能用作炊器。钵的器形类似现代的大碗，应是一种盛储器。杯一般呈圆口、深弧腹、平底，有的带流，有的较小类似酒盅。有学者认为早在8000年前查海人可能已经掌握了酿造技术，遗址中出土的小陶杯就是当时的饮酒器[5]。查海遗址出土的生产工具主要为石器，有打制、磨制和琢制之分。打制石器主要有铲形石器和敲砸器两类。其中以铲形石器最具特色，多数从两侧打成亚腰形，然而仔细观察可以发现它们在器形和使用痕迹上有一定差别，因而反映到功能上当有所不同，可能具有掘土、锄草、砍伐及刮削等用途。敲砸器是出土数量最多的器类，有大、小不同的规格，作为"石锤"可用于制作工具，作为"石球"可拿来击杀猎物。磨制石器以斧、锛、凿等为代表，用来砍伐和整治木材。磨盘、磨棒是琢制而成的，经常配套出土，一般被认为是谷物加工工具[6]。此外，还发现有一定数量的细石核、细石叶和细石片等，其中细石叶主要是嵌粘在木、骨柄的边槽中作石刃使用的，是一种切割皮肉的复合工具。通过石器的种类可以看出查海人的生业经济具有多样性，系以狩猎采集经济为主导、兼营农业，这与植物考古、动物考古以及人骨碳、氮稳定同位素等鉴定检测结果相吻合[7]。辽西地处东北文化区的南部，位于东北渔猎经济和中原农耕经济相接处的前沿地带[8]。而查海遗存作为辽西地区新石器时代早期的代表，自然成为探索东北地区多种经济发展模式以及北方旱作农业起源等重大学术问题的关键节点。

二、中国史前"四大发明"

众所周知，中国古代有四大发明，即造纸术、印刷术、指南针和火药。而在遥远的史前时期，查海遗存中也有"四大发明"，郭大顺先生将其概括为"玉、龙、轴、神"四个方面[9]。

（一）最早的真玉器

"玉，石之美者。"传统意义上，玉的涵盖范围较为宽泛。凡是自然生成的、美丽的石头，质细而坚韧，温润而有光泽，都可归为玉类，这与现代科学意义上的玉有所不同。根据矿物学的解释，玉主要包括两大类：一类是由纤维状闪石族矿物所构成的"闪石玉"；另一类是由碱性辉石所构成的"辉石玉"。闪石玉的摩氏硬度在6.5左右，辉石玉的摩氏硬度在7左右。比较而言，闪石玉略低于辉石玉，因此前者称为"软玉"，而后者称为"硬玉"。软玉就是我们所熟知的和田玉，硬玉则专指翡翠。中国历史上主流玉料是和田玉，而翡翠的开采和利用是较为晚近的事。在距今3万～2万年前，海城小孤山仙人洞人曾经利用透闪石原料来制作砍研器，但由于当时玉石不分，这些玉制品在本质上与石器没有区别，因此只能当作玉石工具看待，而非真正的玉器。进入新石器时代以后，人们逐渐分辨出了玉与石的区别，开始有意识地选料并制作特殊器物，琢玉的工艺和用玉的功能也与石器相分离，于是产生了玉器。

早在1987年查海遗址发掘之初就发现了玉器，后经中国地质科学院地质研究所鉴定确定全部系以透闪石、阳起石为主要成分的软玉[10]。这是目前已知且公认的中国最早的真玉器。近些年随着黑龙江省饶河县小南山遗址的连续发掘，在其新石器时代墓葬中出土了大批玉器，经^{14}C测年早至9000年前[11]。但从出土玉器的形制和风格看，均不早于查海遗存，因此关于小南山玉器群的年代问题目前还存在着争议[12]。玉器是构成查海遗存的重要内涵之一。以查海遗址为例，共出土玉器44件，器形包括斧、锛、凿等生产工具，以及玦、匕、管、环等装饰品。其中，玉玦是比较有代表性的器物，呈环状造型，一侧带有缺口。许慎《说文解字》曰："玦，玉佩也。"结合考古中玉玦的出土位置，可知其应该是古人佩戴在耳部的饰品[13]。邓聪先生通过研究发现，此类器物在东亚地区有着广泛的分布[14]。目前发现最早的玉玦见于查海遗存之中，这也可能是世界上最早的耳饰。自其产生之后逐渐向四周传播渗透，所波及之地北可到黑龙江东北部及俄罗斯远东滨海地区，东渡日本海抵本州和九州，南经长江中下游、环珠江口地区向东南亚大陆及诸岛屿推进，大致距离辽西地区越远的地方，玉玦出现的时间便越晚。直到近代，菲律宾及印尼诸岛屿的土著仍见有佩戴耳玦的习俗。由此，查海玉玦影响之远、历时之久，可见一斑。

（二）最早的堆塑龙

龙是中华民族共同的图腾和标志，是吉祥昌盛、雄壮威武的象征。中华儿女自称是"龙的传人"，对龙有一种由衷的敬畏和热爱。追根溯源，目前已知最早的龙形象遗存出现在查海遗址。这里发现的龙形象有两种：一种是龙形堆石；另一种是龙纹陶塑。龙形堆石位于查海聚落中部的狭长基岩脉线之上，系用红褐色玄武岩自然石块堆摆起来的，石块大小均匀，一般在8～12厘米。石龙全长19.7米，作昂首、张嘴、屈身、展尾状，似有腾飞之势，给人一种气势磅礴、雷霆万钧的威压感。龙纹陶塑共发现4件，其中2件为尾部，另2件为躯体，皆采用浮雕方法制作而成。虽均为残块，但龙的特征十分明显，龙身盘旋卷曲，满布压印窝点纹或交叉网格纹以表示鳞片。

中国史前时期的龙形象，按照表现方式的不同可分为三类：堆塑龙、图案龙和雕刻龙。堆塑龙出现时间最早，可进一步区分为（石或蚌）堆龙和（陶）塑龙两种，二者均见于查海遗址之中。此外，河南濮阳西水坡（距今6400年）和湖北黄梅焦墩（距今6000年）两处遗址也发现有用蚌壳或卵石摆放的龙形象。图案龙以赵宝沟文化的刻划猪、鹿龙纹陶尊（距今6800年），甘肃西坪仰韶文化鲵鱼龙纹彩陶瓶（距今5500年）以及山西襄汾陶寺遗址的蛇形龙纹盘（距今4500年）为代表，虽然所绘具体图案有一定差别，但都具有原始龙形象的内在特质。雕刻龙主要以玉石为材质，采用圆雕或片雕等表现手法，如红山文化的玉猪或熊首龙（距今5000年），凌家滩文化双角环形玉龙（距今5300年）等[15]。

龙是一种神话传说中的生灵，是人们对现实世界不断观察和思考，通过想象逐渐创造出来的，通常是多种生物的复合体。汉代学者王符认为龙有"九似"，即头似驼，角似鹿，眼似兔，耳似牛，项似蛇，腹似蜃，鳞似鲤，爪似鹰，掌似虎。史前时期的龙，造型简单，仅是初具龙形，因此可称为"类龙"。类龙呈现多样化、具象化的特点，有鱼形、兽形、蛇形、鹰形等多种形式。经过早期的类龙，到商周时期的夔龙、战国秦汉的螭龙，再到唐宋以后我们所熟悉的真龙，龙的形象逐渐趋向复杂和统一。纵观整个龙形象的发展过程，恰与中国文明的起源、形成与发展如出一辙。

查海遗址石堆龙和陶塑龙的发现，为中华民族的神龙信仰找到了根源。故此，郭大顺先生称之为"中华第一龙"。七八千年前龙出辽河源[16]，之后龙形象逐渐遍布中国大地，龙文化也在各民族中得到普遍认同。可以说，在中国龙文化形成过程中，查海走在了时代的前列。

（三）最早的轮轴机械

机械不同于简单粗制的工具，它是诸多构件的组合体，是机器和机构的总称。各类构件之间按照预定的方式协作运动，进而实现机械能转换以达到某种既定的目的或完成预期的工作。机械能够减少劳动力的投入，同时还能提高生产效率。在旧石器时代，人们对机械的原理和构造就已经有了初步的认识。钻木取火技术，实际上就是将机械能转换为热能的简单机械装置。而后，弓箭、飞石索等复合工具的出现，则进一步反映出人类在机械发明上不断增强的造诣。公元前1世纪，亚历山大里亚城的发明家赫伦将古代机械的要素分为五类，即轮轴、杠杆、滑轮、楔和连续的螺旋[17]。其中，轮轴被排在五大要素之首。轮轴是由轮和轴为主要构件组合成的机械系统，能够绕共同的轴线旋转，相当于以轴心为支点，轮或轴的半径为力矩的扭曲杠杆。轮轴是一项伟大的发明，它将旋转力和杠杆原理相结合，成为绝大部分机械装置的核心和基础。

轮和轴是配套使用的，但在史前考古遗存中经常见到的是石质轴承，却见不到轮盘，说明轮盘可能是木质的，因而未能保存下来。石轴主要发现于东亚，特别是环珠江口一带是轮轴比较流行的地区。然而长期以来，人们并不知道、也没意识到史前时期存在轮轴机械，以至于在未做深入探究的情况下对发现的此类东西仅凭经验而误判其功能，大量的石质轴承被视为"石钻"或"磨具"。直到2013年，邓聪先生编著的《澳门黑沙玉石作坊》一书出版，书中仔细研究了黑沙遗址出土石轴的功能，并将其与同出的水晶、石英岩环、玦制作工艺相联系，开辟了轮轴机械应用于玉器钻孔研究的新方向[18]。同年6月，于澳门召开了"澳门黑沙史前轮轴机械及相关问题国际会议"，与会学者纷纷论述了各地石轴的发现、功用及意义。至此，史前时期轮轴机械的存在已是不争的事实。

问题的关键在于，最早的轮轴机械出现在哪里？2017年，邓聪先生在亲自考察查海实物的基础上明确指出，查海遗址出土的所谓"石钻"，可能是目前已知东亚最早的固定轴承，同时他对编号为T0408②：1的一件石轴进行了详细的研究[19]。此件石轴经过精心设计，由榫头与器身两部分组成，榫头圆滑凸起，上有琢痕和旋痕，器身扁平，从两侧打击塑形向下收窄，底端圆钝。在邓聪的指导下，香港中文大学师生进行了大型的轴承器钻孔实验。实验装置设计成以石质轴承、木质轮盘和车椿为主要构件的立轴机械，轮盘的转动带动石轴水平旋转。实验结果表明，经过使用的石轴痕迹与考古标本高度相似，从而在很大程度上证实了先前的看法[20]。根据考古发现，轮轴经常与圆环状器物相伴生，可能是为了解决这类器物的生产而发展起来的。查海遗址出土的玉玦平面接近正圆形，应与轮轴机械的使用有关。但是，解决圆形问题的方法不止一种。邓聪在《东亚玦饰的起源与扩散》一文中谈到，东亚存在非辘轳（非轮轴）和辘轳（轮轴）两种玦饰体系。前者开始的时间早，消失快；后者产生稍晚，但延续时间长、影响范围广[21]。查海遗存的玉玦饰便是轮轴体系的最早代表。当然，这里还隐含着另外一个信息，即基于轮轴系统下的玉石管钻技术可能也是查海先民的首创。

实践证明，科学技术是第一生产力，创新是引领发展的第一动力。在西方，最早轮轴机械可追溯到公元前3000年苏美尔文明的车轮。查海遗址轮轴机械的确认无疑将轮轴使用的历史提前了数千年，这是中国乃至世界科技史的重大突破。

（四）最早的人神崇拜

人类的情感和意识发展到一定程度，便会产生认知上的飞跃。在面对无法解释或无法抗拒的事物和现象时，往往视之为神并加以膜拜。故孟子曰："圣而不可知之谓神"。神是人创造出来的天地万物的虚拟主宰，是产生于人类社会的一种文化现象，但这种文化现象不只反映在人的精神之中，还可以通过人的思想和技艺加以塑造，从而物质化、形象化和艺术化。

中国史前时期发现有大量的人造神像遗存，主要包括两类：一类是动物神；一类为人神。有意思的是，这两类神祇最早均见于查海遗存之中。查海先民不仅是龙神的创造者，同时还是人神的缔造者。在巴林右旗曾征集到一件长条形石饰，其上刻有一人面蛇身的人神图案，传为查海遗址所出[22]。但由于脱离了出土地点和层位关系，其学术价值也大为降低。2015年，在距查海不远的塔尺营子出土了一件人神石饰，所刻神像与巴林右旗的征集品相类同，眉眼鼻口清晰可见，两腮外咧，獠牙龇出唇外，蛇形躯体在头部两侧蜿蜒伸展，其下数排三角纹，似乎象征着腾云飞翔[23]。此件器物于2019年10月辽宁省博物馆举办的"又见红山"精品文物展中首次公开展出，吸引了海内外广大专家学者的热切关注。

人神是将人拟神化或将神兽拟人化的综合反映。为了凸显人神的不凡和与众不同，往往在人的形象基础上添加某些动物的特征，从而呈现半人半兽、似人非兽的表现效果，这是早期造神运动中人神形象的突出特点。例如，半坡遗址就发现有人和鱼组合的彩陶人神纹饰[24]；后洼遗址也出土有人与鸟、人与猴结合的滑石人神雕件等[25]，而查海遗存的人神则明显体现出人与蛇的共生。"人面蛇身"的形象相信大家并不陌生，甚至可以说众所周知。虽然古文献所记载的拥有人首蛇躯的神灵很多，但结合查海遗址中出土的贴附于筒形罐上的蛇、蛙以及蛇衔蛙等动物形泥塑，不难联想到这类遗存很可能与神话传说中的女娲有关，而查海人神或许就是最初的女娲神像。此外，装饰獠牙是史前时期人神形象的共同特点。据王仁湘先生考证，獠牙神像在距今8000～4000年中国南、北方均有发现，或在陶器腹壁上压印，或是彩绘，还有的为玉石雕刻，其承载形式不同，模样也有区别，但口中龇出獠牙的基本构图却是一致的，暗示着中国史前时期在很大范围上已经存在着艺术交流和信仰认同[26]。

查海遗存人神像，既有头部又见身躯，形象复杂且完整。它是查海先民在强烈精神信仰下创造出来的艺术珍品，开辟了中国史前人神崇拜的先河，具有非常重大的世界意义。

三、"查海时代"的提出

学术界对查海遗存的认识经历了一个逐渐变化的过程。起初，查海早、中、晚三期被看作同一考古学文化的不同发展阶段，称为"兴隆洼文化"[27]、"查海文化"[28]或者"查海-兴隆洼文化"[29]。但随着考古实践和研究的深入，人们意识到它们可能代表了不同的文化类型。1987年内蒙古敖汉旗小河西遗址的发掘，见到了单纯以夹砂素面陶筒形罐为特色的器物群，于是发掘者提出了"小河西文化"的命名[30]。小河西文化是目前辽西地区发现的最早的新石器时代考古学文化，其年代被推定在距今8200年以前。而今，越来越多的研究者倾向于将查海早期划入小河西文化范畴，而把查海中期和晚期视作兴隆洼文化遗存，其年代确定在距今8200～7200年。查海后两期都流行直腹罐，纹饰风格也相同，说明它们之间应有一定的继承关系。晚期流行的之字纹当是由中期的交叉纹、人字纹发展演变而来的。之字纹在出现之时便与筒形罐相结合，形成了"之字纹筒形罐传统"，这一传统对东亚地区新石器时代文化格局产生很大影响[31]。需要指出的是，查海晚期出现了大量的鼓腹罐，特别是鼓腹罐上的纹饰风格不见于中期，表明两期之间尚存在某种差别。1991年内蒙古文物考古研究所发掘了赤峰市克什克腾旗南台子遗址，出土陶器内涵单一，与查海中期相一致。因此，有人建议将此类遗存从兴隆洼文化中分离出来，称为"南台子文化"[32]。

尽管学者们的意见存在很大分歧，但不可否认查海遗存在中国史前考古研究中有着非常重要的意义。在中国考古学发展之初，主要基于黄河流域的考古发现，以仰韶文化和龙山文化为标尺，提出过"仰韶时代"和"龙山时代"的概念。七八十年代，磁山、裴李岗、老官台等早于仰韶文化阶段的考古遗存陆续被发现，但囿于当时资料积累并不系统，而边疆地区的田野工作又相对薄弱，故此考古学界暂称其为"前仰韶时代"[33]。以今之视角看去，这个说法则过于笼统，对时代内涵的表述也较为模糊。21世纪以来，全国各地考古工作蓬勃开展，边疆地区考古取得了辉煌的成果。中国东半部新石器时代考古学文化遍地开花，各区基本都发现了距今9000～4000年的文化遗存。有鉴于此，赵宾福先生把查海遗址作为典型代表，顺势提出了"查海时代"（距今9000～7000年）的观点，他将查海时代与黄河流域的仰韶时代（距今7000～5000年）、龙山时代（距今5000～4000年）并举，作为中国新石器时代考古学文化前后相继的三个大的发展阶段。同时，他还强调"'查海''仰韶''龙山'三个时代的确认和命名，对于中国考古事业来说，既是基于自身学科探索而获得的重要考古发现，又是运用自身学科方法而独立找到的比夏、商、周'三代'更早的'新三代'，更是在中国古史研究方面所做出的有别于文献史学的特殊贡献"[34]。

查海遗址内涵丰富、序列连贯和脉络清楚，将其作为一个时代的代名词可谓实至名归！总之，查海时代的提出，是对查海遗存在中国史前考古中重要地位的充分肯定，也是对东北边疆地区灿烂文化的高度阐扬，更是中国古代文明多元一体格局的具体体现！

四、余　论

自查海遗址发现并发掘，已经过去了三十余年。其间，《查海：新石器时代聚落遗址发掘报告》的付梓，给该遗址的考古工作画上了一个阶段性的句号。同时，遗址发掘资料的全面系统发表，也为以查海遗址为代表的查海诸遗存的研究提供了坚实基础和崭新起点。

不过，在随后一段时间里，由于新材料出土寥寥，学术界对查海遗存的关注转为低潮。加之全国考古工作声势高涨、各地新发现络绎不绝，查海遗址和查海遗存逐渐淡出了人们的视野。直到2015年，辽宁省文物考古研究所等对阜蒙县塔尺营子遗址进行试掘，出土了刻有人神图案的玉饰件，此材料于2019年《边疆考古研究》（第24辑）发表之时，恰逢"红山文化与中华文明起源学术研讨会"召开，两相助力之下重新唤醒了人们对查海的记忆。2017～2019年辽宁大学考古系又对塔尺营子展开大规模的考古发掘，无疑也起到了推波助澜的作用。适时，郭大顺先生及时做出总结，概括出"玉、龙、轴、神"的四大特征，给查海遗存的研究以积极的引导。

最后，"查海时代"的提出，是对查海遗存在中国史前考古中的地位和意义的重新考量，它把查海遗存的研究提升到了一个新的高度。这一观点的阐释，势必会引起学者们对查海遗存的再关注和再研究，乃至引发对中国史前文化格局的新一轮探讨。

总之，查海遗存的重要性是不容忽视的。从查海遗址，到查海遗存，再到查海时代，查海在中国史前考古研究中留下了一抹重彩，对其进行广泛深入的研究有着十分重大的意义。

注　释

［ 1 ］　辽宁省文物考古研究所：《查海：新石器时代聚落遗址发掘报告》，文物出版社，2012年。

［ 2 ］　本文所言之"查海遗存"，是指以查海遗址为典型代表，涵盖小河西、榆树山、西梁、南台子、兴隆洼、兴隆沟、白音长汗、塔尺营子等辽西地区同阶段遗址在内的诸遗存，其年代范围大致处于距今9000～7000年。

［ 3 ］　杨虎、刘国祥：《兴隆洼文化居室葬俗及相关问题探讨》，《考古》1997年1期；刘国祥：《兴隆洼文化居室葬俗再认识》，《华夏考古》2003年1期。

［ 4 ］　王闯：《兴隆洼文化居室墓葬的认知考古学分析》，《草原文物》2011年1期。

［ 5 ］　李井岩、李明宇：《从红山文化源头查海遗址探析我国谷物酿酒的起源》，《北方文物》2015年1期。

［ 6 ］　宋兆麟：《我国的原始农具》，《农业考古》1986年1期；陈文：《论中国石磨盘》，《农业考古》1990年2期。

［ 7 ］　吴文婉、辛岩、王海玉等：《辽宁阜新查海遗址早期生业经济研究——来自石器表层残留物淀粉粒的证据》，《考古与文物》2014年2期；袁靖：《中国古代的家猪起源》，《西部考古》（第一辑纪念西北大学考古学专业成立五十周年专刊），三秦出版社，2006年，43～49页；辽宁省文物考古研究所：《查海：新石器时代聚落遗址发掘报告》，文物出版社，2012年，625～630页；张雪莲、王金霞、冼自强等：《古人类食物结构研究》，《考古》2003年2期；张雪莲、刘国祥、王明辉等：《兴隆沟遗址出土人骨的碳氮稳定同位素分析》，《南方文物》2017年4期。

［ 8 ］　郭大顺：《论东北文化区及其前沿》，《文物》1999年8期。

［ 9 ］　2019年9月23日，郭大顺先生应邀出席"查海文化学术论坛"期间，做了题为《玉·龙·轴·神》的关于查海遗址考古发现的专题讲座，阐述了关于查海遗存"四大发明"的看法。

［ 10 ］　闻广：《说玉以及查海玉器》，《东南考古研究》（第四辑），厦门大学出版社，2010年，43～46页。

［ 11 ］　黑龙江省文物考古研究所、饶河县文物管理所：《黑龙江饶河县小南山遗址2015年Ⅲ区发掘简报》，《考古》2019年8期。

［ 12 ］　刘国祥：《黑龙江史前玉器研究》，《中国历史博物馆馆刊》2000年1期；赵宾福、孙明明、杜战伟：《饶河小南山墓葬出土玉器的年代和性质》，《边疆考古研究》（第14辑），科学出版社，2013年，69～78页。

［ 13 ］　孙守道：《查海玉玦耳饰之祖》，《友报》1994年8月26日3版。

［ 14 ］　邓聪：《东亚玦饰四题》，《文物》2000年2期；邓聪：《东亚玦饰的起源与扩散》，《东方考古》（第1集），科学出版社，2004年，23～35页；邓聪、邓学思：《新石器时代东北亚玉玦的传播——从俄罗斯滨海边疆地区鬼门洞遗址个案分析谈起》，《北方文物》2017年3期。

［ 15 ］　庞进：《中国祥瑞龙》，陕西人民出版社，2012年。

［ 16 ］　语出郭大顺：《龙出辽河源》，百花文艺出版社，2001年。

［ 17 ］　〔英〕李约瑟原著，〔英〕柯林·罗南改编，上海交通大学科学史系译：《中华科学文明史》（第四卷），上海人民出版社，2003年，42页。

［18］ 邓聪：《澳门黑沙玉石作坊》，澳门特别行政区民政总署文化康体部制作，2013年。

［19］ 邓聪：《中国最早石制轴承的功能实验考古试论——查海遗址轴承形态分析》，《庆祝郭大顺先生八秩华诞论文集》，文物出版社，2018年，131～141页。

［20］ 徐飞、邓聪、叶晓红：《史前玉器大型钻孔技术实验研究》，《中原文物》2018年2期。

［21］ 邓聪：《东亚玦饰的起源与扩散》，《东方考古》（第1集），科学出版社，2004年，23～35页。

［22］ 乌兰：《从巴林右旗博物馆收藏史前人面饰谈原始崇拜》，《中国玉文化玉学论丛》，紫禁城出版社，2002年，342～349页。

［23］ 滕铭予、吉迪、苏军强等：《2015年辽宁省阜新蒙古族自治县塔尺营子遗址试掘报告》，《边疆考古研究》（第25辑），科学出版社，2019年，1～76页；刘勇：《辽宁阜新查海遗址发现七千五百年前石雕神人面像》，《光明日报》2019年9月29日。

［24］ 中国科学院考古研究所、陕西省西安半坡博物馆：《西安半坡——原始氏族公社聚落遗址》（考古学专刊丁种第十四号），文物出版社，1963年。

［25］ 许玉林、傅仁义、王传普：《辽宁东沟县后洼遗址发掘概要》，《文物》1989年12期。

［26］ 王仁湘：《看远古如何造出神模样》，《光明日报》2015年11月18日；王仁湘：《武装到牙齿的史前众神》，"五帝时代与中华文明学术研讨会"发言，2019年9月20日。

［27］ 中国社会科学院考古研究所内蒙古工作队、中国科学院植物研究所：《内蒙古敖汉旗兴隆洼遗址发掘简报》，《考古》1985年10期。

［28］ 辽宁省文物考古研究所：《辽宁阜新县查海遗址1987～1990年三次发掘》，《文物》1994年11期；方殿春：《阜新查海遗址的发掘与初步分析》，《辽海文物学刊》1991年1期。

［29］ 郭大顺：《辽宁史前考古与辽河文明探源》，《辽海文物学刊》1995年1期；辽宁省文物考古研究所：《查海：新石器时代聚落遗址发掘报告》，文物出版社，2012年。

［30］ 杨虎：《敖汉旗榆树山、西梁遗址》，《中国考古学年鉴（1989）》，文物出版社，1990年，131页。

［31］ 王闯：《中国东北及华北地区之字纹研究》，辽宁人民出版社，2013年。

［32］ 丁风雅：《中国北方地区公元前5000年以前新石器文化的时空框架与谱系格局研究》，吉林大学博士学位论文，2017年。

［33］ 石兴邦：《前仰韶文化的发现及其意义》，《中国考古学研究——夏鼐先生考古五十年纪念论文集》（二集），科学出版社，1986年，1～23页。

［34］ 赵宾福：《新中国考古学70年的成就与贡献》，《河北学刊》2019年5期。

沈阳地区史前时期生业方式综述

刘晓辰

（沈阳市文物考古研究所）

沈阳地处东北大平原的南部，辽东半岛的北段，地理坐标东经122°25′～123°48′，北纬41°12′～43°02′，正位于辽东与辽西、辽东半岛与东北大平原的连接点上，自古以来就是文化的交汇之地。全区地势由东北向西南缓缓倾斜，西南部属于辽河、浑河的冲积平原，地势平坦，土质肥沃。山地丘陵集中在东部和北部，东北部的辉山丘陵，林深树茂；城区南部及法库和康平两县也有部分丘陵山地。境内有辽河、浑河及其支流蒲河、秀水河、柳河、养息牧河、沙河等河流。沈阳地区属北温带，为受季风影响的半湿润大陆气候，一年四季分明，日照充足，夏季热而多雨，秋季短促，凉爽宜人。

在新石器考古方面，早在20世纪30年代，梁思永先生对这一地区做过考古调查，由于缺乏系统的发掘资料，只是将沈阳地区作为东北地区考古文化南北分界线，认为此地区之南为农耕文化区，其北为游牧文化区[1]。1956年，东北博物馆文物工作队根据陈元普先生提供的线索，对沈阳市新民县偏堡子沙岗遗址进行实地调查，首次发现了新石器时期文化遗存[2]，该遗存后被定名为"偏堡子文化"[3]。1973年6月，沈阳市文物管理办公室根据孟方平提供的线索，在新乐宿舍地区进行了一次考古调查，发现五处文化堆积地点，同年10月，进行了首次试掘，确立了这一地区存在两种不同文化类型叠压关系，暂名为新乐下层（第一期）文化，新乐上层（第二期）文化，根据房址与细石器共存的事实，提出"原来认为凡是出细石器的遗址便统称为草原游牧民族文化，看来是不妥当的"[4]。1973年7月，沈阳市文物管理办公室配合城市基本建设对位于沈阳市新民县高台山遗址进行发掘，清理墓葬7座，1974～1980年又先后对高台山进行了四次发掘，从而揭示了一个新的早期青铜时代考古学文化[5]，后被命名为"高台山文化"。1981～1982年，沈阳市文物管理办公室对因基建施工破坏的新乐遗址进行了抢救性发掘，确立了新乐遗址上、中、下三层原始文化的地层关系，为沈阳地区史前文化研究提供了可贵的地层根据[6]。

目前，学界对沈阳地区史前时期考古学文化的相关研究，主要围绕着文化分期、文化特征、聚落与社会关系、经济结构等内容展开，成果颇为丰富，2018年12月《新乐遗址发掘报告》的正式出版，为我们探讨这地区史前时期生业方式提供了新的材料[7]，本文以新乐下层文化、偏堡子文化为主要研究对象，结合已发表的考古资料和前人的研究，进行全面梳理，对其生业方式进行综合分析。

一、新乐下层文化

　　新乐下层文化，是沈阳地区迄今发现的时代最早的新石器时代文化，以房址为代表的史前大型聚落遗存，为这一地区的新石器文化树立了一个标尺，将该地区人类活动的历史从原来的5000年追溯到7000年前。该文化因遗址最先发现于新乐电工厂宿舍而得名。经正式发掘的地点有沈阳新乐和新民县东高台山遗址两处。此外，在康平县的王全、李修家窝堡砂场、马架子山以及法库县的奈家堡、蛇山沟等遗址调查采集到了新乐下层文化的陶片。

　　学界对新乐下层文化的认识主要依据新乐遗址的发掘所得。1973年发现并进行了试掘，其后到2018年又先后进行了五次发掘。六次发掘共发现下层房址50座，发掘清理了38座，新乐文化房址分布范围东西长330余米，南北宽约130米，其中3座大型房址位于遗址的中心部位，每座面积都在100平方米左右，呈不规则的"品"字形排列，周围穿插分布一些中小型房址，房址之间相距不足3米。房址皆为半地穴式，平面呈圆角长方形或圆角方形，均发现有柱洞，中部有火膛，有的多达2个以上。出土遗物较多，主要有陶器、石器、骨器、煤精制品、木雕制品、玉器、炭化谷物与果核和少量动物骨骼等。根据2018年第六次发掘报告发表的¹⁴C测年数据，绝对年代基本在公元前5200～前4800年[8]，有学者通过类型学结合周边考古文化进行比较认为，年代跨度在公元前5500～前4000年，属于新石器时代中期[9]。

　　关于新乐下层文化时期的生业方式，郭大顺先生认为东北地区传统的采集渔猎经济，在下辽河流域的新石器文化中仍占主导地位[10]；黎家芳先生认为当时是火耕农业，黍与石磨盘、石磨棒共存的事实也是新乐人农业生产比较发达的一种反应，新乐人的狩猎活动远不如农业生产发达，在他们的经济生活中，也不如农业生产重要[11]；刘凤芹先生认为新乐遗址出土的石、骨、角质生产工具与兴隆洼不同，出有较多的细石器，磨盘、磨棒与石铲的出土很少，且形制不规整，从镞、尖状器和网坠的大量出土看，当时的人们主要经营着渔猎业[12]；以上观点主要是在考古学资料基础上进行了分析与探讨，对深入了解新乐下层文化时期的生业方式提供了重要的参考。

（一）自然环境分析

　　新乐下层文化所在的时期处于全新世大暖期稳定温暖阶段，即大暖期鼎盛时期（距今7200～6000年），自然环境好，雨量充沛，海面上升，河网、湖荡沼泽大面积发育，年均气温比现今高3～5℃。古植被和孢粉样本鉴定分析结果表明，植物种类以落叶阔叶树种如栎、榆为主，次之如胡桃、虎榛子和柳，草本植物主要有菊科、禾本科和莎草科。另外，遗址中出土了炭化"谷物黍"及栎叶部印痕和果核、榛的果核、杏、枣、山楂及山荆子果核、榆的炭化木及悬钩子叶部印痕，为暖温带落叶阔叶林植被，可判断当时为较今天温暖湿润的气候，故有利于文化的发展和植物的生长[13]。新乐先民在这样一种自然条件气候下生活与劳动，优越的地理位置和自然气候环境为新乐先民发展渔猎和采集经济创造了有利条件。

（二）农　　业

1. 炭化植物遗存

新乐遗址在1973～2014年先后六次发掘过程中采集了少量炭化植物遗存，包括木炭和炭化种子、果实，均是肉眼可见的标本，该遗址虽未利用植物考古学方法进行系统的采样浮选，但通过前后六次发掘采集的炭化植物标本进行鉴定分析对生业方式的认知也有一定的参考作用。王富得先生曾对遗址1979年发现的炭化植物遗存进行鉴定，发现包括栎的叶痕及种实、榛的果壳、杏及枣的果核、山楂以及山荆果实、悬钩子叶痕及榆的古炭化古木。2016年为提供植物遗存新证，沈阳市文物考古研究所联合新乐博物馆将采集的全部可见标本送至山东大学植物考古实验室进行了鉴定。

鉴定结果显示：新乐遗址保存的炭化植物遗存包括草本植物和木本植物两大类，其中草本植物仅鉴定出禾谷类植物黍（*Panicum miliaceum* L.），而木本类植物有榛科榛属（*Corylus* L.）、蔷薇科杏属（*Armeniaca* Mill.）、蔷薇科苹果属（*Malus* Mill.）以及壳斗科栎属（*Quercus* L.）[14]。

黍为禾本科一年生草本作物，生育期短，喜温暖，不耐霜，抗旱力极强，因此特别适合在我国北方种植。出土的炭化黍遗存均采集于房址F2，发掘报告记载炭化谷物在房址东南角柱附近的盆形坑内堆积较厚，数量可观，在西南地面上也有少量堆积，由鉴定可知，炭化黍结块较多，说明此时期黍应该有一定产量，并且发现的炭化黍谷壳完整，有的还可以看出壳内有仁，属于未经研磨加工的谷物遗存[15]。其无壳粒长1.5～2毫米，带壳粒长1.7～2.3毫米，时代、形态及尺寸都介于兴隆沟遗址第一地点出土的野生祖本黍和王家村遗址出土的栽培黍之间，显示出驯化黍的特征，这说明新乐遗址中出土的黍至少处于人工驯化中。

考古报告中对石磨盘、石磨棒的残留植物淀粉粒的分析显示：有薏苡属（F2：42石磨棒）、栎属（F2：47石磨盘）、栗属（F3：154石磨盘）、豆科（F3：154石磨盘）、小麦族（73H1：1石磨棒）和块根块茎类（F3：157石磨棒）6种。其中栎属和栗属是北方常见的坚果类植物，其果实是史前先民的主要食物；薏苡属植物也是史前先民的主要食物，已见于多个遗址；豆科淀粉中存有一粒极为接近野大豆的淀粉；小麦族植物在此次淀粉粒分析中，尚未确定是否存在栽培种属；块根块茎类淀粉也待进一步研究。在抽取检测的样品中，不见粟黍类北方地区常见的栽培作物淀粉粒[16]。由此可见，新乐先民植物性食物来源较为丰富。并且根据1979年炭化植物遗存鉴定结果可知，果实类资源在遗址出现的数量较多，种类丰富，说明果实类资源在植物性食物结构中还占有比较重要的地位。结合两次的炭化植物遗存鉴定结果推测，在新乐下层文化遗址中存在农业经济，处于早期发展阶段，采集业也已成为获取辅助食物经常性的活动。

2. 生产生活用具分析

农业生产工具是农业经济存在与否以及农业发展状况的重要参考因素。新乐下层文化时期的农业生产工具355件，以石器为主，占出土石器10%，多为磨制。器形有石斧、石镐、石铲、石墨盘、石磨棒及少量石刀等生产工具[17]。

以新乐遗址为例，发现了用于农业生产工具的石斧39件，石料为辉绿岩质、呈长方体，断面为椭圆形，除顶部有敲砸痕外，全身磨制光滑、弧刃，无穿孔、长度在10厘米左右，适用手持、直接砍伐。我国的原始农业，一般认为主要分两个阶段，即火耕农业（也称刀耕火种）和耜耕农业（也称锄耕农业）。虽然石斧出土数量不多，有的器形还比较小，但可以充分认定先民已开始使用石斧这种最基本的砍伐工具来砍伐树木，同时石斧可以用来翻土整地，反映了刀耕火种的原始农业的情况。

磨制石器中石磨盘、石磨棒出土数量较多，共计310件，二者在遗迹单位内几乎共出且成组出现。磨盘和磨棒的出现常被视作农作物加工工具。在新乐下层文化房址中，仅一号房址内就出土18件磨盘、20件磨棒。石磨盘多选用砂砾岩为原料，为圆角长方形，器形较为规整，常两面使用，厚薄不等；石磨棒石质一般亦较粗，多选用花岗岩，长条形，琢制而成，横断面呈椭圆形，横断面多为抹角三角形，磨面微弧，两端琢成圆头或鸭嘴状。石磨盘与石磨棒既可以用来对自然采集而来的谷物进行加工，也可以用来敲砸野果果壳或用于加工研磨制陶的沙土等，可谓一器多用。

新乐下层文化时期，从发现数量较多的炭化黍以及砍伐整地工具石斧和加工谷物工具石磨盘、石磨棒成组出现，说明刀耕火种的原始农业在新乐人生活中已成为重要的经济组成部分。

（三）渔　猎　业

在新乐下层文化生产工具中，以打制石器为主，其中出土的渔猎工具1399件，渔猎工具占近60%，有刮削器、网坠、石镞、尖状器等。最典型的捕捞工具为石网坠，出土的石网坠101件，均采用河卵石为原料，用锤击法制成，其中最大的石网坠长约20厘米，大型石网坠说明渔网颇大，需多人集体劳作才可充分发挥其作用，最小的石网坠长也在8～10厘米。石网坠在新乐遗址的大量出现，说明当时渔业的发达，并且新乐先民的居住址分布与古河道的流向相随，其古河道正处于新乐遗址密集区处，每当雨季河水泛滥，鱼蚌、水禽丰富其间，为新乐人提供了丰富的渔猎资源。

除此之外，在新乐文化的遗址中出土了大量细石器，包括尖状器、刮削器、石镞和石叶等。其中打制或磨制石镞是狩猎活动的重要工具，刮削器、石叶器等是切剥兽皮、切割兽肉的用具。出土的石镞166件，分两类，一是细石器类型中的细石镞，有带铤和无铤两种；二是石灰岩质窄叶型，底部有平底和浅凹底两种，最长的约6.6厘米，短的约2.7厘米，锋刃尖利，从镞本身形制看，具有一定的贯穿力。在新乐下层文化遗址中还发现了数量不是很多的猪、羊、鹿等草食类动物骨骼残骸，以及一些类似飞禽类的碎小肢骨标本，结合新乐遗址出土的狩猎工具，推测当时狩猎对象应以中小型动物为主，出土的部分猪骨有家猪的特征，可能存在动物饲养。

由此可见，渔猎是新乐人的重要食物来源，也可从另一个角度反映出先民能从实际出发，充分利用温湿的气候和丰富的自然资源来解决食物问题，渔猎业是主要劳动部门。

（四）原始手工业

新乐下层文化出土的器物可以反映出其原始手工业的工艺和技能。

1. 制石业

新乐下层文化遗址出土石器种类丰富，共2479件，占出土遗物总量70.5%。按制作工艺分类，分为打制石器、细石器和磨制石器三种，其中打制石器在石器中所占比重最大，细石器次之，磨制石器最少。打制石器共1015件，占出土石器41%，多选用沉积岩、安山岩。从种类上看，有敲砸器、砍砸器、刮削器、石网坠、石镞及石片石器等。打制石器中以敲砸器、砍砸器、刮削器占多数，其次有石网坠等。打制石器的制作方法较为原始，多采用横向锤击和从边缘向中间连续锤击的方法，形成的石器形态几乎与旧石器时代石器没有区别。细石器共856件，占出土石器34.6%。细石器多为燧石、玉髓、碧玉质料。细石器被分石叶、细石镞、尖状器、刮削器、细石锥、细石核六类。其中石叶数量最多，占细石器总量的70%以上，平均长度不到4厘米，属小型石叶，较为原始。从制作工艺上看，细石器的压剥技术较为发达，压剥与打击技术共存一器的现象更是独有。新乐下层文化遗址内出土的细石器，应该是为维持人们的经济生产服务的。磨制石器共624件，占出土石器25.2%，多灰绿岩、安山岩、灰绿色页岩、花岗岩、砾岩等。磨制石器有石镞、石磨盘、石磨棒、研磨器、石斧、石锛等。每件磨制石器都经打击、琢、磨，而用于裁断石材的"划断工艺"为新乐下层文化遗址磨制石器的特点之一。打制石器数量最多，说明新乐下层文化打制石器发达，在社会经济生活中占有重要生产地位，而磨制石器和细石器加工工艺已进入成熟阶段，新乐先民已充分掌握各类石材的岩性，根据需求，制作出不同种类的工具。

2. 制陶业

新乐下层文化的陶器以夹砂红褐陶为主，有的陶器内黑外红，个别陶器外施红衣，泥片贴筑，胎质较松，火候较低，均为手制。器形以深腹罐为主，约占陶器的90%，还见有斜口器、敛口罐、圈足钵等。新乐文化的陶器纹饰以压印之字纹为主，其次是压印弦纹，刻划纹较少，有学者认为筒形罐上的压印之字纹具有仿编织物的特点。陶器器壁薄厚均匀，内壁有压光，外壁通体饰纹，器口饰凹带纹，大型陶器通高在50厘米以上，而器壁仅厚1厘米左右，堪称奇迹。小型陶器仅高6厘米，器壁最薄者3～4毫米，反映了制陶工艺相当成熟。斜口器造型独特，椭圆形器底，椭圆形器身，阔面一侧斜向开口，推测是用来保存火种的。在遗址发掘过程中，并未见到窑址。根据陶器的火候较低等特征，不排除这些陶器均为"露烧"的可能。新乐文化的陶器造型规整，纹饰古朴，可以说每件器物都是精美的工艺品，当时的制陶工艺已进入了一个较为成熟的陶器制作阶段。

3. 煤精制品与木雕艺术品

新乐下层文化遗址中出土了一种特殊质料的器物煤精制品。煤精制品分为耳珰形器、泡形器、球形器。这种煤精制品的原料，经煤炭研究所测定，属于邻近沈阳东部的抚顺露天煤矿。煤精与普通煤的区分是，煤有纹理，而煤精则没有纹理，适宜雕刻。这种煤精制品的工艺制作，大体经历了选料、切割、琢形、刮削、研磨的过程。这种煤精制品的用途不详，可能是一种装饰品。

新乐下层文化遗址内还出土了一件炭化的木雕艺术品，通长40厘米，残宽4.5厘米，上部扁平体，下部圆柱体。在扁平体部分两面雕刻有相同的纹饰，局部还有镂雕，"造型如鸟形浮雕"木雕品的出现，充分说明新乐文化的先民，在不断充实物质生活的同时，也开始享受着极具想象力的精神生活，有学者研究认为这件木雕品应是原始部落图腾崇拜物。新乐人不但在物质生活上达到一定水平，在精神文化上也做出了杰出的成就。木雕艺术品的出土，也从另一个侧面反映出在新石器时代中期社会木器制品的存在。

（五）总　　结

处于新石器时代中期的新乐下层文化是以全新世大暖期优越的气候条件以及优越的自然环境为物质基础发展起来的。新乐下层文化时期，发现数量较多的炭化黍以及砍伐整地工具石斧和加工谷物工具石磨盘、石磨棒等农业生产工具，说明这一时期已经存在原始农业生产，并且出现植物栽培行为，但缺少中耕农业生产工具，农业生产方面尚处于火耕农业阶段。果实类资源例如野生果实、榛子、枣、山杏、山里红、胡桃等出土数量较多，种类丰富，采集业已成为获取辅助食物的经常性活动。大量的石网坠、石镞、刮削器等渔猎工具的出土说明渔猎经济发达，渔猎采集作为其主要劳动部门，有力补充了原始火耕的不足。动物遗存方面，除了大量马、鹿等野生动物骨骼出土，还有部分出土的猪骨具有家猪的特征，说明这一时期不仅存在植物驯化，还可能存在动物饲养。

与兴隆洼文化相比，新乐下层文化年代略晚于兴隆洼文化，兴隆沟遗址第一地点利用植物考古学方法进行系统的采样浮选工作，出土了丰富了炭化植物遗存，赵志军先生根据浮选结果分析认为，兴隆洼文化处在"似农非农"的社会经济发展阶段，即以采集、狩猎为主，农业生产为辅的农业经济形成过程的早期阶段。

综上所述，新乐下层文化生业方式，渔猎采集作为主要经济部门，有作物栽培及动物饲养行为，农业生产仍处于早期发展阶段。

二、偏堡子文化

偏堡子文化，因最早发现于沈阳新民县偏堡子沙岗而得名，偏堡子文化分布范围较广，北起沈阳地区，南达辽东半岛地区。由于分布地域的不同，偏堡子文化内部尚存在一定的面貌差异，可以划分为下辽河类型和辽东半岛类型两个地方类型。沈阳地区属于下辽河类型，典型的遗址有沈阳肇工街遗址[18]、新乐遗址[19]、新民东高台山遗址[20]，该文化的发现丰富和发展了东北地区的考古学文化，并对周边地区考古学文化产生了深刻的影响。

1956年东北文物工作队在新民市偏堡沙岗进行地面调查和采集，发现并采集到大量饰附加堆纹泥条的陶器[21]；1965年5月，中国社会科学院考古研究所东北工作队在铁西区肇工街遗址的试掘中，发现这类遗址被叠压在郑家洼子青铜时代遗址之下[22]；在新民东高台山第二次发掘中，根据地层堆积关系，确定第五层为偏堡子文化层，叠压在新乐下层文化之上[23]；1981～1982年对新乐遗址进行抢救发掘期间，再次发现偏堡子文化处于新乐上下层文化之间[24]。从沈阳地区目前发现的材料看，偏堡子文化遗址的文化层都比较薄，但文化特色却非常明显。陶器以夹砂红褐陶为主，夹滑石红褐陶、灰褐陶亦占一定数量。陶器皆为手制，火候较高，器壁较薄，表面均经压光，造型规整，有的涂一层红陶衣。器形有深腹罐、高足钵、短颈长圆腹壶等。深腹罐口沿多外折或附贴成叠唇。陶器表面普遍饰纹饰，以竖行泥条附加堆纹与几何刻划纹最具特色。

关于偏堡子文化年代，目前限于资料不完整，学术界仅根据出土器物及地层关系进行探讨，根据新乐遗址发掘报告可知，偏堡子文化介于新乐下层文化、新乐上层文化之间；内蒙古扎鲁特旗宝力皋吐遗址发掘中，发现小河沿文化、偏堡子文化陶器共存于同一单位中，推定偏堡子文化与小河沿文化的年代大致相当，也就是说，偏堡子文化的形成年代可能是在仰韶时代末期或龙山年代初期；东高台山遗址第五层所代表的偏堡子文化的年代晚于东高台山一期，早于高台山文化类型，推测其年代应在距今5000年左右，是东北地区新石器时代晚期的一支考古学文化。

　　对于沈阳地区偏堡子文化的生业方式，有学者认为偏堡子文化的主要特征表现为陶器所反映的文化面貌与新乐文化及小珠山文化有明显差异，石器以磨制为主，少量打制石器和细石器，偏堡子文化当时采用的是低强度采集、渔猎经济土地利用方式，生业模式的继承性则与中全新世相对稳定而优越的大暖期气候条件有关，尚无农业经济存在的确凿证据，但是渔猎、采集经济生业模式的存在却是比较肯定的[25]。由于偏堡子文化发表的资料少，我们只能根据遗址出土器物略加分析，以偏堡沙岗遗址为例，出土器物有陶器和石器，陶器有筒形罐和陶钵，石器主要有石锛、石镞、石斧、石核、石刀片和刮削器等，绝大多数磨制，且磨制手法极精细，刃口明显。石器质料可分为深绿色、绿色、草绿色岩及乳白色玛瑙。石锛和石镞磨制非常精细，除此之外，石斧还有打制痕迹，形状近似梯形；石核、石刀片及刮削器均可发现二次加工的痕迹。从出土的石器类型可以看出有石斧、石锛等农业生产工具；石镞、刮削器等渔猎工具；以生活用具为代表的陶器，反映了定居特点，这些都说明偏堡子文化经济结构呈现多样性特点，应该包括狩猎、采集、渔捞和农业经济等，目前发表的材料中没有炭化植物或植硅体等和农业相关的资料显示，故不能了解偏堡子文化时期农业生产面貌。至于哪种经济方式占主体地位，有待新的材料进行补充和完善。

注　　释

[1]　梁思永：《远东考古学上的若干问题》，《梁思永考古论文集》，科学出版社，1959年。

[2]　东北博物馆文物工作队：《辽宁新民县偏堡沙岗新石器时代遗址调查记》，《考古通讯》1958年1期。

[3]　李恭笃、高美璇：《试论偏堡文化》，《北方文物》1998年2期。

[4]　沈阳市文物管理办公室：《沈阳新乐遗址试掘报告》，《考古学报》1978年4期。

[5]　沈阳市文物管理办公室：《新民东高台山第二次发掘》，《辽海文物学刊》1986年创刊号。

[6]　沈阳新乐遗址博物馆、沈阳市文物管理办公室：《辽宁沈阳新乐遗址抢救清理发掘简报》，《考古》1990年1期。

[7]　沈阳市文物考古研究所、新乐遗址博物馆：《新乐遗址发掘报告》，文物出版社，2018年。

[8]　沈阳市文物考古研究所、新乐遗址博物馆：《新乐遗址发掘报告》，文物出版社，2018年。

[9]　赵宾福、杜战伟：《新乐下层文化的分期与年代》，《文物》2011年3期。

[10]　郭大顺、姜万里：《沈阳考古——回顾与展望》，《庆祝宿白先生九十华诞文集》，科学出版社，2012年。

[11]　黎家芳：《新乐文化的科学价值和历史地位》，《中国历史博物馆馆刊》，1986年。

[12]　刘凤芹：《从民族学有关资料看中国早期新石器遗址的经济文化类型》，《华夏考古》1994年2期。

[13]　刘牧灵：《新乐遗址的古植被和古气候》，《考古》1988年9期。

[14]　朱永刚、郑钧夫：《下辽河流域新石器文化的区域特征及其相关问题》，《辽宁大学学报（哲学社会科学版）》，2015年1期。

［15］ 王富德、潘世泉：《关于新乐出土炭化谷物形态鉴定初步结果》，《新乐遗址学术讨论会集》，沈阳市文物研究办公室，1983年。

［16］ 沈阳市文物考古研究所、新乐遗址博物馆：《新乐遗址发掘报告》，文物出版社，2018年。

［17］ 沈阳市文物考古研究所、新乐遗址博物馆：《新乐遗址发掘报告》，文物出版社，2018年。

［18］ 中国社会科学院考古研究所东北考古队：《沈阳肇工街和郑家洼子遗址的发掘》，《考古》1989年10期。

［19］ 沈阳市文物考古研究所、新乐遗址博物馆：《新乐遗址发掘报告》，文物出版社，2018年。

［20］ 沈阳市文物管理办公室：《新民东高台山第二次发掘》，《辽海文物学刊》1986年创刊号。

［21］ 东北博物馆文物工作队：《辽宁新民县偏堡沙岗新石器时代遗址调查记》，《考古通讯》1958年1期。

［22］ 中国社会科学院考古研究所东北工作队：《沈阳肇工街和郑家洼子遗址的发掘》，《考古》1989年10期。

［23］ 沈阳市文物管理办公室：《新民东高台山第二次发掘》，《辽海文物学刊》1986年创刊号。

［24］ 沈阳新乐遗址博物馆、沈阳市文物管理办公室：《辽宁沈阳新乐遗址抢救清理发掘简报》，《考古》1990年1期。

［25］ 汤卓炜：《中国东北地区西南部旧石器时代至青铜时代人地关系发展阶段的量化研究》，吉林大学博士学位论文，2004年。

辽东半岛与胶东半岛贝丘遗址比较研究

李一鹏

（沈阳市文物考古研究所）

贝丘遗址是以文化层中包含人们食余弃置的大量贝壳为显著特征的古代遗址类型。它们一般分布于海、河、湖的沿岸，在世界各地都有发现。迄今为止，世界上对贝丘遗址的发掘和研究已有200多年的历史了，我国的贝丘遗址发掘和研究始于19世纪末，而真正大范围地进行发掘和研究则是在20世纪50年代，辽宁、山东、福建、台湾、广东、海南、广西、云南等地均发现了贝丘遗址。辽东半岛和胶东半岛在地缘和历史上有着千丝万缕的联系，本文试图通过生业模式分析两地贝丘遗址的异同。

一、辽东半岛贝丘遗址

辽东半岛的贝丘遗址延续时间主要为新石器时代到青铜时代，地域范围主要是辽东半岛及周边的岛屿。辽东半岛的贝丘遗址都是海湾型贝丘遗址。新石器时代贝丘遗址有33处（表一），由于一些遗址没有发掘，故在文中只介绍已发掘的遗址，包括小珠山遗址、北吴屯遗址、吴家村遗址、郭家村遗址、三堂遗址、大潘家村遗址、蛎碴岗遗址等。青铜时代贝丘遗址有上马石遗址。

表一　辽东半岛贝丘遗址分布地

序号	遗址所在地	序号	遗址所在地
1	瓦房店长兴岛三堂村	11	长海广鹿岛小珠山
2	瓦房店交流岛蛤皮地	12	长海广鹿岛蛎碴岗
3	金县王官寨	13	长海广鹿岛南窑
4	大连旅顺口南山	14	长海广鹿岛朱家村
5	大连旅顺口大台山	15	长海广鹿岛上马石
6	大连旅顺口大潘家村	16	长海广鹿岛柳条沟东山
7	大连旅顺口郭家村	17	长海广鹿岛东水口
8	大连旅顺口于家村	18	长海广鹿岛洪子东
9	大连烈士山	19	长海大长山岛上马石
10	大连小磨盘山	20	长海大长山岛清化宫

序号	遗址所在地	序号	遗址所在地
21	长海大长山岛高丽城山	29	长海獐子岛李墙子村
22	长海小长山岛大庆山	30	长海海洋岛南玉村
23	长海小长山岛三官庙	31	东沟孤山阎坨子
24	长海小长山岛英杰村	32	东沟孤山王坨子
25	长海小长山岛唐家沟	33	东沟孤山赵坨子
26	长海小长山岛旗杆山	34	东沟孤山蜊蚁坨子
27	长海小长山岛姚家沟	35	庄河北吴屯
28	长海獐子岛沙泡子村		

1. 小珠山遗址[1]

小珠山遗址位于广鹿岛的中部，遗址的东部有吴家村遗址，相距300～400米，海拔20余米。小珠山北高南低，山顶地势平坦。小珠山遗址共分为三种文化类型，即小珠山下层文化、小珠山中层文化、小珠山上层文化。

下层文化遗存出土的生产工具如下：

农业工具6件：石斧1件、石磨盘2件、石磨棒3件。

渔猎工具8件：刮削器4件、盘状器2件、石网坠2件。

手工工具2件：沟磨石2件。

纺织缝纫工具3件：骨锥1件、陶纺轮2件。

兽骨以鹿为最多，其次为狗和獐，鹿是主要狩猎对象。

中层文化遗存出土的生产工具如下：

农业工具17件：石铲5件、石刀2件、石斧1件、石磨盘5件、石磨棒3件、牙刀1件。

渔猎工具13件：石镞11件、长条石器1件、石球1件。

手工工具1件：石锛1件。

纺织缝纫工具13件：骨锥7件、陶纺轮6件。

兽骨以鹿为最多，其次为猪。

上层文化遗存出土的生产工具如下：

农业工具13件：石斧3件、石刀4件、石杵1件、石磨棒5件。

渔猎工具12件：石镞9件、石网坠2件、砥石1件。

手工工具1件：石锛1件。

纺织缝纫工具9件：骨锥1件、纺轮8件。

兽骨有猪、鹿、狗、獐子等，以猪骨为最多。还有四片鲸鱼骨。

2. 北吴屯遗址[2]

北吴屯距辽东半岛庄河市30千米，黑岛镇5千米，西阳宫村2千米，靠近黄海海岸。北吴屯遗址共分为下层文化和上层文化，下层文化的文化类型属于小珠山下层文化，上层文化的文化类型属于小珠山中层文化。

下层文化遗存出土的生产工具如下：

农业工具48件：石斧6件、石锄10件、石杵4件、石磨盘4件、石磨棒24件。

渔猎工具103件：盘状器2件、石球16件、陶球4件、石网坠8件、陶网坠11件、石刮削器1件、牙刮削器16件、石匕3件、骨匕42件。

手工工具25件：尖状器1件、石钻1件、玉锛4件、玉凿2件、砧石13件、砺石2件、骨钻1件、骨管1件。

纺织缝纫工具97件：陶纺轮55件、骨针9件、骨锥32件、角锥1件。

动物遗骨经过鉴定的种类有鹿、獐、熊、虎、猪、狍、鹭、鲟、鳖，以及长牡蛎、僧帽牡蛎、密鳞牡蛎、文蛤、青蛤、蛏、脉红螺，其中以鹿、牛和猪为最多。

上层文化遗存出土的生产工具如下：

农业工具52件：石斧5件、石锄11件、石杵7件、石磨盘8件、石磨棒21件。

渔猎工具75件：石盘状器1件、石球19件、陶球4件、石网坠6件、陶网坠14件、石镞1件、骨镞1件、石刮削器14件、牙刮削器9件、石匕1件、骨匕5件。

手工工具30件：玉锛7件、玉凿2件、石凿1件、砧石16件、砺石3件、骨钻1件。

纺织缝纫工具113件：陶纺轮95件、骨针3件、骨锥11件、角锥4件。

动物遗骨有鹿、象、牛、猪等，贝类有长牡蛎、僧帽牡蛎、密鳞牡蛎、文蛤、青蛤、蛏、脉红螺。

3. 吴家村遗址[3]

吴家村遗址位于广鹿岛中部，四周被山丘环绕，西面是小珠山，南北是丘陵，东南有长永寺山，村中间有小河自东向西经由小珠山入海。吴家村遗址的文化类型属于小珠山中层文化。

农业工具18件：石斧3件、石铲1件、石杵6件、石磨棒7件、石磨盘1件。

渔猎工具83件：石网坠6件、石镞54件、石刮削器1件、石球2件、砥石5件、盘状器5件、角器1件、牙器7件、骨镞2件。

手工工具21件：石锛4件、石凿1件、磨石8件、骨凿8件。

纺织缝纫工具43件：骨锥24件、骨针3件、陶纺轮16件。

动物骨骼主要有猪、鹿、獐和猫。猪最多，鹿次之。贝类有锈凹螺、红螺、毛蚶、青蛤、砂海螂、柴石房蛤、伊豆布目蛤、鬘螺、笋螺、福氏玉螺、牡蛎、荔枝螺、单齿螺、帽贝。

4. 郭家村遗址[4]

郭家村新石器时代遗址，位于大连市旅顺口区铁山公社郭家村北岭上。现存面积1万多平方米，分属尹家村和郭家村管辖。郭家村遗址的文化类型分为上层文化和下层文化，郭家村下层文化属于小珠山中层文化，上层文化属于小珠山上层文化。

下层文化遗存出土的生产工具如下：

农业工具71件：石斧7件、石刀5件、陶刀13件、蚌刀6件、蚌镰1件、石杵1件、石磨盘15件、石磨棒23件。

渔猎工具281件：石盘状器7件、石球3件、石片石器12件、牙器11件、骨矛4件、石镞226件、骨镞10件、牙镞6件、蚌镞2件。

手工工具48件：石锛6件、骨凿8件、磨石21件、陶拍3件、骨料4件、牙料6件。

纺织缝纫工具360件：陶纺轮142件、骨梭1件、骨针129件、骨锥71件、陶锥2件、角锥15件。

动物遗骨有猪、斑鹿、狗、麝、獐、狍子、野猫、飞禽以及锈凹螺、红螺、牡蛎、海胆、鱼下颌等。

上层文化遗存出土的生产工具如下：

农业工具103件：石斧33件、石铲2件、石刀37件、石杵3件、石磨盘7件、石磨棒21件。

渔猎工具202件：石盘状器2件、石球4件、牙器3件、石矛1件、石镞172件、骨镞8件、石网坠5件、骨钓针7件。

手工工具50件：石锛33件、玉凿1件、磨石10件、石锉1件、陶锉1件、陶拍1件、骨料3件。

纺织缝纫工具229件：石纺轮7件、陶纺轮102件、骨针59件、骨锥41件、石锥20件。

动物遗骨有鲸鱼、猪、斑鹿、獐、狗、獾、野猫、麝、豹、熊、貉、狍子、马鹿、鼠，另有飞禽骨骼，还有锈凹螺、荔枝螺、红螺、青蛤、紫石房蛤、牡蛎等。其中以猪和斑鹿最多。

5. 三堂遗址[5]

长兴岛位于瓦房店市西部，隔海与辽东半岛相望。遗址位于长兴岛的东部，东南距乡政府约2千米。因地势低洼，当地住户称之为"西洼"。共分为二期文化遗存。

第一期文化遗存出土的生产工具如下：

农业工具3件：石刀3件。

渔猎工具26件：石镞24件、石网坠1件、石矛形器1件。

第二期文化遗存出土的生产工具如下：

农业工具16件：石斧5件、石刀7件、石磨盘2件、石墨棒2件。

渔猎工具34件：石镞32件、石网坠2件。

手工工具6件：石凿1件、石锛2件、砺石3件。

纺织缝纫工具1件：石锥1件。

6. 大潘家村遗址[6]

大潘家村位于大连市旅顺口区江西镇大潘家村北，面积约17600平方米。遗址地表散布有大量贝壳，故称"蚬壳地"。大潘家村遗址的年代在郭家村遗址下层和上层之间，相当于小珠山中、上层文化之间。

农业工具64件：石斧15件、石刀41件、石杵1件、石磨盘5件、蚌刀形器2件。

渔猎工具154件：石镞131件、石网坠4件、骨镖1件、骨矛装器1件、鱼卡12件、两端刃器1件、角勾形器1件、蚌镞1件、蚌刮削器1件、牙镞1件。

手工工具25件：石锛10件、石凿1件、磨石9件、柄状器4件、骨凿1件。

纺织缝纫工具107件：石锥1件、石纺轮7件、骨针27件、骨锥51件、骨梭1件、角锥1件、牙锥19件。

动物遗骨有哺乳动物骨骼和海产软体动物贝壳等。哺乳动物骨骼中以家猪为最多，见有下颌骨、肩胛骨等。此外还有狗、鹿下颌骨，野猪獠牙及禽类肢骨等。海产软体动物贝壳类有红螺、牡蛎、蛤仔、扁玉螺、疣荔枝螺、魁蚶、毛蚶、贻贝、扇贝等，以牡蛎、蛤仔为最多。

7. 蛎碴岗遗址[7]

蛎碴岗遗址位于广鹿岛的西南，南太山北面的开阔地上，东北距油岩山打石场2千米左右。蛎碴岗遗址的文化类型属于小珠山上层文化。

农业工具4件：石斧1件、石刀2件、蚌刀1件。

渔猎工具17件：石镞4件、石矛2件、石网坠2件、骨钓针1件、骨镞1件、牙器7件。

手工工具20件：石锛4件、石凿1件、磨石8件、骨凿7件。

纺织缝纫工具22件：骨锥13件、骨针4件、陶纺轮5件。

8. 上马石遗址[8]

上马石遗址位于大长山岛东部，北依山，南临海。上马石遗址共有三种文化类型，即下层文化、中层文化和上层文化。上马石下层文化属于小珠山下层文化，中层文化属于小珠山上层文化，上层文化属于青铜时代文化。

下层文化遗存出土的生产工具如下：

农业工具4件：石刀1件、石磨盘1件、石磨棒2件。

渔猎工具6件：刮削器5件、尖状器1件。

纺织缝纫工具1件：陶纺轮1件。

中层文化遗存出土的生产工具如下：

农业工具5件：石斧2件、石刀3件。

渔猎工具33件：石镞19件、石网坠3件、骨镞5件、尖状骨器6件。

手工工具4件：石锛3件、砥石1件。

纺织缝纫工具3件：骨锥2件、角锥1件。

上层文化遗存出土的生产工具如下：

农业工具7件：石斧5件、石镰2件。

渔猎工具90件：石镞37件、石网坠5件、石矛1件、骨鱼钩4件、骨钓针36件、骨镞6件、角矛1件。

手工工具1件：骨凿1件。

纺织缝纫工具33件：石纺轮2件、骨锥27件、角锥4件。

二、胶东半岛贝丘遗址

胶东半岛的贝丘遗址主要分布在胶东半岛的沿岸，延续时间主要是新石器时代，共发现21处贝丘遗址（表二），绝大多数为海湾型贝丘，只有邱家庄遗址属于河口型贝丘遗址[9]。根据已知的考古材料，本文介绍白石村遗址、翁家埠遗址、大仲家遗址、蛤堆顶遗址。

表二 胶东半岛贝丘遗址分布地

序号	遗址所在地	序号	遗址所在地
1	蓬莱南王绪	12	乳山桃村汪家
2	蓬莱大仲家	13	乳山翁家埠
3	烟台福山邱家庄	14	海阳蜊岔埠
4	烟台白石村	15	海阳黄罗岗
5	牟平蛤堆顶	16	海阳桃林
6	牟平蛎碴岗	17	莱阳泉水头
7	威海义和	18	即墨北阡
8	荣成北兰格	19	即墨南阡
9	荣成河西乔家	20	即墨东演堤
10	荣成河口	21	即墨丁格庄
11	乳山北斜山		

1. 白石村遗址[10]

白石村遗址位于山东省烟台市芝罘区的西南山丘，地势南高北低，海拔在61～74米。白石村遗址共分为两期文化，一期文化属于白石村一期文化，二期文化属于邱家庄一期和紫荆山一期文化。

一期文化遗存出土的生产工具如下：

农业工具13件：石斧6件、石铲6件、石磨棒1件。

渔猎工具50件：石球4件、石网坠1件、骨镞45件。

手工工具7件：石锛1件、砺石6件。

纺织缝纫工具67件：骨锥42件、骨针25件。

二期文化遗存出土的生产工具如下：

农业工具74件：石斧22件、石铲7件、石锤13件、石磨盘6件、石磨棒26件。

渔猎工具39件：陶网坠1件、石网坠3件、石球2件、骨镞30件、骨矛1件、骨钩针2件。

手工工具11件：石锛5件、石凿2件、砺石4件。

纺织缝纫工具68件：骨锥51件、骨针17件。

出土的贝类有蛤仔，其他动物有鲈鱼、真鲷、黑鲷、红鳍东方鲀、鹿、獐、猪等。

2. 翁家埠遗址[11]

翁家埠遗址位于胶东半岛南岸，属于山东乳山市白沙滩乡翁家埠村。遗址位于村北20米左右的台地上，海拔为8～10米。其西、北两面均临海，距离海岸线不到500米。翁家埠遗址的文化类型属于邱家庄一期文化。

农业工具2件：石磨棒1件、石刀1件。

渔猎工具3件：陶网坠1件、石球1件、骨镞1件。

纺织缝纫工具3件：骨针1件、骨锥2件。

出土的贝类有7种，其中斧足纲5种，为泥蚶、牡蛎、蚬、文蛤、中华青蛤等，腹足纲2种，为多形滩栖螺、脉红螺。出土的其他动物有鱼、鳖、雉、貉、野鸽、猪、狗獾、猪獾、梅花鹿、小型鹿科动物、兔、鼠等12种。

3. 大仲家遗址[12]

大仲家遗址位于胶东半岛北岸，蓬莱市大季家乡大仲家村。该遗址位于大仲家村东200米的山丘顶部，海拔为20米以上。遗址北面不到3千米为黄海。大仲家遗址持续的时间较长，包括了邱家庄一期和紫荆山一期。T1和T2是中国社会科学院考古研究所在大仲家遗址所做的试掘探方。

T1出土的生产工具如下：

农业工具3件：石磨棒2件、小石刀1件。

渔猎工具1件：骨镖1件。

手工工具1件：石锤1件。

纺织缝纫工具1件：骨锥1件。

T2出土的生产工具如下：

农业工具9件：石磨盘2件、石磨棒2件、石斧2件、石铲3件。

渔猎工具16件：石弹丸7件、骨匕4件、骨镖1件、骨镞2件、牙镖2件。

手工工具2件：石钺2件。

纺织缝纫工具7件：骨针3件、骨锥3件、鱼刺锥1件。

大仲家遗址出土贝类共有9种，其中斧足纲为毛蚶、牡蛎、蚬、日本镜蛤、文蛤、蛤仔、中华青蛤等7种，腹足纲为多形滩栖螺、脉红螺2种。其他动物有红鳍东方鲀、螃蟹、鳖、黑鲷、真鲷、雉、狗、猪、猪獾、梅花鹿、小型鹿科动物等11种。

4. 蛤堆顶遗址 [13]

蛤堆顶贝丘遗址位于胶东半岛的北岸，属于烟台市牟平区蛤堆后村。遗址位于村南的一个台地上，海拔在20米以上。其东、南均临山丘，西北距黄海不到2千米。蛤堆顶遗址的延续时间较长，包括了邱家庄一期和紫荆山一期。

蛤堆顶遗址出土的贝类共计6种，其中有牡蛎、蛤仔、文蛤、毛蚶等腹足纲4种，脉红螺、多形滩栖螺等腹足纲2种。鱼类主要有红鳍东方鲀、鳟鱼和黑鲷等。哺乳动物有猪、猪獾、梅花鹿和小型鹿科动物等。

三、生业模式的比较研究

从地理位置上说，胶东半岛的贝丘遗址和辽东半岛的贝丘遗址差别不大，但是从已知的发掘材料来看，胶东半岛的贝丘遗址多集中在胶东半岛的北岸和南岸，而在辽东半岛的贝丘遗址多集中在旅大地区和长海群岛，除了胶东半岛的邱家庄遗址属于河口型贝丘遗址外，其余的贝丘遗址都是海湾型贝丘遗址。

（一）生产工具

本文在前面遗址部分着重介绍了生产工具，主要是因为生产工具是当时生业模式的重要体现形式。从生产工具上看，如图一所示，胶东半岛和辽东半岛的大部分贝丘遗址的生产工具以渔猎工具为主，说明打鱼和狩猎是当时主要的生存模式（表三）。

辽东半岛的贝丘遗址可以分为2大区域，海岛区和半岛区。小珠山遗址、吴家村遗址、蛎碴岗遗址、上马石遗址属于海岛区，郭家村遗址、大潘家村遗址和北吴屯遗址属于半岛区。在小珠山遗址的下、中、上层和上马石遗址的下、中、上层农业工具的数量有着不明显的上升，渔猎工具的数量也是呈上升趋势的，根据生产工具的变化不能推断出在海岛区域农业的地位是否提高。然而在北吴屯遗址的上、下层和郭家村遗址的上、下层中，农业工具的数量在上升，渔猎工具的数量在下降，因此，在半岛区，贝丘遗址的农业地位在上升，辽东半岛海岛区的农业水平是低于半岛区的。

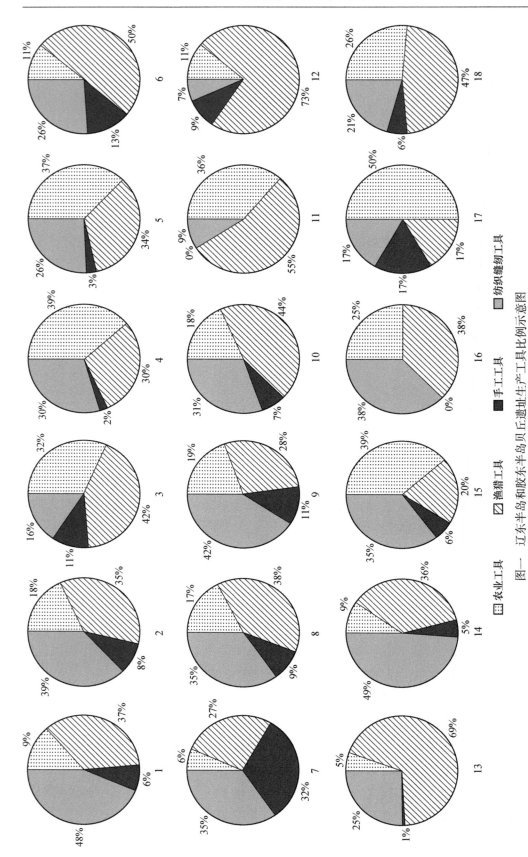

图一　辽东半岛和胶东半岛贝丘遗址生产工具比例示意图

1. 郭家村遗址下层　2. 郭家村遗址上层　3. 小珠山遗址下层　4. 小珠山遗址中层　5. 小珠山遗址上层　6. 吴家村遗址　7. 蛎碴岗遗址　8. 北吴屯遗址下层　9. 北吴屯遗址上层　10. 大潘家遗址　11. 上马石遗址下层　12. 上马石遗址中层　13. 上马石遗址上层　14. 白石村遗址一期　15. 白石村遗址二期　16. 翁家埠遗址　17. 大仲家遗址T1　18. 大仲家遗址T2

□农业工具　　■手工工具　　⊡渔猎工具　　▨纺织缝纫工具

表三　辽东半岛贝丘遗址农业工具和渔猎工具数量统计

生产工具/件 遗址	农业工具	渔猎工具
小珠山遗址下层	6	8
小珠山遗址中层	17	13
小珠山遗址上层	13	12
吴家村遗址	18	83
蛎碴岗遗址	4	17
上马石遗址下层	4	6
上马石遗址中层	5	33
上马石遗址上层	7	90
大潘家村遗址	64	154
北吴屯遗址下层	48	103
北吴屯遗址上层	52	75
郭家村遗址下层	71	281
郭家村遗址上层	103	202

（二）动物遗存

1. 辽东半岛贝丘遗址的动物遗存

见表四。

表四　辽东半岛贝丘遗址的动物遗存

遗址	海产动物	哺乳动物
吴家村遗址	锈凹螺、红螺、毛蚶、青蛤、砂海螂、紫石房蛤、伊豆布目蛤、蝬螺、笋螺、福氏玉螺、牡蛎、荔枝螺、单齿螺、帽贝	猪、鹿、獐、猫
郭家村遗址	锈凹螺、红螺、青蛤、荔枝螺、牡蛎、河胆、紫石房蛤	猪、斑鹿、狗、獐、獾、麝、野猫、豹、熊、貉、狍子、马鹿、鼠
大潘家村遗址	红螺、蛤仔、扁玉螺、毛蚶、贻贝、扇贝、牡蛎、疣荔枝螺、魁蚶、螃蟹、海胆	猪、狗、鹿
北吴屯遗址	文蛤、青蛤、脉红螺、蛏蛏、长牡蛎、密鳞牡蛎、僧帽牡蛎、蛑、鳖	鹿、猪、獐、熊、虎、象、貉、牛、狍、鹭
小珠山遗址下层		鹿、猪、獐
小珠山遗址中层	大量贝壳	鹿、猪、獐、狗
小珠山遗址上层	大量贝壳	鹿、猪、獐、狗

2. 胶东半岛贝丘遗址的动物遗存

见表五。

丁格庄遗址、东演堤遗址、南阡遗址、北阡遗址、泉水头遗址、桃林遗址、蜊岔埠遗址、桃村王家遗址、河口遗址、河西乔家遗址、翁家埠遗址位于胶东半岛的南岸。经过分析发现，全部贝丘遗址的主要贝类可以分为4组，如东演堤、南阡、北阡、泉水头等遗址均以牡蛎为主；蜊岔埠、桃林、桃村王家等以泥蚶为主；河口、河西乔家等遗址均以牡蛎、泥蚶为主；丁格庄以文蛤为主。上述的4组贝类实际上又可以概括为以牡蛎、泥蚶为主为一类，而以文蛤等为主为另一类。在胶东半岛南岸出土的动物骨骼种类较少，主要是猪的骨骼，而且海产动物基本都是贝类，很少发现鱼类。

表五　胶东半岛贝丘遗址的动物遗存

遗址	海产动物	哺乳动物
丁格庄遗址	文蛤、脉红螺、多形滩栖螺、毛蚶子、泥蚶	
东演堤遗址	牡蛎、蚬、脉红螺	
南阡遗址	牡蛎、蚬、文蛤、毛蚶	狗
北阡遗址	牡蛎	
泉水头遗址	牡蛎、文蛤、蚬	
桃林遗址	泥蚶、牡蛎、脉红螺	猪
蜊岔埠遗址	泥蚶、脉红螺、文蛤、牡蛎、青蛤	猪
桃村王家遗址	泥蚶、牡蛎、文蛤	
河口遗址	牡蛎、泥蚶、脉红螺、中华青蛤、毛蚶	猪
河西乔家遗址	牡蛎、泥蚶、多形滩栖螺	猪
南王绪遗址	牡蛎、蛤仔	猪
邱家庄遗址	蚬、牡蛎、文蛤、中华青蛤、脉红螺、多形滩栖螺、红鳍东方鲀、鳖	猪、兔、梅花鹿、雉、小型鹿科动物
蛎碴岗遗址（胶东半岛）	蛤仔、多形滩栖螺、脉红螺、异白樱蛤、牡蛎、青蛤	猪、梅花鹿
义和遗址	蛤仔、多形滩栖螺、文蛤、蚬、毛蚶、牡蛎、脉红螺	猪
北兰格遗址	蛤仔、牡蛎、文蛤、脉红螺、多形滩栖螺、中华青蛤、真鲷	猪、真鲷、梅花鹿、猪獾、小型鹿科动物
翁家埠遗址	泥蚶、牡蛎、蚬、文蛤、中华青蛤、多形滩栖螺、脉红螺、鱼、鳖	雉、野鸽、貉、狗獾、猪獾、猪、梅花鹿、小型鹿科动物、兔、鼠
大仲家遗址	毛蚶、牡蛎、蚬、日本镜蛤、文蛤、蛤仔、中华青蛤、多形滩栖螺、脉红螺、螃蟹、红鳍东方鲀、黑鲷、真鲷、鳖	雉、狗、猪獾、猪、梅花鹿、小型鹿科动物
蛤堆顶遗址	蛤仔、牡蛎、文蛤、毛蚶、多形滩栖螺、脉红螺、鳟鱼、红鳍东方鲀、黑鲷	猪獾、猪、梅花鹿和小型鹿科动物
白石村遗址	蛤仔、鲈鱼、真鲷、黑鲷、红鳍东方鲀	鹿、獐、猪

数据来源：中国社会科学院考古研究所胶东半岛贝丘遗址研究课题组对胶东半岛贝丘遗址进行调查试掘的记录

南王绪遗址、邱家庄遗址、蛎碴岗遗址、义和遗址、北兰格遗址、大仲家遗址、蛤堆顶遗址、白石村遗址位于胶东半岛的北岸。胶东半岛北岸的贝丘遗址可以按出土的主要贝类分为4组,如南王绪、北兰格遗址以牡蛎和蛤仔为主;大仲家遗址以多形滩栖螺、蛤仔为主;邱家庄遗址以蚬为主;而白石村、蛤堆顶、蛎碴岗、义和等遗址均以蛤仔为主。在胶东半岛北岸出土的动物骨骼种类比较丰富,而且在海产动物中发现了大量的鱼类,如红鳍东方鲀的发现,说明当时人们已经懂得了如何将红鳍东方鲀去除毒素后食用[14]。

而处在旅大地区的吴家村遗址、郭家村遗址、大潘家村遗址、北吴屯遗址出土的贝类的种类繁多,在海产动物中也是基本以贝类为主,很少发现鱼类。而哺乳动物相对于胶东半岛南岸发现的种类还是相当丰富的。

由上可见,尽管均为贝丘遗址,其所出的贝类并不完全相同。这应该与各个贝丘遗址所处的微小自然环境的差异有关。除了胶东半岛的北岸地区,其余地区发现鱼类的种类和数量都是比较少的。

在胶东半岛和辽东半岛的贝丘遗址都发现了大量猪的骨骼,可以推测,当时猪可能是人工饲养的。根据袁靖先生的观点,判断是否为家猪需要满足4个条件:肉食资源的短缺,周围有可驯化的小野猪,成功种植作物的信心促使人们有意识地驯化动物、扩大对自然资源的控制能力,剩余的粮食可以作为动物的口粮[15]。根据以上的观点可以看出,只有当农业发展到一定的阶段,有剩余的粮食,才能驯养动物。

胶东半岛的北阡遗址的年代主要是北辛文化晚期和大汶口文化时期,北阡遗址人骨的稳定同位素分析表明,北阡先民的食物结构以粟类农业和海洋贝类为主,家畜养殖或狩猎为辅[16]。并且在遗址内还原猪的数量至少为181头,其中50%以上为大于2岁的壮年个体;小于1岁的未成年个体仅占29%,而其中小于0.5岁的个体仅占总数的5.5%。这些数据表明,北阡先民饲养猪的成活率比较高,幼年夭亡的猪比例很低;先民通过饲养家猪能够获得稳定充足的肉食资源,因此大部分家猪可以等到成年后再行宰杀[17]。根据已知的考古材料,在北辛文化晚期,家猪占哺乳动物的比例为67%。在大汶口文化早期,家猪占哺乳动物的比例为76%。家猪的比例远远高于鹿类等其他的野生动物的比例,所以说当时北阡先民以家猪为主要肉食资源,鹿类等野生动物只是作为补充的肉食资源。

而在辽东半岛的小珠山遗址的下层和中层,鹿的数量是远多于猪的[18],当时的小珠山先民还没有有意识地驯养野生动物,只是捕猎野生动物,并且进一步肯定了小珠山遗址的农业还没有发展到一定的规模。而在半岛区的贝丘遗址,猪的数量基本上都是最多的,当时半岛区的先民已经开始有意识地去饲养猪作为肉食资源。

（三）小　　结

根据生产工具和动物遗存进行分析，辽东半岛和胶东半岛的贝丘遗址的生产工具都是以渔猎工具为主，农业工具的比例较少，可以看出当时是以渔猎为主要经济模式。而根据出土的动物遗存发现，辽东半岛和胶东半岛的贝类遗存为绝大部分，鱼类和哺乳动物遗存较少，说明采集贝类为当时主要的生存模式，辽东半岛和胶东半岛的生业模式都是以采集贝类、狩猎、捕鱼为主。并且在大部分的贝丘遗址中都发现了猪的骨骼，人们当时就是有意识地开始饲养猪作为自己的肉食资源。胶东半岛在北辛文化晚期就开始饲养猪，此时胶东半岛的农业就已经具有了一定的规模。而同时期的辽东半岛的海岛区，人们还没有有意识地去饲养猪，只是靠捕猎来获取肉食资源。辽东半岛的海岛区，农业发展相对落后，农业工具数量少，所占比例不高。而辽东半岛的半岛区，农业发展比例有所上升，农业工具数量有所增多。辽东半岛海岛区农业水平要远低于胶东半岛和辽东半岛的半岛区。

四、贝丘遗址的消亡

第四纪全球性的气候波动引发海平面的大幅度升降，沿岸陆地几经沧桑，这对沿海地区人类活动的空间范围、活动方式等有一定的影响，所以要研究贝丘遗址的消亡就要先研究海岸线的变化。

辽南地区在距今10000～5000年前是海侵时期，海岸线不断向陆地方向推进。但直到8000年前，海水淹没范围基本上没有超过现今海陆分布的界线，气候环境温暖、湿润。到了距今8000～5000年前，冰后期海侵达到了高峰，海水淹没了鸭绿江河口三角洲平原及大片沿岸地段，海岸线相对稳定。大约距今5000年前以来，总体上是海退时期，海岸线波浪式地向着海洋方向移动，气候开始变得干凉。在海退过程中曾有过三个海退停顿、海岸线相对稳定的阶段，其年代分别为约4300、3400和2000～1000年前[19]。

胶东半岛到了全新世早期，随着海面快速上升，海岸线迅速向大陆推进。海水推进到现代海岸线附近的时间为距今9000年前后。此次海侵后，在距今8000年左右开始发生海退。而后再次发生海侵，其遗迹在胶东半岛沿海地区都有记录，距今7300～7000年海岸线推进到现代海岸线附近。到距今6000～5000年左右海岸线向大陆推进到最大范围。海侵达到最大范围后，大约在距今4500年前海岸线开始后退。距今4000～3000年前海平面降到现代海平面以下，距今3000年以来，海平面在现代海平面上下小幅度浮动[20]。

（一）贝丘遗址地层堆积中贝壳分析

辽东半岛和胶东半岛在全新世海侵和海退的时间基本上是一致的，我们可以从地层中的贝壳含量看出辽东半岛和胶东半岛贝丘遗址的区别。

1. 胶东半岛贝丘遗址地层堆积中贝壳分析

白石村遗址以TG2的西壁为例，一共6层，第3层为贝壳层，第4、5层含有大量的贝壳，第3层为白石村第一期文化，第4、5层为邱家庄一期文化。

翁家埠遗址以T1南壁为例，一共4层，第2层有少量的贝壳，第3层有大量的贝壳，第4层有零星的贝壳，第3层属于邱家庄一期文化。

大仲家遗址以T1南壁为例，一共6层，第2层有少量的贝壳，第3、4层有大量的贝壳，第5层有少量的贝壳，第5层属于紫荆山一期文化。

大仲家遗址以T2西壁为例，一共4层，第2层有少量贝壳，第3层有大量贝壳，第4层有少量贝壳。第4层为邱家庄一期文化，第2、3层为紫荆山一期文化。

蛤堆顶遗址以T1南壁剖面为例，一共4层，第2层有少量贝壳，第3层有大量贝壳，第4层有少量贝壳。第3层属于邱家庄一期文化。

在胶东半岛的贝丘遗址，贝壳含量较多的地层一般都是在遗址层位的中间部位，地层越往上贝壳含量越少。翁家埠遗址出土的泥蚶自第4层到第2层有尺寸缩小的趋向[21]，蛤堆顶遗址T1自下而上堆积的蛤仔尺寸有变小的趋势[22]，大仲家遗址T2自下而上的贝壳堆积蛤仔的尺寸有缩小的趋势[23]，这似乎反映出当时居民的大量捕捞影响到蛤仔的自然生长规律，形成了人为的捕捞压。

2. 辽东半岛贝丘遗址地层堆积中贝壳分析

三堂遗址以T302东壁剖面为例，第2层有少量蚌壳，第4B层有一定数量的贝壳，第5层有大量的贝壳，第5层属于第一期文化遗存，第2层和第4B层为第二期文化遗存。

郭家村遗址以1976年发掘的Ⅱ区T6北壁地层剖面为例，第5层有一定数量的蜊壳，属于郭家村下层遗存。

北吴屯遗址以T6、T2东南壁剖面为例，第2C层有一定数量的碎贝壳，第3层大量的贝壳，贝壳较大，遗物较少。第2层属于上层文化，第3层属于下层文化。

大潘家村遗址以T7北壁剖面为例，第2层有一定数量的贝壳。

在小珠山遗址的各文化层中，都出土有大量的贝壳，以T4东壁剖面为例，第1层有一定数量的贝壳，第2层有大量的贝壳，第3层有大量的贝壳，但贝壳很碎，第5B层有大量的贝壳，第1、2层为上层文化，第3层为中层文化，第5层为下层文化。

吴家村遗址以Ⅱ区T1西壁为例，第1层有一定数量的贝壳，第2层有大量的贝壳，属于小珠山中层文化。

蛎碴岗遗址以T3南壁剖面为例，第1层有一定数量的碎蛎壳，第2层有一定数量的完整的蛎壳层，属于小珠山上层文化。

上马石遗址以Ⅲ区T1东壁剖面为例，第2层有一定数量的贝壳，第3层有一定数量的碎贝壳，第4层有一定数量的贝壳，第2、3层为中层文化，第4层为下层文化。再以Ⅰ区T3北壁剖面为例，第2、3层有一定数量的贝壳，第4层有大量的贝壳，第2层属于上层文化，第3、4层属于中层文化。

根据辽东半岛的贝丘遗址的材料，郭家村遗址、北吴屯遗址、大潘家村遗址属于旅大地区，靠近大陆，贝壳多集中在遗址的下层中，在上层中发现的贝壳相对较少。而小珠山遗址、吴家村遗址、蛎碴岗遗址、上马石遗址属于长山群岛，是在海岛上，贝壳在每一地层中都有发现，而且发现的数量相对较多。对胶东半岛贝壳尺寸的研究发现，也可以运用到辽东半岛的贝壳上来，贝壳尺寸的变小，影响了人们对贝壳的采集活动，于是在大陆上的贝丘遗址的先民开始进行狩猎、农耕等来生存，但是在海岛上贝丘遗址的先民也只能以采集贝类果腹。

（二）小　　结

通过贝丘遗址的各个地层贝壳含量我们可以看出，靠近内陆的贝丘遗址地层中包含的贝壳是越来越少，而在海岛上的贝丘遗址的贝壳含量没有太大的变化，究其主要原因还是地理位置的差别。靠近内陆的贝丘遗址消亡的时间较之海岛上的贝丘遗址消亡的时间是比较早的。

在距今5000年前开始发生海退，海岸线开始向海的方向移动。这个时候胶东半岛的贝丘遗址开始消亡，而辽东半岛的贝丘遗址却是在距今3000年左右消亡的，这次海退没有给辽东半岛的贝丘遗址的消亡带来影响。胶东半岛贝丘遗址消亡的原因除了自然环境开始变化以外，还有随着大汶口文化带来的农耕方式的推广，当地的人逐渐放弃了采集、捕捞的习惯，而开始从事一种新的生存活动方式[24]。到了距今3000年前左右，地貌结构发生明显的变化，海水退到现在的海岸线附近，居住地周围的海产资源大范围减少，促使当时的人们不得不改变自己的生存活动方式，所以各地的贝丘遗址基本都消亡了。

综上所述，全新世以来气候变暖形成的海侵，改变了自然环境。当时的人适应这样的环境变化，在海边的台地上建立居住地。他们充分依赖于居住地周围丰富的自然资源，以采集、捞贝、捕鱼、狩猎和饲养家畜等方式获取食物。但是，随着时间的推移，由于人类长期大量捕捞、食用某些贝类导致这些贝类生长尺寸变小。随着食物来源的缺少，海退的发生，胶东半岛的先人开始把目光转向内陆，恰好大汶口文化农耕模式推广，当地人就放弃了当时的生存模式，开始了一种新的生活方式，可以说胶东半岛贝丘遗址的消亡是外来文化和环境两种因素共同作用的结果。而辽东半岛的先民还在继续从事着采集、捕捞的生存模式，直到居住地周围的海产资源大范围减少乃至消失，人们不得不离开寻找新的出路。

五、结　语

辽东半岛和胶东半岛的贝丘遗址的出现时间基本上是相同的，说明当时海边的自然环境非常适合人类居住，在海边能更容易获得食物，这时的古人类只能依靠自然生存。

辽东半岛和胶东半岛的贝丘遗址的生产工具都是以渔猎工具为主，农业工具的比例较少，可以看出当时是以渔猎为主要经济模式。而根据出土的动物遗存发现，辽东半岛和胶东半岛的贝类遗存为绝大部分，鱼类和哺乳动物遗存较少，说明采集贝类为当时主要的生存模式，并且在大部分的贝丘遗址中都发现有猪的骨骼，说明人们当时就有意识地开始饲养猪作为自己的肉食资源。胶东半岛在北辛文化晚期就开始饲养猪，当时的胶东半岛农业就已经具有了一定的规模。而在同时期的辽东半岛的海岛区，人们还没有有意识地去饲养猪，只是靠捕猎来获得肉食资源。辽东半岛的海岛区，农业发展相对落后，农业工具数量少，比例不高。而辽东半岛的半岛区，农业发展比例有所上升，农业工具数量有所增多。辽东半岛海岛区农业水平要远低于胶东半岛和辽东半岛的半岛区。

在贝丘遗址的延续时间上，辽东半岛的贝丘遗址延续时间较长，一直发展到青铜时代，而胶东半岛的贝丘遗址到龙山文化时期就已不见了踪影。贝丘遗址主要依赖于自然资源，当自然资源消失的时候，贝丘遗址也就跟着消亡，但是胶东半岛的贝丘遗址消亡时间比辽东半岛贝丘遗址消亡时间早了2000年，胶东半岛的消亡时间是距今5000年，其中不单单是环境因素的影响，更多的则受到了与其邻近的大汶口文化的影响，大汶口文化是农业文化的代表，农业模式的稳定性是胶东半岛贝丘遗址消亡的主要原因，当时胶东半岛的古人类充分发挥了能动性，开始改造自然。这也是和辽东半岛贝丘遗址最大的不同。在相同的自然环境下，胶东半岛的古人类面对自然环境能表现出较强的能动性，相比之下，辽东半岛的古人类则更多显示的是对自然环境的依赖性。

注　释

[1]　辽宁省博物馆、旅顺博物馆、长海县文化馆：《长海县广鹿岛大长山岛贝丘遗址》，《考古学报》1981年1期。

[2]　辽宁省文物考古研究所、大连市文物管理委员会、庄河市文物管理办公室：《大连市北吴屯新石器时代遗址》，《考古学报》1994年3期。

[3]　辽宁省博物馆、旅顺博物馆、长海县文化馆：《长海县广鹿岛大长山岛贝丘遗址》，《考古学报》1981年1期。

[4]　辽宁省博物馆、旅顺博物馆：《大连市郭家村新石器时代遗址》，《考古学报》1984年3期。

［ 5 ］ 辽宁省文物考古研究所、吉林大学考古学系、旅顺博物馆：《辽宁省瓦房店市长兴岛三堂村新石器时代遗址》，《考古》1992年2期。

［ 6 ］ 大连市文物考古研究所：《辽宁大连大潘家村新石器时代遗址》，《考古》1994年10期。

［ 7 ］ 辽宁省博物馆、旅顺博物馆、长海县文化馆：《长海县广鹿岛大长山岛贝丘遗址》，《考古学报》1981年1期。

［ 8 ］ 辽宁省博物馆、旅顺博物馆、长海县文化馆：《长海县广鹿岛大长山岛贝丘遗址》，《考古学报》1981年1期。

［ 9 ］ 袁靖：《关于中国大陆沿海地区贝丘遗址研究的几个问题》，《考古》1995年12期。

［10］ 烟台市博物馆：《烟台白石村遗址发掘报告》，《胶东考古》，文物出版社，2000年，28～95页。

［11］ 袁靖、焦天龙：《胶东半岛的贝丘遗址和环境考古学》，《中国文物报》1995年3月12日三版。

［12］ 中国社会科学院考古研究所：《大仲家贝丘遗址试掘报告》，《胶东半岛贝丘遗址环境考古》，社会科学文献出版社，1999年，126～153页。

［13］ 中国社会科学院考古研究所：《蛤堆顶贝丘遗址试掘报告》，《胶东半岛贝丘遗址环境考古》，社会科学文献出版社，1999年，154～165页。

［14］ 中国社会科学院考古研究所：《胶东半岛贝丘遗址环境考古》，社会科学文献出版社，1999年，153页。

［15］ 袁靖：《中国新石器时代家畜起源的问题》，《文物》2001年5期。

［16］ 王芬、樊榕、康海涛：《即墨北阡遗址人骨稳定同位素分析：沿海先民的食物结构研究》，《东方考古》（第10集），科学出版社，2013年。

［17］ 宋艳波：《北阡遗址2009、2011年度出土动物遗存初步分析》，《东方考古》（第10集），科学出版社，2013年。

［18］ 辽宁省博物馆、旅顺博物馆、长海县文化馆：《长海县广鹿岛大长山岛贝丘遗址》，《考古学报》1981年1期。

［19］ 中国科学院贵阳地球化学研究所第四纪孢粉组、^{14}C组：《辽宁省南部一万年来自然环境的演变》，《中国科学A辑》1977年6期。

［20］ 中国社会科学院考古研究所：《胶东半岛贝丘遗址环境考古》，社会科学文献出版社，1999年，183页。

［21］ 胶东半岛贝丘遗址研究课题组：《胶东半岛南岸贝丘遗址的环境考古学研究》，《中国文物报》1997年3月30日三版。

［22］ 胶东半岛贝丘遗址研究课题组：《胶东半岛北岸贝丘遗址的环境考古学研究》，《中国文物报》1996年3月10日三版。

［23］ 胶东半岛贝丘遗址研究课题组：《胶东半岛北岸贝丘遗址的环境考古学研究》，《中国文物报》1996年3月10日三版。

［24］ 中国社会科学院考古研究所：《胶东半岛贝丘遗址环境考古》，社会科学文献出版社，1999年，210页。

郑家洼子类型研究综述

苏　哲[1]　范佳微[2]

（1. 山西省考古研究院；2. 景德镇陶瓷大学考古文博学院）

郑家洼子类型，是20世纪五六十年代发现、21世纪初命名、主要分布在下辽河平原、年代在春秋晚期至战国时期的青铜文化。本文拟在前人研究的基础上，对郑家洼子类型的研究状况作一综述。

一、郑家洼子类型的发现与定名

郑家洼子类型，首次发现于辽宁省沈阳市于洪区的郑家洼子遗址。该遗址被划分为三个地点，在第一、二地点曾发现过包含青铜短剑在内的青铜器若干件，在第三地点考古专家清理发掘近东西向（西北—东南）的土坑墓14座，这批墓葬分为南、北两区，北区是12座密集的小型墓，南区是单独埋葬的两座大型木棺椁墓。已发表资料中仅介绍了南区的M6512和北区的M659。M6512平面呈不规则长方形，墓底有一椁一棺，仅存板灰，棺内有人骨一具，头西，仰面伸直。墓中出土器物合计达797件，以铜器为主，包括兵器、马具、工具及随身用品。兵器有东北系铜剑、双翼镞、三棱镞、弓囊和弓弭等；马具较丰富，有镳、衔、节约、喇叭形器以及圆形饰、泡饰以及用作辔饰的管、珠等；工具包括刀、斧、锥、凿等；随身用品有簪、镜、泡饰等。陶器仅见陶壶，置于足下，大、中、小各一，均泥质灰陶，器表颜色不均，手制，器口轮修；长颈，侈口，削肩，鼓腹，平底。石器有大、小石串珠各一串，分别佩于颈上胸前和头上；骨器见有簪、针、镳。M659平面亦呈不规则长方形，无葬具，仰身直肢，双手放在腹部，左腰部出骨剑、骨环各一件，右脚旁置一陶壶。这次发掘发表的简报认为："墓中出土的陶器，仅见壶、罐（多数是壶），在遗址中则有大量豆把和器耳，不见三足器，鬲足仅一见，这种情况似可表明这一文化的梗概。……从考古材料上看，以青铜短剑为代表的文化，郑家洼子与十二台营子及南山根等地就各有不同。……从现有资料看，此处文化内涵单纯，大体反映其原有的文化面貌。"[1]可见，编写者已经注意到了这批资料的特殊性。

同年（1965年），在第三地点发掘之前，中国社会科学院考古研究所东北工作队对该遗址保存较好的部分进行了小规模发掘。1989年发表的简报[2]中依据地层堆积将郑家洼子遗址分为三期：一期包括该遗址的下文化层及两座土坑墓（M1、M2），年代与新乐二期同时，可能相当于春秋末叶。二期以瓮棺葬为代表，据陶罐的形制特征，约相当于西汉初期。三期系金元以来的扰乱层。文中将郑家洼子遗址一期遗物分为陶石两大类予以介绍，其中陶器多夹粗砂，灰褐色或红褐色，多素面，可复原器形有罐、壶、豆、盘、杯等。罐多为敛口，卷沿，鼓腹，假圈足小底，形制较大，通常在口腹部分或口部唇上饰以等距的手指印纹；豆为敞口，圆唇，斜壁，平底下接覆钵式高圈足。还发现有一定数量的纽形耳、柱形耳和桥状耳。初步揭示了郑家洼子类型的遗物特征。

自郑家洼子遗址和墓地等相关资料发表后，诸多学者对这批资料进行了研究。现择要如下。

1982年，靳枫毅先生详细分析了含曲刃青铜短剑相关遗存的内涵，划分出多个文化或类型，将以沈阳郑家洼子M6512为代表，包括郑家洼子第一、二、三地点在内的相关遗存称为郑家洼子遗存，并从陶器和青铜器两方面比较了该遗存与十二台营子类型之间的密切关系，并将郑家洼子遗存视为夏家店上层文化派生出来的一种地方变体[3]。

1998年，朱永刚先生将以郑家洼子M6512为代表的遗存归入"凌河类型"中[4]。

2000年，刘国祥先生认为"十二台营子墓葬和郑家洼子墓葬代表的遗存应属同一个考古学文化"，即十二台营子文化[5]。

2005年，赵宾福先生在同意王巍先生关于双房遗存的相关论点的基础上，将沈阳郑家洼子青铜短剑墓、沈阳郑家洼子遗址土坑墓及遗址下层、新民公主屯后山F1等遗存划入双房文化中，并认为其中差异应该是同一种文化内部年代、区域或遗存类别方面的不同，而不是文化性质的不同[6]。

2006年，朱凤瀚先生结合有关曲刃青铜短剑的新材料、新认识，重新阐述其在曲刃青铜短剑的型式划分、双房文化中的曲刃青铜短剑等方面的认识，明确将沈阳郑家洼子1958年和1965年发掘的相关遗存称为"郑家洼子类型"，并认为其异于辽西诸相关文化类型，也不同于辽东诸相关文化类型[7]。

同年，吕军先生在综合东北系铜剑历年资料的基础上，完成了《中国东北系青铜短剑研究》一文，文中认为"郑家洼子遗存既不应属于夏家店上层文化，也不便归入双房文化"，并相信"郑家洼子类型是辽东地区独具特色的一个类型"[8]。

2007年，李晓钟将郑家洼子青铜短剑墓、马贝堡短剑墓、沈阳热闹路青铜短剑墓、彰义遗址、新民公主屯后山、方石砬子等遗址和墓葬称为"郑家洼子文化"，并认为郑家洼子青铜短剑墓和新民公主屯后山的遗迹遗物代表了这一文化的全貌[9]。

2011年，华玉冰先生将沈阳郑家洼子青铜短剑墓、郑家洼子遗址墓地、辽阳亮甲山墓地等和新民公主屯后山F1、沈阳老虎冲H2等遗迹单位暂时称为"郑家洼子类型"。并认为该类型墓葬均为土坑墓，非火葬，葬式各异，随葬铜器有东北系铜剑，陶器最典型的是直颈球腹壶、錾耳罐等[10]。之后在《辽东青铜时代考古学文化谱系再检讨》一文中也表达了相同的看法，并认为该类型流行的年代为春秋至战国[11]。

2018年，华玉冰先生将十二台营子墓葬、郑家洼子M6512、郑家洼子M659、袁台子79M1、碱厂乡朱家村墓葬等归入"十二台营子类型"中，并认为该类型受到辽东，尤其是辽河平原北部区同类遗存的影响，夏家店上层文化之后发展至鼎盛，春秋晚期以后核心区为沈阳一带，或称之为"郑家洼子类型"更为合适[12]。

2019年，成璟瑭、徐韶钢认为兴城朱家村墓地与郑家洼子墓地最为接近，寺儿堡、绥中肖家村、后矾石村出土的铜剑也与郑家洼子所出者接近，一并纳入该类型中，将其年代定在春秋晚期至战国早期[13]。

2021年，笔者在以上相关研究的基础上，对郑家洼子类型的分布范围、内涵、年代、族属、源流等方面进行了初步研究[14]。

二、郑家洼子类型的分期与年代

对郑家洼子类型进行分期与确定年代的努力，从郑家洼子类型的遗迹刚刚被发掘、识别出来的时候就已经开始了。在郑家洼子M6512和M659及郑家洼子遗址的简报中，发掘者从地层叠压关系、文化面貌及与周边遗存的对比，认为郑家洼子墓葬的年代为公元前6～前5世纪，即相当于春秋末期到战国初期。

此后，有诸多学者都对M6512进行过研究，如林沄先生和靳枫毅先生从M6512中引人注目的一批銎式三翼铜镞入手，认为此类形制的铜镞始见于沣西客省庄遗址战国早期地层中，与河北怀来北辛堡战国早期墓所见基本一致。不同的是，林沄先生结合M6512中出土的铜马衔的形制，将该墓年代断在春秋后期。靳枫毅先生则认为在春秋、战国之际至战国早期前后。

囿于材料及研究角度所限，有部分学者将M6512的年代视为郑家洼子类型的流行时段无可厚非。随着考古材料的丰富及相关考古学文化研究的深入，对郑家洼子类型作比较专门深入的分期和年代研究的论述也逐渐增多，代表性的论文有《郑家洼子类型小考》[15]（以下简称《小考》）、《郑家洼子类型初步研究》[16]（以下简称《研究》）两篇。

《小考》将郑家洼子M659和M6512当作郑家洼子类型的典型墓葬，通过分析两墓的墓葬结构、随葬器物及埋葬习俗等特点，界定出郑家洼子类型的内涵，然后将与郑家洼子墓地M6512等文化面貌接近的兴城朱家村墓地、寺儿堡墓地、绥中肖家村、后矾石村等归入郑家洼子类型中。文中认为，郑家洼子、朱家村、寺儿堡这三个墓地的出土的东北系铜剑，应是朱家村墓地的出土器物年代最早，寺儿堡墓地的出土器物年代最晚。但总的来看，三座墓地出土的东北系铜剑的年代基本相同，大致为春秋晚期到战国早期。文中通过对比郑家洼子M6512和朱村M1及朝鲜半岛出土的马衔、喇叭形铜器等器物，得出郑家洼子M6512稍晚于朱村M1，进一步推出郑家洼子类型从朱家村墓地开始出现，到郑家洼子墓地逐渐形成，并进一步传播到朝鲜半岛。

　　《研究》以公主屯后山F1、郑家洼子遗址及墓地作为郑家洼子类型的典型材料进行分析，总结出该类型的文化特征（详下），并简要分析了相关遗存，以东北系铜剑及陶壶的类型学分析为基础，结合典型遗物的共存关系，将该类型分为两期：第一期以郑家洼子M6512为代表，还包括公主屯后山F1、郑家洼子第一地点和马贝堡墓葬等，年代定为春秋末期至战国早期；第二期以郑家洼子M2和上马石M3为代表，还包括亮甲山墓地，郑家洼子M659等，年代定为战国中晚期。

　　此外，《研究》中表达了与《小考》诸多不一样的看法：首先，《小考》主要着眼于墓葬资料，《研究》一文将郑家洼子遗址一期、公主屯后山F1等遗址归入郑家洼子类型，并认为肇工街遗址不宜纳入郑家洼子类型。其次，在墓葬资料的认识上也有不同，除兴城朱家村墓地的归属无异议外，《研究》将辽阳亮甲山墓地、沈阳马贝堡墓葬、长海上马石墓地等归入郑家洼子类型中，对寺儿堡墓地等资料则有不同的认识。最后，在郑家洼子M6512与兴城朱家村M1早晚关系上略有不同，《研究》认为："该墓（指兴城朱家村M1）所出喇叭形铜器，与M6512及韩国礼山郡东西里墓所出者形态相近，东西里墓年代为战国晚期，成璟瑭先生[17]据喇叭形器柄的剖面形状认为该墓中所出者最早。其实除柄部剖面外，从喇叭口的形态看，M6512所出者喇叭口的部分最矮，口内钮较长且两端略粗；朱家村M1：2略高，口内钮相对缩短且厚度均匀；东西里墓所出者最高，且钮变短。若按照这一标准完全可将M6512所出者排在最早，故本文认为，仅依这三件器物暂无法得到可靠的类型排比，其所代表的相对年代也就不成立了。……考虑到马衔、马镳等多是由北方地区流布而来，可将该墓年代下限定在战国初。另外在无更多证据表明其年代早于郑家洼子M6512的情况下，上限年代亦可暂定为春秋末期。"

三、郑家洼子类型的分布与特征

　　对郑家洼子类型的分布和特征的研究，以《研究》最为全面。择要如下。

1. 郑家洼子类型的分布

　　总体来看，郑家洼子类型的分布从早至晚有从辽西地区逐渐向辽东地区转移的趋势，同时不容忽视的是，目前所见该类型墓葬较为分散，一方面与发现及保存较少有关，另一方面可能与其所处时代的社会结构有关。从燕文化进入东北地区的情形看，最初燕人的核心分布区范围也不大，属散点式的，交错分布有其他土著文化。郑家洼子类型也具有同样的特点，或可理解为早期在辽西也有其控制的地点，晚期主要向辽东与朝鲜半岛地区发展。

　　该类型第一期主要分布在以沈阳地区为中心的下辽河平原北部，以及兴城朱家村墓所在的辽西走廊北部；这一时期所见墓地布局有序，显然是经过规划的；见有一定数量的大型墓葬；墓葬均为土坑墓，近东西向，葬式清晰者均仰身直肢；随葬陶器中仅见长颈壶和鼓腹罐，以长颈壶为主。据这一情况推测，此时为该类型发展的鼎盛时期。

第二期主要分布在下辽河平原及辽东地区[18]，此时期所见墓地规模均较小，墓葬亦仅见小型土坑墓，方向不尽统一，东西、南北向均有，葬式也趋于多样化，除仰身直肢外，还见有侧身、半侧身屈肢等；随葬品中除长颈壶、鼓腹罐外，还出现具有其他文化特征的陶器，如上马石M4所出矮领罐。从这个意义上说，郑家洼子类型所反映的是某族群文化。

2. 郑家洼子类型的特征

（1）遗址：郑家洼子类型房址目前仅发表一处，为长方形半地穴式建筑，内有方形灶。遗址内陶器以夹砂褐陶为主，少量泥质灰陶，整体制作较粗糙，多素面，另有部分陶壶器表磨光，制作精细，器耳发达，有桥耳、鋬耳、纽形耳等，流行假圈足和卷沿，带有卷沿的器物在口部常留有手指纹，应为加固之用；器形以叠沿鼓腹罐和长颈鼓腹壶最具特色，其他还有盘、豆等，纺轮和网坠也发现较多，少见或不见三足器；有一定数量的陶纺轮、网坠以及棍棒头、镰等工具。

（2）墓葬：多分布在遗址附近，墓葬均为近长方形的土坑竖穴墓，与同时期周边地区普遍流行石构墓葬的习俗迥然不同，是其重要的标志性葬俗之一。多近东西向（西北—东南向），较大型墓通常有木质葬具，小型墓多无葬具，且二者随葬品差距悬殊，葬式以单人仰身直肢为主，也有屈肢葬。在随葬品方面，大型墓随葬数量丰富，种类包括兵器、马具、工具以及随身用具等；小型墓仅随葬陶器或几件铜、石、骨器；不论大小型墓，随葬陶器均仅见壶、罐（以壶为主）；随葬铜器中最流行东北系铜剑。

（3）墓葬中出土的陶壶、陶罐与遗址中的形制相同，但组合上各有侧重，并不完全对应，这也是辽河平原乃至辽东地区青铜时代诸多考古学文化的共同特点。

此外，近些年发掘的马贝遗址或与郑家洼子类型有关。相关特点如下：①房址为半地穴式，圆角长方形，有柱洞，部分房址发现椭圆形灶坑；②灰坑多为椭圆形和长条形；③墓葬多为土坑墓，未见棺椁，墓向以东西向为多，多为屈肢葬，随葬陶器以壶为主；④陶器见有鼎、甗、罐、碗、壶、钵、网坠、纺轮等，盛行外叠沿，部分有戳刺纹，器耳发达，有桥耳、柱状耳、鸡冠耳、纽形耳、盲耳等。

四、郑家洼子类型的族属

由于郑家洼子类型发现有东北系铜剑这一标识物，故诸多学者在讨论其族属时多将该类型与其他含东北系铜剑遗存一并说明，如林沄先生在讨论东北系铜剑分布区内考古学文化的族属问题时，反对将其一并看作东胡遗存的观点，并指出其与汉代的濊貊等族分布区有相当大的重合，应是濊貊（含高句丽、夫余等）、真番、朝鲜等族的祖先所共有[19]。在《"燕毫"和"燕毫邦"小议》中推测辽东郡是取地于原卫氏朝鲜[20]，而辽东地区最重要的考古学文化之一便是郑家洼子类型。

王建新先生将从约公元前1000年至公元前3世纪为止，包括中国东北、朝鲜半岛和日本列岛在内的东北亚地区，以短茎组合柄型铜剑、多纽几何纹铜镜等特有的铜器以及用石范铸造的技术等为代表的青铜文化统称为东北亚系青铜文化。又据文化内涵不同分为两个系统，其中主要分布于辽西和辽河平原地区的这一系统在分布地域、农业经济、社会发展及与中原系文化关系等方面，都与文献记载中貊人较为一致，因此当属先秦时期貊人文化[21]。赵凌烟在此基础上进一步提出，貊人文化的形成是受北方系文化系统影响的殷遗民和土著两文化系统共同作用的结果[22]。

华玉冰先生认为可能与商周所分封的侯伯国遗存有关，暗指朝鲜侯国[23]。

成璟瑭、徐韶钢从地域角度可以进一步排除郑家洼子类型的直系后裔为高句丽、夫余、真番等的可能性[24]。

此外，朝鲜和韩国的学者多倾向于将西周至战国时期的众多相关遗存均纳入其所谓的"古朝鲜"，如李清圭、朴峻亨、吴江原、赵镇先、李厚锡等认为郑家洼子类型与古朝鲜有关，吴江原甚至认为辽西地区青铜短剑文化中的南洞沟类型与沈阳地区的郑家洼子类型分别是文献记载的"准王朝鲜"与被秦开攻击、自称为王的"朝鲜侯"，二者曾是共存的古朝鲜联盟体。

从现有资料看，郑家洼子类型的族属还只能从相关遗址和墓地的地望、出土遗物的特点等，与文献记载的相关民族进行简单的时空比对，得出的结论并不完全可信，对其族属的进一步研究还是需要依靠不断丰富的考古发掘材料作为支撑。

五、郑家洼子类型的渊源与流向

目前就郑家洼子类型的渊源研究较少，《研究》中通过郑家洼子类型与本地早期文化（新乐上层文化、老虎冲类型）、周邻早期文化（魏营子类型、后太平类型）相关文化因素的比对，指出郑家洼子类型的直接来源尚不明确，其形成文化因素比较复杂，并非本地早期文化的延续，以外来因素为主，推测与辽西地区关系密切；通过与周邻同期文化（十二台营子类型[25]、新城子类型）相关文化因素的对比，认为十二台营子类型与郑家洼子类型并非同一文化，但两者葬仪相似，且均不见燕式器物，可见二者关系密切；M6512中的饰弦纹的壶与新城子类型中的钵口（弦纹）壶差别很大，或有可能代表着精神层面的认同，华玉冰先生曾将两文化类型纳入"辽东青铜文化圈"，认为他们在物质、社会、精神文化层面上的某些元素是相同的[26]。

关于郑家洼子类型的流向，《研究》中指出，在辽东地区北部的上堡类型及辽东半岛的尹家村二期文化中见有该类型因素，应是郑家洼子类型南下过程中的影响所致；直接继承者应在朝鲜半岛。此外，有研究者认为王义沟遗址或为郑家洼子的流向之一[27]。

六、余　论

《研究》从郑家洼子类型与十二台营子类型、老虎冲类型之间的联系推测郑家洼子类型的源头可能在辽西地区，本文认为颇有道理，补充说明如下。

1. 郑家洼子类型与十二台营子类型关系密切

《研究》中注意到了十二台营子石构墓葬葬仪及出土遗物与郑家洼子类型的诸多相似之处，但两类型之间的联系不仅如此。

1979年，在辽宁朝阳袁台子遗址中发现4座墓葬，其中编号为79M1的墓葬与郑家洼子类型文化面貌有诸多相近之处：从葬俗来看，79M1为土坑墓，近东西向，有木棺，人骨仰身直肢，这与郑家洼子M6512、M659等基本相似；从出土遗物看，79M1随葬东北系铜剑、叠沿罐、钵等，其中东北系铜剑、叠沿罐皆是郑家洼子类型的典型器物。

79M1一般认为其属于十二台营子类型的墓葬，年代在春秋中期左右，考虑到十二台营子类型与郑家洼子类型之间关系密切，且年代早于郑家洼子类型的上限，故郑家洼子类型有可能来源于十二台营子类型，即华玉冰先生所称的"十二台营子—郑家洼子"一类遗存。至于十二台营子类型所见的石构墓葬，或许是受到周边地区的影响所致。

2. 叠沿罐类器物见于辽西地区同期的诸多文化或类型

一般认为，"叠沿"这种文化因素来源于辽东地区。实际上，在辽西地区较早时期魏营子文化中便见有这类文化因素。至于袁台子79M1这种罐是否也来自辽东，目前资料难以确定。

在春秋晚期的辽西地区王坟山类型、水泉文化中有不少墓葬多出有叠沿罐类器物。王坟山类型同类罐似与袁台子79M1有关，并逐步形成了自己的特色与发展序列——唇部由尖唇渐变为圆唇，且多见单耳叠沿罐。从叠沿带耳的陶罐特征考察，王坟山类型与水泉文化关系密切。从器物组合看，王坟山类型仅多见"单耳"罐，少见水泉文化中常见的"双耳"罐，这也是两者的区别所在。水泉文化双耳罐与单耳罐，单耳罐与叠沿鼓腹罐共存，而王坟山类型仅见单耳罐与叠沿鼓腹罐共存。王坟山类型在战国中晚期逐渐融入燕文化中。从这一方面来看，郑家洼子类型的叠沿罐等也有可能与其相关。

是否可以做这样一种猜测：在新乐上层文化结束之后稍晚的一段时间，十二台营子类型的相关人群迫于燕人等的压力，部分人群向下辽河区域迁移，逐渐形成郑家洼子类型，留在本地的人群则逐渐融入燕文化中。

注　释

[1] 沈阳故宫博物馆、沈阳市文物管理办公室：《沈阳郑家洼子的两座青铜时代墓葬》，《考古学报》1975 年 1 期。

[2] 中国社会科学院考古研究所东北工作队：《沈阳肇工街和郑家洼子遗址的发掘》，《考古》1989 年 10 期。

[3] 靳枫毅：《论中国东北地区含曲刃青铜短剑的文化遗存（上）》，《考古学报》1982 年 4 期。

[4] 朱永刚：《东北青铜文化的发展阶段与文化区系》，《考古学报》1998 年 2 期。

[5] 刘国祥：《夏家店上层文化青铜器研究》，《考古学报》2000 年 4 期。

[6] 赵宾福：《中国东北地区夏至战国时期的考古学文化研究》，吉林大学博士学位论文，2005 年。

[7] 朱凤瀚：《再论有关短茎曲刃青铜短剑的几个问题》，《二十一世纪的中国考古学——庆祝佟柱臣先生八十五华诞学术文集》，文物出版社，2006 年。

[8] 吕军：《中国东北系青铜短剑研究》，吉林大学博士学位论文，2006 年。

[9] 李晓钟：《沈阳地区战国秦汉考古初步研究》，《沈阳考古文集》（第 1 集），科学出版社，2007 年。

[10] 华玉冰、王来柱：《新城子文化初步研究——兼谈与辽东地区相关考古遗存的关系》，《考古》2011 年 6 期。

[11] 华玉冰：《辽东青铜时代考古学文化谱系再检讨》，《庆祝张忠培先生八十岁论文集》，科学出版社，2014 年。

[12] 华玉冰、徐韶钢、辽宁省红山文化遗产研究重点实验室：《族群认同背景下的辽西含东北系铜剑早期遗存初步考察》，《新果集（二）——庆祝林沄先生八十华诞论文集》，科学出版社，2018 年。

[13] 成璟瑭、徐韶钢：《郑家洼子类型小考》，《文物》2019 年 8 期。

[14] 范佳微：《郑家洼子类型初步研究》，辽宁大学硕士学位论文，2021 年。

[15] 成璟瑭、徐韶钢：《郑家洼子类型小考》，《文物》2019 年 8 期。

[16] 范佳微：《郑家洼子类型初步研究》，辽宁大学硕士学位论文，2021 年。

[17] 成璟瑭、徐韶钢：《郑家洼子类型小考》，《文物》2019 年 8 期。

[18] 以千山为骨干的山地丘陵地区，南面临海，西临辽河平原，北与长白山脉毗连，东至鸭绿江。

[19] 林沄：《中国东北系铜剑初论》，《考古学报》1980 年 2 期。

[20] 林沄：《“燕亳”和“燕亳邦”小议》，《史学集刊》1994 年 2 期。

[21] 王建新、刘瑞俊：《先秦时期的秽人与貊人》，《民族研究》2001 年 4 期。

[22] 赵凌烟：《箕子朝鲜的考古学探索》，西北大学硕士学位论文，2016 年。

[23] 华玉冰、苏哲、于佳灵：《族群认同背景下的辽西含东北系铜剑晚期遗存初步考察》，《庆祝郭大顺先生八秩华诞论文集》，文物出版社，2018 年。

[24] 成璟瑭、徐韶钢：《郑家洼子类型小考》，《文物》2019 年 8 期。

[25] 此处所说的十二台营子类型是指华玉冰先生在《族群认同背景下的辽西含东北系铜剑早期遗存初步考察》中的界定：流行年代大体在春秋中晚期，分布于努鲁尔虎山以东直至下辽河平原的核心地带——沈阳，具有诸多下辽河平原北部区文化因素的一类含东北系铜剑遗存。

［26］ 华玉冰、张依依：《试说"辽东青铜考古文化圈"》，《青铜器与山东古国学术研讨会论文集》，上海古籍出版社，2017年。

［27］ 石长钰：《王义沟遗址的发现与研究》，辽宁大学硕士学位论文，2022年。

《山海经》中的"潦水"与郑家洼子青铜短剑墓思辨

王绵厚

（辽宁省博物馆）

选择这个题目，把《山海经》中的"潦水"与20世纪中叶发现的沈阳郑家洼子青铜短剑墓比较，非专业人士会非常费解，然则这却是揭开这一半个多世纪学术谜团的一把钥匙。也是从2018年以来，承担国家社会科学基金重大项目"长白山区系考古与民族论纲"（已出版简本）五年来，对辽东青铜文化与含"青铜短剑"考古遗存的"拙思"。

一、问题的缘起

如上述，2021年辽宁大学考古系主任华玉冰教授网上传来他向笔者征询意见的新著《辽宁文化通史·青铜短剑文化卷》。笔者在长白山文化简本中，收录了一节对辽东青铜短剑文化"五大分区"的初步看法。其间几次在电话中与玉冰沟通辽东青铜短剑文化时，谈起与辽东"二江二河"（笔者的定位）毗邻郑家洼子青铜短剑墓的时代、性质与主人身份等。玉冰有自己的独到见解，认为可能是春秋前后的"朝鲜侯"。玉冰的这一见解，虽然与笔者不完全相同，但引发笔者进一步思考：历史上"朝鲜侯"领地是否到了沈阳地区？这是一个百年未决的悬案。笔者学习思考问题有一个习惯，越是与自己不同的意见，越引发重视与反思。此文亦算是对玉冰的补充回复。

二、从三条史料讨论"貊国"的存在与地望

在讨论与沈阳郑家洼子有关地望时，笔者认为有三条汉魏以前的史料不可忽视。这就是《山海经》、《汉书·地理志》和《水经注》。

现对以上三书关于"潦水""辽水""貊国"条引证比较如下。

（1）《山海经·海内西经》袁珂注本"貊国，在汉水东北。地近于燕，灭之"。郭璞注："今扶余国，秽貊故地，去玄菟千里"。同时《山海经》第十一《海内西经》此条，浙江人民出版社1984年影印石印本的"貊国在汉水东北"句。其"汉"字作"漢"，当为"潦"之误。此证为下举同条晋郭璞注文可辨。

（2）《水经注》卷十四"潦水"条王国维注本"潦水，出塞外卫皋山"。

（3）《水经注》同卷"辽水"条，标点新注本（2017年）"辽水，出塞外卫皋山"。

（4）《汉书》卷28地理志"玄菟郡"条中华书局标点本"辽水，辽山所出，又有南苏水，西北经塞外"。

于此罗列三种史书的四种对"潦水""貊国"的不同写法，并不包括其他版本，如"乾隆御览二十四史"等（己藏）。但出现二种写法。即"潦""辽""汉"，"貊"与"貉"。对于后者，学术界基本取得共识："貊"与"貉"为异书同字通假。而对于"潦水""辽水""汉水"则悬疑者久矣。特别是《山海经》（轲注）之"貊国在汉水东北"条，余早有疑惑（早在1994年著《秦汉东北史》），但从未著文。愚意袁注《山海经》之简体"汉水"，实乃繁体"潦水"之误书。

此条考辨，从上举《山海经·海内西经》及东晋郭璞注文中本身，就能找出其端倪。比如郭注明确说："（貊国）今扶余国秽貊故地，玄菟北千里。"明确了《山海经》中此条郭注的重要性，习识东北史的人，至今有两条已公认的地理坐标：一是"扶余国"，应在今松花江中游吉林东团山地区（王城）；二是东晋郭璞时代的"玄菟"，在今浑河沈、抚之间。这是经几十年考古发现和笔者全程参考"燕秦汉辽东长城调查"及报告编写的确论之一。这二处坐标，即把"汉水东北"实应"潦水东北"指实，也与上引《汉书》地理志"辽水，辽山所出，又有南苏水"勘合。以上三书中的"潦（辽）水"，都是指今浑河及苏子河，即"小辽水"。这也解除了几代《山海经》的疏证者，至今无法寻觅"汉水"之谜。因为从公认的东北水系看，鸭绿江右岸找不到"汉水"。古汉水在陕西。有人把目光投向朝鲜半岛汉江，文意上似乎通了，却和夫余、玄菟等扯不上边（因汉江流域当时属百济三韩）。而且，几十年前，朝鲜汉江南已发现百济古郡"慰礼城"。韩国学者李亨求来沈阳亲赠发现报告，释以"汉水"与"貊"无关。

行文至此，答案明确：《山海经》中此条"汉水"，实为"潦水"之误识，这是文字和名物古今错见纷繁的《山海经》舛误之一。明于此，则解读"貊国在潦（辽）水东北"一句，则与今沈阳郑家洼子青铜短剑墓，有地缘和族缘之利。最后可与《山海经》此句"貊国在潦水东北"，旁证的还有《诗经·韩奕》周封"韩侯之伯"，其（管）"其追、其貊"。古今多家通解，《诗经》中的"其追"，为"其秽"的音义通假。而封"韩侯为伯侯"所管的"其貊"，正是《山海经》中的"潦水东北貊国"。从文献中考述《诗经》与《山海经》，成书都不晚于战国（多数专家意见余赞同）的时代，与辽东"诸貊"存在的时空亦相合。所以可证在东晋郭璞注《山海经》时，深谙历史地理的郭璞名家，指证"秽貊故地"的"汉水（繁体）"，必为"潦水"误抄。而且较早（标点本以前）史书中已举"乾隆御览二十四史"等，"辽水"多书"潦水"，此乃错抄繁"汉水"的成因。反证郭璞所注时简册上之《山海经》，必为"潦水"无疑。即在郭注《山海经》时，传世史书仍是"潦水东北"。凡此考辨对本题所解意义重大。

三、对郑家洼子与"貊国"关系的窥探

本节用"窥探"二字，方家应识拙见为一家仁智之见。从以上对"貊国在辽水东北"的考辨看。有理由推测，包括郑家洼子在内的沈、抚等浑河以北地区，至少在秦开却胡以前，应为辽东"貊人"土著区。在这篇短文中，笔者不想更多重复业内人士了解的笔者自20世纪以来，辽东"二江、二河"地域为"南貊"中心区的讨论。仅就本文缘起，与华玉冰等交流的共识是：从考古学的角度，在辽东青铜时代的"马城子文化"后，接续这一文化的居民，不是如部分学者认为的"整体搬迁到松花江"。而是在辽东本土形成的更广阔地域的"新城子文化""河夹心类型"，即笔者建议命名的"龙头山类型"（见《东北考古六十年》，辽海出版社，2022年）。而在这一范围内，郑家洼子墓地具有几个考古特点：

一是时代上相当于春秋末至战国。这与文献中貊人活动在辽东后期相合，即沈阳西南郑家洼子，时代包括在"秦开却胡"以前，为辽东"貊人"兴盛期。二是郑家洼子中心墓显示出燕文化影响与土著部族二特征均明显。其墓地的礼俗、等级规范，包括服饰甲具等，具有中原"燕式"礼仪，或是接受西周以后"封国"的部族长。而一些随葬品，特别是青铜短剑、饰品等，又凸显出土著民族特色。三是郑家洼子墓地，位于浑河北今沈阳于洪区（多次亲验其地），与文献中上举"貊国在辽水东北"暗合。从"新城子文化"的发展看，春秋以后有从辽东山区，移向更宜居的辽河平原"新乐上层"等趋势。所以郑家洼子作为春秋末高等级的墓地，在迄今东北同期还没有其他先例。所以推测该墓地应当是当时"貊国"王室族墓应有合理性，即郑家洼子所在"潦水北"，当时属"貊国"领地。

最后存在一个墓主人与当时王室"都邑"的关系。此问题在沈阳市这样一个大都市的"层叠式"区域考古中，未知数太多。但从2013年与友人偶然发现东郊青桩子战国古城，并经发掘出土"都官"瓦以后。笔者潜思坊间广传的"候城县"应设在秦始皇统一郡县后。而1993年发现的"宫后里战国城"，或可追与"貊国"有关。即笔者收在《东北考古六十年》中沈阳东郊青桩子战国城址时著文初探的，从城中出土的"秦半两"和附近出土的"秦始皇二十六年"陶量残片和北城垣垒土中早期夹砂红褐陶片看，有理由推断，青桩子城址应是燕秦驻防的"都尉治所"。从沈阳城至今仅有的青桩子和1993年"宫后里"二处战国城址遗迹看，均可能与《山海经》的"潦水东北貊国"有关。而从周围地理条件看，青桩子古城距河道几百米，而且位于浑河（潦水）南，在地理条件上与"潦水东北"不合。而以"宫后里"更适合其源。初步分析，该战国古城，早在"秦开却胡"以前，应为"貊国"部族都邑。至"秦开却胡"后，方在旧址上启建"候城县"。这一推测仅为分析，但此类现象在辽东"貊地"并非孤证。如其东百余公里的通化快大茂古城，可能为汉昭帝内迁后的"玄菟郡上殷台县"，其城下的战国遗迹，应即土著聚邑史迹。此乃有待斧正的遐思。

王义沟遗址出土陶器聚类分析

石长钰

（沈阳市文物考古研究所）

一、遗址简况

王义沟遗址位于辽宁省本溪市桓仁满族自治县北甸子乡北甸子村西南约1千米处的一座小山岗上，遗址东北部紧邻一条冲沟（图一）。

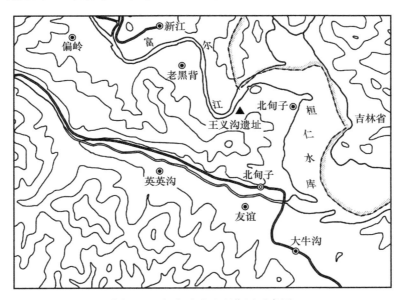

图一　王义沟遗址地理位置示意图

2006～2007年，辽宁省文物考古研究所会同本溪市博物馆、桓仁县文物局对遗址北部区域进行考古发掘。2018～2019年对遗址南部区域进行考古发掘，材料比较典型和完整，也是本文研究的主要内容（图二）。发掘简报尚未发表，笔者经李新全先生允许，使用这批资料对出土陶器进行聚类分析研究，以对王义沟遗址进行分期、断代研究，进一步探讨王义沟遗址的文化性质。

图二　王义沟遗址历年发掘区域示意图

二、遗迹简介

2018～2019年度考古发掘共发现房址7座，灰坑6座，灰沟4座，墓葬1座。以下将通过遗迹形制的不同进行分类，并选取典型遗迹加以简介（图三）。

（一）房　　址

房址共发现7座，编号为F1～F7。均开口于第1层下，打破第2层。均为半地穴式，根据形制分为3种类型，圆形1座（F1）、方形3座（F2、F3、F5）和长方形2座（F6、F7）。F4仅余底部，形制不明，暂不归类。以下以F1、F2、F6为例，介绍如下。

F1　位于发掘区东南部，开口于第1层下，打破第2层。保存相对较好，平面近圆形，最大径约4米，最大深度约0.3米。房内南高北低，南侧下凿生土，北部较低处堆砌碎石。门道位于房屋的东北角，呈长方形，宽约0.9米。门道两侧堆积石块。在房址内东部和西北部发现两处明显用火痕迹，推测应为灶址。房址西侧等距分布4个圆形柱洞，开凿于生土之上。柱洞直径约0.15米。其中3个柱洞内残存木炭，F1东南部散落陶片堆积（图四）。

F2　位于发掘区南部，开口于第1层下，打破第2层。平面近圆角方形，转角缓弧。房址四面用碎石堆砌矮墙，南面石墙较宽，宽0.5～0.75米。房址内部东西长3.4米，南北长3.7米，最大深度约0.3米。门道开在东南角，由石块围成一个西南—东北向

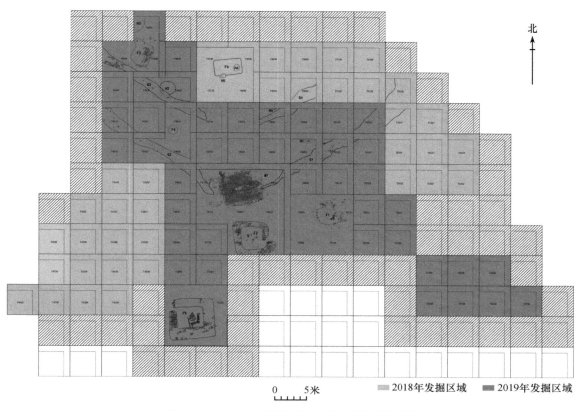

图三 2018～2019年度王义沟遗址总平面示意图

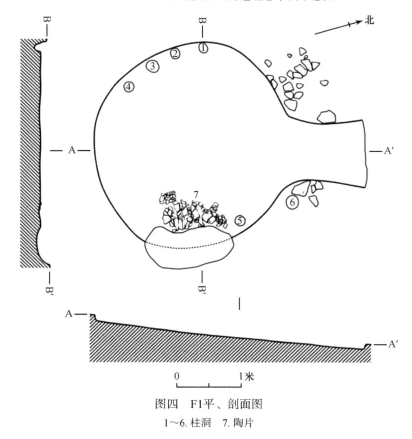

图四 F1平、剖面图

1～6.柱洞 7.陶片

缺口，宽约0.5米。灶址置于房内南部，为一圆形土坑，烧土堆积较厚，使用时间较长（图五）。

F6　位于发掘区北部居中位置，开口于第1层下，打破第2层。房址平面大体呈长方形，为半地穴式。房址建于较平坦的自然山坡上，在稍高的南侧下凿，用碎石堆砌。房址破坏严重，四周无明显界限，仅存居住面，抹泥高温火烧，较为板结。东西长4.3、南北宽2.5、深约0.3米（图六）。

（二）灰　　坑

灰坑共发现6个，编号为H1～H6。开口于第1层下，打破第2层。根据形制分为3种类型，分别为圆角长方形1个（H1）、圆形3个（H2、H3、H5）和椭圆形2个（H4、H6）。以H1、H5为例，介绍如下。

H1　位于发掘区南部居中位置，开口于第1层下，打破第2层。平面大体呈圆角长方形。东西长0.9、南北宽0.5、深0.3米（图七）。

H5　位于发掘区北部位置，开口于第1层下，打破第2层。平面大体呈圆形。底不平。直径1.1、深0.3米（图八）。

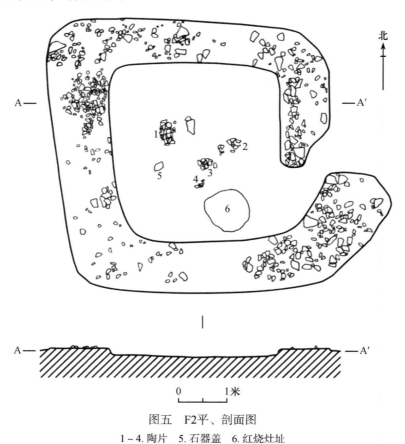

图五　F2平、剖面图

1～4.陶片　5.石器盖　6.红烧灶址

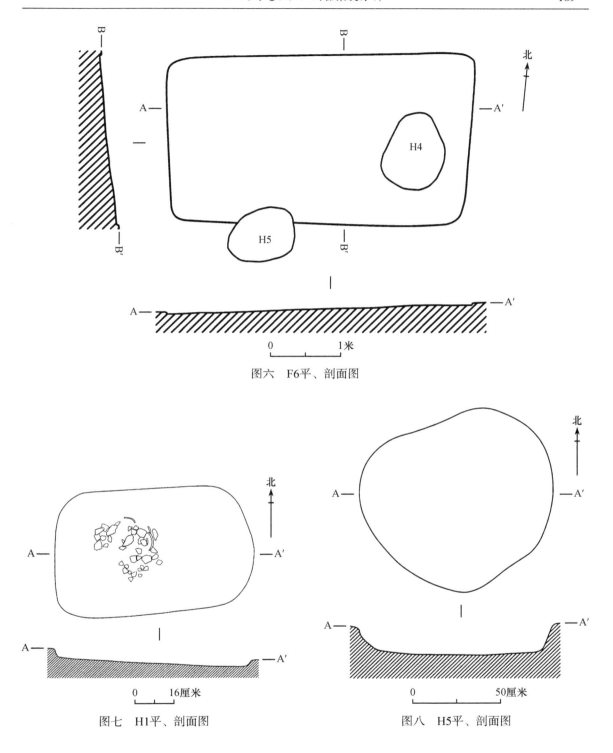

图六　F6平、剖面图

图七　H1平、剖面图

图八　H5平、剖面图

（三）灰 沟

灰沟共发现4条。编号为G1～G4，均为条带状自然冲沟。G1位于发掘区中部偏东位置，G2位于发掘区中部偏西位置，G3位于发掘区西北部，G4位于发掘区东北部。

以G3为例，呈条带状，沟壁较规则，大致为西北—东南走向。开口于第1层下，打破第2层和生土层。沟壁较缓，向内渐收，东南端略窄，宽1.2～1.5米，西北部略宽，宽1.3～2.1米，深0.35～0.6米。G3西北部含有少量石块，沟壁无明显加工痕迹，淤土呈黑褐色，土质较黏软，包含细沙颗粒，推测为自然冲沟（图九）。

（四）墓 葬

墓葬发现1座，编号为M1。

M1为方坛积石石圹墓，采用自然山石堆筑，破坏严重。墓葬南部保存较好，尚存数块倚护大石块。北部和东部破坏严重。墓室置于中部，呈长方形，四壁砌筑粗糙，地铺筑小卵石。未发现随葬器物，仅有少许残碎烧骨（图一〇）。

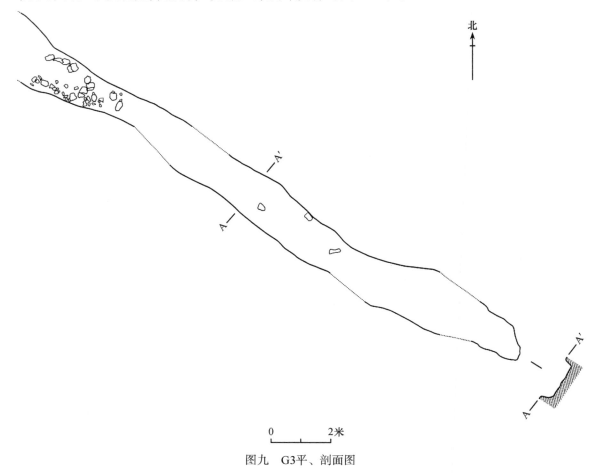

北

0   2米

图九　G3平、剖面图

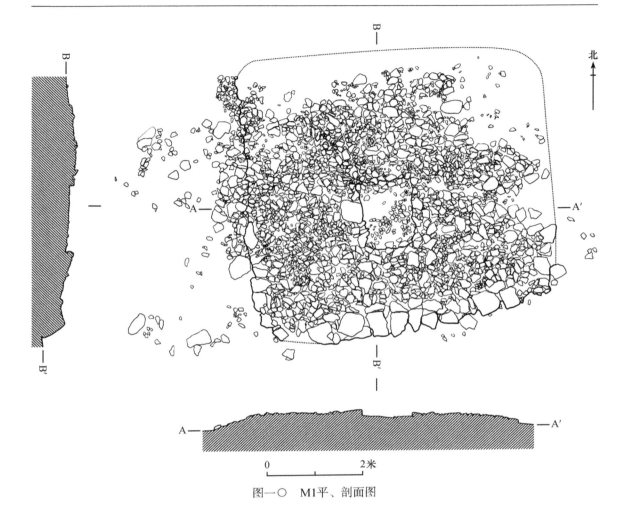

图一〇　M1平、剖面图

三、典型陶器分组

王义沟遗址出土的遗物数量不多，而且地层堆积较浅，所有遗迹单位开口均在第1层下，打破第2层，没有可供分期的层位关系。根据房址形制、叠压关系及出土遗物综合分析，可以分为三期。

一期房址均为半地穴式，室内有灶，不见烟道。房址有2018HWF1、2018HWF2、2018HWF3、2018HWH1、2018HWH3、2018HWG2。陶器具有典型的土著性质，不含汉文化因素的陶器。

二期房址1座，编号F6。房址平面呈长方形，为半地穴式。仅存居住面，抹泥高温火烧。F6居住面垫土内，出土1件泥质灰陶豆柄，残碎，不能复原，从陶质和形制判断应属一期文化器物。打破F6的H5内出土典型的高句丽早期竖耳陶罐，属于三期文化器物。据此判断该房址应属于二期文化。房内出土的石研板是典型的汉文化器物。在汉代遗址、墓葬内均有出土。二期文化所见器物不多，陶器上明显出现汉文化因素的绳纹。

三期房址1座，编号F5，房址砌筑的烟道内出土汉式陶甑和铁钁，应是晚于二期文化的遗存。房址有2019HWF1、2007HWF14、2007HWF20、2019HWH3、2019HWH5、2019HWH6。陶器多为方唇折沿的显著特点。

根据遗址内的遗存的时代特征，对应三个文化分期的陶器特点，可以将陶器分为三组予以分析介绍：

第一组：以罐2018HWG2：2、罐2018HWF1：8、罐2018HWF2：2、壶2018HWF3：1、壶2018HWH1：1、钵2018HWF1：14、圆唇卷沿2019HWH3：22及地层出土陶器为典型器物。

第二组：以甑2019HWF5：1、豆盘2019HWH3：19及地层出土陶器为典型器物。

第三组：以罐2019HWH5：1、罐2007HWF20：5、壶2007HWF14：18、盆2007HWF14：19、盆2007HWF14：20、甑2019HWH6：1、甑2006HWF1：10及地层出土陶器为典型器物。

（一）第一组器物

1. 罐

3件。

2018HWG2：2，手制，制作不规整。夹砂灰褐陶，圆唇外叠，颈部有明显按压痕迹，口微敛，弧壁，平底，无耳。素面。口径26.5、底径11、高19.5、腹径21.6厘米（图一一，1）。2018HWF1：8，手制，制作不规整。夹砂灰褐陶，圆唇外叠，唇与颈结合部有明显按压痕迹，口微敛，略显鼓肩，最大腹径近上部。素面。口径11.9、底径8.5、腹径14.3、高19.2厘米（图一一，2）。2018HWF2：2，手制，制作不规整。夹砂红褐陶，圆唇外叠，口微敛，显大口浅腹。素面。口径13.2、底径7.2、腹径11.8、高10.9厘米（图一一，3）。

2. 壶

2件。

2018HWF3：1，手制，夹砂红褐陶。圆唇，侈口，束颈，溜肩，鼓腹，平底。腹中部对置柱状耳，俯视呈三角形。口径19、底径10、高51.1厘米（图一一，4）。2018HWH1：1，修复完整。手制。夹砂红褐陶。高领、鼓腹、小平底。高19.6、口径6.9、底径6.4厘米（图一一，5）。

3. 盆

1件。

2018HWT4728②：1，手制，制作不规整。夹砂灰褐陶，圆唇，敞口，斜直深腹，平底。素面。口径24.4、底径10.7、高16.5厘米（图一一，6）。

4. 钵

2件。

2018HWF1：14，手制，制作不规整。夹砂红褐陶，圆唇外叠，敞口，唇部后期抹压，略显扁平，口沿内有明显折棱，底部加厚，略显台底。素面。口径18.6、底径8.6、高10.2厘米（图一一，7）。2018HWT4433②：1，手制，制作不规整。夹砂红褐陶。圆唇，敛口，鼓腹，平底，近口部对置小贴耳，较小的贴耳附于器壁，不见穿孔。素面。口径13.4、底径6.5、腹径14.4、高13.1厘米（图一一，8）。

5. 圆唇卷沿

2件。

2019HWH3：22，手制。夹砂灰褐陶。侈口，圆唇外叠，口微敛，唇与颈结合部有明显按压焊接痕迹，弧壁，腹下部及底部残缺。口径18、残高5.5厘米（图一一，9）。2018HWT4634②：16，手制。夹砂灰褐陶。侈口，圆唇外叠，口微敛，唇与颈结合部有

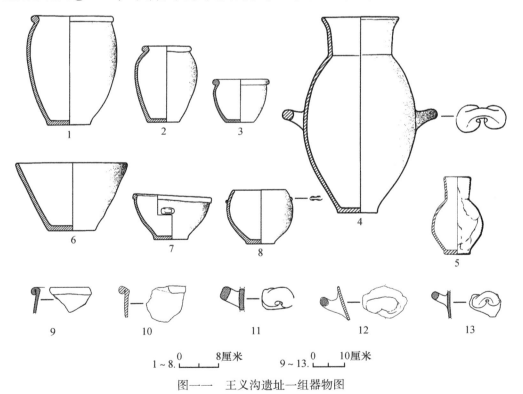

图一一　王义沟遗址一组器物图

1～3.罐（2018HWG2：2、2018HWF1：8、2018HWF2：2）　4、5.壶（2018HWF3：1、2018HWH1：1）

6.盆（2018HWT4728②：1）　7、8.钵（2018HWF1：14、2018HWT4433②：1）　9、10.圆唇卷沿（2019HWH3：22、2018HWT4634②：16）　11～13.三角形柱状环耳（2018HWT4435②：13、2018HWT4436②：11、2019HWT5234②：9）

明显按压痕迹，口沿内部有明显抹压痕迹。弧壁，腹下部及底部残缺。口径6、残高7.6厘米（图一一，10）。

6. 三角形柱状环耳

3件。

2018HWT4435②：13，手制，夹砂红褐陶。呈三角形柱状环耳，耳略显上翘。长8.2、宽5.7厘米（图一一，11）。2018HWT4436②：11，手制，夹砂灰褐陶。呈三角形柱状环耳，耳略显上翘，耳与腹壁相接处有明显按压痕迹。长9.9、宽9.6厘米（图一一，12）。2019HWT5234②：9，手制，夹砂红褐陶。呈三角形柱状环耳，耳略显上翘，腹壁较薄。长10.2、宽8.5厘米（图一一，13）。

（二）第二组器物

1. 甑

1件。

2019HWF5：1，轮制。泥质灰陶，少夹细砂。尖唇，展沿，敞口。沿缘饰一周压印绳纹，下缘有一周明显轮旋凸棱纹。器壁较直，近底部收束明显，饰细绳纹，平底，器底成排分布窄长条形甑孔，甑孔排布比较均匀。口径34、底径13.4、高23.2厘米，甑孔长2.5、宽0.5厘米（图一二，1）。

2. 豆盘

2件。

2018HWT4430②：9，轮制。夹细砂灰陶，少含云母，火候略低。方唇，敞口，折腹。口径9.5、残高3厘米（图一二，2）。2019HWH3：19，轮制。夹细砂灰陶。方唇，敞口，折腹。口径9、残高3.8厘米（图一二，3）。

3. 豆柄

2件。

2018HWT4436②：10，轮制。泥质灰陶，少含云母。仅余豆柄，柄中部有两道明显的轮旋凸棱，呈竹节状。底部为方唇，喇叭状口。从残余部分分析，为浅盘高足豆。底径6、残高9.1厘米（图一二，4）。2018HWT5131①：2，轮制。泥质灰陶。仅余柄部，柄中部有两道明显的轮旋凸棱，呈竹节状。从残余部分分析，为浅盘高足豆。底径4.3、残高9.9厘米（图一二，5）。

4. 方唇外折沿

4件。

2007HWT0608②：6，手制。夹砂红褐陶，含滑石，少含云母。方唇，外折沿，侈口，束颈，鼓腹，在颈部对置竖桥耳，器耳较小。口径8、残高8.7厘米（图一二，6）。2018HWT5131①：5，轮制。泥质灰陶，夹细砂，少含云母。尖圆唇，展沿，敞口。沿缘饰一周压印绳纹，下缘有一周明显轮旋凸棱纹。口径18、残高6.8厘米（图一二，7）。2018HWT5131①：6，轮制。泥质灰陶，少含云母。尖唇，展沿，敞口。沿缘有一周轮旋凹槽，下缘有一周明显轮旋凸棱纹。腹壁斜直，腹壁有明显轮旋凸棱。口径24、残高11厘米（图一二，8）。2018HWT4727②：2，轮制。泥质灰陶，夹细砂，少含云母。尖唇，展沿，敞口。口沿下端有一穿孔口径18、残高4.7厘米（图一二，9）。

5. 绳纹三角耳

2件。

2018HWT5231①：1，手制，夹砂红褐陶。呈三角形柱状环耳。制作粗糙，耳上饰不规则的绳纹和明显按压痕迹，环耳内有明显指压修整迹象。残长7.6、宽4.6厘米（图一二，10）。2018HWT4628②：5，手制，夹砂灰陶，呈三角形柱状环耳。耳上遍饰绳纹，火候较高。残长7.5、宽4.7厘米（图一二，11）。

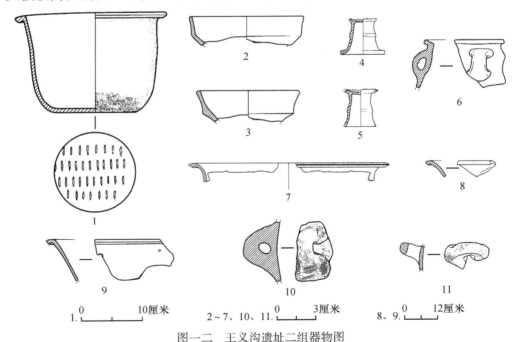

图一二　王义沟遗址二组器物图

1.甑（2019HWF5：1）　2、3.豆盘（2018HWT4430②：9、2019HWH3：19）　4、5.豆柄（2018HWT4436②：10、2018HWT5131①：2）　6～9.方唇外折沿（2007HWT0608②：6、2018HWT5131①：5、2018HWT5131①：6、2018HWT4727②：2）　10、11.绳纹三角耳（2018HWT5231①：1、2018HWT4628②：5）

（三）第三组器物

1. 竖耳罐

2件。

2019HWH5：1，手制。夹砂红褐陶，少含云母。方唇，外折沿，侈口，束颈，鼓腹，平底。在腹、颈部对置竖桥耳，器耳较小。口径15.5、底径8.3、高21.3厘米（图一三，1）。2006HWT0205：6，手制。夹砂红褐陶，少含云母。方唇，外折沿，侈口，束颈，鼓腹，平底。在腹、颈部对置竖桥耳，器耳较小。在竖耳两侧肩颈联合处对置舌状小鋬耳，与竖耳呈十字等列分布。底部残缺。口径16.9、残高14.9厘米（图一三，2）。

2. 鋬耳罐

1件。

2007HWF20：5，手制。夹砂红褐陶。方唇，直口，筒腹，腹壁较深，平底。腹上部对置柱状鋬耳，鋬耳截面呈椭圆形。口径16.5、底径10.3、高24.2厘米（图一三，3）。

3. 壶

1件。

2007HWF14：18，手制。夹砂红褐陶。方唇，外折沿，侈口，束颈，鼓腹，平底。口径9.4、底径6.7、高13厘米（图一三，4）。

4. 盆

2件。

2007HWF14：19，手制，制作不规整。泥质红褐陶，加细砂，少含云母。方唇，外折沿，侈口，鼓腹，平底。腹上部对置圆柱状鋬耳。口径29.5、底径14.1、最大腹径29、高20.3厘米（图一三，5）。2007HWF14：20，手制，制作不规整。夹砂灰褐陶，含云母。方唇外折沿，敞口，腹壁略弧，深腹，平底。素面。口径25.5、底径10.3、高15.4厘米（图一三，6）。

5. 甑

2件。

2019HWH6：1，手制，制作不规整。夹砂红褐陶。方唇，敞口，外折沿，口内部有明显折棱，鼓腹，平底。腹上部对置桥状横耳。器底散乱分布较小圆孔。在器底与腹壁结合处，亦有穿孔，甑孔光滑规整，排布均匀。应是在陶胚上做好穿孔后烧制。口径32.4、底径13.8、高20.2、孔径0.6厘米（图一三，7）。2006HWF1：10，手制，制作不规整。夹砂红褐陶，方唇，直口，筒腹，腹壁略鼓，平底。腹上部对置桥状横耳。器底密布小圆孔，无规律排布。口径27.1、底径18.4、高22.1、甑孔直径0.8厘米（图一三，8）。

6. 口沿

2件。

2007HWT0304②：1，手制。夹砂红褐陶，含滑石，少含云母。方唇，外折沿，侈口，束颈，鼓腹，耳部缺失，仅余焊接竖耳痕迹。口径29、残高12.5厘米（图一三，9）。2007HWT0608②：6，手制。夹砂红褐陶，含滑石，少含云母。方唇，外折沿，侈口，束颈，鼓腹，在腹、颈部对置竖桥耳，器耳较小。口径8、残高8.7厘米（图一三，10）。

7. 桥耳

2件。

2018HWT4633②：2，手制，夹砂红褐陶，根据断裂部分可推测为竖置的桥状环耳。残长8.9、宽6.1厘米（图一三，11）。2019HWT5529②：5，手制，夹砂红褐陶，根据断裂部分可推测为横置的桥状环耳。残长8.6、宽5.6厘米（图一三，12）。

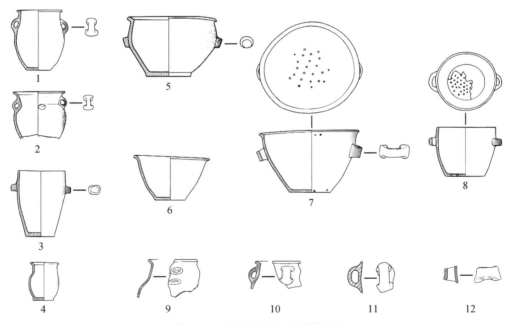

图一三　王义沟遗址三组器物图

1、2. 竖耳罐（2019HWH5：1、2006HWT0205：6）　3. 鋬耳罐（2007HWF20：5）　4. 壶（2007HWF14：18）

5、6. 盆（2007HWF14：19、2007HWF14：20）　7、8. 甑（2019HWH6：1、2006HWF1：10）

9、10. 口沿（2007HWT0304②：1、2007HWT0608②：6）　11、12. 桥耳（2018HWT4633②：2、2019HWT5529②：5）

四、聚 类 分 析

（一）罐

6件。根据有无器耳分为两类。

甲类　3件。无耳罐。根据罐的尺寸和腹部的差别分为二型。

A型　2件。2018HWG2：2、2018HWF1：8，尺寸较大，圆唇外叠，唇与颈结合部有明显按压痕迹，口微敛，弧壁，平底，无耳，素面。

B型　1件。2018HWF2：2，尺寸较小，圆唇外叠，口微敛，显大口浅腹，素面。

乙类　3件。有耳罐。根据器耳形状分为二型。

A型　2件。2019HWH5：1、2006T0205：6，竖桥耳罐。方唇，外折沿，侈口，束颈，鼓腹，平底罐。

B型　1件。2007HWF20：5，錾耳罐。方唇，直口，筒腹，腹壁较深，平底。腹上部对置柱状錾耳。錾耳截面呈椭圆形。

（二）甑

3件。根据有无器耳的差别分为二型。

A型　1件。无耳甑。2019HWF5：1，尖唇，展沿，敞口。沿缘饰一周压印绳纹，下缘有一周明显轮旋凸棱纹。器壁较直，近底部收束明显，饰细绳纹，平底，器底成排分布窄长条形甑孔，甑孔排布比较均匀。

B型　2件。有耳甑。对置桥状横耳。根据口沿的差别分为二亚型。

Ba型　1件。敞口。2019HWH6：1，方唇，敞口，外折沿，口内部有明显折棱，鼓腹，平底。腹上部对置桥状横耳。器底平行分布四排小圆孔。在器底与腹壁结合处，亦有穿孔，甑孔光滑规整，排布均匀。

Bb型　1件。直口。2006HWF1：10，方唇，筒腹，腹壁略鼓，平底。腹上部对置桥状横耳。器底密布小圆孔，无规律排布。

（三）盆

3件。根据有无器耳分为二型。

A型　2件。无器耳。根据口沿的差异分为二亚型。

Aa型　1件。2007HWF14：20，方唇外折沿，敞口，腹壁略弧，深腹，平底。

Ab型　1件。2018HWT4728②：1，圆唇，敞口，斜直深腹，平底。

B型　1件。有器耳。2007HWF14：19，方唇，外折沿，侈口，鼓腹，平底。腹上部对置圆柱状鎏耳。

（四）壶

3件。根据有无器耳的差别分为二型。

A型　1件。有耳壶。2018HWF3：13，圆唇，侈口，束颈，溜肩，鼓腹，平底。腹中部对置柱状环耳，俯视呈三角形。

B型　2件。无耳壶。根据唇和沿的差别分为二亚型。

Ba型　1件。2018HWH1：1，圆唇，直沿，束颈，鼓腹，平底。

Bb型　1件。2007HWF14：18，方唇，外折沿，侈口，束颈，鼓腹，平底。

（五）钵

2件。根据口沿的差别分为二型。

A型　1件。敛口钵。2018HWT4433②：1，圆唇，敛口，鼓腹，平底，近口部对置小贴耳，较小的贴耳附于器壁，不见穿孔。

B型　1件。敞口钵。2018HWF1：14，圆唇外叠，敞口，唇部后期抹压，略显扁平，口沿内有明显折棱，底部加厚，略显台底。

（六）豆

4件。残缺器物，根据器物部位不同分为两类。

甲类　豆柄，2件。2018HWT5131①：2，轮制。泥质灰陶。仅余柄部，柄中部有两道明显的轮旋凸棱，呈竹节状。从残余部分分析，为浅盘高足豆。2018HWT4436②：10，轮制。泥质灰陶，少含云母。仅余豆足，柄中部有两道明显的轮旋凸棱，呈竹节状。底部为方唇，喇叭状口。从残余部分分析，为浅盘高足豆。

乙类　豆盘，2件。2019HWH3：19，轮制。夹细砂灰陶。方唇，敞口，折腹。2018HWT4430②：9，轮制。夹细砂灰陶，少含云母，火候略低。方唇，敞口，折腹。

（七）口　　沿

8件。根据有无纹饰分为二型。

A型　2件。有纹饰，轮制。叠沿方唇。口沿2018HWF1：15，尖唇，展沿，敞口。沿缘饰一周压印绳纹，下缘有一周明显轮旋凸棱纹。口沿2018HWF1：16，尖唇，展沿，敞口。沿缘有一周轮旋凹槽，下缘有一周明显轮旋凸棱纹。腹壁斜直，腹壁有明显轮旋凸棱。

B型　6件。无纹饰。根据口沿形状的差别分为三亚型。

Ba型　2件。2019HWH3：22、2018HWT4634②：16，皆为侈口，圆唇外叠，口微敛。

Bb型　2件。2019HWT5028②：6、2018HWT4727②：2，皆为尖唇，展沿，敞口。

Bc型　2件。2007HWT0304②：1、2007HWT0608②：6，皆为方唇，外折沿，侈口。

（八）器　耳

7件。根据器耳形状的差别分为二型。

A型　5件。全部为三角形柱状环耳。根据有无纹饰分为二亚型。

Aa型　3件。无纹饰。2018HWT4435②：13、2019HWT5234②：9、2018HWT4436②：11，皆为无纹饰的三角形柱状环耳。

Ab型　2件。绳纹。2018HWT4628②：5、2018HWT5231①：1，皆为绳纹三角形柱状环耳。

B型　2件。桥状环耳。2019HWT5529②：5、2018HWT4633②：2，皆为横置桥状环耳。

五、器形演变

（一）第　一　组

第一组以日用陶器为主，器物组合包括罐、壶、盆、钵。罐的数量较多，形制也较为丰富。

罐为甲类无耳罐，圆唇外叠是其第二大显著特征。弧壁，深腹的A型。大口浅腹的B型。

盆为Ab型无器耳盆，圆唇，敞口，斜直深腹，平底。

壶为有A型有耳壶和Bb型无耳壶。A型腹中部对置柱状环耳，俯视呈三角形。Bb型方唇，外折沿，侈口，束颈，鼓腹，平底。

钵有A型敛口钵和B型敞口钵。

口沿有Ba型圆唇外叠口沿。

器耳为Aa型的无纹饰的三角形柱状环耳。

（二）第 二 组

第二组完整器极少，器物组合为甑和豆。

甑仅有1件，为A型无耳甑。轮制，泥质灰陶，少夹细砂。尖唇，展沿，敞口。沿缘饰一周压印绳纹，下缘有一周明显轮旋凸棱纹。器壁较直，近底部收束明显，饰细绳纹，平底，器底成排分布窄长条形甑孔，甑孔排布比较均匀。

豆有4件。残缺器物，A型浅盘高足豆的豆柄和B型豆盘。

口沿有4件。A型有纹饰的尖唇，展沿，敞口。Bb型无纹饰的尖唇，展沿，敞口口沿。

器耳为Ab型绳纹三角形柱状环耳。

本组陶器较第一组陶器变化较大，首先制陶工艺有了明显的进步，陶质较为细腻。罐、钵、壶的器形消失不见，其中口沿2018HWF1：15、2018HWF1：16推测为盆口沿，第二期盆由圆唇、敞口转变为尖唇、展沿、敞口。出现了新的器物无耳甑和高足浅盘豆。口沿由圆唇外叠转变为尖唇展沿，陶片表面有抹压绳纹和出现轮制技术，器耳由无纹饰转变为抹压绳纹。

（三）第 三 组

第三组出土器物较多，陶器组合为罐、甑、盆、壶。

罐全部为乙类有耳罐，3件。A型方唇，外折沿，侈口，束颈，鼓腹，平底，竖桥耳罐。B型的方唇，直口，筒腹，腹壁较深，平底。腹上部对置柱状鋬耳。

甑为B型桥状横耳甑，包括Ba型方唇敞口和Bb型方唇直口。

盆为Aa型和B型。Aa型方唇外折沿，敞口，腹壁略弧，深腹，平底。B型有耳盆，方唇，外折沿，侈口，鼓腹，平底。腹上部对置圆柱状鋬耳。

壶为Bb型，方唇，外折沿，侈口，束颈，鼓腹，平底。

口沿为Bc型，方唇，外折沿，侈口。

器耳为B型，横置的桥状环耳。

本组陶器较第二组变化较为显著。第三组器物豆消失不见，又出现了罐、壶的器形，罐较第一组器形出现明显的变化，器耳由无耳变为竖耳和柱状鋬耳；口沿由圆唇叠沿转变为方唇外折沿；出现颈部。壶的第三组耳部完全消失。甑较第二组变化明显，由轮制转变为手制，制作略粗糙。陶质变粗，由泥质灰陶变为夹砂红褐陶。由无耳转变为横置桥状环耳，由尖唇展沿变为方唇外折沿，同时出现直口的器形。纹饰消失不见，甑孔分布不规律。口沿纹饰消失，由尖唇、展沿、敞口转变为方唇、外折沿、侈口。器耳由柱状环耳变为桥状横耳，纹饰消失不见。

六、遗址年代与性质

　　通过典型遗存的特征研究，将王义沟遗址出土的实物资料与相关考古学文化遗存加以比较，参照发表报告的相关遗址年代分析，对王义沟遗址年代作以初步推测。笔者认为：第一期文化陶器与郑家洼子类型、泡子沿类型可能有渊源关系；第二期文化出现的汉式陶器，具有典型的汉文化因素特征；第三期文化与团结文化、高句丽早期器物具有相似的文化特征。

（一）第一组器物

　　第一组以日用陶器为主，器物组合包括罐、壶、盆、钵。罐的数量较多，形制也较为丰富。外叠圆唇罐和长颈壶的形制与郑家洼子类型出土陶器较为相似；三角形柱状环耳与泡子沿类型出土器耳较为相似。笔者仅认为第一组陶器与郑家洼子类型、泡子沿类型有渊源关系。

1. 郑家洼子类型

　　郑家洼子类型以辽宁省沈阳市于洪区郑家洼子村所发现的相关青铜时代遗存而命名，中国社会科学院考古研究所东北工作队在沈阳市郑家洼子村第一次发掘于第一地点、第二地点仅出土青铜短剑等遗物[1]，沈阳市考古研究所于1965年发掘的第三地点共有14座墓葬[2]。本文涉及郑家洼子类型的主要对比遗址有沈阳郑家洼子遗址[3]、新民公主屯后山遗址、辽阳亮甲山遗址。王义沟遗址与郑家洼子类型所出土比较相似的器物有外叠圆唇罐、长颈壶等。

　　郑家洼子遗址下层文化出土的陶罐T7∶3，口部内敛，外叠圆唇，弧壁，鼓腹，体积较大。高36.9、口径36、壁厚1厘米。在口部与颈部的结合处有较为明显的按压痕迹（图一四，5）。公主屯后山遗址出土陶罐分为二式，Ⅰ式无耳罐有3件，均为手制，夹砂褐陶，素面无纹，收腹，平底，卷沿，器壁厚重，火候较高，陶质内夹砂颗粒较大，有的在口沿部分用手按有数个不规则的指甲纹饰，有加固口沿的功用。F1∶2，高30、口径19.5、底径8.5、厚1.25厘米（图一四，3）。F1∶3，高27.5、口径9.2、底径9.6、壁厚1.2厘米（图一四，4）。王义沟遗址出土的两件陶罐2018HWF1∶8手制，制作不规整。夹砂灰褐陶，圆唇外叠，唇与颈结合部有明显按压焊接痕迹，口微敛，略显鼓肩，最大腹径近上部。素面。口径11.9、底径8.5、腹径14.3、高19.2厘米（图一四，1）。2018HWG2∶2，手制，制作不规整。夹砂灰褐陶，圆唇外叠，唇与颈结合部有明显按压焊接痕迹，口微敛，弧壁，平底，无耳。素面。口径26.5、底径11、高19.5、腹径21.6厘米（图一四，2）。

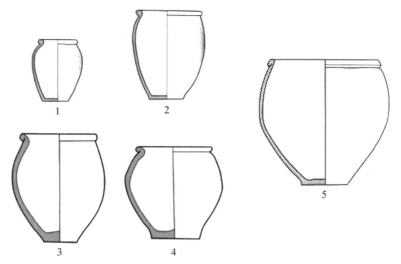

图一四　外叠圆唇陶罐对比图

1、2. 王义沟遗址（2018HWF1：8、2018HWG2：2）　3、4. 公主屯后山遗址（2018HWF1：2、2018HWF1：3）

5. 郑家洼子遗址（2018HWT7：3）

由此对比可得知：虽然郑家洼子遗址下文化层出土的陶罐体积较大，但是与王义沟遗址出土陶罐也有一些共同点，均为手制，陶质较为粗糙，圆唇外叠，敛口，鼓腹，素面无纹。唇与颈结合部有明显按压痕迹。公主屯后山遗址Ⅰ式陶罐与王义沟遗址F1：8和G2：2的卷沿罐较为相似，不仅仅是卷沿、鼓腹的形制，火候高、夹粗砂也是其共同点（图一四）。

郑家洼子遗址中发掘的两座墓葬M1、M2均为不规则长方形土坑墓，打破遗址下文化层（3A、3B为代表），但基本上仍属于同一个时期。M2出土了青铜短剑、石枕状器、陶壶、纺轮等。其中陶壶M2：3为小口，长颈，鼓腹，平底，素面无纹，器表抹光，制作较为细腻。高18.6、腹颈15.9、壁厚0.5厘米（图一五，1）。亮甲山遗址的5号墓中出土了1件长颈壶，夹砂灰褐陶，胎质较细腻，器表抹光。口微侈，颈部细长，削肩，鼓腹，平底。高10.2、颈长2.5、底径3.1厘米（图一五，2）。王义沟遗址出土的壶2018HWH1：1，手制。夹砂红褐陶。高领，鼓腹，小平底。高19.6、口径6.9、底径6.4厘米（图一五，3）。

三处遗址出土的长颈壶均为鼓腹，口微侈，长束颈，平底，素面无纹，器表抹光。郑家洼子遗址出土的长颈壶体积较大一些。而王义沟遗址出土的长颈壶形制与前两者相比，腹部较浅，体积处于二者之间。此外，长颈壶陶色不同。亮甲山遗址出土的长颈壶为灰褐陶，王义沟遗址出土的长颈壶的陶色为红褐色（图一五）。

成璟瑭先生和徐韶钢先生在《郑家洼子类型小考》一文中提及："学术界已经对郑家洼子遗址的遗迹特点以及器物型式演变、共存关系等有深入的讨论，郑家洼子类型应是这种青铜文化在春秋晚期到战国初期之际集中分布于辽西走廊与辽河流域腹地的一个特色鲜明的地方类型。"[4]

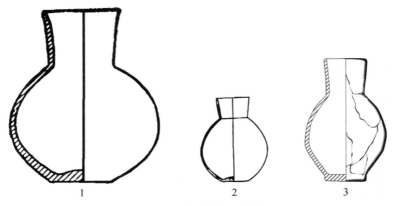

图一五　长颈壶对比图
1.郑家洼子遗址　2.亮甲山遗址　3.王义沟遗址

　　孙守道先生和徐秉琨先生在《辽宁寺儿堡等地青铜短剑与大伙房石棺墓》中认为亮甲山的两把剑的形式不同，但同属同一时代，根据墓葬与遗址的相互关系，认定年代约在战国末期，不晚于西汉初[5]。

　　鉴于以上，笔者认为王义沟遗址与郑家洼子类型可能有一定的渊源关系，所以推测遗址年代最早可到战国晚期。

2. 泡子沿类型

　　泡子沿类型的分布范围大体上沿着第二松花江流域，包括了吉林地区、长春地区以及通化的部分地区。本文主要选择泡子沿前山上层遗址和榆树老河深墓地作为典型遗址来比较，器物包括双耳壶和陶盆。

　　《榆树老河深》[6]报告中介绍的双耳壶根据颈部与腹部的变化共分为六式，其中Ⅰ式、Ⅱ式、Ⅳ式以及Ⅴ式壶与泡子沿前山出土的壶F3③：1大致相同，圆唇，外折沿，鼓腹，平底，在腹部最大弧度处对置柱状环耳（图一六，3）。泡子沿前山上层遗址均出土一件双耳壶，为F3③：1，圆唇，敛颈，鼓腹，小平底，最大腹径处有环状横耳一对，通高37.8、颈高7.5、口径16.6、颈径17.5、腹径29、底径11.8、壁厚1厘米（图一六，1）。王义沟遗址2018HWF3：13为手制，夹砂红褐陶。圆唇，侈口，束颈，溜肩，鼓腹，平底。腹中部对置柱状环耳，俯视呈三角形。口径19、底径10、高51.1厘米（图一六，2）。

　　通过比较得知，三处遗址所出土的双耳壶最大的共同点是最大腹径处横置一对三角形柱状环耳，也称环状横耳，其他均为圆唇，侈口，束颈，鼓腹，平底。不同点是泡子沿前山F3③：1的腹径大，王义沟遗址2018HWF3：13体积大、较高（图一六）。

　　榆树老河深墓地M87：2和王义沟遗址F14：20的两件陶盆也有明显的相似之处，均为手制，制作不规整（图一七）。夹砂灰褐陶，方唇，外折沿，敞口，腹壁略弧，深腹，平底，素面。陶盆作为比较的对象出土于老河深中层文化层，发掘者将老河深中层墓葬年代定为西汉末期到东汉初期。金旭东先生认为其年代约当西汉至东汉初期。

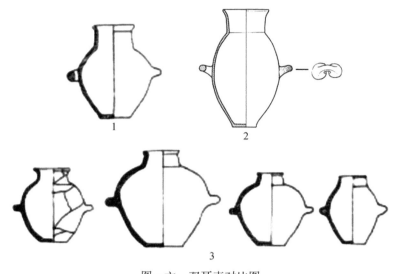

图一六　双耳壶对比图

1.泡子沿前山上层遗址　2.王义沟遗址　3.榆树老河深墓地

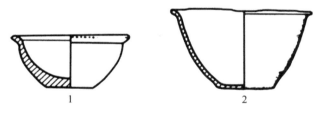

图一七　陶盆对比图

1.榆树老河深M87：2　2.王义沟遗址F14：20

张立明先生发表的《吉林泡子沿遗址及其相关问题》[7]一文中提及泡子沿前山遗址存在两种不同的文化类型，一种是下层的西团山文化类型，另一种是张忠培先生称的"文化三"的文化类型，也就是本文所称的"泡子沿类型"。泡子沿类型的遗存主要分布在第二松花江流域，主要以吉林为中心向外扩散分布。在此文化类型与西团山文化有一定的继承关系。泡子沿类型的年代相当于战国至西汉时期。

王义沟遗址出土带有泡子沿类型典型特征的一类器物，不仅说明两者之前存在着一定的联系，同时为王义沟遗址的年代判断提供了参考。

（二）第二组器物

第二组完整器极少，器物组合为甑和豆。对于汉文化因素，王义沟遗址的两组器物均有体现。之所以称为汉文化因素，是因为王义沟遗址出土器物并不是纯粹的汉文化陶器，而是以当地土著因素为主，这说明族群在保留自己的陶器形制以及生活习惯的同时，也在交流和学习中原制陶工艺。王义沟遗址出土的豆柄和豆盘与大连姜屯汉墓所出土陶豆的形制较为相似，同时陶盆的口沿部分与永陵南城址出土陶盆比较相似，笔者选择以永陵南城址和大连姜屯汉墓进行论述。

王义沟二组的器耳为绳纹三角形柱状环耳。柱状环耳代表的土著文化一组器物中已有体现。而在王义沟二组器物中，器耳遍饰绳纹，这在一组器物中是未见的。同时带有绳纹的三角形柱状环耳与其他汉式陶器为共出关系，进一步验证了绳纹是汉文化因素的体现（图一八）。

图一八　绳纹三角形柱状环耳

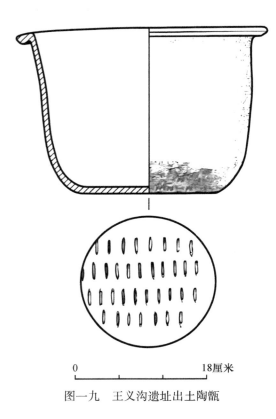

0　　　　　　　　18厘米

图一九　王义沟遗址出土陶甑

关于陶甑的汉文化因素论证，王义沟遗址出土的汉式甑仅有1件，为前文分类的A型无耳甑2019HWF5：1，轮制。泥质灰陶，少夹细砂。尖唇，展沿，敞口。沿缘饰一周压印绳纹，下缘有一周明显轮旋凸棱纹。器壁较直，近底部收束明显，饰细绳纹，平底，器底成排分布窄长条形甑孔，甑孔排布比较均匀。口径34、底径13.4、高23.2厘米，甑孔长2.5、宽0.5厘米。笔者认为王义沟遗址所出土陶甑的形制受土著文化因素影响较大，但是泥质的陶质、轮制的技术、纹饰的出现均证明了汉文化因素的存在（图一九）。

王义沟遗址与大连姜屯汉墓[8]所出土的陶豆较为相似，为浅盘高足豆，皆为轮制。泥质灰陶。柄中部有两道明显的轮旋凸棱，呈竹节状。泥质陶质、轮制技术说明出土的陶豆受汉文化影响（图二〇）。

王义沟遗址出土的汉式陶盆未有完整器，仅有两件陶盆的口沿残片。王义沟遗址与永陵南城址所出土的口沿，皆为轮制。泥质灰陶，少含云母。尖唇，展沿，敞口。沿缘有一周轮旋凹槽，下缘有一周明显轮旋凸棱纹。腹壁斜直，腹壁有明显轮旋凸棱。器壁上均有锯孔。通过图片可以发现，王义沟遗址所出土的陶盆口沿残片与汉式陶盆较为相似，对比以上陶盆均发现在器壁上有成对穿孔的出现，笔者认为成对穿孔，应有陶盆破损用绳线连接两处的用途。此外，泥质陶质、轮制技术、纹饰兴起等均是汉文化因素的体现（图二一）。

汉式陶器首先在工艺方面有了明显的进步，陶质较为细腻。汉式盆由圆唇转变有轮

图二〇　陶豆对比图

1、2. 王义沟遗址出土豆盘残片　3. 王义沟遗址出土豆柄　4. 大连姜屯汉墓出土陶豆

图二一　陶盆对比图

1、2. 王义沟遗址　3、4. 永陵南城址

旋凸棱纹的尖唇、折沿。出现了新的器物无耳甑和高足浅盘豆。口沿由圆唇外叠转变为尖唇展沿，陶片表面有抹压绳纹和出现轮制技术，器耳由无纹饰转变为抹压绳纹。遗址内出土中原汉式陶器，所占比例约较小。说明该遗址还是以土著文化为主流，遗址内出土的土著陶器，部分有饰绳纹的现象，说明这个族群不单单是交换获得陶器，也在学习中原式制陶工艺。

<h1 style="text-align:center">（三）第三组器物</h1>

第三组出土器物较多，陶器组合为罐、甑、盆、壶。团结文化中柱状錾耳往往依附于筒形罐和陶盆等器物，王义沟遗址还出土了一些高句丽早期的遗物，如竖耳罐、陶壶等器物。笔者选择上述器物与五女山山城和望江楼墓地作以比较。

1. 团结文化

1977年，黑龙江省考古队与吉林大学考古队共同发掘了东宁团结遗址。遗址上层为渤海文化层，遗址下层被命名为团结文化层，后被确认为北沃沮文化层。团结遗址出土了丰富的陶器，伴有一些铁器，少量的骨器、角器、蚌器。通过考古工作的发现与研究，与团结文化属于同一性质的遗址还有我国珲春一松亭遗址、延吉大苏遗址，俄罗斯的克罗乌诺夫卡文化，朝鲜的罗津草岛遗址、会宁五洞遗址等（表一）。

一松亭遗址[9]出土陶器均为夹砂褐陶，夹砂颗粒较大，火候不高，多采用泥圈叠筑法，器壁较厚，器表粗糙，素面无纹。器形以罐为主。一松亭遗址出土筒形罐T1：2：1，其形制为方唇，筒腹，平底。腹部近口沿处对置柱状錾耳。通高17.2、底径9.3、口长径17、短径15厘米。绥芬河下游的"夹皮沟文化"，后改名为"克罗乌诺夫卡文化"。克罗乌诺夫卡文化的年代应当为春秋战国至东汉时期。林沄先生在《论团结文化》[10]中提及克罗乌诺夫卡文化无疑是团结文化，并引用勃罗强斯基对克罗乌诺夫卡文化的陶器分类，第一类即为柱状錾耳的筒形罐。王义沟遗址出土筒形罐2007HWF20：5为手制。夹砂红褐陶。方唇，直口，筒腹，腹壁较深，平底。腹上部对置柱状錾耳。錾耳截面呈椭圆形。口径16.5、底径10.3、高24.2厘米。

通过三者对比可知，柱状錾耳是各遗址出土筒形罐的共同特征，值得注意的是克罗乌诺夫卡文化的筒形罐为敛口，而王义沟遗址出土的筒形罐为直口（表一）。

罗津草岛遗址和会宁五洞遗址同样也出土了带有柱状錾耳的筒形罐，除此之外还有柱状錾耳甑。通过表一可知团结文化因素之一即是"柱状錾耳"，它所依附的器形多为甑、罐、盆一类器物。

表一 团结文化陶罐比较

团结遗址下层	
珲春一松亭遗址	
克罗乌诺夫卡文化	
罗津草岛遗址	
会宁五洞遗址	
王义沟遗址	

一松亭遗址同样出土了柱状耳陶盆T：I2：5，其形制为敞口，深腹，斜直壁，平底，靠近口沿处对置柱状鋬耳，角度向下微倾。通高15.7、底径10.6、口径24厘米。王义沟遗址出土的陶盆2007HWF14：19为手制，制作不规整。泥质红褐陶，加细砂，少含云母。方唇，外折沿，侈口，鼓腹，平底。腹上部对置圆柱状鋬耳。口径29.5、底径14.1、最大腹径29、高20.3厘米。

2. 高句丽早期遗存

五女山山城共发现了五个时期的文化遗存，其中三、四期遗存为高句丽时期，四期遗存的年代在魏晋时期。三期的年代约在两汉之际，正是文献上记载的高句丽建国前后时期。李新全先生认为："五女山第三期文化时代大体应在两汉之际，相当于高句丽建国前后，应视作高句丽早期物质遗存。"[11]而金旭东先生认为五女山三期文化的年代下限已延伸至东汉初年[12]。本文主要将五女山山城三期遗存作为重点进行比较。

　　第三期遗物大多为陶器，手制，烧制火候较低，陶质以夹砂陶为主，并见少量泥质陶，陶色以灰褐陶居多，少量为红褐陶，器表抹光。器形主要有罐、盆、杯，器耳中竖桥状耳最为流行，也见横桥状耳和鋬耳，最具特色的陶器是竖耳罐，不仅数量多，而且特征鲜明，均为折沿，方唇，束颈，腹微鼓，平底，颈部对置桥状耳。

　　高句丽早期陶器均为手制，以夹砂陶为主，泥质陶较少。陶色多为灰褐色，基本不见纹饰。器表大多数抹光，部分器物器表有刮抹痕迹。器形主要有罐、壶、盆、甑、豆、碗、杯、盖、纺轮、网坠等类，早期陶器器耳比较发达，其中竖桥状耳最为流行，也有一定数量的横桥状耳，鋬耳分舌状和圆柱状两种，还有用泥条贴饰的盲耳也较流行。最具特色的陶器是竖耳罐，数量多，特征鲜明，均为折沿，方唇，束颈，腹微鼓，平底，颈部对置桥状耳。平底器和器耳发达，基本不见三足器，是高句丽早期陶器的显著特点。

　　王义沟遗址出土了许多高句丽早期的典型陶器，如陶罐、陶盆、陶壶、陶甑等。竖耳罐是高句丽时期的典型特征，在王义沟遗址、五女山城城址，集安国内城城址均有出土，均为手制。夹砂陶。方唇，外折沿，侈口，束颈，鼓腹，平底。颈部对置竖桥耳，器耳较小。王义沟遗址出土2件完整的竖耳罐较为典型，罐2019HWH5：1为手制。夹砂红褐陶，少含云母。方唇，外折沿，侈口，束颈，鼓腹，平底。在腹、颈部对置竖桥耳，器耳较小。口径15.5、底径8.3、高21.3厘米。罐2006HWT0205：6亦为手制。夹砂红褐陶，少含云母。方唇，外折沿，侈口，束颈，鼓腹，平底。在腹、颈部对置竖桥耳，器耳较小。在竖耳两侧肩颈联合处对置舌状小鋬耳，与竖耳呈十字等列分布。底部残缺。口径16.9、残高14.9厘米（表二）。

表二　高句丽早期陶罐比较

王义沟遗址	
五女山城址	

　　望江楼墓地共发掘6座墓葬，均为积石墓，平面近似于圆形。积石墓由河边鹅卵石或者破碎的山石垒筑而成。墓地中出土的陶壶与铁镢可以作为主要的比较对象。陶壶有一些较为明显的相似处，望江楼墓地M6和王义沟遗址F14：18出土的陶壶均为手制，夹砂陶，方唇，外折沿，侈口，束颈，鼓腹，平底（表三）。

表三　高句丽早期陶壶比较

望江楼墓地M6	
王义沟遗址F14：18	

七、分组断代

王义沟遗址通过聚类分析将陶器分为三组，每组都有典型的风格特征。

第一组以圆唇卷沿筒形罐为特色，这类陶器见于郑家洼子类型墓葬，郑家洼子是以青铜短剑为代表器类的文化类型，年代范围在春秋晚期至战国末期。其文化特征和战国晚期的燕文化有所不同，与乌金塘墓地作比较，均出土东北系铜剑。同时乌金塘墓地出土了春秋中期铜戈，郑家洼子墓地的年代大约相于春秋末期到战国初期；靳枫毅先生也认为其年代约当春、战之际至战国早期[13]。林沄先生根据墓中出土的有銎三翼镞和可活动式马衔判断，其年代应为春秋后期[14]。朱凤瀚先生亦根据前述两种器物认为其年代在春秋晚期[15]。

郑家洼子类型与王义沟遗址均出土了圆唇卷沿筒形罐，这类陶器在抚顺地区也有出土，溯其源应该是受郑家洼子文化影响。

笔者通过研究发现抚顺莲花堡遗址的文化内涵与王义沟遗址极为相似，对于王义沟遗址的断代有着重要参考作用。莲花堡遗址[16]位于抚顺市东部浑河南岸，遗址分布面积约15000平方米，开设8个探方，揭露面积278平方米。文化堆积较浅，分为2层，第1层为耕土层，第2层为文化层，第2层下即为生土层。遗物较为丰富，陶器有罐、壶、盆、钵、釜、瓮、豆、纺轮、网坠等，铁器有钁、斧、锄、镐、镰、刀、钻、锥和铁鱼钩，石器有石斧、石刀、网坠、小石器等。遗迹发现石筑墙基址、灰沟、灰坑和灶址（图二二）。

莲花堡遗址出土外叠圆唇陶罐Ⅱ式均为夹砂粗陶。敛口，圆腹，一件口沿下饰手制按捺的纹饰，与王义沟遗址出土的两件陶罐形制极为相似（图二三）。

除此之外，与其共出的Ⅲ、Ⅳ、Ⅴ式绳纹灰陶罐在辽宁各地出土的战国或汉初的器物形制基本相同。同时出土的泥质陶豆说明遗址至少已经进入战国晚期。间接地证明王义沟遗址第一组器物的上限为战国晚期（图二四）。

王义沟遗址和莲花堡遗址均出土了陶质的生产工具，如纺轮、网坠等。两遗址所出

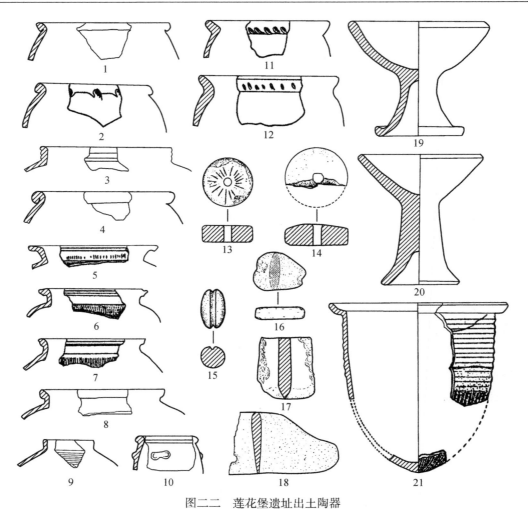

图二二　莲花堡遗址出土陶器

1～10.陶罐　11、12.陶瓮　13、14.陶纺轮　15.陶网坠　16.石网坠　17.石斧　18.石刀　19、20.陶豆　21.陶釜

图二三　外叠圆唇陶罐对比

1.莲花堡遗址　2、3.王义沟遗址

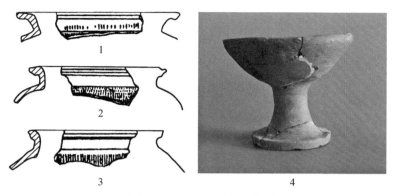

图二四　莲花堡遗址出土陶器
1~3.绳纹灰陶罐　4.泥质陶豆

土的纺轮形制也较为相似，圆饼状，中有穿孔，与两端相通。有的还带有纹饰，呈放射性点状或线状。同时网坠为圆珠状，中有穿孔，与两端相通；或形制整体呈圆柱状，四周有一圈凹槽。纺轮和网坠的出土，说明两处遗址的生活方式具有相似性。

抽水洞遗址[17]位于本溪市桓仁满族自治县，发现大量的战国秦汉时期的陶片，大量战国时期的明刀币，F1、F2与王义沟遗址F1、F2的形制极为相似，也是两处遗址最大的相似点。两处遗址中的房址均半地穴式，F1均近似于圆形，F2近似于方形，房子地面覆盖着一层土质较硬呈黄褐色的土壤。

王义沟遗址和抽水洞遗址的F1，平面都近似于圆形，王义沟遗址F1最大宽度约4米，最大深度约0.3米。门道呈方形，宽约0.9米。门道两侧堆积石块。房址沿西部边缘内侧南北向均匀分布四个柱洞，柱洞直径约0.15米。抽水洞遗址F1直径在3.2~3.3米，近于半地穴式。房址的门位于南部，在房子的中西部发现一柱洞，在西部边缘和北部以及南部各发现柱洞一个。口径为11厘米，深为15厘米（图二五）。

王义沟遗址F2和抽水洞遗址F2的平面形制相同，大体呈方形，转角为圆弧形。王义沟遗址F2开口于第1层下，打破第2层。门道由石块围成一个西南—东北向豁口，开口东向，宽约0.5米。房墙由石块堆积而成，宽0.5~0.75米。房址内部东西长0.34米，南北长0.37米。最大深度约0.3米。抽水洞遗址F2开口于第2层下，房址平面近于方形。门道位于东部，此房南壁较直，房并发现柱洞遗迹，在其西部、北部各发现一个。房址东西长2.4、南北长2米（图二五）。

王义沟遗址清理的两座房址（F1、F2）与抽水洞遗址清理的两座房址形制相近，出土器物基本类同。抽水洞遗址出土具有准确时代特征的明刀钱、秦半两，作者将其时代定在战国中晚期至秦汉之际[18]。考虑到文化传播的迟滞性和后续考古材料的佐证，该遗址的时代应该在战国晚期至西汉初期，不晚于汉武帝置四郡时期。

辽宁省本溪市本溪县小市镇上堡村南墓地共发现石棺墓4座，编号为M1~M4，分布集中。发掘者在《辽宁本溪县上堡青铜短剑墓》[19]中将出土陶罐分为3式。图二六中1为Ⅰ式罐（M1∶1），2、3为Ⅱ式罐（M2∶1、M4∶1），4为Ⅲ式罐（M3∶2），5~8

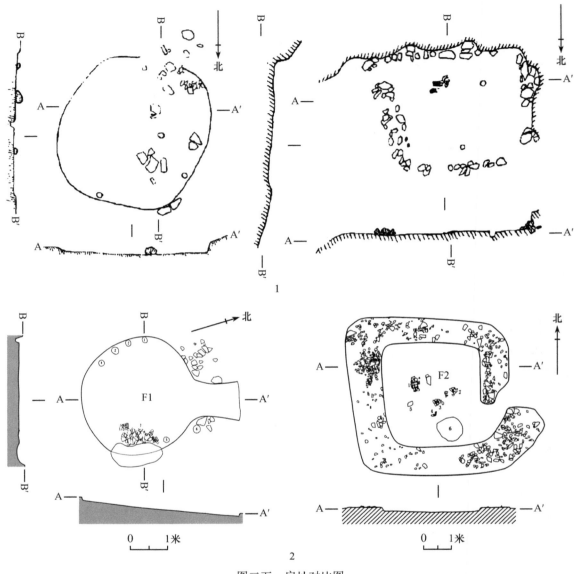

图二五　房址对比图

1. 抽水洞遗址F1（左）、F2（右）遗迹图　2. 王义沟遗址F1、F2遗迹图

为夹砂筒腹罐（M2：2、M2：3、M1：2、M3：2），其中出土的夹砂筒腹罐与王义沟遗址G2：2和F1：8形制风格极为相似，为同一批器物，圆唇，卷沿，筒腹，平底。通过研究发现该种绳纹罐与筒腹罐均出土于同一单位，例如，M1出土了Ⅰ式罐，M2出土了Ⅱ式罐，M3出土了Ⅲ式罐，同时均伴有夹砂筒腹罐的出土。这间接地证明了王义沟遗址和本溪上堡青铜短剑墓可能到了西汉初期（图二六）。

　　丹东凤城刘家堡子遗址与瓮棺墓的发掘者将其年代定为西汉早期[20]。笔者赞同发掘者的意见，刘家堡子遗址与瓮棺墓的年代应为西汉早期。理由是刘家堡子遗址出土的建筑构件筒瓦、云纹瓦当、印花方砖以及建筑散水的做法都是典型的西汉时期的，类似的用残瓦铺砌散水的做法在辽宁新宾永陵南城址的西汉时期建筑址也可见到，出土的大

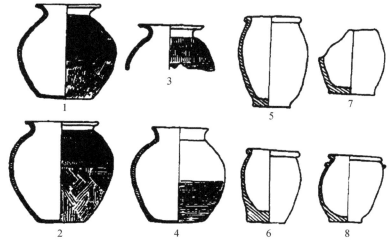

图二六　本溪上堡青铜短剑墓出土陶器

1. Ⅰ式罐（M1∶1）　2、3. Ⅱ式罐（M2∶1、M4∶1）　4. Ⅲ式罐（M3∶2）　5～8. 夹砂筒腹罐（M2∶2、M2∶3、
M1∶2、M3∶2）

部分铁器也是西汉时期的。

刘家堡子瓮棺墓出土有两类瓮棺葬具，一类是典型的中原文化泥质灰陶绳纹陶器，有瓮和罐两种器形，均满身饰绳纹，其中上腹部饰弦断绳纹；另一类是当地的土著陶器，陶质为夹砂含滑石粉陶，器物大口小底，在口沿或肩腹部饰窝点纹或附加堆纹。上述中原文化陶器在辽宁朝阳袁台子墓地M128[21]发现过，发掘报告的编写者将其年代定在西汉文景时期，笔者表示赞同，那么，凤城刘家堡子瓮棺墓出土的这类中原文化陶器年代应为西汉初期。因此，综合以上分析，凤城刘家堡子遗址与瓮棺墓的年代应为西汉初期（图二七）。

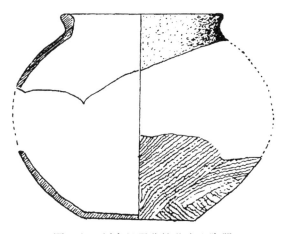

图二七　刘家堡子瓮棺墓出土陶器

综上所述，根据抚顺莲花堡遗址、桓仁抽水洞遗址、本溪上堡青铜短剑墓、凤城刘家堡子遗址与王义沟遗址的比较，考虑到王义沟遗址与郑家洼子类型可能有一定的渊源关系，笔者把第一组器物的年代在战国晚期，至武帝置四郡之前。

第二组器物最明显的特征是汉文化因素的介入，如绳纹三角形柱状环耳的出现，柱状环耳本是土著文化因素的体现，而在第二组器物中，器耳遍饰绳纹。汉式陶器首先在工艺方面有了明显的进步，陶质较为细腻。汉式盆由圆唇、敞口转变有轮旋凸棱纹的尖唇、折沿、敞口。出现了新的器物无耳甗和高足浅盘豆。陶片表面有抹压绳纹和出现轮制技术，遗址内出土的土著陶器，部分有饰绳纹的现象，说明这个族群不单单是交换获得，也在学习中原式制陶工艺。王义沟遗址与姜屯汉墓所出的豆的形制较为相似，《姜屯汉墓》[22] 中把遗址年代定为西汉早期至东汉晚期。王义沟遗址与永陵南城址出土陶盆较为相似，《永陵南城址》[23] 把年代定为汉至魏晋。《洛阳烧沟汉墓》[24] 的年代为西汉中期至东汉晚期。参考以上因素，把第二组器物的年代定为西汉中期。

　　第三组器物的风格特征是竖耳罐、带有柱状錾耳的盆或甑，以及一批桥耳。王义沟遗址与五女山城城址均出土一批竖耳罐，圆柱状錾耳陶甑，铁镬和铁锸等铁器形制极为相似。李新全先生认为："五女山第三期文化时代大体应在两汉之际，相当于高句丽建国前后，应视作高句丽早期物质遗存[25]。"而金旭东先生认为五女山三期文化的年代下限已延伸至东汉初年[26]。望江楼墓地与王义沟遗址均出土相同形制的陶壶、铁镬，发掘者根据望江楼墓葬出土的珠饰，在汉代及相当于汉代的东北地区边疆民族遗存中曾有过普遍的发现，与各出土遗址年代相比较，一般被推定为西汉中晚期至东汉初期[27]，因此，望江楼墓地的年代应与之相当。这一时期，正是高句丽在桓仁建国前后阶段，因此，望江楼墓葬应为高句丽建国前后的遗存。鉴于王义沟遗址和五女山城址、望江楼墓地遗存的对比，将三组器物的年代定为西汉晚期至东汉早期。

　　王义沟遗址涉及较多的考古学文化因素，如郑家洼子类型中的"卷沿筒型罐"、泡子沿类型中的"三角形柱状环耳"、团结文化中的"柱状錾耳"、汉文化中的"绳纹纹饰"和高句丽早期遗存中的"竖耳罐"。虽然王义沟遗址出土的实物资料与以上考古学文化有关联，但是不可完全作为遗址分期的依据。例如，郑家洼子类型出土大量涉及断代的青铜器，而王义沟遗址未有出土。关于其与王义沟遗址均出土较为相似的圆叠唇筒形罐的解释，笔者认为郑家洼子类型的年代较早，王义沟遗址可能是受郑家洼子文化影响。抚顺作为两者之间的地区，同样也有出土该类筒形罐，该类遗存文化经沈阳地区向辽东地区传播，地理位置等客观原因造成两者在年代上的差异，王义沟遗址该类陶器的出现与郑家洼子类型有渊源关系。

　　通过对陶器聚类分析分成三组，对于第一组器物，笔者选择了抚顺莲花堡遗址、桓仁抽水洞遗址、本溪上堡遗址、刘家堡子墓葬等遗址，推测一期年代为战国晚期至武帝置四郡之前；第二组器物带有明显的汉文化因素，通过与永陵南城址、姜屯汉墓等遗址进行比较，推测二期年代为西汉中期；第三组器物具有高句丽早期遗存的风格特征，通过与五女山山城第三期遗存、望江楼墓地和其他高句丽早期遗存的比较，推测三期年代为西汉晚期至东汉初期。最终得出结论：王义沟遗址是战国晚期至东汉初期的一处古代居住址。

八、结　语

　　王义沟遗址是一处战国晚期至东汉初期的古代居住址，表现出了农耕为主，渔猎为辅的一种生活模式。农业经济进一步发展，成为首要经济类型。镞的发现，说明存在着狩猎经济类型。在富尔江畔，网坠、鱼钩的出土说明渔猎生活在王义沟地区扮演着重要角色，已经成为一种辅助生产类型。

铁镬的广泛使用是在战国至两汉时期。王义沟遗址内陶器时代上限也不早于战国晚期，其下限不晚于东汉早期。围绕这一时期发生的重大事件主要有三：第一，秦开却胡，燕势力向辽东扩张；第二，西汉早期吕后专权，燕王卢绾造反，北逃匈奴，其部将卫满东逃出边塞灭箕子朝鲜，建卫氏朝鲜；第三，武帝灭卫氏朝鲜，置四郡。由于遗址内并未发现典型的燕文化陶器，但铁器的使用表明中原文化因素已波及至此。通过三组器物的风格特征与其他相关考古学文化作比较，推测王义沟遗址是一处战国晚期至东汉初期的古代居住址。一期年代为战国晚期至西汉早期，武帝置四郡之前，二期年代为西汉中期，三期年代为西汉晚期至东汉初期。

王义沟遗址的两次发掘获得一批具有研究价值的实物资料，为建立起辽东地区考古学文化的框架、东北古代民族文化等学术研究提供了一批新材料。对高句丽遗存的发现与研究至今已有百余年的历史，但尚在研究探索阶段。这一问题是高句丽历史与考古研究中的重要课题，也是中外学术界十分关注的焦点问题。迄今为止发现的高句丽早期遗址较少，没有对高句丽早期遗址进行过科学的、系统的考古发掘，王义沟遗址为了解高句丽早期文化特征、研究高句丽文化起源提供了一批实物资料。

王义沟遗址分的三期遗物中，各期出土陶器均具有鲜明的土著文化因素。第一期出土的三角形柱状环耳体现夫余民族文化因素。第二期陶器带有汉文化因素的介入，如泥质灰陶，轮制技术，绳纹的兴起。汉文化因素与土著文化交流与融合，促进制陶技术进一步发展。第三期出土的竖耳罐是高句丽早期陶罐的典型特征，可认为其具有高句丽民族因素。对第一期出土的圆叠唇筒形罐，也有学者称为"貊罐"，这就涉及土著或民族文化问题。对此，需要确定分布地域、年代范围、文化特征、文化渊源是否完全吻合，目前尚不具备深入讨论的条件，还需要更多的考古学材料的发现。

注　释

[1]　沈阳市文物工作组：《沈阳地区出土的青铜短剑资料》，《考古》1964年1期。

[2]　沈阳故宫博物馆、沈阳市文物管理办公室：《沈阳郑家洼子的两座青铜时代墓葬》，《考古学报》1975年1期。

[3]　中国社会科学院考古研究所东北工作队：《沈阳肇工街和郑家洼子遗址的发掘》，《考古》1989年10期。

[4]　成璟瑭、徐韶钢：《郑家洼子类型小考》，《文物》2019年8期。

[5]　孙守道、徐秉琨：《辽宁寺儿堡等地青铜短剑与大伙房石棺墓》，《考古》1964年6期。

[6]　吉林省文物考古研究所：《榆树老河深》，文物出版社，1987年。

[7]　张立明：《吉林泡子沿遗址及其相关问题》，《北方文物》1986年2期。

[8]　辽宁省文物考古研究所：《姜屯汉墓》（上），文物出版社，2013年。

［9］ 李云铎：《吉林珲春南团山、一松亭遗址调查》，《文物》1973年8期。

［10］ 林沄：《论团结文化》，《北方文物》1985年1期。

［11］ 李新全：《高句丽早期遗存及其起源研究》，吉林大学博士学位论文，2008年。

［12］ 金旭东：《西流松花江、鸭绿江流域两汉时期考古学遗存研究》，吉林大学博士学位论文，2011年。

［13］ 靳枫毅：《论中国东北地区含曲刃青铜短剑的文化遗存（上）》，《考古学报》1982年4期。

［14］ 林沄：《中国东北系铜剑初论》，《林沄学术文集》，中国大百科全书出版社，1998年。

［15］ 朱凤瀚：《论中国东北地区与朝鲜半岛出土的短茎曲刃青铜短剑》，《东北与北方青铜时代》，文物出版社，2016年。

［16］ 王增新：《辽宁抚顺市莲花堡遗址发掘简报》，《考古》1964年6期。

［17］ 武家昌、王俊辉：《辽宁桓仁县抽水洞遗址发掘》，《北方文物》2003年2期。

［18］ 武家昌、王俊辉：《辽宁桓仁县抽水洞遗址发掘》，《北方文物》2003年2期。

［19］ 魏海波、梁志龙：《辽宁本溪县上堡青铜短剑墓》，《文物》1998年6期。

［20］ 辽宁省文物考古研究所：《凤城刘家堡子西汉遗址发掘报告——兼论汉代东部都尉治武次县址之地望》，《辽宁考古文集（二）》，科学出版社，2010年。

［21］ 辽宁省文物考古研究所：《辽海记忆：辽宁考古六十年重要发现（1954—2014）》，辽宁人民出版社，2014年。

［22］ 辽宁省文物考古研究所：《姜屯汉墓上》，文物出版社，2013年。

［23］ 辽宁省文物考古研究所：《永陵南城址发掘报告》，文物出版社，2017年。

［24］ 洛阳区考古发掘队：《洛阳烧沟汉墓》，科学出版社，1959年。

［25］ 李新全：《高句丽早期遗存及其起源研究》，吉林大学博士学位论文，2008年。

［26］ 金旭东：《西流松花江、鸭绿江流域两汉时期考古学遗存研究》，吉林大学博士学位论文，2011年。

［27］ 孙守道：《“匈奴西岔沟文化”古墓群的发现》，《文物》1960年21期；吉林省文物考古研究所：《榆树老河深》，文物出版社，1987年；黑龙江文物考古研究所：《平洋墓葬》，文物出版社，1990年；潘玲、林沄：《平洋墓葬的年代与文化性质》，《边疆考古研究》（第1辑），科学出版社，2002年。

附表　王义沟遗址陶器分组表

期别 ＼ 器类	罐	壶	盆	甑
一组				
二组				
三组				

续表

期别 / 器类	器耳	口沿	豆	钵
一组				
二组				
三组				

辽阳汉魏晋壁画墓成因及相关问题研究

梁振晶[1]　崔　嵩[2]　王英新[3]　韩　越[4]

（1.辽宁省文物考古研究院；2.阜新市考古所；3.辽宁省文物总店；4.辽阳市博物馆）

辽阳汉魏晋壁画墓是中国东北地区最重要的考古发现之一，其壁画艺术风格在全国汉魏晋壁画墓中独树一帜。无论是在我国考古历史研究中，还是在我国艺术史研究中都是不可多得的重要史料。但是诸多研究多集中在考古学的形式、时代等方面，而没有辽阳壁画墓的成因等方面的观点。本文就这些方面及相关问题提出一些浅见，以做引玉之砖。

一、辽阳壁画墓的发现与研究现状

辽阳壁画墓的发现研究工作始于1905年日本学者鸟居龙藏等人在辽南地区的调查。1918年八木奘三郎等发掘辽阳东北郊的迎水寺壁画墓，这是中国第一座经过考古发现的壁画墓。以后日本学者又陆续发掘了东门外墓、满洲株式会社墓、南林子墓、玉皇庙墓（1号墓）。1943年李文信调查了北园1号墓[1]，但还是日本学者整理的资料。中华人民共和国成立后，随着基建工作的大力开展，辽阳壁画墓又有很多新的发现。陆续有棒台子1号墓[2]、令支令墓（窑业二厂墓）[2]、车骑墓（窑业四厂墓）[2]、三道壕1号墓[3]、三道壕2号墓[3]、东门里墓[4]、棒台子2号墓[5]、南雪梅1号墓[6]、南郊街1号墓、南郊街2号墓、南郊街3号墓[7]、北园2号墓[8]、三道壕3号墓[8]、鹅房1号墓[8]、上王家墓[9]、南环街墓[10]、北园3号墓、北园4号墓、道西庄墓、冶建化工厂墓、玉皇庙2号墓、玉皇庙3号墓、玉皇庙4号墓、峨眉墓[11]等。这些墓合计有30余座，主要位于辽阳城北的太子河南岸和辽阳城东南的太子河西岸、南岸，只有迎水寺墓在太子河东岸。有的就地封存，有的发掘清理。

目前对辽阳壁画墓的研究还不透彻。这与以前的发掘工作不到位或资料不健全有直接关系。宿白先生的《魏晋南北朝考古》仅对辽阳壁画墓做了初步分析，信立祥在《汉代画像石综合研究》一文中对辽阳壁画墓的壁画进行了一定研究。张小舟在对北方魏晋十六国墓葬研究中有所涉及。赵东艳的研究生论文《辽阳壁画墓的分期研究》是国内第一篇对辽阳壁画墓的专题论述。郑君雷在几篇文章中都对辽阳壁画墓加以分期。刘萱堂对辽宁壁画墓与集安壁画墓做了比较研究。贺西林、郑岩在博士论文中也有小幅阐述[12]。而相对系统研究的应该为刘未的《辽阳汉魏晋壁画墓研究》[13]，这是国内对辽阳壁画墓研究较好的一篇文章。

国外学者对此研究较多，有代表性的有日本学者东潮的《高句丽考古学研究》、韩国学者金元龙对高句丽壁画墓渊源研究等。

二、辽阳壁画墓典型墓葬介绍

辽阳壁画墓群位于辽阳市太子河区、白塔区、文圣区、宏伟区及辽阳县境内，主要分布于辽阳市北郊、东南郊的太子河两岸，因墓内石壁上绘有色彩鲜艳、内容丰富的壁画而驰名中外。这些壁画墓的时代大致是东汉至魏晋时期，因此也被称为"辽阳汉魏壁画墓群"。

这些墓封土高大，墓室均为南芬页岩石板构筑，白灰勾缝，平面呈"T""工""亚"形等，大墓长、宽7米左右，小墓长、宽为3～4米。一般由墓门、前室、棺室、前廊（或回廊）、左右耳室组成，棺室有2～6个，棺室间石板上有窗式空洞。东汉墓设石室，左右耳室大小相当，魏晋墓设尸床，耳室大小不同。

随葬器物有井、灶、罐、盘、楼等陶明器，铜带钩、铜镜、金指环、银顶针、铁剪刀、骨簪、骨尺等生活用具以及半两、五铢、货泉等铜钱。

墓内皆有壁画，墓内壁画直接绘在石壁上，内容以表现墓主人经历和生活为主。有的画面上有墨书题字。如"家居宴饮图"中朱幕高悬，画屏曲列，男女对坐，婢仆传食，杯盘横列；"车马出行图"中仪仗车骑，前呼后拥、威武浩荡；"杂技图"中旋盘、舞轮、跳丸、倒立、兽走、反弓等节目动态和神情兼备；还有"庖厨图""门卒门犬图""宅第图""楼阁图""云气装饰图"等，壁画均以鲜明的笔触描绘现实生活，刻画入微，生机盎然，壁画工整传神之笔而永不磨灭。

辽阳东汉魏晋时为辽东郡治所，汉魏之际公孙氏曾割据于此50年，其中一批大型多室墓，墓主应属公孙氏政权望族。在唐户屯一带的石板墓中出土有"公孙××"之印。说明不仅高等级的壁画墓与公孙氏有关，较低等级的墓葬也与此有关。

这些墓葬不仅对研究东汉末年至魏晋时期的社会政治、经济、文化有着重要的历史价值，而且为研究当时的绘画艺术提供了珍贵的实物资料。

下面把这些墓葬中的典型的具有代表性的墓葬分别按照时代顺序加以介绍。

东汉中期：东门里壁画墓、南郊街壁画墓M1；东汉晚期：棒台子壁画M1、北园壁画M1；三国魏：三道壕壁画墓M1、令支令壁画墓；东晋：上王家壁画墓。

东门里壁画墓：位于辽阳市文圣区文庙街旧城东墙平夷门南75米的城墙内侧墙基下。

东门里壁画墓（图一），墓门方向南偏西10°。该墓墓室用淡青色南芬页岩石板支筑，白灰勾缝。墓室平面呈"T"字形，由东、西棺室和明器室组成。

墓室东西壁、横枋、立柱及墓顶石板上均有彩色壁画（图二）。画面保存较好的有

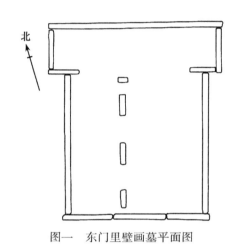

图一　东门里壁画墓平面图　　　　图二　东门里壁画墓门卒图、属吏图及出行图

出行图、宴居图、小吏图、门卒图、勾连纹图、流云图、日月星象图等7幅。

东门里壁画墓是目前辽阳地区壁画墓中年代较早的一座。

其壁画艺术，从内容到技法，不少是首次见到，具有标尺意义。例如，出行图中，简略的一辆牛车，大红色船篷式的车篷，艳丽夺目，饰红色飞軨，颇为华丽。这在汉魏时期的壁画中是较为少见的。不但从中可见当时牛车的使用、发展和演变过程，也使其成为此墓的一个特点。尤其牛车前面两名导骑。一改其他画面的骑马前行或飞奔之状，用前行回身招手和马头朝里仅见臀部的侧身应答的方式，增添了浓厚现实生活情趣。

因其墓室未受扰动，壁画存量大、遗物丰富，出土了陶房、井、灶、案、博山炉、长颈瓶，漆奁，铜镜等72件随葬品，且器物齐备、组合关系明确，使其成为辽阳汉魏壁画墓群中极具保存价值的一座墓葬。对于研究汉代人们思想、社会生活和风俗习惯等，具有重要的参考价值。

南郊街壁画墓M1：南郊街壁画墓群地处辽阳市东南郊，是辽阳汉魏壁画墓群的一部分，位于辽阳市文圣区南郊街北侧的辽阳电力设备有限公司厂区东北部，是原来的辽阳麻纺织厂的厂区。

南郊街壁画墓群中一号墓在北部建筑基础东墙外约2米，坐南朝北，墓的正门向北，方向20°。平面近正方形，平顶，南北长5.4米、东西宽4.3米。墓道长达5米，侧门在东南角向东，这种形制是以往发掘中很少见到的。墓圹面积为53平方米，封土面积近400平方米，在辽阳汉魏壁画墓中是大型墓葬。该墓墓内由前廊、侧廊、两棺室、后室、两耳室7个部分组成，出土了灶、井、耳杯、奁、罐等随葬品近80件，墓内的墙壁上绘有精美的壁画（图三～图五）。

棒台子壁画墓M1（图六）：位于辽阳市北郊的望水台村北约500米的公路西侧太子河南岸的台地上，西北距沈大公路3千米，东南1.5千米为沈大铁路。因墓葬封土高大，俗称"大青堆子"，1944年发现，被日本人发掘。

墓上封土为原封土，呈方锥台形，存高7米，底边宽22米。

墓室结构，墓顶石与现存耕地基本处于同一平面（当时如此，现在应该与原地表持平），墓室石板方正，墓门在前壁中部，东偏南10°，左右各突出一个耳室，后室中部突出一小室，椁室中间并排纵列三个棺室，内有石棺三口，棺室外为回廊，面阔8米、进深6.3米。

图三　南郊街M1宴饮图（摹本）

图四　南郊街M1属吏奏事图（摹本）

图五　南郊街M1车马出行图（摹本）

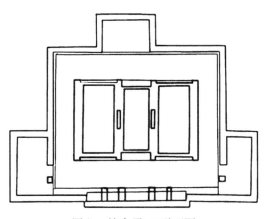

图六　棒台子M1平面图

　　壁画，为墨廓五彩，内容有门卒、门犬、饮食、车骑仪仗、宅第、庖厨、杂技、星辰云气等。

　　门卒、门犬图（图七、图八），门卒二人，分别画在墓门中部两立柱的外面，武士装束，手持长方形盾和环首铁刀；门犬两只，画在两立柱相对应的里面，张口向外呈狂吠状。

图七　棒台子M1门卒图

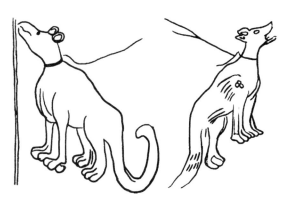

图八　棒台子M1门犬图

　　杂技图（图九），两班表演，共49人，分别画在墓门内左右两壁上，左壁26人，右壁23人，在结构上与饮食图配合：主人一面饮食，一面观赏杂技，表演的节目有舞蹈、倒立前行、化妆兽走、弓腰反立、舞盘、舞轮、跳丸；还有的分奏琵琶、洞箫或琴瑟及击鼓等乐器。

　　饮食图（图一○、图一一），两幅，分画于左右小室壁间，图像比较高大，表现的

图九　棒台子M1杂技图（上左）、伎乐图（下右）

图一○　棒台子M1宴饮图

是主人坐受饮食，男女对坐，屏后有端盘、抱壶侍立的仆人，形象较主人小。

出行图（图一二），分画于右廊左右二壁及左廊左壁，全队175人，马127匹，车10辆，其中有鼓车、金钲车、黄钺车，有主车与从骑之别。仪仗队整齐，戴兜鍪、穿铁甲手持武器的武士为先驱，宽衣薄带的文官做后队，车马奔驰，旌旗招展。

宅第图（图一三），在后廊后壁左侧，画有庑殿式三层高楼一座、屋舍一座、井亭一座。

庖厨图（图一四），在后小室的左右后三壁，画有22人，为主人准备饮食。其中宰猪、宰牛、解兽、褪鸭、切肉、汲水、涤器等各自忙碌。准备的食物有兽首、鹅、雉

图一一　棒台子M1饮食图

图一二　棒台子M1出行图

图一三　棒台子M1楼阁水井图

图一四　棒台子M1庖厨图

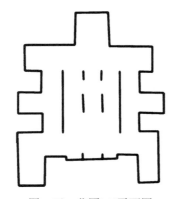

图一五　北园M1平面图

鸡、猴、心肺、小猪、鱼、肉等10余种。

云气图，绘于前廊、棺顶盖石、棺内左右壁、左廊左壁和壁端，其中前廊盖石画星辰云气等。

北园壁画墓M1（图一五）：位于辽阳市北郊2.5千米的北园村北约250米的太子河南岸平地上。西北距瓦窑村约500米，东距车骑墓300米，为附近"三台子"之一，1943年3月12日，因修路取土发现。

墓室结构，原有封土做椭圆形，存高10米左右。此墓形制，墓门西南向，面阔6.85米、进深7.85米、高1.7米，左右后三面各突出一个小室，墓门左右各突出一个纵长小室，内有三个棺室，周围为回廊。

壁画，此墓壁画内容丰富，画有宴饮、属吏、楼阁、乐舞、杂技、斗鸡、仓廪、车马出行等图案，且有题字。

宴饮图（图一六），在后小室后、左二壁，画中一人面东坐席上，前有二人环坐，四小侍捧瓶恭进。

杂技、楼阁图（图一七），在后廊东壁，上部三层高楼，顶插游绥双旗、前立一鸟，楼中层坐一妇人，远处立赤身一人，向鸟做满弓欲射之势（似为后羿射乌），左上角墨书"教以勤化以诚"六字。右下角画冠袍拱手二人，旁题"小府吏"三字。高楼下立一面双重木架大鼓，左有鼓手一人击鼓，乐工九人成列席地而坐伴奏。鼓右为杂技表演，一人抛飞刀、一人抛六丸、一人舞轮，翻身弓腰、倒立手行、翻筋斗、化妆兽走、长袖起舞等各有一人。

图一六　北园M1宴饮图

图一七　北园M1杂技、楼阁图

斗鸡图（图一八），在中部左小室的正壁和右壁，一老人捧物看两只雄鸡啄斗，地上有残羽血迹。

仓廪图（图一九），在前壁左小室的正、右两壁，仓前一犬卧地看守，一人捧物于檐下，一人开门将出。侧题"代郡廪"三字。

车马出行图（图二〇），在墓中左棺室左壁里外两面，均画车骑图，有单驾、三驾，白盖和黑盖垂绥等车八辆，在右棺室的右壁里面及中间棺室前两个小壁上画执戟、长矛等骑士百余人。中央左小壁上题有"季春之月……"等字，题字皆为隶书。

三道壕壁画墓M1（图二一），位于辽阳市北郊2.5千米的三道壕村北，东边为令支令墓、西边为三道壕M2。1955年发现。

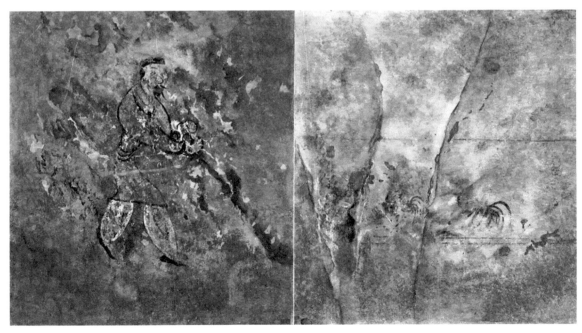

图一八　北园M1斗鸡图

图一九　北园M1仓廪图

图二〇　北园M1车马出行图

墓室结构，墓门方向南偏西22°，墓室平面呈"丁"字形，四个棺室并列，南部左右有两个耳室。

壁画（图二二），在右耳室三壁各画一组男女对坐图。在左耳室三壁画庖厨图和车马图，前壁画近似长方形灶，旁边一个带井栏水井；左壁上画挂着的猪、鸡、兔、心肺等食物，下面四个大罐；右壁画一人骑马，后面有牛车一辆。在一门柱侧面画一守门犬，门柱和柱头及门楣上画流云图案。

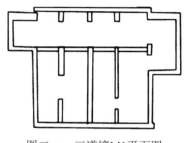

图二一　三道壕M1平面图

图二二　三道壕M1夫妻对坐宴饮图

墓内二女一男，出有骨尺一把、铜镜、铁剪刀、金指环、银顶针等7件，五铢、货泉等货币65枚。

令支令壁画墓（图二三），在辽阳市北郊2.5千米三道壕村北，沈大铁路东侧，西为三道壕M1、三道壕M2，三墓东西并排，铁路西侧为车骑墓。1953年发现。

墓室结构，门向南偏西12°，平面呈"丁"字形，面阔3.62米、进深3.44米、高1.8米，内有前廊、左廊、右小室各一，棺室二。

壁画，画于右小室的前、后、右三壁和墓门左壁。

人马图，左右小室前壁画鞍马六、马夫两名，马背上负巨鼓和物品。

家居图（图二四），在右小室右壁及后壁，画堂屋三间，中隔双柱。有一柱下伏兽形柱础，右间方床上坐男主人，头戴三梁冠，左立一女侍者。背后有墨笔隶书题字两行："魏令支令"，"张□□"；中间方床上与男子对面坐

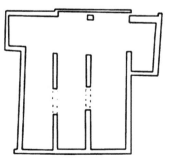

图二三　令支令壁画墓平面图

图二四　令支令墓家居图

一妇人，旁立一侍女，背后壁上墨笔隶书"□□夫人"；左间方床上坐一妇人，前一女童，后一执扇小侍。背后墨笔隶书"公孙夫人"四字。全画男主人一、夫人二、男女小侍五。

庖厨图，在墓门左壁画悬挂二鱼、二鸟等。

上王家壁画墓（图二五），位于辽阳市北郊5千米的上王家村。1958年发掘。该墓门东向，墓室有前廊、左右耳室、2个棺室。右耳室下有明器台，墓顶棺室平铺石板，前廊顶部用4层石板抹角叠涩形成藻井，同样设置的还有峨眉壁画墓。随葬品有铁镜和青瓷虎子。

壁画（图二六）直接绘于石壁上，以墨线勾勒轮廓，但是线条简单，不同于汉魏风格。右耳室正壁绘主人宴饮图，朱幕高悬，帷帐顶部中心绘正视莲花，在辽阳壁画墓是唯一的莲花图案，角上龙形帐钩在三燕墓中见过。男主人正面端坐于方塌之上，头戴冠蓄发，红唇，右手执麈尾；塌右有一捧笏属下，头侧题"书左"二字；屏后侍者3人，塌左1人做进食状。

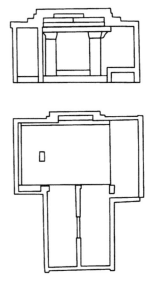

图二五　上王家壁画墓平剖面图

图二六　上王家壁画墓宴饮图

三、壁画墓的历史及辽阳壁画墓的成因

壁画墓起源于人类对自身最后归宿场所的装饰。从观念形态的角度出发，是有神论和祖先崇拜的产物。早在新石器时代的仰韶文化阶段，人们就通过对个别墓葬的特殊装饰，表达对已故首领的崇敬。河南濮阳西水坡45号墓的蚌壳龙虎图案[14]就是如此，也是最早的两仪图像。

汉代以前时期以模仿贵族宅邸的豪华装饰为主要特色。据《史记》记载，秦始皇墓内应该有大量精美壁画。

汉代壁画墓分布于河南、辽宁、广东、河北、山东、江苏、山西、内蒙古、陕西、甘肃等省、自治区。在西汉早期墓葬的外椁壁上就出现朱绘卷云纹。西汉晚期的壁画墓则发现很多，题材有日月星象、玉龙等神物升天、逐鬼驱邪、历史故事等。王莽时期的壁画墓题材有日月星象、四神、东王公、西王母等。

东汉时期，大庄园经济的发展与厚葬风气盛行，建造豪华墓室，用壁画为逝者求冥福，并夸耀其生前的社会地位及拥有的财富成为时尚。当时某些有才艺的文人也从事墓室壁画的创作设计。东汉前期壁画墓的壁画题材以日月星象、四神、祝祷升天为主，新出现了门卒、属吏、车骑出行、男女墓主家居宴饮等新内容。

中原地区的壁画墓早在西汉早期就已出现，到西汉晚期及东汉早期已经流行。辽阳地区的壁画墓目前所见最早的早到东汉中期，这是不合理的，应该还有更早的壁画墓。而辽阳地区东汉中期以后出现大量壁画墓，这和当时的历史背景有直接关系。中原地区在王莽时期就已经战乱、天灾不断，而辽东地区相对社会安定繁荣，这样大量中原地区人民为避战乱、天灾来到辽东，特别是汉灵帝中平六年（189年）以后，公孙度被立为辽东太守，割据辽东，令行于海外，辽东地区偏安一隅，形成了与中原战乱对比鲜明的局部繁荣，中原地区人士来辽东的情况盛况空前，其中的知名人士有逄萌、管宁、邴原、王烈、国渊、刘政、太史慈等。这时的辽阳地区达到汉文化发展的高峰，这时的壁画墓大量出现，尤其有多座大型壁画墓出现，在公孙氏政权时期达到顶点。

东北地区最早的壁画墓为大连营城子东汉前期壁画墓，这是一座砖砌多室墓，主室作双穹隆顶，平面呈"回"字形，外套回廊。主室南门上方画驱鬼噬蛇的强梁与神虎；室内南门上方绘辟邪的魖头，门洞两侧绘门吏，后壁绘巨幅祝祷墓主人升天的画面，包括羽人、方士、仙鹤、苍龙、祥云、墓主与侍童、家属设祭等众多形象。其中，两名门吏，笔法豪放，神情矍铄。

东汉中后期，辽阳为汉代辽东郡首府（襄平），是南通乐浪、西连中原的枢纽。辽阳壁画墓就是以营城子壁画墓为桥梁，通过辽东半岛受中原地区壁画墓的影响发展流行开来。辽阳的东汉中后期壁画墓的壁画题材主要是表现墓主人生前地位的属吏奏事、车马出行仪仗等，有的还有幕府官邸，宴饮图往往以墓主人夫妇并坐宴饮、观赏乐舞的形式出现，还有表现坞堡、农牧生产和圣贤、孝子、烈女、义士等历史故事题材。而日月天象与神禽瑞兽已退居次要地位。

魏晋时期中原战乱频繁，东北地区的壁画墓早期仍集中在辽东郡首府附近，最晚的可到东晋时期。这时的辽阳壁画墓题材流行家居宴饮、乐舞百戏、牛车出行、楼阁宅第、门卒庖厨等题材。家居宴饮的墓主人正坐。

1. 公孙氏的兴衰与辽阳壁画墓的分期关系

由根据《三国志·魏书八·二公孙陶四张传第八》我们可以知道，公孙度在辽东发迹于汉灵帝中平六年（189年），这已是东汉晚期，而公孙氏灭亡于曹魏景初二年（238年），历时50年，三代四世。

而辽阳汉魏晋壁画墓目前发现最早的可到东汉中期后段，就是公孙度发迹之前，辽阳已经流行墓葬装饰壁画了。最晚可到东晋，也就是公孙氏政权灭亡之后，壁画墓仍然流行了很长时间。

由此我们可以知道，辽阳壁画墓至少可以分为三期，即公孙氏政权之前、公孙氏时期、公孙氏之后。而公孙氏时期又可以分为两段，前段即公孙度、公孙康时期；后段为公孙恭、公孙渊时期。

公孙氏之前的壁画墓代表性的为东门里墓、南郊街墓M1，公孙氏时期前段的代表性墓葬为棒台子M1、北园M1，公孙氏时期后段代表性的墓葬为三道壕M1和令支令墓，公孙氏之后的壁画墓代表性的有上王家墓。

2. 辽阳壁画墓的影响

这些流行的题材及绘画技法对朝阳地区的鲜卑人及东部地区的高句丽人壁画墓影响很大（图三○）。例如，朝阳袁台子壁画墓[15]、高句丽壁画墓[16]。

袁台子壁画墓（图二七），墓址在辽宁朝阳县十二台营子袁台子村。1982年发掘。年代约在4世纪前半期，为十六国前燕时期。墓为石椁壁画墓，方向170°，由墓道、墓门、主室、耳室及壁龛组成。墓室北部墓顶由抹角叠压的石板构筑。

墓中出土了大量陶器、釉陶器、铜釜、铜魁及马具等数十件珍贵文物。还出土了一批精致的漆器。更为重要的是墓室四壁及顶上均抹一层草拌泥，然后抹白灰，大部分白灰上绘有彩画（图二八）。技法大都为墨线勾勒、填色平涂。墓室石壁表面涂一层黄草泥，上面又抹一层白灰面，以红、黄、绿、赭、黑等色绘制壁画。墓室门内立柱内面画门吏，东西相对。前室右龛内画主人像，坐于帐下方榻之上，左右方屏后各立侍女。在主人图前面的南壁上，画东西并列4女像，面对主人。西壁前部，上画奉食图，下画四神中的白虎及朱雀。西壁龛顶部画牛耕图。西壁后部画庭院图。北壁东部画屠宰图。北壁龛上部画玄武图。东壁前部画狩猎图。东壁北部画膳食图。东壁龛上部画车骑图。其他还有画于耳室壁面及墓顶等处的夫妇图、马图、甲士骑马图，以及日月、流云、黑熊

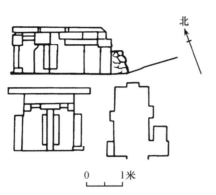
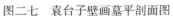

图二七　袁台子壁画墓平剖面图　　　　　图二八　袁台子壁画墓墓主人图

等。壁画可以反映东晋绘画的水平。

　　冬寿墓（图二九、图三一），位于朝鲜黄海南道安岳郡五局里，1949年发掘。该墓分为墓道、甬道、前室、东西侧室、后室、回廊。墓门、前室、后室上都有叠涩藻井。

　　墓主人冬寿和冬寿夫人（图三〇），分别绘于西耳室的西壁、南壁。冬寿正坐于方塌之上，后面帷帐东部中心及帐角绘有正视莲花，头戴黑冠、身着红袍，红袍上着黑色竖纹，左手置于前腹，右手执麈尾，塌侧有朱书"记室""小吏""省事""门下拜"等持笏侍者；冬寿夫人高云鬓、着华服面向冬寿端坐于右耳室的南壁。东耳室壁画有马厩、牛栏、石臼、石磑、井、庖厨、车库、肉库等，还有看门狗。据冬寿墓题记，宿白先生考证其为辽东人，在前燕做过左司马。

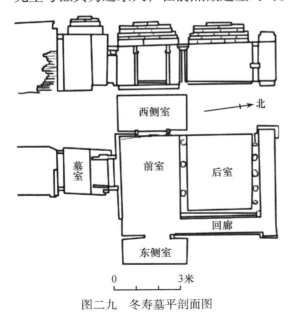

图二九　冬寿墓平剖面图　　　　　　　　　图三〇　冬寿墓墓主人冬寿图

图三一　冬寿墓出行图

3. 辽阳壁画墓的历史地位

综观上述分析，我们可以得出以下结论。

（1）辽阳壁画墓的墓主人身份，宿白先生在20世纪70年代就指出，这种中部建棺室、四周绕以回廊的大墓，规格要高于中原地区东汉时期有前、中、后三室的大型壁画墓，而与设黄肠石和回廊的河北定县北庄东汉前期中山简王刘焉（光武帝刘秀少子，20世纪60～70年代发现的唯一的一座汉代诸侯王墓）墓相比较，其等级相当于汉代诸侯王。而根据棒台子M1壁画车马出行图有黄钺车、鼓车、金钲车的仪仗，李文信先生根据《后汉书·舆服志》"乘舆大驾""甘泉卤薄"的组合中有"后有金证、黄钺、黄门鼓车"的规定，认为这是使用了帝王出行的规格。中国社会科学院考古研究所《新中国的考古收获》一书中也认为："棒台子壁画墓壁画中的盛大出行行列中，除了各种彩幢、华盖、启戟的骑从外，还有帝王出行的黄钺车、鼓车、金钲车等仪仗，充分表现了地方豪强割据一方的情况。"这是汉代帝王出行的实际画面。能和它对应的墓主人只有公孙度。至少为探索公孙氏墓地提供一些有益的线索。

（2）辽阳壁画墓的壁画艺术，还处于匠人画阶段。已经能够做到近大远小、上远下近，有一定层次感。以墨色为轮廓、内填各种颜色的白描手法相当纯熟。但是无论人物还是其他均为平面，没有立体感。设色没有浓淡表现远近、层次的水墨画特点。这时的画作还是中国绘画的初级阶段。只有经过魏晋的思想洗礼，进入南北朝以后，文人画兴起，尤其是五代以后，中国绘画进入士大夫从事的行业，中国绘画才真正登堂入室。

（3）辽阳壁画墓群的壁画艺术源于中原的西汉晚期的壁画。其艺术特点尤具地方特色，这种直接在页岩石板上绘画的做法并非较中原画像石、画像砖的绘画技术先进的技法，而是受辽阳当地墓葬石材特点所限制的一种变通方法（这种页岩石板极容易起层、片帮，造成表皮脱落，如果按照中原做法，在上面雕刻，是很难成功的）。因此，在汉代壁画墓中也产生了一种新的流派。

（4）中原壁画艺术流入辽东当与西汉末东汉初社会动荡、辽东偏安的政治形势有直接关系。这时的人心思定，艺术人才流入辽东，再结合本土的风土人情而创造出灿烂辉煌的、独具地方特色的壁画艺术。

（5）中原壁画艺术流入辽东的时间不晚于东汉早期。而对周边文化的影响则不限于鲜卑和高句丽，也对朝鲜半岛及日本列岛有深刻影响（图三二）。

图三二　四墓主人对比图

1. 上王家男主人像　2. 安岳三号墓男主人像　3. 袁台子壁画墓男主人像　4. 朝鲜德兴里男主人像

注　释

［1］　李文信：《辽阳北园画壁古墓记略》，沈阳博物院筹备委员会汇刊，1947年。

［2］　李文信：《辽阳发现的三座壁画古墓》，《文物参考资料》1955年5期。

［3］　东北博物馆：《辽阳三道壕两座壁画墓的清理简报》，《文物参考资料》1955年12期。

［4］　辽宁省博物馆、辽阳博物馆：《辽阳旧城东门里东汉壁画墓发掘报告》，《文物》1985年6期。

［5］　王增新：《辽阳市棒台子二号壁画墓》，《考古》1960年1期。

［6］　王增新：《辽宁辽阳县南雪梅村壁画墓及石墓》，《考古》1960年1期。

［7］　辽宁省文物考古研究所：《辽宁辽阳南郊街东汉壁画墓》，《文物》2008年10期。

［8］　邹宝库：《辽阳发现三座壁画墓》，《考古》1980年1期。

［9］　李庆发：《辽阳上王家村晋代壁画墓清理简报》，《文物》1959年7期。

［10］　辽宁省文物考古研究所：《辽宁辽阳南环街壁画墓》，《北方文物》1998年3期。

［11］　这之前至注［10］间的墓葬有的没发掘，有的发掘之后资料没发表。材料均来自辽阳壁画墓文保档案。

［12］　郑岩：《魏晋南北朝壁画墓研究》，文物出版社，2002年。

［13］　刘未：《辽阳汉魏晋壁画墓研究》，《边疆考古研究》（第2辑），科学出版社，2004年。

［14］　濮阳市文物管理委员会、濮阳市博物馆、濮阳市文物工作队：《河南濮阳西水坡遗址发掘简报》，《文物》1988年3期。

［15］　李庆发：《朝阳袁台子东晋壁画墓》，《文物》1984年6期。

［16］　王培新：《公元2～4世纪西北朝鲜砖室墓初步研究》，《边疆考古研究》（第2辑），科学出版社，2004年。

千秋万岁鸟形象浅析

蒋爱萍

（辽宁大学历史学部考古文博学院）

一、概　述

本文所讨论的"千秋万岁"，是指一种广泛存在于墓葬壁画、画像砖、墓志、石棺等上面的图像符号，为人首鸟身形象，反映了人们的鸟类图腾崇拜思想、道教信仰以及丧葬观念，包含着深刻的文化内涵，是一种多元化的艺术产物。"千秋万岁"四字又在汉代的文字瓦当和辽代的压胜钱中大量出现，为了将这一人首鸟身图像与吉语祝词区分开，所以笔者在文中称它为"千秋万岁鸟"。

千秋万岁鸟形象最晚在东晋时已经出现。葛洪在《抱朴子·内篇》卷三的《对俗篇》中记载："千岁之鸟，万岁之禽，皆人面而鸟身，寿亦如其名。"[1]这一记载直接点明了千秋万岁鸟在外形上的特点，也就是人面鸟身。从它的名称"千秋、万岁"，以及"寿亦如其名"，再结合魏晋南北朝时期道教盛行的背景，可知它的产生与人们对得道升天、长生不老的信仰密切相关。《隋书·王劭传》记载："又有却非及二鸟，其鸟皆人面，则《抱朴子》所谓千秋万岁也。"[2]结合出土的实物资料，可知千秋万岁鸟存在于六朝至隋唐这一漫长时期的广大区域内。

根据考古发现，榜题明确带有"千秋万岁"四字的人面鸟身图像的画像砖或壁画一共有三例，都出自东亚。其一是河南邓县（现邓州市，本文仍沿用旧称）彩色画像砖，砖面左边有一人面鸟身的形象，形似女性，头顶束有高髻，做展翅欲飞状，长尾高翘于身后，左下方题名"千秋"；砖面右边为兽首鸟身形象，其羽翼和尾同人面鸟一样，右下方题名"万岁"，"千秋"与"万岁"为左右反向相对。其二是朝鲜德兴里高句丽壁画墓里天井西壁的壁画中，绘有一对人面鸟身的形象，头上皆戴着像山一样的冠帽，双翅展开作欲飞状，长尾拖于身后，上方为男性，下方为女性，旁边分别有"千秋之象""万岁之象"的榜题，图像位置为上下反向相对。其三为现藏于日本横河辅民氏的画像砖，此砖已残断，砖面上方有榜题"千秋"二字，其下为女性人面鸟身的形象，再下仅余"万岁"二字榜题，而形象已无存[3]。以上是千秋万岁鸟有榜题的三个例子，大多数同类的千秋万岁鸟形象没有榜题，且它们的形象和表现方式都呈现多样化的特点。

二、形象特征

考古发掘资料中千秋万岁鸟形象有男女人首鸟身成组配对、人首鸟身和兽首鸟身成组配对、单独一体三种，根据地域、形象、组合形式的不同，有学者将千秋万岁鸟分为南朝型、北朝型、高句丽型三种类型[4]。笔者认为，南北朝的千秋万岁鸟发现数量较多且更为典型，也深刻影响了隋唐时期的千秋万岁鸟形象，所以笔者将主要分南北朝和隋唐两个时期概括千秋万岁鸟的形象特征。

南朝千秋万岁鸟的出土地点有江苏的南京王家洼南朝画像砖墓、镇江东晋隆安二年画像砖墓、扬州邗江南朝画像砖墓、扬州国防路南朝画像砖墓、常州戚家村画像砖墓、浙江杭州余杭小横山南朝画像砖墓、河南邓县彩色画像砖墓、湖北襄阳贾家冲画像砖墓等，北朝千秋万岁鸟的出土地点有河南洛阳的北魏元谧墓和北魏苟景墓、河南沁阳北魏石棺床墓、河北磁县湾漳北朝壁画墓、山西大同北魏石棺床墓、山西太原南郊北齐壁画墓、甘肃庄浪北魏卜氏石造像塔、宁夏固原北魏漆棺画墓等。由此可见，在南朝时期千秋万岁鸟的出土地点主要集中在江苏，而北朝的则主要集中在河南，显然与南北朝时期都城所在地密切相关。

南朝的千秋万岁鸟一般模印在画像砖上，或一砖一个图像，或一砖一组图像，大多数是兽首鸟身和人首鸟身组合在一起，布置在墓室、甬道的两壁上。此外，也有单一的人首鸟身图像，一般与莲花等纹饰相间分布，规律性较强，这种组合方式只在扬州见有两例，由两块砖拼成一个完整的人首鸟身图像，而不同于其他南方墓葬中所发现的千秋万岁鸟。南朝的千秋万岁鸟形象与汉代的朱雀和其他人首鸟身形象十分相似。如在镇江东晋隆安二年画像砖墓中兽首鸟身的"万岁"和人首鸟身的"千秋"，其体态皆有与朱雀相似之处，"万岁"竖有双耳，脖颈细长，双足站立于地，"千秋"头戴高冠，单足站立，一只足向前伸作行走状，两者皆双翅展开，尾上带有三根翎毛，画像砖两旁饰卷草纹（图一）。在邓县彩色画像砖墓中，人首鸟身的"千秋"和兽首鸟身的"万岁"相向对立，鸟翅向上伸展围成半圆形，鸟尾高高上翘（图二）。这些千秋万岁鸟形象就和汉画像石墓墓门中的朱雀相似。南朝的千秋万岁形象较为统一。综合来看，南朝千秋万岁鸟的特点是如朱雀状般展开双翅站立，鸟身形体纤瘦，鸟尾上扬或下垂。

图一　镇江东晋画像砖千秋万岁鸟

（采自镇江市博物馆：《镇江东晋画像砖墓》，《文物》1973年4期）

图二 邓县北齐彩色画像砖千秋万岁鸟

（采自河南省文化局文物工作队：《邓县彩色画象砖墓》，文物出版社，1958年）

　　北朝的千秋万岁鸟主要见于墓葬壁画、墓志、石棺以及石造像塔上，多为单只或一组，与南朝的千秋万岁鸟反复多次出现在同一墓葬中的情况有所差异。组合形式较为多样化，既有人首鸟身单一出现，也有兽首鸟身和人首鸟身成组配对，还有男、女人首鸟身成组配对的。其中也存在与南朝类似的形象，如北魏元谧墓志上的"千秋"，头戴高冠，双翅展开，鸟身着衣，鸟尾高翘，单足站立（图三）。也有造型简单的，如宁夏固原北魏漆棺上的人首鸟身形象，鸟身线条刻画简洁明了，双翅和鸟尾无其余纹饰，与其他双翅、身体修长的千秋万岁鸟不同，其双翅和身体较为短小（图四）。还有一种出现在墓志和石棺上的千秋万岁鸟形象，多是男、女人首鸟身或者女人首鸟身、兽首鸟身，颇具北朝特征，是该时期的新创造。

图三 北魏元谧墓志人面鸟

（采自柳涵：《邓县画象砖墓的时代和研究》，《考古》1959年5期）

图四 宁夏固原北魏漆棺人面鸟

［采自余国江、薛炳宏：《六朝时期的"千秋万岁"》，《长江文化论丛》（第九辑），南京大学出版社，2013年］

　　隋唐时期出土人面鸟身俑的地点有江苏徐州市花马庄唐墓、江苏铜山县茅村隋墓、安徽亳县隋墓、安徽合肥西郊隋墓、湖南长沙咸嘉湖唐墓、湖南长沙牛角塘唐墓、湖南长沙黄土岭唐墓、湖南湘阴唐墓、湖南岳阳桃花山唐墓、四川万县唐墓、河北省安国市梨园唐墓、河北清河丘家那唐墓、河北元氏县大孔村唐吕众墓、河北南和东贾郭唐墓、河北南和唐代郭祥墓、河北献县唐墓、河南巩义二纸厂唐墓、辽宁朝阳市黄河路唐墓、辽宁朝阳七道泉子唐墓等，南北方均有出土，但出土地点主要集中在湖南、河北两地，在安徽、江苏、四川、辽宁等地也有零星分布。

到了隋唐时期，由于葬俗的改变，千秋万岁鸟已不再是石棺或者墓砖上的画像，而是以俑的形式出现，作为墓葬的明器而存在。这一阶段的千秋万岁鸟有着很明显的特征：身体上半部已彻底变成人身，身上着衣，双翅演化成双手，或拱于胸前，或执物，而身体下半部则为鸟身，且尾部上翘，姿势一般为站立。尤其是人面鸟身变成女人面鸟身，兽面鸟身变成男人面鸟身，男、女人面鸟身形象的方位仍为反向对立（图五）。尤其至唐代，除翅尾皆在、站立姿势不变外，组合形象更加多元化，如人面鸟身和人面鸟喙的组合，可见于辽宁朝阳黄河路唐墓出土的千秋万岁鸟，一为头束高髻的女性形象，一为头束双髻，脸上带有鸟喙的男性形象，两者双手拱于胸前，身上着衣，下半身为鸟身，立于底座（图六）。总体看，隋唐时期的千秋万岁鸟与南北朝的千秋万岁鸟仍有较多的相似之处，不难推断，这一人首鸟身俑的形象是由南北朝壁画墓中千秋万岁鸟的形象演变而来[5]。

图五　合肥西郊隋墓出土人面鸟身俑
（采自胡悦谦：《合肥西郊隋墓》，《考古》1976年2期）

图六　辽宁朝阳黄河路唐墓出土人面鸟身俑
（采自辽宁省文物考古研究所、朝阳市博物馆：《辽宁朝阳市黄河路唐墓的清理》，《考古》2001年8期）

三、与其他人首鸟身形象对比

因对鸟类的崇拜，先民很早就创造了人首鸟身的图像，与千秋万岁鸟相似的人首鸟身形象就有妙音鸟、观风鸟等，笔者对其进行了简单的对比，并绘制表格如下（表一）。千秋万岁鸟赋予了人们长寿的寄托，多发现于墓室、甬道、券门、墓壁、棺盖、志盖、塔身等，有单独出现的，也有成对出现的，由人首鸟身+兽首鸟身组合或男性人首鸟身+女性人首鸟身组合，墓室壁画内容的组成因素有龙、虎、狮、羽人、朱雀、供养人、飞仙、宝珠、莲花等，可见墓葬中同时融合了道教和佛教的因素。

表一 人面鸟形象对比

人面鸟形象	出土位置	形象特征	组合因素
千秋万岁鸟	墓室、甬道、券门、墓壁、棺盖、志盖、塔身等	单独：人首鸟身 成对：人首鸟身+兽首鸟身 男性人首鸟身+女性人首鸟身	龙、虎、狮、羽人、朱雀、供养人、飞仙、宝珠、莲花等
妙音鸟	石窟壁画、石刻、建筑屋顶、古塔、陵园等	单独：人首鸟身 组合：男性人首鸟身+女性人首鸟身	壁画佛教形象、屋顶脊饰、陵园建筑构件等
观风鸟	甬道口、棺台台前、棺台东西侧	单独：人首鸟身、鸟首鸟身 成对：男性人首鸟身+女性人首鸟身	镇墓兽、墓龙、仪鱼、仰观、伏听、生肖甬等墓葬明器

与千秋万岁鸟形象极为相近的是妙音鸟，这是印度佛教传说中的一种神祇，能发出美妙的声音，音译为迦陵频伽。经过与本土文化的融合，妙音鸟的形象塑造得极为多样，或刻在石刻上，或绘在壁画上，或雕刻在工艺品之中，或建筑在陵园或屋顶脊饰上。而被用作建筑脊饰的妙音鸟有的单独出土，有的则大量组合出土，其中有些陵墓出土的妙音鸟有着明显的男女形象差异，如西夏王陵和镇江空青山宋代墓园出土的妙音鸟在宝冠、面容形态上就存在不同，相同之处则在于妙音鸟亦是明显的人首鸟身形象，与飞天、供养人等佛教形象、套兽、脊兽等屋顶脊饰、瓦当、滴水等建筑构件组合在一起，文化元素十分丰富。

有学者认为，早先人鸟合体的"千秋万岁"名称开始逐渐地为嫔伽所取代，"千秋万岁"的人头鸟身形象被相似的妙音鸟替代并加入了双手合十的佛教特征，于是"千秋万岁"成了"嫔伽"，这一意义指代上的替换，让佛教的音乐神鸟最终飞进了中国本土的建筑脊饰中[6]。但笔者认为则非如此，千秋万岁鸟和妙音鸟是两种不同的文化背景孕育出来的产物，千秋万岁鸟是本土产生的本土文化，妙音鸟是随印度佛教传入中国的印度佛教文化，或许是受佛教影响，隋唐时期的千秋万岁鸟带有一些佛教特征，但这并不能佐证妙音鸟取代千秋万岁鸟的观点。仔细看两者的形象对比，可发现隋唐时期的千秋万岁鸟造型简单、朴素，被用作随葬品，而妙音鸟不管是在北魏石刻上还是在唐代的石窟寺壁画中，抑或是在辽、宋、金、西夏时期作为建筑脊饰、工艺品而存在，都一直带有大量的佛教元素，故而笔者认为，千秋万岁鸟和妙音鸟之间并没有继承融合的关系，而是各自发展演变，被塑造成人们所需要的模样。

与千秋万岁鸟形象相近的还有观风鸟。观风鸟在隋唐到南宋时期得以使用，是墓葬中一种用于随葬的俑类神煞明器，是能察知节候的鸟形俑，源于古代测量风向的科学仪器——相风鸟，不管是探查物候变化还是预测吉凶的明器，都反映了古人的宇宙观、自然观、生命观。从墓葬中出土的位置来看，这种人面鸟俑一般出土于墓室甬道口处，正对墓门，或位于棺台附近，均靠近甬道，以便探查四季变化[7]。观风鸟一般仅有人面，头部以下为鸟身，颈部拉长，仰面朝天，有的目视前方，上半身为人形，简单着衣，双手置于胸前，也有鸟首鸟身形象的，整体都呈鸟身形态。结合墓葬中配套出土的明器来看，它通常和人首鱼身的仪鱼、人首蛇身的墓龙以及人形俑仰观、伏听等同类型的神煞明器组合一同出现，用于随葬，或是与生肖俑同出，说明了其功能意义。除上述内容外，还可依据底座对千秋万岁鸟和观风鸟进行区分，千秋万岁鸟为双脚或单脚直接站立于地，而观风鸟则站立于底座上。

另外值得一提的是，妙音鸟与观风鸟也有一定的共性，两者相比，虽然都是人面鸟身，但细看之下却有很大的不同：观风鸟的面部一般都为中原人的形象，或带鸟啄，有双手的都是拱于胸前；但妙音鸟头部形象则是完全的佛教人物形象，头戴高冠，身着披帛，双手合十。而且观风鸟是用作墓葬明器，妙音鸟主要用作建筑构件。由此可见，虽然妙音鸟和观风鸟都为人面鸟身，但没有必然的联系，唯一的共同之处可能就是源于对鸟形象的崇拜。[8]

综上所述，可以看出千秋万岁鸟、妙音鸟和观风鸟有着极大的相似性，至于这三种形象之间的渊源关系和异同之处还有待继续探索。

四、结　　语

千秋万岁鸟形象的来源、特征和组合因素可以概括如下：

第一，千秋万岁鸟属于本土起源，具有道教镇墓、升仙体系的因素，这与它产生时的文化背景底蕴是分不开的。在人们对鸟兽的崇拜、对长寿久驻的希冀，以及汉代"翼人"形象的铺垫与渲染以及外来文化的影响下，诞生了千秋万岁鸟这一艺术符号，而与其他人首鸟身形象特征的相互吸收和影响，体现了文化的碰撞与交融。

第二，千秋万岁鸟形象和表现方式极为多样，在南北朝已是一种流行的人首鸟身图像题材。文献记载说"千秋万岁"皆"人面而鸟身"，但并非所有的都如此，除了单个出现的为人面鸟身，成组出现的千秋万岁鸟有两种：一种是女人首鸟身（千秋）和男人首鸟身（万岁），朝鲜兴德里高句丽壁画墓中千秋万岁鸟为特殊情况除外；另一种是人首鸟身（千秋）和兽首鸟身（万岁）。

第三，南北朝的千秋万岁鸟主要出现在墓葬中，有的绘在墓壁、天井上，有的刻在石棺、墓志上，这在一定程度上反映了当时的丧葬观念，千秋万岁与龙虎狮兽、飞仙、莲花、宝珠等一起，帮助墓主人驱鬼镇墓、超脱升仙，既是传统思想观念的延续，又是佛教因素进入墓葬中的具体表现。

第四，除了千秋万岁鸟之外，在中国运用广泛的人首鸟身形象极为多样，其中就包括文中提到的妙音鸟和观风鸟，三者之间存在一定的共性，也存在较大的差异。但它们存在并流行的原因与人们"羽化升仙"的思想是分不开的，它们在不同的时期衰落也有多方面的因素，这有待进一步研究。

注　释

［1］　王明：《抱朴子内篇校释》，中华书局，1985年。

［2］　（唐）魏徵：《隋书・王劭传》，中华书局，1973年。

［3］　单海澜：《"千秋、万岁"图像初探》，《天津美术学院学报》2009年1期。

［4］　余国江、薛炳宏：《六朝时期的"千秋万岁"》，《长江文化论丛》（第九辑），南京大学出版社，2013年。

［5］　史浩成：《隋唐墓葬中的人面鸟俑形象辨析与功能研究》，《黄河・黄土・黄种人》2021年9期。

［6］　万吉欣：《传统"翼人"造型雕塑之涵义流变考辨》，《雕塑》2013年1期。

［7］　王铭：《唐宋墓葬中的千秋万岁鸟与观风鸟的不同形象辨析、历史来源及象征意义》，《江汉考古》2014年1期。

［8］　耿超：《观风鸟源流研究》，《文物春秋》2007年1期。

"真子飞霜"镜小议

苗忠煜

（沈阳市文物考古研究所）

一、绪　　论

在中国铜镜的漫长发展史中，唐代可以算是铜镜高度发展的时期，唐代铜镜造型多样、纹饰丰富、工艺精湛，所以唐代铜镜既有非凡的艺术性，又有日常用品的实用性与生活性。真子飞霜镜便是唐代铜镜中颇为特殊的一类。

真子飞霜镜的得名是因其上的"真子飞霜"四字铭文，但实际上，并非所有的真子飞霜镜都有这四字铭文，因此学者们根据种种标准对其的命名并不统一，如有的学者将其命名为"凤凰双镜"[1]，《偃师杏园唐墓》一书中称其为"高士镜"[2]，而日本学者多称其为"伯牙弹琴镜"[3]。事实上，细审这些铜镜，其图案布局基本相同：龟纽位于莲叶纹中，莲叶的茎直通于下方的山石水池中。龟纽上方为云山衔月。龟纽左侧有一人宽袍大袖，背倚双树，席地而坐，双手抚琴，面前有一几案，上置文房四宝。龟纽的右侧有一只凤鸟展翅欲飞，昂首而立。只有细节处略有不同。所以，为了下文的记述方便，将纹饰与前文所述相近的铜镜统一称为真子飞霜镜，并不只局限于"真子飞霜"铭文。

真子飞霜镜的传世实物不多，考古出土的实物资料也是匮乏的，但由于其特殊的纹饰与难解的铭文，许多学者都对其进行过研究。宋代学者赵令畤在其著作《侯鲭录》中就对真子飞霜镜有过记述，这或许是现存的最早关于真子飞霜镜的记录，自赵令畤之后，两宋之际的学者江少虞的《宋朝事实类苑》、南宋姚宽的《西溪丛语》、明代梅鼎祚的《隋文纪》都曾记录过真子飞霜镜，但也只局限于记录，并未进行深入的研究[4]。自清代开始，众多学者从多个角度对真子飞霜镜的寓意与产生年代进行推测。但基本上把考证的重点放在"真子飞霜"四字铭文上，且大都望文生义。从民国至今，许多学者从不同角度对"真子飞霜"铭文与纹饰的内涵提出了许多的观点与推测。但是，学界对"真子飞霜"铭文含义、纹饰内涵认识至今仍较为模糊。虽然众说纷纭，但都以猜想为多，目前尚无可以令人信服的论点[5]。总结前人的研究，或是着眼于纹饰，或是着眼于铭文，很少将纹饰与铭文综合起来研究。本文在前人研究的基础上，结合古籍记载，将纹饰与铭文综合起来对真子飞霜镜的内涵进行探讨。

二、真子飞霜镜的形制分析

想要探索真子飞霜镜的含义，首先要对真子飞霜镜的类型进行分析，只有理清脉络才方便进一步地分析。故将收集到的真子飞霜镜的相关数据汇总编辑成表格（见附表），虽然，可能没有将迄今为止发现的真子飞霜镜的资料全部搜集全，但表中所列的真子飞霜镜的资料，基本上来历清楚、有据可查，应该可以反映各类真子飞霜镜的基本情况。

此前对于真子飞霜镜的分类多以镜形为标准，但真子飞霜镜的数量不多且各类真子飞霜镜的出现年代比较模糊，用传统类型学的方法分型定式比较困难。结合观察附表得出的结论，本文欲以各类真子飞霜镜间纹饰与铭文的差异为标准重新分类，见表一。

表一　真子飞霜镜分类表

类型	分型	纹饰、铭文的差异	主要镜形	备注
A型："真子飞霜"铭真子飞霜镜	Aa型	"真子飞霜"铭文	圆形、八出葵花形	
	Ab型	"真子飞霜"铭文与铭文带	圆形、八出葵花形	
B型：飞鹤纹真子飞霜镜	Ba型	飞鹤纹饰取代"真子飞霜"铭文	六出葵花形、八出葵花形	
	Bb型	飞鹤与铭文带	八出葵花形	
C型："侯谨之"铭真子飞霜镜	C型	"侯谨之"铭文	方形	现只发现1面

通过观察附表一可得出以下结论。

（1）真子飞霜镜虽然可分为几类，但其主体纹饰基本是相同的，都可分为人物鼓琴和几案，池水山石和云山衔月，凤凰和双树，荷叶和龟纽几部分。

（2）有时飞鹤图案与"真子飞霜"铭文可以相互取代。

（3）铭文带在"真子飞霜镜"铭铜镜与飞鹤纹饰铜镜中都有出现。

（4）八出葵花形的真子飞霜镜的数目相对较多。

同样的铭文带在A、B型的铜镜中都有出现，而除此之外，其纹饰与铭文基本相同，所以，至少在铭文带出现时A、B型铜镜之间应该是有相通之处的。由此推测，既然飞鹤纹饰与"真子飞霜"四字铭文有时可以互相替代，那么飞鹤与"真子飞霜"铭文之间的含义与作用应该是相近的。这对探索真子飞霜镜的含义也是一个重要提示。

要探索真子飞霜镜的内涵，需要探讨以下几个问题，首先是年代问题，各类型的真子飞霜镜的年代之间是否有早晚先后的关系？其次是纹饰与"真子飞霜"铭文之间也要进行整体性的探讨。最后是铜镜的功能与纹饰、铭文之间的关系。所以接下来本文将对这几个问题进行探讨。

三、"真子飞霜"镜年代的探讨

关于真子飞霜镜的产生与流行年代问题，目前的主流观点基本认为唐代中期是真子飞霜镜产生或开始流行的时期。如徐殿魁先生认为应是唐玄宗开元年间之后[6]。孔祥星先生在《隋唐铜镜的类型与分期》中将铜镜分为三期，认为真子飞霜镜出现于武则天至德宗以前，也就是盛唐与中唐之际[7]。事实上，现在发现的真子飞霜镜中既有征集来的，也有墓葬中出土的，甚至还有一些见于著录却不知出土地点的。例如，《六安出土铜镜》一书中收录了三面真子飞霜镜，其中两面只写了现藏地点，另一件只写了是刑警队移交的[8]。三面铜镜的出土地点皆不明。湖南衡阳市发现的一面真子飞霜镜（简报上称其为凤凰双镜），形制与Bb型相近，却是在基建工地的一座被推平的砖室墓中拾到的[9]。江苏宝应出土的一面真子飞霜镜是在挖鱼塘时，在一米以下的土层中发现的[10]。以上的种种情况，导致对真子飞霜镜的断代十分困难。所以根据现有材料只能对真子飞霜镜的年代进行大概的推测，希望能够对真子飞霜镜的诞生、流行、消失的年代有一个相对清楚的认识。

2014年4月，郑州市文物考古研究院对郑州机场二期扩建空管工程空管综合小区进行考古发掘，发现了一批唐代的墓葬。其中在M7中发现了一面八出葵花形真子飞霜镜[11]。形制与Aa型相同。墓中虽然没有发现能确定年代的文字资料，但在墓葬中出土了史思明在唐代安史之乱时期所建政权铸造的钱币——"顺天元宝"与"得壹元宝"。根据《新唐书·卷五十四·志四十四》记载："史思明据东都，铸'得壹元宝'钱……既而又厌'得壹'非长祚之兆，改其文曰'顺天元宝'"。由此可知，"得壹元宝"铸于唐肃宗上元元年（760年）六月，不久就被废除，改而铸造顺天元宝。而根据《钦定钱录》卷八《唐高祖开元通宝至哀宗天佑元宝（史思明二钱附）》记载，安史之乱平息后，"得壹元宝"与"顺天元宝"都被毁去铸造佛像了，这也导致了传世的"得壹元宝"与"顺天元宝"非常少。由此可以得出结论：M7的年代应该是唐肃宗时期，随墓所出的真子飞霜镜绝不晚于唐肃宗时期。

偃师大槐树窦承家墓中出土了一面八出葵花形真子飞霜镜，其形制与Ba型相同[2]。窦承家墓的下葬时间为唐肃宗至德元年（756年）。因此这面铜镜的年代也绝不晚于唐肃宗至德元年。

上述两面铜镜作为真子飞霜镜中Aa型与Ba型的代表，年代十分相近，推测其含义与功能上应该不会有太大的出入。

带有铭文带的真子飞霜镜的出现时间就现有的资料来看，不是很清楚，但年代应该不会太晚。《六安出土铜镜》一书中收录了一面现收藏于寿县博物馆的包银"真子飞霜"铭文镜[8]。包金、包银这类的特种工艺镜最早出现于玄宗时期，德宗之后随着社会动荡而消失。所以，推测具有铭文带的真子飞霜镜的出现即使晚于Aa、Ba型，也不会相差太多。

真子飞霜镜在宋代就已经绝迹。迄今为止，其纪年相对明确、时代较晚的出土资料主要有两个。一个是1985年于辽宁阜新县水泉沟发现的一座契丹石椁墓中发现的一面真子飞霜镜，其形制与Ab型相同。发掘者根据随葬瓷器的特点认为墓葬的年代是唐末至五代初期[12]。虽然铜镜作为一种日常用品容易被保存、流传，但相信其年代不会晚于晚唐时期。另一个是2003年发现于爪哇北岸井里汶海域的井里汶沉船中发现了一面真子飞霜镜，其形制与Ba型相同。由于井里汶沉船的发掘报告尚未刊布，所以关于沉船的发掘经过只能参考阿迪·阿贡·蒂尔塔玛塔（Adi Agung Tirtamarta M. M.）写的打捞纪实[13]。根据沉船所出器物的造型款铭，沉船的年代或为968年[14]。所以这面真子飞霜镜的年代不晚于晚唐到五代时期。

综上所述，依据现有材料，真子飞霜镜的出现时间最晚不会晚于肃宗时期，在五代时期式微，宋代彻底消失。各型的出现时间之间不会有太大的差距。这也就排除了功能与含义随时间相差太多而发生本质上变化的可能。

四、"真子飞霜"镜铭文与纹饰的整体性探讨

1. "真子飞霜"铭文含义的讨论

"真子飞霜"这四字铭文究竟是什么意思？有人认为真子就是杨贵妃，代表着唐玄宗与杨贵妃的爱情[15]。阮元认为指的是东晋时的名士戴奎[16]。还有人认为"真子"为仙子，借喻新娘，"飞霜"即明月，为铜镜之代称[17]。除此之外，种种说法，莫衷一是。其实，"真子飞霜"的含义结合文献记载与纹饰，是不难解释的。

"真子"不仅指修仙之人，有时也指代归隐山林的隐士。这在古诗词中是常用的意象，如李隆基《送赵法师还蜀因名山奠简》（《全唐诗》卷3—30）："道家奠灵简，自昔仰神仙。真子今将命，苍生福可传。"唐陆龟蒙《引泉诗》（《全唐诗》卷619—11）："必有学真子，鹿冠秋鹤颜。"这里的"真子"所指便是修仙练道之人。《新唐书·隐逸列传·张志和传》记载，唐代的张志和贬官后，归隐江湖，著有《玄真子》一书，亦以此自号。这里的"真子"便是指隐士。

"飞霜"二字，应该分开解释。"飞"指的是羽化飞升。"飞"字之所以释为"飞升"，是结合纹饰中的"鹤"得出的结论。A型"真子飞霜"铭文的位置在B型铜镜上被飞鹤取代。根据前文所述，A、B型间年代相近、含义相差仿佛。所以，飞鹤既然能够代替"真子飞霜"说明二者在一定程度上一定有相通之处。事实上，鹤与神仙道士颇有渊源，《艺文类聚》卷九十引《相鹤经》记载："（鹤）盖羽族之宗长，仙人之骐骥也。"《太平御览》卷九一六羽族部引《列仙传》记载："王子乔见桓良曰：'待我缑

氏山头。'至期，果乘白鹤往山巅，望之不得到。"而修道之人化鹤飞升的故事也层出不穷。唐宋之问《缑山庙》（《全唐诗》卷52—14）："王子宾仙去，飘飖笙鹤飞。"《搜神后记》卷一记载："丁令威，本辽东人，学道于灵虚山。后化鹤归辽，集城门华表柱。"《太平广记》卷三六引《广德神异录》中徐佐卿故事："唐玄宗天宝十三载重阳日猎于沙苑。时云间有孤鹤徘翔。玄宗亲御弧矢中之。……有自称青城山道士徐佐卿者……谓院中人曰：'吾行山中，偶为飞矢所加，寻已无恙矣……'佐卿盖中箭孤鹤耳。"这种道士化鹤的故事正是道教"羽化飞升"思想的反映。"霜"字指的是月亮，这也是诗歌中常用的一种意象。唐李益《夜上受降城闻笛》（《全唐诗》卷283—97）："回乐峰前沙似雪，受降城外月如霜。"唐陆龟蒙《中秋待月》（《全唐诗》卷624—007）："转缺霜轮上转迟，好风偏似送佳期。"这里的"霜"都是指月亮。所以，"真子飞霜"铭文所指应是"真子"化鹤飞升月亮。

2. "真子飞霜"铭文与铜镜纹饰的关系

铜镜的纹饰上，一人背靠竹林端坐抚琴，身前放置几案，几案之上放置着文房用品，似乎与前文所述的"羽化飞升"不符。其实，这两者并不矛盾。《资治通鉴·汉纪五十八》"建安十五年"条记载："朝廷遣南阳张津为交州刺史，津好鬼神事，常著绛帕头，鼓琴，烧香，读道书，云可以助化。"《后汉书·仲长统传》记载："弹《南风》之雅操，发清商之妙曲……如是，则可以凌霄汉，出宇宙之外矣。"所以，纹饰中的抚琴的形象，其最终的目的是想借助琴的神力羽化飞升，化去不死，成为仙人。而凤凰作为一种神兽，有时也是仙人的坐骑，如《列仙传·卷上·萧史》记载的"乘龙快婿"的故事里，弄玉公主最后也是坐着紫凤飞升的。月亮与龟也是长生的象征。如晋张华《博物志》卷四《物性》亦记叙曰："龟三千岁，游于莲叶，巢于卷耳之上。"东晋葛洪《抱朴子·内篇》卷三《对俗》亦载："千岁之龟，五色俱全，其额上两骨起似角，解人之言，浮于莲叶之上"。由此可见，龟浮莲叶是长生之兆。

嫦娥奔月的故事可谓是家喻户晓，《淮南子·览冥训》记载："羿请不死之药于西王母，托与姮娥。逢蒙往而窃之……娥无以为计，吞不死药以升天。然不忍离羿而去，滞留月宫。广寒寂寥，怅然有丧，无以继之，遂催吴刚伐桂，玉兔捣药，欲配飞升之药，重回人间焉。"唐杜甫《月》（《全唐诗》卷225—6）："天上秋期近，人间月影清。入河蟾不没，捣药兔长生。"唐李白《经乱离后天恩流夜郎忆旧游书怀赠江夏韦太守良宰》（《全唐诗》卷170—11）："天上白玉京，十二楼五城。仙人抚我顶，结发受长生。"这种白兔拿着玉杵，跪地捣药，成蛤蟆丸，服用此等药丸可以长生成仙的故事历朝历代都有记载。在唐代的月宫镜上也有相似的图案。月亮上有不死药或者说有长生成仙之法也是自古以来就有的说法。总的来说，结合铭文与纹饰来看，真子飞霜镜不仅反映着古人羽化长生的愿望，也是道教中仙人题材的世俗化体现。

五、从铜镜功能的角度探讨"真子飞霜"镜的内涵

在以往关于真子飞霜镜的文章中，很少涉及铜镜的功用部分，大多停留在对纹饰与铭文的探讨上。但铜镜作为一种日常用品，有时也兼具某些特殊功用。通过对功能的探讨，有助于理解真子飞霜镜的内涵。

铜镜作为一种日常用品，自然是用来整理容妆的。但铜镜在道教中也是一种法器[18]，有镇宅驱邪之效，甚至直至今日，许多人还在屋子里悬挂铜镜。而五代至元明时期，铜镜常被悬挂于墓顶以辟邪[19]，在上海[20]、四川的明墓中也有镜悬棺壁的现象[21]。正如《抱朴子·内篇·登涉》记载："又有万物之老者，其精悉能假托人形，以眩惑人目而常试人，唯不能于镜中易其真形耳。是以古之入山道士，皆以明镜径九寸以绳悬于背后，则老魅不敢近人。"唐人王都在《古镜记》中记述了一个叫侯生的人赠予了王都一面古镜的故事，据说这面古镜是当年黄帝所铸，号称"持之，则百邪远人"。这类民间故事在唐代不胜枚举，说明唐人或许真的认为铜镜具有某些法力。也正是因为如此，在古代的婚礼上铜镜也是一件必备的驱邪祈福的用品。在传统的婚礼风俗中，常常需要由专职人员在花轿进入婆家大门前，用铜镜在轿厢内搜寻一遍。如《辽史》卷五二之《礼志五》中记载："皇后车至便殿东南七十步止，惕隐夫人请降车。负银罂，捧匜，履黄道行。后一人张羔裘若袭之，前一妇人捧镜却行。"这里的捧镜妇人就是为了驱邪祈福而安排的。铜镜在唐朝用于婚嫁时的记录也是有的。如唐代段成式在《酉阳杂俎》卷一之《礼异》中记载："近代婚礼……娶妇，夫妇并拜或共结镜钮。"

铜镜，也常常是两心相照的见证。唐韦应物《行路难》（《全唐诗》卷194—2）："荆山之白玉兮，良工雕琢双连环，月烛中央镜心穿。"唐人孟棨在《本事诗·情感》中记载的乐昌公主"破镜重圆"的故事便是一例。宋《京本通俗小说》里有一则《冯玉梅团圆》的故事，其中提到议婚之时，丈夫用祖传的鸳鸯宝镜为聘礼。这宝镜是由两枚半镜拼合而成的。后来，夫妻在战乱中分别，相认之时便以宝镜为凭。在安徽怀远的两座唐墓中各出土了一枚半镜，将其合并后竟能完全吻合。这两座墓葬的具体情况不明，但其中出土的铜镜布局与外形与Aa型铜镜相近[22]，或可作为真子飞霜镜"破镜重圆"的考古实例。实际上，"破镜重圆"的葬俗至迟在东汉时期就有了[23]。

铭文带上的铭文数目为四十个，内容为："凤凰双镜南金装，阴阳各为配，日月恒相会，白玉芙蓉匣，翠羽琼瑶带，同心人，心相亲，照心照胆保千春。"从字面上理解似乎与婚姻、爱情有关。也曾有人指出真子飞霜镜或许是女子陪嫁的一种[17]。铜镜不仅具有镇宅辟邪、爱情象征等种种功能，更是婚礼仪式用品，所以，在真子飞霜镜中出现有关爱情的铭文也不是什么奇怪的事。

在唐代诗歌中，与铭文带上的内容相近的诗歌也是存在的。唐长孙佐辅《对镜吟》（《全唐诗》卷469—8）："忆昔逢君新纳娉，青铜铸出千年镜。意怜光彩固无瑕，义比恩情永相映。每将鉴面兼鉴心，鉴来不辍情逾深。君非结心空结带，结处尚新恩已背。开帘览镜悲难语，对面相看孟门阻。掩匣徒惭双凤飞，悬台欲效孤鸾舞。昔日照来人共许，今朝照罢自生疑。镜上有尘犹可淬，君恩拒肯无回时。"将诗中内容结合铭文带可知，首先，铜镜在纳聘中作为嫁妆或聘礼出现。其次，夫妇用带共结镜纽，显示"永结同心"之意。这和铭文带中的"同心人，心相亲"之语还有《礼异》中的记载相符。诗中的结带或许就是铭文中的"翠羽琼瑶带"。最后，诗中的"掩匣"与铭文中的"白玉芙蓉匣"显示，铜镜似乎是放在匣中的。而匣类、盒类器物在唐代遗存中多有精品。在西安市东南的洪庆村出土了一件鎏金小银盒，盒底用阴线刻的手法刻绘出了一对并立男女，上方则是"二人同心"四个字[24]。而西安郊区隋唐墓M414中的一面菱形小镜，就出土于一个圆形漆盒中[25]。或许就是诗与铭文中的"匣"的实物。"凤凰双镜南金装"似乎表明这种铜镜是两面，但至今没有成对出现的真子飞霜镜。实际上，"凤凰"不仅是神兽，在诗歌中往往也是表达相思的意象。

铜镜作为一种聘礼、嫁妆在古代婚礼中有十分重要的作用。但这又与真子飞霜镜的纹饰及"真子飞霜"铭文中羽化飞升的含义相悖。其实不然，随着唐代社会经济的繁荣，人们审美兴味中的现实生活气息更加浓厚，这一时期的壁画、雕塑、诗歌等艺术形式，都呈现这种特点。反映现实生活的题材不断增多。有的虽为宗教题材，却常常呈现与宗教无关的形象。神仙佛祖不再是高不可攀、高高在上的形象，反而有了更多的人情味和亲切感，变得更慈祥和蔼、关怀现世，世事可向之请求。这一社会特点反映在铜镜制作中，其纹饰形象的内涵自然也发生了相应变化[26]。神仙的形象不再神秘威严，与其说是表现了对神的崇拜，不如说是把对现实生活的愿望寄托在神话传说中。历史故事更多的是体现生活哲理，对现实生活的肯定和对美好生活的向往。这样的特点反映在真子飞霜镜上，就是那种对羽化长生的祈望，对"同心人，心相亲，照心照胆保千春"的向往。

当然，作为日常用品，真子飞霜镜最首要的作用自然也是用来梳洗打扮。窦承家夫妇合葬墓中有木棺东、西两具。西部棺中出土了一面真子飞霜镜，而与这面铜镜同出的有蚌壳（粉盒）、铜笄等梳妆用品[22]，可见这面铜镜应该是一面梳妆镜。

综上所述，真子飞霜镜同许多铜镜一样，不仅有作为日常用品（梳妆镜）的功用，同时也作为爱情的象征出现在婚礼、聘礼中，或许也被用于镇宅辟邪。所以，想要了解真子飞霜镜的内涵，绝不能只局限于对铭文与纹饰的考释，只有了解其功用才能对真子飞霜镜的内涵做出正确的阐释。

六、对"侯谨之"铭铜镜的初步探讨

前文对真子飞霜镜的年代、纹饰、铭文、功能进行探讨时，并未对C型——"侯谨之"铭铜镜进行过多的探讨。这是因为"侯谨之"铭铜镜具有特殊性。在各类型的真子飞霜镜中有"侯谨之"铭文的只有一面，现藏于故宫博物院之中。其年代与出土地点均不明[27]。有人据此提出真子飞霜镜中高士的原型就是侯瑾[4]。侯瑾是生活在东汉末年敦煌地区的隐士与大儒，最后被不断神化成为道教的仙人。关于侯瑾的历史记载[28]与被神化的过程[29]早已有人进行过详细的考释，在此就不再赘述。

在这里需要特别指出的是侯瑾作为东汉末年的隐士经过神化后在唐初作为道教的神仙形象出现，而这与"真子飞霜"镜中高士弹琴、读书以求飞升的形象相符。《太平御览》卷九二二转引北魏刘昞《敦煌实录》记载有侯瑾"解鸟语"的故事；《艺文类聚》卷四四《琴》中记载侯瑾作为儒士与音乐家写有《筝赋》，这与"真子飞霜"镜的图案中凤凰起舞、高士弹琴的形象也是相符的。因此，出现"侯谨之"铭的"真子飞霜"镜也并不突兀。或许，侯瑾确实是真子飞霜镜中高士形象的原形之一，但无论是否如此，"侯谨之"铭的铜镜所表达的含义应与A、B型铜镜相同。

七、结　语

真子飞霜镜反映的是道教思想，这与道教在唐代的盛行有关。真子飞霜镜出现、流行之际的唐代玄宗年间至德宗年间，正是唐代道教发展的鼎盛时期。《新唐书》卷四八之《百官志》记载："开元二十五年，置崇玄学于玄元皇帝庙。天宝元年，两京置博士、助教各一员，学生百人，每祠享，以学生代斋郎。二载，改崇玄学曰崇玄馆，博士曰'学士'，助教曰'直学士'，置大学士一人，以宰相为之，领两京玄元宫及道院，改天下崇玄学为通道学。"《册府元龟》卷五三也记载："（开元）十年正月己丑，诏两京及诸州各置玄元皇帝庙一所，并置崇玄学，其僧徒令习《道德经》及《庄》《列》《文子》等，每年准明经例举送。"

唐代统治者对道家的推崇自然会对当时的审美意趣和艺术创作产生影响，但作为主要供日常生活使用的日常用品，在反映宗教思想的前提下，首先必然需要满足实用性与日常生活习惯。作为日常用品，真子飞霜镜并不是出于宗教目的和宣扬教义，而是通过富有道家意味的图像来表达某种美好的意愿。真子飞霜镜的铭文与纹饰借"羽化飞升"之意，抒祈求长生、永结同心之情。事实上，真子飞霜镜是一开始就既有祈求长生之意又有永结同心之意，还是先有祈求长生之意，等到铭文带出现后才有的永结同心之意，由于材料缺乏，对铭文带的出现年代没有较明确的证据，所以没有得出明确的结论。但在笔者看来，无论是祈求长生，还是期盼永结同心，其共通点都是希望长长久久，尤其是在寿命与爱情上的长久。所以，即使在出现时间上有差距，但真子飞霜镜借道家"羽化飞升"之意的图案表达祈求长生、永结同心的愿望却是可以肯定的。

　　铜镜的装饰与实用功能始终是共存的，在满足实用功能的同时，铜镜上的装饰往往也反映了当时人们的美好愿望与精神诉求。自西汉时期，铜镜背面的纹饰添加铭文的现象开始出现，到了隋唐时期还常常用丰富多样的人物故事纹饰来表达对美好愿望的祈求与向往。甚至可以说，祈福功能是各个时代铜镜的共同特色。不仅是真子飞霜镜，许多唐代的铜镜都表达出当时人们的种种愿望。如"王子乔吹笙引凤"镜、月宫镜等。从中可以看到人们对神仙生活的向往，对长寿多子的愿望，对高官显贵渴求。正如前文所述，随着唐代政治、经济、文化的繁荣，反映现实生活的题材不断增加，宗教题材也出现了世俗化的倾向。所以，在对铜镜的纹饰、铭文进行研究时，应当立足于当时的社会背景，结合功能与文献记载进行综合性的研究。

注　释

［ 1 ］　唐先华：《湖南衡阳市发现唐代凤凰双镜》，《考古》1992年11期。

［ 2 ］　中国社会科学院考古研究所：《偃师杏园唐墓》，科学出版社，2001年，295页。

［ 3 ］　孔祥星、刘一曼：《中国古代铜镜》，文物出版社，1984年，161页。

［ 4 ］　张清文：《"真子飞霜"镜研究》，陕西师范大学硕士学位论文，2013年。

［ 5 ］　马骋、陶亮：《"真子飞霜"镜考辨》，《辽宁省博物馆馆刊》（第3辑），辽海出版社，2008年。

［ 6 ］　徐殿魁：《唐镜分期的考古学探讨》，《考古学报》1994年3期。

［ 7 ］　孔祥星：《隋唐铜镜的类型与分期》，《中国考古学会第一次年会论文集1979》，文物出版社，1980年。

［ 8 ］　安徽省文物考古研究所、六安市文物局：《六安出土铜镜》，文物出版社，2008年，305～307页。

［ 9 ］　唐先华：《湖南衡阳市发现唐代凤凰双镜》，《考古》1992年12期。

［10］　陆书香：《江苏宝应出土唐代"真子飞霜"铜镜》，《文物》1981年2期。

［11］　任广岭、信应君：《郑州航空港区空管小区唐代墓葬》《大众考古》2015年1期。

［12］　赵振生：《辽宁阜新县契丹辽墓的清理》，《考古》1995年11期。

［13］　Adi Agung Tirtamarta M. M.：《井里汶海底十世纪沉船打捞纪实》，《故宫博物院院刊》2007年5期。

［14］　扬之水：《对沉船中几类器物的初步考订》，《故宫博物院院刊》2007年6期。

［15］　王刚怀、孙克让：《唐代铜镜与唐诗》，上海古籍出版社，2007年。

［16］　阮衍宁、杨朝全、李希言：《阮元"晋真子飞霜镜拓本"跋和诗试析》，《扬州师院学报（社会科学版）》1987年3期。

［17］　滕延振、石世镇：《浙江宁海发现一件"真子飞霜"铜镜》，《文物》1993年2期。

［18］　李郅强：《中国古代铜镜中的道教文化》，《收藏家》2007年5期。

［19］　郑绍宗：《河北宣化辽壁画墓发掘简报》，《文物》1975年8期。

［20］　上海市文物保管委员会：《上海市郊明墓清理简报》，《考古》1963年11期。

［21］ 中国社会科学院考古研究所、四川省博物馆成都明墓发掘队：《成都凤凰山明墓》，《考古》1978年5期。

［22］ 江用虎：《破镜，原来真的可以重圆》，新华社每日电讯，2003年5月23日。

［23］ 索德浩：《破镜考》，《四川文物》2005年4期。

［24］ 阎磊：《西安出土的唐代金银器》，《文物》1959年8期。

［25］ 中国科学院考古研究所：《西安郊区隋唐墓》，科学出版社，1966年。

［26］ 管维良：《中国铜镜史》，重庆出版社，2006年。

［27］ 何林：《故宫藏镜》，紫禁城出版社，2008年，29页。

［28］ 寇甲：《敦煌学人侯瑾著述考略》，《敦煌学辑刊》1998年2期。

［29］ 张清文：《论敦煌学人侯瑾的形象演变及其影响》，《敦煌研究》2015年4期。

附表　真子飞霜镜信息表

序号	直径/cm	镜形	纹饰内容	铭文	资料来源	类型
1	24	圆形	人物鼓琴、几案、池水山石、云山衔月、凤凰双树、荷叶龟纽	真子飞霜	滕延振、石世镇：《浙江宁海发现一件"真子飞霜"铜镜》，《文物》1993年2期	Aa
2	不明	八出葵花形	人物鼓琴、几案、池水山石、云山衔月、凤凰双树、荷叶龟纽	真子飞霜	任广岭、信应君：《郑州航空港区空管小区唐代墓葬》，《大众考古》2015年1期	Aa
3	20.2	圆形	人物鼓琴、几案、池水山石、云山衔月、凤凰双树、荷叶龟纽	真子飞霜 铭文带：凤凰双镜南金装，阴阳各为配，日月恒相会，白玉芙蓉匣，翠羽琼瑶带，同心人，心相亲，照心照胆保千春	安徽省考古研究所、六安市文物局：《六安出土铜镜》，文物出版社，2008年	Ab
4	21.5	八出葵花形	人物鼓琴、几案、池水山石、云山衔月、凤凰双树、荷叶龟纽	真子飞霜 铭文带：凤凰双镜南金装，阴阳各为配，日月恒相会，白玉芙蓉匣，翠羽琼瑶带，同心人，心相亲，照心照胆保千春	安徽省考古研究所、六安市文物局：《六安出土铜镜》，文物出版社，2008年	Ab
5	24	八出葵花形	人物鼓琴、几案、池水山石、云山衔月、凤凰双树、荷叶龟纽	真子飞霜 铭文带：凤凰双镜南金装，阴阳各为配，日月恒相会，白玉芙蓉匣，翠羽琼瑶带，同心人，心相亲，照心照胆保千春	王士伦：《浙江出土铜镜（修订版）》，文物出版社，2006年	Ab
6	21	八出葵花形	人物鼓琴、几案、池水山石、云山衔月、凤凰双树、荷叶龟纽	真子飞霜 铭文带：凤凰双镜南金装，阴阳各为配，日月恒相会，白玉芙蓉匣，翠羽琼瑶带，同心人，心相亲，照心照胆保千春	赵振生：《辽宁阜新县契丹辽墓的清理》，《考古》1995年11期	Ab
7	16	圆形	人物鼓琴、几案、池水山石、云山衔月、凤凰双树、荷叶龟纽、飞鹤	无	周欣、周长源：《扬州出土的唐代铜镜》，《文物》1979年7期	Ba
8	不明	八出葵花形	人物鼓琴、几案、池水山石、云山衔月、凤凰双树、荷叶龟纽、飞鹤	无	林亦秋：《印尼井里汶沉船里的晚唐、五代定窑白瓷》，《收藏》2009年11期	Ba

序号	直径/cm	镜形	纹饰内容	铭文	资料来源	类型
9	16	八出葵花形	人物鼓琴、几案、池水山石、云山衔月、凤凰双树、荷叶龟纽、飞鹤	无	王聪、肖丽媛：《新郑博物馆藏镜》，《收藏界》2011年8期	Ba
10	16	八出葵花形	人物鼓琴、几案、池水山石、云山衔月、凤凰双树、荷叶龟纽、飞鹤	无	陆书香：《江苏宝应出土唐代"真子飞霜"铜镜》，《文物》1981年2期	Ba
11	16.3	八出葵花形	人物鼓琴、几案、池水山石、云山衔月、凤凰双树、荷叶龟纽、飞鹤	无	吴水存：《九江出土青铜镜》，文物出版社，1993年	Ba
12	不明	八出葵花形	人物鼓琴、几案、池水山石、云山衔月、凤凰双树、荷叶龟纽、飞鹤	无	徐殿魁：《唐镜分期的考古学探讨》，《考古学报》1994年3期	Ba
13	15.2	八出葵花形	人物鼓琴、几案、池水山石、云山衔月、凤凰双树、荷叶龟纽、飞鹤	无	刘礼纯：《介绍瑞昌博物馆藏七星十二宫镜等古代铜镜》，《文物》1996年6期	Ba
14	26	八出葵花形	人物鼓琴、几案、池水山石、云山衔月、凤凰双树、荷叶龟纽、飞鹤	无	安徽省考古研究所、六安市文物局：《六安出土铜镜》，文物出版社，2008年	Ba
15	15.5	八出葵花形	人物鼓琴、几案、池水山石、云山衔月、凤凰双树、荷叶龟纽、飞鹤	无	吴孝斌：《广东曲江县发现一座唐墓》，《考古》2003年10期	Ba
16	15.7	六出葵花形	人物鼓琴、几案、池水山石、云山衔月、凤凰双树、荷叶龟纽、飞鹤	无	徐志芬：《河北省博物馆馆藏铜镜概述》，《文物春秋》1994年1期	Ba
17	16.3	六出葵花形	人物鼓琴、几案、池水山石、云山衔月、凤凰双树、荷叶龟纽、飞鹤	无	王士伦：《浙江出土铜镜（修订版）》，文物出版社，2006年	Ba

续表

序号	直径/cm	镜形	纹饰内容	铭文	资料来源	类型
18	29.5	圆形	人物鼓琴、几案、池水山石、云山衔月、凤凰双树、荷叶龟纽、飞鹤	铭文带：凤凰双镜南金装，阴阳各为配，日月恒相会，白玉芙蓉匣，翠羽琼瑶带，同心人，心相亲，照心照胆保千春	王建纬：《渠县历史博物馆收藏铜镜评鉴》，《四川文物》1990年3期	Bb
19	21.4	八出葵花形	人物鼓琴、几案、池水山石、云山衔月、凤凰双树、荷叶龟纽、飞鹤	铭文带：凤凰双镜南金装，阴阳各为配，日月恒相会，白玉芙蓉匣，翠羽琼瑶带，同心人，心相亲，照心照胆保千春	刘廉银：《常德地区收集的孙吴和唐代铜镜》，《文物》1986年4期	Bb
20	24	八出葵花形	人物鼓琴、几案、池水山石、云山衔月、凤凰双树、荷叶龟纽、飞鹤	铭文带：凤凰双镜南金装，阴阳各为配，日月恒相会，白玉芙蓉匣，翠羽琼瑶带，同心人，心相亲，照心照胆保千春	唐先华：《湖南衡阳市发现唐代凤凰双镜》，《考古》1992年12期	Bb
21	21.5	八出葵花形	人物鼓琴、几案、池水山石、云山衔月、凤凰双树、荷叶龟纽、飞鹤	铭文带：凤凰双镜南金装，阴阳各为配，日月恒相会，白玉芙蓉匣，翠羽琼瑶带，同心人，心相亲，照心照胆保千春	何林：《故宫藏镜》，紫禁城出版社，2008年	Bb
22	14.6	方形	人物鼓琴、几案、池水山石、云山衔月、凤凰双树、荷叶龟纽	侯谨之	何林：《故宫藏镜》，紫禁城出版社，2008年	C

沈阳辽代陶瓷的考古发现与基本类型

张树范

（沈阳市文博中心）

有研究表明契丹人于10世纪初开始占据辽沈地区[1]。辽建国后，辽沈地区则成为辽王朝[2]版图的重要组成部分。在沈阳地区，辽曾设立沈州、辽州、双州、集州及一些头下军州等进行管理[3]。几十年来，特别是中华人民共和国成立以来，考古工作者在沈阳地区发掘清理了100余座辽墓，出土了大量珍贵文物，其中包括各类陶瓷器。同时，对几座辽塔进行了拆除或维修、对近20处辽或辽金时期遗址进行了发掘，也有不少辽代陶瓷发现。

辽代陶瓷按照产地分为两大类，一类是辽本土窑场烧造的产品即"辽产陶瓷"，另一类是来自辽境以外窑场的产品，称为"输入瓷器"[4]。数量众多、品类丰富的辽代陶瓷不仅反映出辽文化的独特魅力和曾经的辉煌，也是当时契丹民族和其他民族一道劳动生产、发明创造及政治经济文化交流往来的物证。几十年来，关于辽代陶瓷的研究成果已非常丰硕，其中包括少数学者对沈阳个别辽代墓葬出土陶瓷器的专题论述。但是就沈阳区域性的辽代陶瓷系统研究还不多。本文以公开发表材料为基础，在诸多前贤研究成果的基础上，对沈阳辽代陶瓷的考古发现进行梳理（作为建筑材料的砖瓦类除外），重点对沈阳辽代陶瓷的基本类型进行分析，希望能为推动沈阳辽代陶瓷考古以至沈阳地域历史文化的深入研究提供一点参考。谬误之处欢迎批评指正。

一、考古发现与相关研究简述

沈阳辽代陶瓷的发现与研究历程大致可划分为三个阶段：第一阶段是20世纪30年代～1948年为肇始期，第二阶段是1948年～20世纪60年代末为奠基期，第三阶段是20世纪70年代至今为发展期。

（一）肇始期——沈阳辽代陶瓷的发现与初步研究

对于辽代陶瓷整体而言，其搜集与整理始于20世纪30年代前后一些日本人在东北（含内蒙古东部地区）的调查和盗掘活动[5]，众人皆知这不是出于文物保护和学术研究目的。此后直到1948年11月后，包括辽代陶瓷考古在内的文物考古工作回到人民手中才开始逐渐走向正轨。

在沈阳地区，1930年5月，沈阳大东边门外辽开泰七年（1018年）孙允中石棺墓得以发掘清理，同年7月我国近代著名史学家金毓黻先生作《辽金旧墓记》一文在《东北丛刊》上发表了该墓材料[6]，刊布了该墓所出石棺、石雕像及长颈陶壶等遗物照片。这可能是我国学者发表最早的关于沈阳辽代墓葬和辽代陶瓷考古发现的材料，这件长颈陶壶也就成为沈阳地区刊表时间最早的出土地点清楚、年代明确的辽代陶器。此后有文章称该墓出土1件青釉黑花梅瓶，是"辽瓷中第一件出土地点最清楚、年代最明确，且为金毓黻先生最早向学术界发表的辽瓷"[7]，很可能是与金先生发表在《东北丛刊》上的长颈陶壶混为一谈了[8]。

1931年九一八事变爆发后东北沦陷，1932年3月，伪满洲国傀儡政权在日本扶持下成立。此后，伪满政府在日本操控之下，以1935年6月开馆的伪满奉天博物馆[9]作为专门机构搜集整理（实际在筹建期间已开始）包括辽代陶瓷在内的有关文物资料，直至1945年8月伪满洲国覆亡结束。

于此期间，我国著名学者李文信先生等也在极其艰难环境下积极搜集整理辽境出土的陶瓷器。1938年11月李文信先生来到沈阳后"开始举全力来做考古事业"，领导或自己调查了沈阳市的辽墓群与新民辽滨塔的辽州城及其他古迹[10]；曾于1939年6月发掘沈阳塔湾辽金墓，7月发掘沈阳砂山子辽金墓[11]，两次发掘是否有辽代陶瓷发现未见明确记载。

1945年8月抗日战争胜利以后不久，国民党政府便抢占东北各大城市，1946年5月接管了伪满奉天博物馆，直到1948年11月。据载，到中华人民共和国成立之初的1951年，位于沈阳的东北博物馆[12]收藏辽瓷已有300余件，特别是为使观众认识辽瓷工艺的文化全貌，在馆内还开设了辽瓷室，专题展出辽瓷174件[13]。

从20世纪30年代前后开始到1948年11月这段时间，沈阳辽代陶瓷的发现与积累一直在特定的历史环境中进行，所搜集的辽代陶瓷大多未经科学的考古发掘，然而辽瓷这个术语却在这时期开始出现[14]。特别需要说明的是，日伪时期通过伪满奉天博物馆对辽代陶瓷的搜集，虽然客观上使辽代陶瓷有了一定积累和研究的初步线索，但辽代陶瓷等珍贵文物及很多文物古迹在此期间却遭到了巨大破坏；虽也有少数日本学者对部分辽代陶瓷进行了尝试性分析[15]，但其研究导向具有明显奴化教育目的。

（二）奠基期——沈阳辽代陶瓷资料的积累与研究的展开

1948年11月至20世纪60年代末的20余年，由于文物保护工作得到党和人民政府的高度重视，沈阳地区的文物古迹普查与考古工作等逐渐有序开展，辽代陶瓷也随着辽墓等的不断发掘而得以出土，尽管出土数量不是很多，但开始有了一定积累，辽代陶瓷的系统研究也在这一时期从无到有。这时期辽代陶瓷的主要发现如下。

1949年7月小西边门北辽李进墓石棺外发现了长颈陶壶和陶残罐各1件[16]；1953年法库叶茂台辽代石室壁画墓出土了瓷碗、瓷盘、瓷执壶、釉陶鸡腿瓶等[17]；1956年新民巴图营子辽墓出土绿釉长颈瓶、绿釉鸡冠壶、三彩海棠长盘等辽产陶瓷及景德镇青白瓷执壶[18]等共计28件。1965年6月发掘的法库县柏家沟镇前山村辽萧袍鲁墓是座十分重要的辽墓，该墓出土了陶盆、白瓷执壶、白釉盒等辽产陶瓷及定窑系的白瓷碗、白瓷盘和景德镇窑的盘、划花碗等青白瓷器[19]。其他还有法库三面船镇丁家屯辽墓发现灰陶罐2件[20]，崇寿寺辽塔有白釉盖罐[21]出土，和平区光荣街回民中学院内辽墓出土了绿釉陶瓶、瓜棱陶罐、白瓷盘、白釉碗及篦纹陶器、三足鏊子陶器[22]等。

随着辽代陶瓷材料的日积月累，特别是包括沈阳在内经科学考古发掘而发现的辽代陶瓷不断增多，使辽代陶瓷的系统研究有了一定资料基础，成就最为显著的首推著名学者李文信先生。

李文信先生在1938年来到沈阳后便开始进行包括辽代陶瓷等文物的搜集整理，1951年将辽代陶瓷分为三类，造型渊源分为两种[23]；此后1958年于《辽瓷简述》、1961年于《辽代陶瓷》[24]等论述中对辽瓷的概念与特点、品类与窑艺及部分陶瓷的演变等诸多方面进行了研究与总结。李文信先生不仅开创了辽代陶瓷研究的先河，也构筑了辽代陶瓷研究的基本框架，为辽代陶瓷的研究奠定了理论基础，许多研究成果至今仍具有指导意义。对于辽代陶瓷考古而言（当然远不限于此），从考古发现、分类整理、科学研究和保护展示等诸多方面，李文信先生都创下了筚路蓝缕之功。

（三）发展期——沈阳辽代陶瓷资料的不断丰富与辽代陶瓷研究的全面发展

20世纪70年代至今的50余年，各地大量的辽墓等得以科学发掘，辽代陶瓷的出土数量进一步增多，品类进一步丰富，为辽代陶瓷的研究提供了翔实丰富的第一手材料。特别是一些窑址的复查或调查，一些重要窑址的较大规模的发掘，为辽代陶瓷的窑口、烧制工艺等研究提供了参考依据或线索。辽代陶瓷的研究进入到全面发展阶段。在这一阶段，沈阳考古取得了多方面的收获，特别是2001年沈阳市文物考古研究所正式成立，对沈阳考古工作产生了多方面的积极影响，也为沈阳考古进入一个新的发展阶段创造了条件，沈阳辽代陶瓷考古亦不例外。50余年来，沈阳辽代陶瓷仍主要发现于辽代墓葬，以法库和康平两县最为集中，市区以大东区八王寺地区为代表，其他地区少见。

法库县最典型的是叶茂台辽墓群。叶茂台辽墓群位于法库县西南50千米叶茂台镇西北山坡上，该墓群是辽代契丹贵族萧氏家族墓地，也是沈阳地区目前所见级别最高、最为重要的一处辽代契丹贵族墓群。自1953年发现石室壁画墓后，从20世纪70年代至今，经发掘清理的墓葬有23座。其中，发表专题报告或简报的有M7[25]、M8与M9[26]、

M16[27]（即萧义墓）、M19[28]、M22[29]、M23[30]，其余辽墓包括陶瓷器出土情况在《法库县文物志》[31]和《惊世叶茂台》[32]等书中有所介绍。其中，在叶茂台M23一座墓中出土可复原陶瓷器多有80余件，白瓷碗、白瓷盘等白瓷器最多，黄釉、绿釉和白釉绿彩器少量，如果加上大量碎片，推测应在百件以上；M7与M19两墓出土陶瓷器分别在30件以上，M2、M8、M9、M22等四座出土陶瓷器也都分别在10件以上。特别是这些陶瓷器不仅包括辽产陶瓷，也包括精美珍贵的输入瓷器。当然，这些辽墓有不少曾被盗掘过，否则出土陶瓷器等会更多。

除叶茂台辽墓群外，法库发现辽代陶瓷的墓葬还有李贝堡辽墓群[33]、红花岭辽墓[34]、秋皮沟辽墓[35]、小房身村南沟辽墓[36]、孤家子辽墓[37]、蔡家沟辽墓[38]等，这些辽墓共出土陶瓷器70余件。除了辽墓外，法库大六家子辽井[39]及一些经考古调查的辽代城址（如西二台子城址，辽渭州城址[40]）也有不少辽代陶瓷发现。

康平县以张家窑林场辽墓群为代表。张家窑林场位于康平县西南的科尔沁沙地的南缘。早在中华人民共和国成立初期，为防范科尔沁沙地扩张而在此成立张家窑林场。在林场内大大小小的沙丘中，许多地方以山命名，如穷棒子山、长白山、马架子山等，辽墓群就位于林区沙地之中。1980年5月清理了林场东部穷棒子山下的M1[41]，1993、1994年又分别对M2[42]、M7与M10[43]进行了抢救发掘，出土了鸡冠壶、鸡腿瓶、陶壶、陶钵等陶瓷器。张家窑林场规模最大、成果最丰硕的考古发掘当属柳条通辽墓群和长白山Ⅰ区辽墓群的发掘。柳条通墓群位于林场中部，2016年10～12月清理辽墓6座，出土了包括绿釉鸡冠壶、白釉绿彩陶盆、篦纹陶壶、陶罐等[44]辽代陶瓷。长白山Ⅰ区辽墓群的考古工作包括2015年底、2016年初对M1和2017年对M2～M6的清理[45]。这次考古工作成果十分丰硕，入选了"2017年度全国十大考古新发现"初评候选项目。该墓群中仅M4出土辽代陶瓷近40件，包括鸡冠壶、鸡腿瓶等辽产陶瓷和定窑白瓷、景德镇青白瓷、耀州窑青瓷和越窑秘色瓷等输入瓷器。越窑青瓷此前在沈阳从未发现过，这次是首次，特别是M4出土的2件此前从未见过的梅瓶引起学术界普遍关注。

康平县其他辽墓如后刘东屯辽墓[46]、胜利乡马莲屯辽墓群和沙金台乡万宝营子辽墓[47]、海洲乡辽墓群[48]及康平太平庄辽墓[49]与大付家窝堡辽墓等[50]也有不少辽代陶瓷出土。

在沈阳市区的一些辽代墓葬也有辽代陶瓷出土，主要有于洪区下坎子辽墓、和平区方形广场辽墓和沈河区胡化墓[51]、热闹路天主教修女院辽墓（M6）[52]，以及皇姑区新乐遗址内辽墓[53]、辽宁大学院内辽墓[54]等。最集中的是在2004～2007年配合大东区八王寺地区城市建设开展的考古工作中，发掘辽代墓葬20余座[55]，出土了陶罐、陶壶、陶鏊子、陶釜及白釉碗、盘、钵等陶瓷器近百件，但大多不够精美，素陶明器发现较多。其他在塔湾无垢净光舍利塔和新民辽滨塔[56]也有少量辽代陶瓷发现。

除此以外，在几处辽金时期遗址也出土了不少辽代陶瓷残器或器物残片，可辨器物有罐、壶、盆、甑、釜等。鉴于大多已无法具体统计，且辽金地层多不明确，这些标本本文只做一般参考。这几处遗址有皇姑区千松园遗址、新民偏堡子遗址、大二台子辽金遗址、北四台子辽金遗址等[57]。沈阳辽代陶瓷发现情况详见"沈阳出土辽代陶瓷一览表"（表一）。

表一 沈阳出土辽代陶瓷一览表

（此表统计截至2021年3月）

序号	遗迹单位	出土陶瓷及数量（件）	资料出处
1	辽孙允中墓	长颈陶壶1	同注[6]
2	李进石棺墓	长颈瓶1、大口罐（残片）1	同注[16]
3	法库叶茂台壁画墓	黄釉碗1、黄釉盘6、黄釉执壶1、鸡腿瓶1	同注[17]
4	新民巴图营子辽墓	陶盆1、陶罐（残片）1、绿釉长颈瓶2、绿釉鸡冠壶2、三彩海棠长盘1、三彩印花暖盘1、黄釉鼓式砚1、黄釉大碗1、黄釉小盆1、褐釉花口小碗1、褐釉花式托盏1、褐釉罐1、白褐釉大碗1、白瓷花小口碟10、白釉小罐3、青白瓷划花注壶1	同注[18]
5	法库前山辽萧袍鲁墓	灰陶盆1（残片）、白瓷执壶1、白瓷扁体小盒1、白瓷碟1、白瓷花式口小碟1、白瓷小碗1、白瓷花式口大碗1、青白瓷小碟1、青白瓷花式口小碟1、青白瓷划花大碗1、青白瓷水丞1	同注[19]
6	法库丁家屯村辽墓	弦纹灰陶罐2	同注[17]
7	辽崇寿寺塔	白釉瓷罐1、青瓷碗1、小瓷葫芦1	同注[21]
8	和平区回民中学（原南市区）辽墓	M2：陶三足鳌子1、黄绿釉罐1、黄褐釉瓜棱罐1；M3：白釉碗1	同注[22]
9	法库叶茂台M7	"官"款白瓷碗2、白瓷盘1、白瓷盘口长颈注壶2、白釉碗5、白釉盘口长颈瓶1、酱釉大口罐1、酱色釉鸡冠壶1、酱色釉带盖陶壶2、茶末釉鸡腿坛2、酱色釉小口瓶1、鎏金银釦"官"款白瓷碗2、青瓷圆口斗笠碗2、青瓷花口碗1、青瓷圆口碗5、青瓷雕花深腹碗2、青瓷雕莲瓣纹盖罐2、影青瓷碗2	同注[25]
10	法库叶茂台M8、M9	M8：粗白瓷碗6、白瓷盖碗1、白瓷碗1、白瓷盘1、青白瓷花式口盏7、青白瓷碟3、青白瓷葫芦瓶1；M9：定窑白瓷碗9	同注[26]
11	法库叶茂台M19	均为影青瓷：花式口大碗1、印花碗6、八瓣花式口碟6、六瓣花式口碟6、划花碟6、印缠枝花注执壶1、印花梅瓶2、印花器盖（碗）1	同注[28]
12	法库叶茂台M22	绿釉注壶1、绿釉花口温碗1、绿釉鸡冠壶2、白瓷碗1、茶末绿釉鸡腿坛2、绿釉陶盆1、白釉器盖1、青瓷盏托1、青瓷碗9、青瓷杯1	同注[29]
13	法库叶茂台M23	长颈陶壶1、灰陶盘1、米黄釉绿彩划花盆1、白瓷斗笠碗10、白瓷莲瓣纹碗5、白瓷孩童攀花纹碗4、白瓷蕉叶纹碗1、青白釉碗3、其他白瓷碗17、双蝶纹方盘10、白釉花式口洗4、白釉三联盖盒2、白釉花口圆碟17、白釉罐2、白釉注壶2、橘黄色釉执壶1、白釉绿彩鸡冠壶1、绿釉鸡冠壶1、白釉渣斗1、白釉盏托1、白釉长颈瓶2、白釉八棱瓶1、白釉短颈瓶1、清白釉器盖4、白釉温碗1、白釉温盘1、青白釉罐1	同注[30]

序号	遗迹单位	出土陶瓷及数量（件）	资料出处
14	法库叶茂台M1~M3	M1：小陶盆1；M2：白釉鸡冠壶1、白釉长颈瓶1、花式口白瓷温碗1、白釉雕蕉叶纹注壶1、白釉蕉叶纹温碗1、白釉花式口小碗1、白釉瓜棱式小罐1、白釉小罐1、白釉小扁罐1、白釉盏托1、白釉粉盒1、白釉渣斗1、三彩釉划花火焰纹盆1、酱釉敛口罐1、青白瓷莲瓣纹碗1；M3：白釉雕划牡丹花纹大碗1、白釉花式口小碟1、茶末绿釉鸡腿坛1、酱釉橄榄式瓶1、白釉碟2、青白瓷瓜棱状注壶1	同注[17]
15	法库叶茂台M5、M6	M5：白釉鸡冠壶1、白釉注壶1、白釉小壶1、绿釉小陶壶、白釉小碗4；M6：篦纹陶罐1、青瓷小碗1	同注[17]
16	法库叶茂台M14与"22"号辽墓	M14：茶末绿釉钵1、青瓷杯1、青瓷盏托1；M22：绿釉鸡冠壶2、白瓷盒1	同注[17]
17	法库李贝堡辽墓（1999）	夹砂篦纹黑陶罐1、绿釉陶盆1、白釉瓷钵1、白釉"官"字款瓷碗1、花口瓜棱青瓷碗1	同注[33]
18	法库李贝堡辽墓群（2007M1~M4）	M1：白瓷钵1、白瓷盘1、白瓷双系小罐2、白瓷小碗6、菊花纹三彩盘1、黄釉碗1；M2：灰陶盆3、陶罐（口沿）3、陶瓮（口沿）1、白瓷葫芦瓶1、白瓷唾盂1、白瓷花口盘1、白瓷碗2、白瓷罐1；M3：篦纹长颈陶壶2、白瓷碗2、白瓷碟1；M4：白釉碗1、绿釉长颈瓶（口、颈）2、白瓷长颈瓶（腹）1、白釉凤首瓶（口）1	同注[33]
19	法库红花岭辽墓	黄釉渣斗1	同注[34]
20	法库秋皮沟M1	绿釉鸡冠壶1、单孔鸡冠壶1、提梁鸡冠壶1	同注[35]
21	法库小房身村南沟辽墓	鸡腿坛2、白瓷碗3	同注[36]
22	法库孤家子辽墓	篦纹鼓腹陶罐1、白瓷碗（口沿）1、白瓷双系小罐1	同注[37]
23	法库蔡家沟辽墓	夹砂陶大口罐1、白釉碗9、白釉唾壶1、绿釉长颈瓶（口沿）1	同注[38]
24	法库大六家子辽井	陶壶4、陶罐5、陶盆2（残片）、白瓷双系罐1	同注[39]
25	法库叶茂台镇西二台子村辽代渭州古城址	酱釉双系罐1、白釉黑花罐1、酱釉四系瓶1、酱釉大口灌1、绿釉双系罐1、茶末釉双系罐1、茶末釉四系罐1、酱黑釉大缸1、白釉碗1	同注[40]
26	康平沙金台蒙古族满族乡张家窑M1	黑陶盖壶1、绿釉鸡冠壶1、绿釉陶杯1、花式口白瓷盘2、灰白釉瓷碗1	同注[41]
27	康平沙金台蒙古族满族乡张家窑M2	白釉碗2、绿釉塔式器盖1	同注[42]
28	康平张家窑林场辽墓（M7、M10）	M7：陶鸡腿瓶1、篦纹陶钵1、黑釉鸡腿瓶1；M10：篦纹长颈陶壶2、白釉盘1	同注[43]
29	康平张家窑林场柳条通辽墓群	M1：灰陶盆（残片）；M3：白瓷碗3、绿釉鸡冠壶2、白釉绿彩盆1；M4：篦纹灰陶壶2、白瓷碗1；M6：篦纹灰陶罐1、白瓷碗1	同注[44]

续表

序号	遗迹单位	出土陶瓷及数量（件）	资料出处
30	康平张家窑长白山Ⅰ区辽墓群	M1：篦纹陶壶1、白瓷碗、白瓷碟、绿釉鸡冠壶；M2：白釉渣斗、白瓷碗、青瓷碗；M3：白釉鸡冠壶、白釉盘口壶、绿釉鸡腿坛、瓷罐1、瓷盉1、瓷钵1、白瓷碗5、葵口瓷盘1、瓷盘1；M4：盘口执壶、莲花纹执壶、鸡腿坛、白釉褐彩梅瓶1、白釉黑彩梅瓶1、白瓷盖罐4、青瓷花瓣碗2、青瓷盘、影青器盖等近40件	同注[45]
31	康平后刘东屯辽墓	盘口束颈陶壶1、白瓷鸡冠壶1	同注[46]
32	康平后刘东屯M2	"官"字款白瓷执壶1、白瓷小碗2、影青瓷碟8	同注[46]
33	康平胜利乡马莲屯	M1：陶罐2；M2：陶壶2（被弃）；骨灰罐葬：鼓形罐1（被弃）	同注[47]
34	康平万宝营子辽墓	篦纹高领鼓腹陶罐2、白瓷大碗1	同注[47]
35	康平马架子辽墓	篦纹陶壶1	同注[47]
36	康平方家屯乡后旧门辽墓（骨灰罐葬）	鼓形陶罐1	同注[47]
37	康平泥马窝堡骨灰罐葬	篦纹鼓形陶罐1	同注[47]
38	康平沈阳窝堡辽墓	长颈陶壶1	同注[47]
39	康平海洲窝堡乡辽墓	M1：陶砚1、盘口束颈陶壶1；M2：篦纹陶壶2；M3：灰陶壶1；火葬骨灰葬：陶罐6、白釉瓷盘6	同注[48]
40	康平太平庄辽墓	绿釉单孔鸡冠壶1	同注[49]
41	康平大付家窝堡辽墓	灰陶壶、灰陶罐、灰陶盆（均为残片）、白瓷碗1	同注[50]
42	下坎子辽墓	陶灯盏1、夹砂大口陶罐1、黄绿釉花口盘1、白釉花口碗1	同注[22]
43	方型广场辽墓	陶灯盏1、白瓷花口盘1	同注[22]
44	胡化墓	白瓷碗3	同注[22]
45	惠工广场辽墓	长颈陶壶1	同注[22]
46	马官桥辽墓	陶承1、陶执壶1、陶熨斗1、陶甑1、陶釜1、陶鏊子1、酱釉陶壶1、白瓷碗1	同注[22]
47	航空工业学院辽墓	灰陶罐1	同注[22]
48	南湖辽墓	白釉碗1（M1）、白瓷提梁壶1	同注[22]
49	沈阳药学院辽墓	白瓷碟1、白釉碗4	同注[22]
50	热闹路天主教修女院辽墓（M6）	陶罐7、陶壶2、陶盆3、陶鼎3、陶钵1、陶釜3、陶鏊子2、陶甑1、酱釉陶钵1、白瓷碗（口沿）1	同注[52]
51	新乐遗址辽墓（92M1、M2）	M1：大口陶罐3、酱釉钵1、白瓷碗2；M2：陶鸡腿瓶1、白釉碗2、白瓷钵1、白瓷盘1	同注[53]
52	辽宁大学院内辽墓	陶灯盏1、陶盆1、陶罐2、陶鏊子1、青釉碗1、白瓷大碗2、酱釉瓜棱罐1	同注[54]

续表

序号	遗迹单位	出土陶瓷及数量（件）	资料出处
53	大东区"尚品天城"工程辽墓群	M1：陶盖罐1、白瓷碗7；M3：酱釉碗1；M8：白瓷碗1；M9：白瓷碗1、白瓷盘1、白瓷盂1；M10：白瓷碗1；M12：白瓷碗1；M13：白釉碗4	同注［55］
54	大东区"御泉华庭"工程辽墓群	M1：陶壶1、陶罐3、陶盏1、陶盏托1、陶鏊子1、陶鼎2、白瓷碗3、酱釉碗1；M2：陶壶1、陶罐3、陶盏托1、陶釜1、陶灯盏1、陶钵2、陶盆1、陶甑1、陶鏊子1、陶鼎2；M3：陶罐1、陶灯盏1；M11：白釉执壶1、花口碗1、白瓷碗1、白瓷盘1；M47：陶壶1、陶罐2、陶盆1、陶釜1、陶鼎1、陶盏托1、陶鏊子1、陶甑1、釉陶碗4；M48：陶罐1、白釉碗1	同注［55］
55	大东区"枫合万嘉"工程辽墓群	M3：大口陶罐1、陶灯盏1；M4：鼓腹陶罐1、瓜棱陶罐1、陶盆4、白釉碗2、白釉盉1；M5：陶钵（残片）1、白釉陶水盂1、白釉陶碗1	同注［55］
56	塔湾无垢净光舍利塔	白瓷净瓶2	同注［56］
57	新民辽滨塔	白瓷盘1、影青瓷碗1、影青瓷盒1、青瓷盏2	同注［56］
58	新民皂角树村辽墓	白釉双系瓶2	同注［79］
59	新民张家沟子村辽墓	白釉瓷瓶1	同注［80］
60	法库柏家沟镇辽墓	东头台子辽墓：篦纹灰陶罐1、侈口灰陶罐1　东二台子辽墓：灰陶盆1	同注［17］
61	法库帮牛堡子村辽墓	篦纹长颈陶壶1	同注［17］
62	法库十间房镇辽墓	十间房辽墓：篦纹小陶罐2　马家沟村石棺墓：篦纹灰陶壶2　马家沟村辽墓：篦纹灰陶罐1　敬老院房后辽墓：篦纹灰陶壶1	同注［17］
63	法库榆树坨子辽墓	白釉小瓶1	同注［17］
64	法库段树沟辽墓	白釉葫芦瓶1、酱色釉小罐1、白釉莲纹碗1	同注［17］
65	法库羊草沟辽墓	篦纹灰陶壶1	同注［17］
66	法库四家子村辽代城址	篦纹灰陶罐1	同注［17］
67	法库小荒地村辽代遗址	篦纹长颈灰陶壶1	同注［17］
68	法库叶茂台辽代遗址	陶骰子1	同注［17］
69	法库叶茂台村辽代遗址	白瓷碗1	同注［17］
70	法库石砬子村辽代遗址	灰陶罐1	同注［17］
71	法库卧牛石村辽代遗址	弦纹灰陶罐1、灰陶钵1	同注［17］

20世纪70年代以来就辽代陶瓷总体研究而言，研究视野不断广阔，研究内容不断丰富，随着科技考古等的兴起，研究手段也不断多元化。特别是进入21世纪以来，辽代陶瓷研究进一步深入和全面展开，进入"活跃期"，所涉及的研究方向与主题、研究深度与广度都有较大延伸[58]。50余年来辽代陶瓷的研究成果十分丰硕，主要体现在以下两方面。

一是综合性研究成果不断涌现。例如，佟柱臣、彭善国、刘涛、路菁等学者的专著[59]或图录等陆续出版，冯永谦、姜念思、马沙[60]等诸多学者的综合研究成果陆续发表。二是某一专题的研究成果层出不穷。例如，李宇峰、杨晶、冯恩学、张松柏等学者对辽代鸡冠壶进行了多角度的研究[61]，李红军、刘凤翥等对辽三彩及有关问题进行了探讨[62]，彭善国等对辽境出土的各种输入瓷器进行了研究[63]，乔梁、宋雨晗等对辽代陶器的相关研究[64]。其他还有胡秀杰对辽金契丹女真瓜棱器、张桂莲与尹虹对辽白瓷、董健丽对辽代宗教瓷器的研究等，这样的例子不胜枚举。这些专题研究内容宽泛，系统深入，包括了辽代陶瓷整体或某一器类的产生、造型、窑口、文化内涵、分期、特点等，有学者还对辽代陶瓷研究进行了综述[65]。在以上两方面研究中，大多数都涉及了沈阳出土的辽代陶瓷，或者说沈阳出土的辽代陶瓷也是这些研究的基础材料或研究对象的重要组成部分，有的还具有典型意义。

同时，也有少数学者对沈阳出土的辽代陶瓷进行了区域性专题研究。例如，冯永谦先生早在1975年就对法库叶茂台M7出土的36件陶瓷器按窑系进行了详细的阐述，并结合该墓出土"官"字款白瓷碗等对"官"字款瓷器和官窑等问题进行了讨论[66]；彭善国教授对法库叶茂台辽墓M23出土陶瓷器进行了详细分析，并对辽代白釉绿彩、定窑白瓷印花装饰及辽代白釉剔花装饰等进行了探讨[67]；还有笔者对沈阳地域内出土辽产陶瓷和输入瓷器类型与分期的初步探讨[68]。其他还有周向永先生通过对沈阳康平出土有关陶瓷器的对比分析进而讨论了早期契丹考古相关问题[69]等。

总之从20世纪30年代前后开始至今，沈阳辽代陶瓷考古发现数量不断增多，品类不断丰富，精品不断涌现。从出土遗迹单位来看，辽代墓葬毫无疑问地首屈一指。当然这些墓葬许多遭到了不同程度的盗掘或破坏，包括陶瓷类文物具体损失多少无从知晓。沈阳发现的这些辽代陶瓷，为开展辽代考古研究特别是辽代陶瓷的系统研究提供了第一手实物资料，同时也为挖掘、展示与宣传沈阳地域历史文化创造了基础条件。

二、基本类型分析

辽代陶瓷按照产地分为两大系统，即辽本土窑场烧造的"辽产陶瓷"和来自辽境以外窑场的"输入瓷器"。

（一）辽产陶瓷

辽产陶瓷的类型，从广义上讲，依据不同的标准则会有不同的划分方法和结果。例如，从胎质上划分可分为瓷器、釉陶器、缸胎器和陶器，从功能上可划分为日用器皿（还可细分为食器、酒器、茶器，或者炊器、盛储器、容器等）、随葬明器、建筑材料等，还可依据装饰技法、施釉方法等标准加以划分。在以往辽代陶瓷的研究中，因辽产陶瓷中的瓷器和釉陶器能够突出代表辽代陶瓷手工业主要成就，所以大部分研究对象也是指这部分辽产陶瓷，仅有少量学者在研究中将一般素陶器和陶质砖瓦（包括瓦当、滴水、吻兽）等与釉陶器和瓷器一并考察[70]。对于沈阳出土辽产陶瓷中的瓷器与釉陶器，笔者曾就其类型作过初步探讨，在此主要从釉色品种、器物形制、装饰纹样三方面做概括介绍。同时，鉴于辽代陶器也是辽产陶瓷的组成部分，本文对沈阳出土的辽代陶器的基本类型试作初步分析。

1. 辽产瓷器与釉陶器

（1）釉色品种

包括单色釉和复色釉两大类。

单色釉有白釉、绿釉、黄釉、茶末釉和少量酱釉与黑釉。白釉器是辽代陶瓷中的大宗，器物种类最为丰富，沈阳亦如此。一般根据胎质情况分为粗白瓷和细白瓷两种，前者居多，后者较少，特别是有些细白瓷烧制水平极高。绿釉器也比较常见，有墨绿、正绿、浅绿等，发现数量较多，大多属于低温釉陶，器物以鸡冠壶最为常见。例如，康平张家窑林场柳条通M3、康平太平庄辽墓、法库叶茂台M22及法库秋皮沟辽墓等出土的鸡冠壶均为绿釉，其他也有绿釉壶等发现。茶末釉陶瓷器的釉色灰绿酷似茶叶，有的研究将其归入绿釉器，胎体以粗瓷缸胎为主，鸡腿瓶是最典型代表，如法库叶茂台M3、M7等辽墓出土者。黄釉器多数为低温釉陶，施釉多不到底，法库叶茂台壁画墓、李贝堡2007M1出土的黄釉碗，以及法库红花岭辽墓出土的黄釉唾壶比较典型。黑釉器和酱釉器也有少量发现，主要有罐、碗、瓶等。

复色釉主要有三彩釉和二色釉。辽三彩是辽代陶瓷极具特色的品种，于辽代晚期产生，属施黄、绿、白三色釉的低温釉陶，纹饰以印花为主，在构图上一般讲求对称。有学者认为辽三彩是对唐三彩的继承与创新[71]，也有学者认为辽三彩"应该是以白釉绿彩和黄绿二色釉为源头，无须远溯唐三彩"[72]。无论哪种意见，都不可否认辽三彩丰富了我国古代陶瓷宝库。辽三彩器在沈阳地区出土于新民巴图营子、法库李贝堡等辽代晚期墓葬，主要有海棠花式长盘、圆盘、笔洗等。二色釉主要是白釉绿彩，以盆、鸡冠壶等比较常见。法库叶茂台M2、康平张家窑柳条通M3都有白釉绿彩盆出土，叶茂台M23同时出土了白釉绿彩盆和鸡冠壶。

（2）基本形制

基本形制包括壶、瓶、罐、碗、钵、盘（碟）、盒、盏、盏托、笔洗、盆、砚及陶瓷玩具等十余大类，其中壶、瓶、罐盏与盏托等在大的器类下又可分为若干种形制。

1）鸡冠壶。鸡冠壶是辽代陶瓷中常见的一种形似鸡冠的器皿，也是最具契丹民族特色的器物。关于鸡冠壶的研究早在20世纪50年代即已开始，关于其产生渊源、民族特色、类型分期等诸多方面的研究已十分深入，也已取得了颇为丰硕的研究成果，有学者对鸡冠壶进行了综述研究[73]。沈阳出土的鸡冠壶的形制，按照一般的划分方式也分为穿孔类和提梁类两个系统（或称两个序列）。

穿孔类鸡冠壶基本为扁身，依据孔的数量还可分为单孔和双孔二型。康平张家窑M1和太平庄辽墓等出土的绿釉鸡冠壶属于单孔鸡冠壶，法库叶茂台M7与M22及法库秋皮沟等辽墓出土者均为双孔。

对于提梁类的鸡冠壶，有学者对其命名等也提出不同看法[74]，也有学者在相关研究中，将其与穿孔类鸡冠壶分开而单独列出[75]。本文从器物形制角度的讨论依然将其归入鸡冠壶系统进行介绍。关于提梁类鸡冠壶的类型划分，根据不同标准也有不同的划分方法。例如，李文信先生早在20世纪50年代就将这类鸡冠壶划分为矮身横梁式、扁身环梁式和圆身环梁式[76]，也有学者划分为矮身横梁式、扁身环梁式和圆身捏梁式三种[77]，都比较简明直观。沈阳发现的提梁鸡冠壶根据提梁与口的相对高度大体分为二型：其一，提梁与管状口平齐或略高，以康平后刘东屯M1、叶茂台M2出土者为代表的同类器属于此型；其二，提梁明显高于管状口，绳索、扁环形梁居多，均为圈足，法库叶茂台M5与M23及康平张家窑柳条通M3出土者属于此型。

2）长颈壶。辽产陶瓷中较常见的器物，在法库叶茂台M7发现的2件长颈壶均为酱釉，侈口，长颈，都带壶盖，基本平底，壶的颈肩部饰凸弦纹。

3）注壶。又称执壶，沈阳出土较多，形式多样。白釉注壶最多，绿釉、黄釉的少量。在形制上可分三型：小口高领注壶，如叶茂台M2、M5、M22出土者；盘口注壶，口为盘状，颈部细高，如叶茂台M7出土者；葫芦形注壶，整体造型如压腰葫芦形，叶茂台M23出土的属于此型。

4）唾壶。又称唾盂、渣斗，是辽墓随葬品中常见的器物。整体分上下两部分，上部如一侈口碗，下部为罐形器，中间由束腰相连。黄釉、绿釉居多，白釉少量。一般的演变规律是早期的显扁矮，晚期的显瘦高。法库叶茂台M2、M23及红花岭辽墓、李贝堡辽墓（2007M2）、蔡家沟辽墓等均有发现。

5）长颈瓶。辽代陶瓷常见的器物，有白釉、绿釉、黄釉等釉色，口呈盘状或喇叭状，颈部细长，圆肩或溜肩，腹部向下收敛。法库叶茂台M2、M7、M23和新民巴图营子辽墓等均有发现。另外，在法库李贝堡2007M4出土1件绿釉长颈瓶的口与颈部，束颈饰凸弦纹，施釉不够均匀，有剥釉现象。

6）鸡腿瓶。小口，短颈，溜肩，平底或内凹底，腹部修长形似鸡腿，故名，也有鸡腿坛、牛腿瓶等称呼。多为茶叶末釉，缸胎较结实，一般认为是贮藏容器。沈阳发现的鸡腿瓶可分为二式：其一，最大腹径与底径相近或略大于底径，造型浑厚，总体稳重，叶茂台M7、M22及康平后刘东屯M2、法库小房身辽墓等发现的均属于此式；其二，最大腹径明显大于底径，整体更加修长而显重心不稳，如叶茂台M3发现的即属于此式。从浑厚稳重到修长瘦高，反映出早晚的变化。

7）凤首瓶。凤首瓶在沈阳仅发现1件口沿标本，出土于法库李贝堡2007M4，尖圆唇，五曲花瓣口，施釉均匀。

8）葫芦形瓶。顾名思义，整体造型如压腰葫芦形，小口，短颈，圈足，主要有白釉、黄釉和黑釉。有学者认为其与宗教有关[78]。沈阳出土数量较少，仅在法库李贝堡2007M2和法库椴树沟辽墓出土2件。

9）双系瓶。也有称之"双系壶"。新民皂角树村辽墓[79]出土的2件均敞口，圆唇，弧腹，圈足，瓶腹下半部比较圆硕，颈肩之间有对称桥耳，施白釉不到底。

10）侈口束颈瓶与橄榄形瓶。侈口束颈瓶出土于新民柳河乡张家沟村辽墓[80]，广肩，斜腹，卧足，白釉。橄榄形瓶形如橄榄，出土于叶茂台M3，圈足较矮，酱釉。

11）笔洗。新民巴图营子辽墓出土2件笔洗，一件为辽三彩釉陶笔洗，整体为一浅腹盘套坐在圆筒形平底高空座上，盘与座浑然一体。有不少学者称此类器物为温盘或暖盘[81]，也有称高座盘[82]。另一件为黄釉圆鼓形笔洗，整体呈圆鼓形，腹中空，无底。此件笔洗早年也曾被称为鼓式陶砚或鼓式砚[83]。

12）海棠花式长盘。辽产陶瓷典型器物之一，在新民巴图营子辽墓出土1件，口作海棠花冠式，宽平沿，敞口，浅腹、平底，三彩釉陶。盘内印牡丹花草、双蝶作为装饰，甚为美观。

13）砚。属辽代文房用品，法库叶茂台M14出土1件为绿釉陶砚，圆座，束腰有穿孔，上面有一扇形砚池，造型别致。

14）盒。在沈阳发现不多，均为单体盒。盖顶一般隆起，盒身为子口，圈足。法库叶茂台M2出土者为白釉；新民公主屯辽滨塔出土者为矮圈足，通体白釉，在盖顶有黑褐色点彩。

15）盆。辽代常用的生活用器皿，法库叶茂台M23和M2及康平张家窑林场柳条通M3各出土1件。主体施白釉，点缀绿彩，盆内底饰莲花纹，有的盆壁饰叶脉纹，从装饰上看较有特色。

16）碗。沈阳出土辽产陶瓷中数量最多的器物，分布区域也最广，釉色以白釉最为常见，其他还有黄釉等。碗的形制多样，依口部形态可分圆口碗和花口碗二型。腹部有弧腹和斜腹等。除此以外，还有一种碗主要是与注壶配套使用的温碗。温碗一般为深腹，圈足，体型较大，有不少饰莲瓣纹。温碗常与注壶成组出土，有的在出土时注壶还在碗中，温碗也有圆口和花口之分。

17）盏与盏托。盏的形制如同小碗，发现数量较多。以口部形状特点可分为圆口和花口二亚型，其他地区发现的高足盏在沈阳未见发现。与盏配合使用的盏托在沈阳发现不多，叶茂台M2出土者比较典型，盘内托座明显高出盘口，圈足较高。

18）钵。沈阳出土的钵为白釉和酱釉，圆唇，一般敛口，个别口微侈，深弧腹，有的腹部略折收，圈足或平底。法库李贝堡2007M1、新乐遗址辽墓（M2）出土者为白釉钵，弧腹；李贝堡1999M出土者为折腹。

19）盘（碟）。出土数量较多，釉色以白釉最为常见，其他还有辽三彩釉陶盘、黄釉盘等。依腹、足部形态可分为弧腹圈足盘和折腹圈足盘二型，前者出土数量明显多于后者，二型盘又分别有圆口和花口之分。

20）罐。沈阳出土数量较多，形制多样，有矮领直口罐、中领罐、高领罐、广口罐、敛口罐、瓜棱罐、双系罐等，以白釉器为主。

除以上各类器物外，还有少量陶瓷器盖发现。另外，在前文所述沈阳几处辽金遗址中，有白釉黑彩或褐彩的小瓷羊、小瓷马、小瓷狗等玩具，造型生动有趣。

（3）装饰纹样

辽代陶瓷装饰手法有模印、刻划、雕剔、锥刺及贴塑等多种，有学者将其划分为"胎装饰"与"釉装饰"两种[84]。沈阳出土的辽产陶瓷装饰纹样比较丰富，主要有植物纹、动物纹、水波纹与云纹及皮条、皮扣、火珠纹等。

植物类纹样主要有牡丹、莲花、蕉叶、菊花、芍药、缠枝、卷草、叶脉纹等。法库叶茂台M23和M2发现的长颈瓶饰牡丹纹，法库秋皮沟辽墓出土的鸡冠壶以莲花为装饰纹样，叶茂台M2出土的注壶和温碗等饰蕉叶纹，法库李贝堡辽墓（2007M1）发现的三彩盘，盘心为一朵大的菊花图案。其他如卷草纹装饰题材发现较多，主要应用在鸡冠壶外腹壁上，主要发现如叶茂台M22出土的绿釉卷草纹鸡冠壶、注壶等。

动物类纹饰题材主要有猴、蝶等。塑猴在辽产陶瓷上比较常见，主要应用在鸡冠壶上，有的贴塑一只，有的贴塑两只，一般贴塑在鸡冠壶的顶部。法库秋皮沟发现的1件鸡冠壶，其上部有两个方形耳，在耳边各堆塑一只小猴，猴子两前肢扶耳作骑跨状，栩栩如生；蝶纹在辽产陶瓷器上也常使用，新民巴图营子辽墓出土的三彩海棠花式长盘内，就以对蝶纹与牡丹花纹进行装饰。在其他地区还有鱼纹等，在沈阳未见发现。

除动植物纹样外，其他还有弦纹、皮条、皮带与皮扣纹、火珠纹、卷云纹等，这些纹饰除单独使用外，也常常与其他纹样混合使用。

总之，辽产陶瓷的釉色品种多样，装饰题材广泛，装饰纹样丰富，再以多种多样的装饰技法运用到造型丰富多彩的陶瓷器上，大大增加了辽产陶瓷的美感和艺术性，使辽产陶瓷的民族地域特色更加突出，在中国陶瓷史上独树一帜。

2. 辽代陶器

截至目前，沈阳共有60多个遗迹单位出土了辽代陶器，包括完整或修复完整器物及可计器形残片总计170余件[85]。在统计的陶器中数量居前三位的依次为罐、壶、盆，三类器物合计120余件，约占总数的70%，其他器物约占30%。基本类型简述如下。

（1）陶罐。目前发现陶罐66件，可分四大类。

1）大口深腹罐。十分常见的日常生活器皿，部分外壁可见烟熏痕或带烟炱，推测是一种炊器。泥质胎和夹砂胎共存。纹饰主要是篦纹，也有少量弦纹等。依口部特征一般划分为侈口和盘口两种类型。沈阳新乐遗址M1出土的2件（M1：1、M1：3）、法库李贝堡辽墓（1999年）、法库柏家沟东头台子村辽墓等出土者为侈口，李进墓、新乐遗址M1（M1：6）、于洪区下坎子辽墓等出土者为盘口。

2）鼓腹罐。鼓腹罐是比较常见的生活用器，腹部有的圆鼓，有的略扁，形制多种多样。依据罐领部和颈部特征，可大体分为矮领（或无领）鼓腹罐、中领鼓腹罐、高领鼓腹罐和长颈鼓腹罐四种。

矮领（或无领）鼓腹罐，领矮甚至无领，在沈阳发现较多。一是双系罐，即在罐的肩部或腹部有对称两耳，双系罐耳部特征也各有不同。例如，康平海洲窝堡乡清理的2件骨灰葬罐，原为实用器，人工钻出圆招魂孔并用作盛装骨灰，其肩部有对称半环状耳[86]。其他还有鸡冠状耳、桥形耳[87]等。有些研究也将双系罐单独列出。无耳的罐也有侈口、敛口及直口等形制。

在沈阳康平还发现几件火葬盖罐，领也极矮，壶身为扁鼓形。例如，康平方家屯乡后旧门村骨灰罐葬用的盖罐为子母口，扁鼓形，盖破碎，素面无纹饰；在柳树屯乡泥马窝堡征集的1件也为鼓形盖罐，通体饰篦纹。其他在马莲屯M1东30米处发现1件鼓形火葬陶罐，通体饰篦纹，但已破碎无法复原。此种鼓形罐也可单独划为一类。

中领鼓腹罐，侈口或直口，腹部有的鼓腹略扁，有的鼓腹较圆，平底或圈足。口沿有的卷沿，如法库大孤家子镇石砬子村辽代遗址、法库大六家子辽井出土者；有的平折沿，如沈阳航空学院辽墓出土者。

高领鼓腹罐，领部较高，多为侈口，圆鼓腹，装饰篦纹者常见。法库柏家沟镇东头台子辽墓和十间房辽墓各出土1件。前者无纹饰，后者于下腹部饰三组篦纹。

长颈鼓腹罐，侈口，束颈曲长，鼓腹，圈足，下腹常饰篦纹，也常被称为壶。沈阳发现的几件肩与腹部相接明显，广肩凸折，仅在细微之处略有不同。法库孟家镇羊草沟辽墓出土的1件，折肩明显，最大腹径在腹上部，形制酷似辽陶瓷中无鋬耳的折肩罐（或称折肩壶）[88]，康平张家窑林场柳条通M4发现的2件与其类似；康平万宝营子辽墓发现的2件，圆唇外卷，最大腹径在腹中部；而法库十间房辽墓发现的1件，肩部折肩不甚明显。

3）高领深腹罐。多为侈口，领部较高，斜肩，深腹，装饰篦纹者常见。法库四家子辽代城址出土的1件，自颈部至足部以五道沟弦纹形成三道篦纹带。康平柳条通M6出土者，腹上部为刻划纹，中下腹有四组篦纹条带。

4）直口折肩罐。仅在辽宁大学M1发现1件，直口，圆唇，短颈，折肩，平底，通体素面无纹饰，很有特点。

（2）陶壶。共发现36件，包括多种形制。

盘口束颈壶。基本为泥质灰陶或泥质黑陶，有的盘口较深似盏。在康平发现2件，均为圆唇，长束颈，溜肩，鼓腹，在下腹部均饰篦纹。但壶腹部形制不同。出土于海州窝堡乡M1者，腹部无瓜棱，而出土于康平后刘东屯辽墓（M1）者，肩腹部作四瓣瓜棱状，颈肩部饰凸起弦纹。

1）长颈壶。比较典型的契丹传统器物，发现数量较多。颈部较长，圆唇，侈口，泥质灰陶或泥质黑陶，一般下腹斜收，常饰篦纹，有的颈肩部饰凸弦纹。在釉陶和瓷器中的长颈壶也多有发现，应是传统因素的因袭。沈阳发现的长颈陶壶，依器物形态大致可分为二型。

其一，长颈弧曲，显细长，肩部较圆鼓。例如，张家窑林场M10出土的2件，形制相同，颈肩部饰弦纹，下腹部饰篦纹；法库十间房镇小荒地村出土者，通体磨光黑亮，颈肩部有三道横向凸弦纹，肩部横弦纹以下至足部壶身有均匀十道竖向沟纹，使壶身呈瓜棱状。此件陶壶非常美观，是件难得器物。其他如孙允中墓、惠工广场辽墓等出土者属于此型。

其二，颈部较粗且直，长鼓腹，常饰篦纹，有的颈部饰凸弦纹。康平海洲窝堡乡M2、叶茂台M23及康平张家窑林场长白山Ⅰ区M1出土的长颈壶均属此型。

2）短颈壶。颈部相对较短，装饰篦纹者一般饰于壶身下腹。康平海洲窝堡乡M2出土1件，泥质灰陶，下腹部饰篦纹，底部内凹，有拉坯纹。另1件征集所得，属该墓群M3，肩部以下饰篦纹，为螺旋盘绕状。相近的短颈壶在康平沙金台乡马架子辽墓也有出土。法库大六家子辽井发现2件完整的壶为卷沿，直领，鼓腹，领下至腹中部全部磨光，腹中部形成两条压印条带纹。也有研究者将这2件陶壶归入中领鼓腹罐[89]。

3）执壶。素陶执壶在沈阳目前仅见1件，出土于马官桥辽墓。泥质灰陶，青灰色。壶方唇，直颈，鼓肩。把手和流均为后贴附。扁状把手接于颈肩之间，对应一侧当为流，但流已缺失。壶腹斜收，壶底缺失。

4）盖壶。仅见1件，出土于康平张家窑M1，圆唇侈口，束颈，鼓腹，假圈足，平底。颈腹间饰一道凸弦纹，器盖为伞形。

（3）陶盆。陶盆为日常生活使用器皿，也有烧作明器。圆唇或方唇，卷沿、折沿或平沿，平底或凹底。盆的腹部大体有弧腹、斜直腹、折腹等几种。目前沈阳发现陶盆19件及陶盆残片若干。辽宁大学院内辽墓（M1）出土的1件为方唇，弧腹，口沿上饰一道凹弦纹。李贝堡2007M2出土3件盆中，2件卷沿，1件平折沿。叶茂台M1发现的1件陶盆极小，制作粗糙。

（4）陶炉（鼎）。发现9件。有耳或无耳，8件三足，1件四足，泥质灰陶或夹砂灰陶。一般器身轮制，耳、足多手制，后贴附。有耳炉（鼎）5件，耳为泥条制作，多数是半环状，沈河区热闹路修女院辽墓及八王寺地区御泉华庭工程的三座辽墓（M1、M2、M47）出土的4件，盘口或侈口，2件折腹，2件弧腹，有的扁方足，有的为蹄足[90]；马官桥辽墓出土的1件，耳为桥形，炉（鼎）身直筒深腹，扁状足[91]。无耳的炉（鼎）弧腹和折腹均有，多为三足，唯有热闹路修女院辽墓中出土的1件为四蹄足。以上发现原报告均称为鼎，而从有关发现来看，如北京辽韩佚墓出土2件，称为三足炉[92]。此前出版的《中国陶瓷史》在宋代陶瓷造型部分对三足炉也有所介绍[93]。可见，陶鼎或者陶炉的辨别还有待进一步研究。

（5）陶鏊子。发现8件。泥质灰陶或夹砂陶，鏊面多隆起，有的隆起的鏊面较平略内凹，足均为扁足，刀削而成，多为三足，个别为四足。热闹路修女院辽墓出土2件，其中1件为四扁足，比较少见，另1件为三足。其他如辽宁大学院内辽墓、马官桥辽墓出土者，均为三足。但马官桥辽墓出土的鏊面为平面稍内凹，足跟略外撇。

（6）陶釜。发现6件。圆唇，侈口或敛口，有的为一圈釜沿，有的为六鋬耳釜沿。依底和釜身特征可分为三型。其一，凹底短颈釜。热闹路修女院辽墓出土2件（M6：9、M6：22），圆唇，侈口，上部分为一短斜颈，下腹弧收，由上下两部分轮制后拼接一起而成，颈腹相接处有一圈扉棱（釜沿）。其二，平底敛口釜。马官桥辽墓及八王寺地区御泉华庭工程辽墓M2与M47各出土1件，均为敛口，斜肩，下腹弧收，在肩部有釜沿，平底。其中，马官桥辽墓出土者釜沿为6个扉棱鋬耳，还带有一三角纽斗笠状釜盖，比较有特点；而另2件均为一圈凸棱状釜沿。其三，三足短颈釜。出土于热闹路修女院辽墓，釜（M6：21），身上部也为短斜颈，下半部为直腹、圜底，颈腹部加一圈平沿，沿上还有一道凸棱。特别是圜底下还接三手制足，但三足已残缺。

（7）陶甑。发现4件。整体均呈盆形，敞口，平折沿，甑底多在中部穿一圆孔。马官桥辽墓出土甑为深弧腹，御泉华庭工程辽墓M2与M7出土者分别为折腹和斜直腹。热闹路修女院辽墓出土的1件，在弧腹上部压印一周锯齿状花边，但该器底部已残缺。

（8）陶灯盏。发现6件。形如小盏，斜弧腹，有的腹略浅。辽宁大学墓（M1）出土者为泥质灰黑陶，口径不足10厘米，口微敛，下腹部有一道凹槽，盏内有烟熏油浸痕迹。下坎子辽墓出土的1件内壁可见黑色油脂痕。

（9）陶熨斗。发现1件，出土于马官桥辽墓。泥质灰陶，长方扁状柄，斗为浅盘状口，斗腹较浅，平底。柄与斗身相接处用小泥钉表示焊接痕迹。

（10）陶砚。发现1件，出土于康平海洲窝堡乡M1。泥质灰陶，圆体束腰。上部为浅盘，盘面边缘饰一周凹弦纹，圈足外卷。

（11）陶骰子。发现1件，出土于法库叶茂台镇叶茂台村辽代遗址。灰色，质地较细，火候较高。骰子本身制作较粗糙，可能是利用瓦片磨制而成，呈扁方状而不是纯正的六面体，边长1.5～1.8厘米。六个面均钻磨小圆坑，每相对两面为1与6、2与5、3与4个点坑。在投掷时候，可根据点数大小对弈而行。此外，在法库叶茂台M7曾出土2枚骨质的骰子，出土时置于黑漆盆内，该墓还出土了极为珍贵的漆木双陆，可见这是一副完整的棋具[94]，也是文化交流影响的反映。

（12）长颈瓶。发现1件，出土于小西边门北李进石棺墓，细长颈，肩部有一道明显凹棱，形制与常见的釉陶或瓷质长颈瓶基本一致。

其余还有鸡腿瓶、钵、盏、盏托、盘、瓮等陶器，在辽代陶瓷中十分常见，不再一一介绍。

总之，目前统计沈阳发现的辽代陶器，主要是泥质和夹砂陶，颜色主要有浅灰或青灰，也有灰黑色和少量黑色，相对单一。其中，各种生活常用器皿占绝大多数，个别如陶骰子为文娱类制品；从形制上看，共包括近20种大的器类。在这些陶器中，炉（鼎）、釜、甑、鏊子、熨斗、大口深腹罐等，在辽代陶器中是很常见的器类，但在釉陶和瓷器中难觅身影。在装饰方面，篦纹是最主要的纹饰，也是契丹文化标志性纹饰，在以往的考古发掘报告或有关研究文章中，常常是篦齿纹、梳齿纹等多种称呼并存。近年有学者对其施纹工艺进行了实验研究，得出了颇具价值的认识，同时为避免发生误解建议以"滚印篦纹"命名[95]。其他还有凹凸弦纹也较常见，其中不少是与篦纹组合使用。辽代陶器的类型还有很多相关问题，以上仅为初步的类型分析。

（二）输入瓷器的基本类型

由中原五代、北宋一些窑场烧制并输入到辽境的瓷器，即输入瓷器，是辽与其他并存政权交流往来等的物证。沈阳发现的辽代输入瓷器绝大多数出土于法库、康平两县和新民市的辽代墓葬，少量出土于辽塔中。定窑白瓷器发现最多，景德镇窑等青白瓷次之，耀州窑青瓷较少，近年还有几件越窑秘色瓷发现，实属难能可贵。其他还有个别窑口暂未确定的瓷器。辽代输入瓷器涉及的内容非常丰富，笔者曾对沈阳出土的辽代输入瓷器的类型与分期作过初步探讨，下面仅作简要叙述。

1. 定窑系瓷器

定窑瓷器绝大部分为白瓷，个别为酱釉。主要有碗、盘、洗、钵、罐、盏托、盏、注壶、瓶等，装饰纹样或图案主要有莲花（莲瓣）、牡丹、菊花、蕉叶、卷草及蝴蝶、团凤、猫纹、童子戏花等。由于辽代少量精细白瓷亦十分接近定窑白瓷，所以有些瓷器的窑口辨别还比较困难。

（1）碗是输入定窑瓷器中最常见器物，发现较多，白瓷器占绝大多数，圆口或花口，一般器壁较薄，圈足，弧腹或斜腹。其中，有的在装饰上很有特色，如叶茂台M23出土的4件"孩童攀花纹碗"，纹饰内容丰富有趣。另外，该墓出土的温碗，纹样有仰莲瓣纹、蕉叶纹等。还有的如叶茂台M7出土者，鎏金银扣，外底划行书体"官"字，内底刻划飞凤和卷云纹。

（2）盘与方盘。盘即指最常见的圆口盘，出土数量较多，也有称之为碟，形制上并无本质区别，腹壁弧曲或浅腹，圈足或平底，圆口花口均有，花式口较多。方盘一般平底，腹壁斜直，叶茂台M23出土10件方盘，皆为白瓷，形制大小皆相同，内底饰对首蝶纹，斜直壁上饰翅纹和缠枝纹。

（3）洗。发现4件，形制大小基本相同，均出土于叶茂台M23。花式口，外壁素面，内壁饰繁密的缠枝牡丹花纹，在牡丹花纹间，有5个孩童爬伏或骑跨在花枝上；内底印缠枝牡丹，枝上有小鸟、蝴蝶、小猫。其中，有一小猫嘴叼衔一只小鸟。纹饰设计精巧别致，生动活泼。

（4）钵。在法库李贝堡辽墓（1999M）出土1件，直口，圆唇，折腹，圈足，素面。该器与耶律羽之墓出土者相似[96]，耶律羽之墓纪年为942年，因此这件钵也应在此前后。

（5）盏与盏托发现较少，新民巴图营子辽墓出土的酱釉盏与盏托可配套使用。叶茂台M23出土的1件白釉盏托总体造型与前者相近。

（6）注壶均为白瓷器，形制各异。康平后刘东屯M2出土者整体呈亚腰葫芦形，器身雕刻莲瓣纹，白釉光亮莹润，底刻"官"款；出土于叶茂台M23的是提梁式注壶。该器圆腹呈六瓣瓜棱形，壶口下凹呈漏斗形，中有注水孔，上部执柄为索状提梁式，在靠近流的一侧分为三股，并且有贴塑小花装饰，似由瓜蔓枝藤制作。这件注壶制作精巧，造型别致。

此外，还有白瓷罐、瓶等发现。其中1件瓶，器身呈八棱形，竖颈与肩部相接处有两对对称的鸡冠耳很有特点。

2. 耀州窑青瓷

沈阳出土的青瓷基本为耀州窑产品，以青瓷碗（盏）数量最多，盏托、杯、盖罐等少量。装饰纹样仅有莲瓣、轮菊及牡丹等几种。

（1）碗大多斜腹或弧腹，圈足，圆口或花口，口径较小的一般称为盏。依口及腹部特征可分为三型。其一，腹壁斜直，敞口，花口或圆口，圈足一般较小。花口斜腹碗在叶茂台M7和李贝堡辽墓（1999年）各出土1件。前者口沿外侈，呈五曲花瓣式，小圈足稍外撇；后者斜腹呈瓜棱状，但出土时已残。其他在康平张家窑林场长白山Ⅰ区辽墓也有出土。圆口斜腹碗在叶茂台M7出土7件，口径较大而圈足较小，即斗笠碗。其二，深弧腹，敞口，外腹壁有的饰莲瓣纹。叶茂台M7出土2件，小圈足微侈，内外施釉，釉色豆青，仅圈足着地面无釉，其外壁雕复瓣莲花，内底饰划一朵轮菊。其三，敛口碗。叶茂台M22出土9件，形制相同。口微敛，斜壁深腹，小底，圈足。形制相同的碗在河北定州静志寺塔塔基[97]等也有出土。

（2）盏一般敞口圆唇，斜直腹微弧，圈足矮小。新民辽滨塔发现2件，形制相同。

（3）杯发现不多。叶茂台M22出土的1件，直口，圆唇，弧腹，圈足外撇呈倒喇叭形；叶茂台M14出土者，带有半环状执柄，同形器在黄堡窑址也有发现[98]。

（4）盏托于叶茂台M14发现1件。托盘为花式口，折腹，圈足，托座隆起，上部略凹以承盏。在该墓共出的青釉杯恰好可以置于该盏托上，二器应是配套使用。叶茂台M22出土的1件，内底中央为突起的圆形托座，托座外圈饰六瓣莲叶纹，托座面矮于托盘口沿。盘体外围刻划一周牡丹纹带。

（5）罐于叶茂台M7发现2件，均带盖。器盖似倒盏状，子口，小平顶。罐为母口，口沿微外侈，领部较矮，鼓腹，圈足微外撇。形制和纹饰相近的罐在阜新关山M7[99]也有出土。

3. 青白瓷

青白瓷即常说的影青瓷，基本为景德镇产品。沈阳出土的青白瓷器主要有碗、盘（碟）、注壶、盒、盏、瓶等，装饰纹样有莲花、牡丹、梅花等几种。

（1）碗发现较多，圆口或花口，弧腹或斜腹，圈足，可分为四型。其一，敞口弧腹，圈足矮且宽大，碗底一般较薄，有的腹壁雕刻莲瓣纹。叶茂台M7、M2各有出土。其二，撇口，深腹，腹壁弧曲，圈足一般窄而高，花式口较多。腹部有的弧曲较大而形成垂腹。新民辽滨塔下宫出土1件，六瓣花式口，内腹壁出阳筋与花口对应，外腹壁形成凹槽，景德镇湖田窑址出土的Ⅲ式花口碗（如标本96B·T1④B∶108）[100]形制与其相同。有的腹壁较斜直，圈足中高。法库叶茂台M19出土1件，六瓣花式口镶以银扣，碗内壁印花。其三，斗笠碗。侈口，圈足较小，斜直腹。叶茂台M19出土6件，碗内刻划缠枝牡丹纹，外壁光素无纹，通体施釉，此型碗在景德镇湖田窑址也有发现。其四，芒口浅腹碗，有的称为钵。叶茂台M19出土者，上腹壁较直，下腹壁圆弧。在上腹和下腹外壁各饰一周弦纹，弦纹带间饰连续曲线花纹，看似莲瓣纹。

（2）盘（碟）一般侈口，弧腹或折腹，圈足或平底，依足部及腹壁形态可分为三型。其一，侈口，圈足较宽，斜弧腹，花式口，腹壁出筋，圈足微外撇，如康平后刘东屯M2出土者（1件完整，其余残）。其二，侈口，圈足，浅弧腹，下腹壁曲折，有圆口、花口。叶茂台M19出土的18件中，属于此型的有12件，其中圆口与花口各6件。其三，一般平底稍内凹，侈口，浅弧腹，圆口或花口。叶茂台M8出土3件，均为六曲花式口，平折沿，腹壁出六道筋棱，上与花口对应，下不到底。底微内凹；叶茂台M19出土6件，均为六曲花式口。

（3）注壶发现4件，形制各异。叶茂台M19出土1件，直口，折腹，平底，肩部一侧为管状曲流，执柄为扁体拱形，莲花式套盖，盖纽如花蒂。肩部印覆莲纹，与颈部仰莲呼应。外腹壁饰缠枝牡丹纹。叶茂台M3出土1件，长颈呈喇叭状，曲流较长，瓜棱腹在肩部明显向下折收，圈足。其执柄上部还附加一个穿孔小纽，应是便于与壶盖上小纽缚系。叶茂台M8和新民巴图营子辽墓各出土1件，均为葫芦形。前者原报告称为"葫芦形瓷瓶"，但根据其形状应是1件注壶，直口，束腰，凹底，只是流与执柄已残缺；后者壶体前有细长曲流，后有扁宽执把，圈足，肩部饰暗花。

（4）盒发现1件，出土于新民辽滨塔。盖微凸，上印折枝梅花纹。子母口，上下盒边呈18瓣花形。底微凹无釉并印"段家合子记"五字。形制相近且外底模印"段家合子记"字样的盒在景德镇湖田窑址[101]也有出土。

其他还有盏和瓶发现。盏于叶茂台M8出土7件，均为六曲花式口，盏内出筋不到底，口沿外撇，圈足高而窄。瓶于叶茂台M19发现2件，均小口，口沿外卷，短颈，鼓肩，腹部向下内收。肩部饰两道弦纹，下腹饰缠枝牡丹花纹，除足根无釉外通体施釉。此外，在康平张家窑长白山Ⅰ区的M4还有青白瓷器盖发现。

4. 越窑瓷

越窑青瓷器出现较早，到唐初以后尤其是晚唐时期越瓷质量有了显著提高，在晚唐五代、北宋早期曾对陕西耀州窑、河北定窑等都产生过重要影响。辽宁地区在阜新关山M5有越窑瓷器出土，其中注壶、温碗等器形规整，细线划花装饰，线条柔和，图纹细密华丽。沈阳以往一直没有发现。近年在康平张家窑林场长白山Ⅰ区辽墓群中，据发掘者林栋介绍有越窑秘色瓷碗和碟发现。这也是目前沈阳唯一的越窑瓷器出土，有关发掘资料尚待发表。

5. 其他窑口瓷器

除以上输入瓷器外，康平张家窑林场长白山Ⅰ区M4出土的白釉黑彩和白釉褐彩梅瓶受到广泛关注。其中，白釉黑彩梅瓶瓶身图案包括狗、羊、鹿、兔等动物，这些动物头上和脚下均有草丛，且都处于同一方向奔跑状态。其中一只狗在追羊，另外一只狗在逐鹿，图案饱满，造型传神，堪称绝世珍品。经北京大学鉴定分析，认为这两件梅瓶产于河北境内，具体窑口有待进一步确认[102]。这两件梅瓶还有许多未解之谜，注定受到学界普遍关注，在辽代陶瓷考古中具有重要学术地位。

三、基本特征总结与讨论

通过以上分析，可以对沈阳辽代陶瓷的发现与类型的基本特征进行初步总结。

（一）类型丰富全面，实用功能主导

沈阳出土的辽代陶瓷有辽产陶瓷和输入瓷器两大系统，二者各具特色，精彩纷呈。在釉色品种方面，辽产陶瓷丰富多彩，既有多种单色釉，又有辽三彩、白釉绿彩等复色釉；输入瓷器美轮美奂，既有越窑和耀州窑的青瓷，又有定窑系的白瓷及少量酱釉瓷器，尤其是景德镇青白瓷更是晶莹似玉。在器物形制方面，辽产陶瓷器类丰富，同类器造型也多种多样，除少量器类未见发现外[103]，总体比较全面；输入瓷器，虽然种类不算丰富，但这些瓷器都是珍品中的珍品。辽代陶瓷器类文物总体上是沈阳其他辽代遗物在数量、品类、精致程度及价值等方面都无法媲美的。

辽代陶瓷与其他器物的产生、发展一样，与人们的生活需求息息相关，不同的功能需求往往成为一种器物造型设计与制作的核心导向。辽代陶瓷的造型设计以其实用功能为主导亦不例外。辽代陶瓷中的输入瓷器多数是碗、盘、执壶、盏与盏托等，其实用性不言而喻。辽产陶瓷中除仿制中原传统形式生产碗、盘、注壶等实用器外，带有契丹民族特色的器形也同样注重实用性。比如契丹文化中的标志性器物鸡冠壶，在不少辽墓中是成对儿出土，一般认为可以用绳索穿系起来而便于骑马携带，适合游牧生活。有学者就其实用性进行了系统的讨论[104]。再如鸡腿瓶，体型细高，缸胎釉陶居多，胎厚而比较耐于碰撞，所占面积较小，可少占毡房空间，也便于埋于土中，也很适合游牧生活使用。在辽代壁画中可以看出，鸡腿瓶是被置于带孔木架上使用的[105]。其他如海棠花式长盘、长颈瓶、注壶与温碗等器物的使用情况，也常在辽墓壁画上有所反映。不过，在辽代晚期墓葬比较常见的辽三彩釉陶器，一般被认为作为明器出现，与辽代晚期有关丧葬方面的规定及当时社会经济发展状况等有一定关系。另外，在辽代汉族墓葬中也常随葬专门烧制的成套明器。对于明器，如果从丧葬角度看，也具有其特殊的功能需求。

（二）文化因素多元，民族特色突出

文化因素主要是针对辽产陶瓷形制而言。关于辽产陶瓷类型的文化因素方面的研究，早在20世纪50年代李文信先生就将辽瓷造型分为中原形式和契丹形式两种，80年代初出版的《中国陶瓷史》[106]和许多学者也持此意见，这也是关于辽产陶瓷文化因素两种比较重要的认识之一。

关于契丹文化因素与中原文化因素，一般多从陶瓷器的形制渊源演进和装饰纹样题材入手讨论，学术界意见基本一致。沈阳发现的辽产陶瓷从前文对其基本类型的介绍来看具有这两种文化因素显而易见。而另一种认识是多种文化因素，即除契丹、中原汉两种文化因素外又增加了西方文化因素[107]。关于西方文化因素，吉林大学彭善国教授以陶瓷折肩壶（折肩罐）、陶瓷凤首瓶，以及摩羯造型注壶和常装饰于砚台、笔洗上的胡人驯兽纹样题材等为例进行了详细的论述[108]，后又撰文提出，陶瓷折肩壶（折肩罐）、陶瓷凤首瓶等受西方文化因素影响而产生，这种影响可能不是直接的，而是经由唐代金银器或陶瓷器等间接影响而出现的，辽陶瓷装饰上的摩羯纹样也可谓这样的例子[109]。其他还有学者提出的"外来文化元素""伊斯兰文化内涵"也都属文化因素问题[110]，近年有学者还以"七连环"图案为例对辽代陶瓷中伊斯兰文化因素问题进行了探讨[111]等。检索沈阳出土的辽产陶瓷，也不乏具有西方文化因素的实例，如盘口凤首瓶、海棠花式长盘、折肩壶等，相信以后还会有这类实物发现。此外，法库叶茂台M23、康平张家窑柳条通M3出土的白釉绿彩陶盆的内底都饰团花纹，即前文研究者所述的"七连环"图案。如果辽瓷中"七连环"图案是受伊斯兰陶器影响的产物的推断不错，那么沈阳这两件白釉绿彩陶盆也是西方文化因素影响的实物例证。

辽产陶瓷在中原北方系陶瓷烧制技法的影响下产生以后，由于契丹民族自身的生产与生活习俗及文化传统等，很快影响和传承到辽产陶瓷器上，辽产陶瓷也被赋予了浓厚的契丹民族特色与游牧民族生活气息。这一点已有诸多学者以鸡冠壶、鸡腿瓶、凤首瓶、长颈壶等契丹特色陶瓷器为例进行了论述。沈阳发现的辽代陶瓷，如叶茂台M23等出土的长颈瓶的形制即是由长颈壶演变发展而来。据有关研究，长颈壶在较早阶段尤其是辽建国前主要是素陶制品，到辽建国后开始出现了釉陶和瓷制品，在形制上也有一定的演进变化，相比长颈壶更显瘦高纤细的则为长颈瓶，同时一些素陶长颈壶还长期存在[112]。对契丹民族传统形制的继承，必然体现着契丹民族特色。

（三）地域差别明显，时代特征鲜明

沈阳辽代陶瓷从考古发现分布区域来看，以法库和康平两县最为集中。特别是两县还有一点比较相似，即各有一处出土辽代陶瓷数量不菲、精品频现的辽墓群。法库县是叶茂台辽墓群，康平县是张家窑林场辽墓群。叶茂台辽墓群目前已发掘清理墓葬23座，除不少辽产陶瓷精品外，定窑系白瓷（如M23）和景德镇窑的青白瓷在此（如M19）有集中发现。张家窑林场辽墓群目前也已清理了20余座。这里出土的越窑秘色瓷是沈阳地区的首次发现，特别是长白山Ⅰ区M4出土的2件梅瓶为目前辽代考古中的首次发现，实属"海内孤品"。沈阳其他区县虽也有不少辽代陶瓷出土，但从各方面都无法与法库、康平两县相比。

沈阳辽代陶瓷在其发现地域上显然是由辽代墓葬的分布地域所决定，辽代墓葬的地域分布又与当时不同民族人口地域分布相辅相成。辽代是以契丹与汉族两大系统为主多民族并存，辽政府也因此实行了"以国制治契丹，以汉制待汉人"的二元统治体制。契丹族与汉族等生活习惯的不同在陶瓷使用上也表现出明显不同。有学者曾经指出，辽代墓葬中随葬契丹特有"辽瓷"（指陶瓷质地的鸡冠壶和三彩釉陶器）的，一般均可认定为契丹贵族墓葬[113]。沈阳地区辽产陶瓷中契丹形制的器物主要发现于大体位于辽河西部的沈阳康平、法库等地区辽墓[114]中。这一区域有相当数量的辽代城址发现，有的已经考证属辽代的头下军州城址。有学者已注意到这里的部分早期墓葬主人应与辽在此设置的早期头下军州领主贵族有着极密切的关系[115]。而辽墓中的精美输入瓷器，显然与墓主人生前具有的契丹贵族身份等密切相关。而在大体位于辽河以东、主要为沈阳市区的辽墓，如八王寺地区的辽墓群、马官桥辽墓、热闹路天主教修女院辽墓（M6）及辽宁大学院内辽墓等，随葬陶瓷器中常见中原汉族形制的成套陶明器，当然也与墓主生前地位或经济条件有关。

关于辽代陶瓷的时代特征，主要体现在两大方面。

一是从辽作为我国历史上唐以后与五代、北宋有过并存的历史朝代角度，辽产陶瓷在造型、功能、胎质、釉色、装饰等的总体特征上具有时代特征。也就是说，辽产陶瓷之所以不是其他别的陶瓷器，就是因为有着自身的时代特征。辽产陶瓷也因此被誉为"中国陶瓷史上一株瑰丽的奇葩"[116]，对后世金元的陶瓷也产生了不小影响。而对于辽境发现的精美输入瓷器，因为被输入辽境而成为辽代陶瓷，这是辽宋时期政权并存历史的产物，也因此成为广义上的辽代陶瓷的一个特殊的时代特征。

二是体现在对辽代陶瓷的分期研究而总结出的各期陶瓷器的不同特点上。沈阳出土的辽代陶瓷器结合辽墓的分期并参考以往分期研究成果，大致可分为辽代早期、辽代中期和辽代晚期三个时期[117]。辽代早期对于数量占优的辽产釉陶器和瓷器来说是初创期，对于辽代陶器而言早已经历过初创期而有所发展。辽代中期总体是辽产陶瓷的发展期，到了辽代晚期则是辽产陶瓷的繁荣期。关于三期辽代陶瓷的具体特点在此不作细述。总之，三期的陶瓷器具有各自的不同特点，既表现在不同器类在三个时期的消长变化和器物具体形制的演进上，又体现在釉色品种与装饰等的变化上，这些不同特点都体现出辽代陶瓷器的时代性。

从以上特征来看，它们之间也是相辅相成、相互关联的。其中，辽代陶瓷的实用功能、文化因素与民族特征是沈阳辽代陶瓷与所有辽代陶瓷的共性特征，而时代特征、地域差别特征等是共性与个性共存的特征。

本文是对于沈阳出土辽代陶瓷的考古发现、基本类型及相关基本特征的分析讨论，所做的研究与分析仅是初步的，探讨的内容与有关问题尚不够深入和全面。一是沈阳发现的辽代陶器中罐、壶、盆相对数量较多，其他的较少，因此仅是基本类型的一般介绍。二是对于统计的辽代陶瓷器，基本是来源于发表材料，笔者对其大部分没有接触到实物，对于辽代陶瓷窑址出土的标本接触更少，加之才识有限，所以对窑口类型的辨别有很大不足。三是辽代输入瓷器反映着中原地区陶瓷生产状况，折射着辽代与并存的五代和北宋政权的政治、经济及文化间的交流与影响，需要研究的内容非常丰富，本文除对辽代输入瓷器的类型做了简单探讨外，没能对其他相关问题进行深入探求。总之，本文主要是对沈阳出土辽代陶瓷的考古发现与基本类型进行的梳理和初步总结，包括上述不足和问题等都需要在以后加强研学，希望以此抛砖引玉，将沈阳辽代陶瓷考古和沈阳地域历史文化的研究不断推向深入。

注　释

[1] 金毓黻：《东北通史》卷五"契丹之统一东北"，五十年代出版社，1981年翻印。

[2] 辽是以契丹贵族为主体建立的地方政权，与我国五代和北宋政权有过共存并立。契丹是中国古代北方游牧民族，属东胡鲜卑族系。916年，耶律阿保机建立契丹政权，947年改国号为辽，以后又复号契丹，再改为辽，1125年为金所灭，本文统称为辽。

[3] 沈州城址在今沈阳老城区；辽州城址在今新民公主屯辽滨塔村，其所属的祺州城址在康平县郝官屯镇小塔子村；双州城址在沈北新区石佛寺乡石佛寺村；集州城址在沈阳东南陈相屯镇奉集堡村；广州城址位于于洪区高花镇高花堡村西。头下州即辽代契丹贵族所建的私城。

[4] 彭善国：《辽代陶瓷的考古学研究·绪言》，吉林大学出版社，2003年，1页。因辽产陶瓷中包括的陶器不代表辽代陶瓷手工业的主要成就而未予专门讨论，仅作为研究的参考。

[5] 如对辽阳江官屯窑址、建平叶柏寿辽墓、建平张家营子辽郑恪墓等的盗掘与破坏活动。详见李文信：《日寇在东北文化侵略的罪行》，《文物参考资料》1951年9期。

[6] 金毓黻：《辽金旧墓记》，《东北丛刊》1930年7期。另外，金毓黻先生在《静晤室日记》中记载的其在孙允中墓发现"古瓶一"，指的就是这件陶壶，发现时间是1930年5月20日（农历四月二十二日）。

[7] 佟柱臣：《金毓黻著〈静晤室日记〉书后》，《历史研究》1998年6期。

[8] 关于金毓黻先生发表的辽孙允中墓出土的长颈陶壶及传该墓出土青釉黑花梅瓶涉及沈阳辽代陶瓷发现与研究开端问题，但限于当时情况和环境等因素，应该是有所混淆。详见彭善国：《辽代陶瓷的考古学研究》，吉林大学出版社，2003年，70～73页。

[9] 伪满洲国建立后于1934年1月在沈阳设立了"国立博物馆"筹备机构并搜集文物资料。1935年6月1日，伪满"国立博物馆"开馆，馆址位于今沈阳和平区十纬路26号汤玉麟公馆旧址，1939年1月改为伪"国立中央博物馆奉天分馆"。

[10] 李文信：《"自传"摘录》，《李文信考古文集》（增订本），辽宁人民出版社，2009年。

[11] 佟柱臣：《中国辽瓷研究》，社会科学文献出版社，2010年。

[12] 东北博物馆是辽宁省博物馆的前身，馆址位于今和平区十纬路26号汤玉麟公馆旧址，1949年7月7日开馆，1959年更名为辽宁省博物馆。东北博物馆的辽瓷馆藏是一大特色，其更早渊源于伪满时期的奉天博物馆，1945年8月抗战胜利后初为苏军占据，1946年5月国民党进驻沈阳接收该馆并改为"沈阳博物馆"，次年元旦改为"国立沈阳博物院筹备委员会古物馆"，但一直未能开放。1948年11月后，人民政府在此基础上筹建东北博物馆。

[13] 李文信：《东北博物馆概况》，《文物参考资料》1951年9期。从记载情况看，东北博物馆内收藏的辽瓷等文物属多方来源，统计中不包括素陶器和输入瓷器。

[14] 伪满洲国初期在伪奉天博物馆筹建期间，主要是日本学者（如帮助整理陶瓷器等的满洲医科大学教授黑田源次等人）对于该馆所收藏的出土地点尚不明确的鸡冠壶、三彩盘等给予了"辽瓷"的定名。详见佟柱臣：《论辽瓷的几个问题》，《中国东北地区和新石器时代考古论集》，文物出版社，1989年。

[15] 日本学者小山富士夫、岛田贞彦等对部分辽代陶瓷尝试进行粗略的分析，但其研究导向带有文化侵略目的。

[16] 东北博物馆（李文信）：《辽李进墓发掘报告》，《文物参考资料》1951年9期。

[17] 冯永谦、温丽和：《法库县文物志》，辽宁民族出版社，1996年，93页；刘谦：《辽宁法库县叶茂台辽墓调查》，《考古通讯》1956年3期。

[18] 李文信：《辽瓷简述》，《文物参考资料》1958年2期；冯永谦：《辽宁省建平、新民的三座辽墓》，《考古》1960年2期。

[19] 冯永谦：《辽宁法库前山辽肖袍鲁墓》，《考古》1983年7期。

[20] 冯永谦、温丽和：《法库县文物志》，辽宁民族出版社，1996年，115页。

[21] 胡醇、丁君：《沈阳白塔地宫发掘工作》，《文物参考资料》1957年8期；李彩番：《沈阳崇寿寺白塔的文物》，《考古通讯》1957年6期；李文信：《辽瓷简述》，《文物参考资料》1958年2期。

［22］李文信：《辽瓷简述》，《文物参考资料》1958年2期；赵晓刚：《沈阳城区辽代墓葬拾遗》，《辽金历史与考古》（第四辑），辽宁教育出版社，2013年。

［23］李文信：《东北博物馆概况》，《文物参考资料》1951年9期。从记载情况看，东北博物馆内收藏的辽瓷等文物属多方来源，统计中不包括素陶器和输入瓷器。

［24］李文信、朱子方：《辽代陶瓷》，《辽宁省博物馆藏辽瓷选集》，文物出版社，1962年。这也是我国第一部辽瓷专题图录。

［25］辽宁省博物馆、辽宁铁岭地区文物组发掘小组：《法库叶茂台辽墓记略》，《文物》1975年12期；冯永谦：《东北考古研究》（一），中州古籍出版社，1994年，282~294页。

［26］辽宁大学历史系考古教研室：《辽宁法库县叶茂台8、9号辽墓》，《考古》1996年6期。

［27］温丽和：《辽宁法库县叶茂台辽肖义墓》，《考古》1989年4期。

［28］马洪路、孟庆忠：《法库叶茂台十九号辽墓发掘简报》，《辽宁文物》1982年3期。

［29］许志国、魏春光：《辽宁法库叶茂台第22号辽墓清理简报》，《北方文物》2000年1期。

［30］辽宁省文物考古研究所、沈阳市文物考古研究所：《辽宁法库县叶茂台23号墓发掘简报》，《考古》2010年1期。

［31］冯永谦、温丽和：《法库县文物志》，辽宁民族出版社，1996年，93页。

［32］王秋华：《惊世叶茂台》，百花文艺出版社，2002年。

［33］林茂雨、伲俊岩：《法库李贝堡辽墓》，《北方文物》2001年3期；沈阳市文物考古研究所：《法库县李贝堡辽墓群2007年度抢救性考古发掘报告》，《沈阳考古文集》（第2集），科学出版社，2009年。

［34］沈阳市文物考古研究所：《法库红花岭辽墓》，《沈阳考古文集》（第1集），科学出版社，2007年。

［35］沈阳市文物考古研究所：《法库秋皮沟辽墓发掘报告》，《沈阳考古文集》（第1集），科学出版社，2007年。

［36］沈阳市文物考古研究所：《法库县小房身村南沟辽代墓葬》，《沈阳考古文集》（第2集），科学出版社，2009年。

［37］沈阳市文物考古研究所：《法库县孤家子辽墓发掘报告》，《沈阳考古文集》（第2集），科学出版社，2009年。

［38］赵晓刚、林栋：《辽宁法库县蔡家沟发现一座辽墓》，《考古》2013年1期。

［39］沈阳市文物考古研究所：《法库大六家子辽井发掘简报》，《沈阳考古文集》（第1集），科学出版社，2007年。

［40］冯永谦、温丽和：《法库县文物志》，辽宁民族出版社，1996年，93页；冯永谦《辽志十六头下州地理考》，《辽海文物学刊》1988年1期。

［41］裴耀军：《康平张家窑1号辽墓》，《辽海文物学刊》1996年1期。

［42］王允军：《辽宁省康平县辽墓发掘简报》，《博物馆研究》2010年4期。

［43］伲俊岩：《康平张家窑林场辽墓清理简报》，《博物馆研究》1997年1期。

［44］沈阳市文物考古研究所：《康平张家窑林场柳条通辽墓群2016年发掘报告》，《沈阳考古文集》（第6集），科学出版社，2017年。

［45］　该墓群发掘材料尚未发表。目前仅在有关文章中有所介绍，如林栋、沈彤林等：《辽宁沈阳康平张家窑林场辽墓群》，《2017年中国重要考古发现》，文物出版社，2018年，第162～165页；赵晓刚、郑玉金：《康平张家窑林场辽墓群的发现与初步研究》，《沈阳考古文集》（第7集），科学出版社，2019年。

［46］　康平县文化馆文物组：《辽宁康平县后刘东屯辽墓》，《考古》1986年10期；铁岭市文物办公室、康平县文管所：《辽宁康平县后刘东屯2号墓》，《考古》1988年9期。

［47］　张少青：《辽宁康平发现的契丹、辽墓概述》，《北方文物》1988年4期。

［48］　武家昌：《康平海州辽墓清理简报》，《辽海文物学刊》1988年1期；张少青：《辽宁康平发现的契丹、辽墓概述》，《北方文物》1988年4期。

［49］　太平庄辽墓资料未发表，该器图片刊于沈阳市文物考古研究所：《沈阳考古发现六十年·出土文物卷》，辽海出版社，2008年，117、205页。

［50］　沈阳市文物考古研究所：《沈阳康平县大付家窝堡辽墓的发掘》，《沈阳考古文集》（第5集），科学出版社，2015年。

［51］　赵晓刚：《沈阳城区辽代墓葬拾遗》，《辽金历史与考古》（第四辑），辽宁教育出版社，2013年。

［52］　沈阳市文物考古研究所：《沈阳热闹路天主教修女院古代墓群2006年考古发掘报告》，《沈阳考古文集》（第1集），科学出版社，2007年。

［53］　唐裕菊：《新乐遗址发现辽代墓葬》，《沈阳文物》1992年创刊号；刘翠红：《沈阳新乐遗址辽墓发掘简报》，《沈阳考古文集》（第2集），科学出版社，2009年。

［54］　沈阳市文物考古研究所：《辽宁大学院内辽墓的发掘》，《边疆考古研究》（第5辑），科学出版社，2006年。

［55］　沈阳市文物考古研究所：《沈阳八王寺地区考古发掘报告》，辽海出版社，2011年。

［56］　沈阳市文物管理办公室、沈阳市文物考古工作队：《沈阳塔湾无垢净光舍利塔塔宫清理报告》，《辽海文物学刊》1986年2期；沈阳市文物考古研究所：《新民辽滨塔与塔宫清理简报》，《文物》2006年4期。

［57］　沈阳市文物考古研究所：《2010年千松园遗址辽金遗存发掘简报》，《沈阳考古文集》（第4集），科学出版社，2014年；沈阳市文物考古研究所等：《沈阳市新民偏堡子遗址辽金时期遗存发掘简报》，《边疆考古研究》（第10辑），科学出版社，2011年；沈阳市文物考古研究所：《沈阳市大二台子辽金遗址发掘简报》，《辽金历史与考古》（第五辑），辽宁教育出版社，2014年；沈阳市文物考古研究所：《沈阳市北四台子辽金遗址2012年发掘简报》，《沈阳考古文集》（第5集），科学出版社，2015年。

［58］　张亚林、赵聪寐：《辽代陶瓷造型研究述评》，《陶瓷学报》2018年4期。

［59］　佟柱臣：《中国辽瓷研究》，社会科学文献出版社，2010年；彭善国：《辽代陶瓷的考古学研究·绪言》，吉林大学出版社，2003年，1页，因辽产陶瓷中包括的陶器不代表辽代陶瓷手工业的主要成就而未予专门讨论，仅作为研究的参考；刘涛：《宋辽金纪年瓷器》，文物出版社，2004年；路菁：《辽代陶瓷》，辽宁画报出版社，2003年。

［60］ 冯永谦：《辽代陶瓷的成就与特点》，《辽海文物学刊》1992年2期；姜念思：《试论辽代陶瓷的造型与装饰特点》，《中国陶瓷全集（9）·辽西夏金卷》，上海人民美术出版社，2000年；马沙：《辽代制瓷业的产生及其历史贡献》，《文物世界》2002年2期。

［61］ 李宇峰：《辽代鸡冠壶初步研究》，《辽海文物学刊》1989年1期；杨晶：《略论鸡冠壶》，《考古》1995年7期；冯恩学：《辽代鸡冠壶类型学探索》，《北方文物》1996年4期；张松柏：《关于鸡冠壶研究中的几个问题》，《内蒙古文物考古文集》（第二辑），中国大百科全书出版社，1997年。

［62］ 李红军：《试论辽宁出土的唐三彩与辽三彩器及相关问题》，《辽海文物学刊》1989年1期；李红军：《辽代三彩"温盘"辩》，《辽海文物学刊》1992年1期；刘凤翥：《辽三彩"温盘"或"暖盘"正名》，《辽海文物学刊》1996年1期。

［63］ 彭善国：《定窑瓷器分期新探——以辽墓、辽塔出土资料为中心》，《内蒙古文物考古》2008年2期；彭善国：《辽境出土越窑瓷器初探》，《博物馆研究》2001年3期；彭善国：《辽代青白瓷器初探》，《考古》2002年12期；彭善国、刘辉：《东北、内蒙古出土的耀州窑青瓷——以墓葬材料为中心》，《考古与文物》2015年1期。

［64］ 乔梁：《契丹陶器的编年》，《北方文物》2007年1期；宋雨晗：《东北地区契丹——辽陶器初探》，吉林大学硕士学位论文，2015年。

［65］ 王馨瑶：《2001～2015年辽代陶瓷研究综述》，《赤峰学院学报（汉文哲学社会科学版）》，2018年7期；董健丽、董学增：《辽代陶瓷研究综述》，《辽金史论集》（第11辑），内蒙古大学出版社，2009年。

［66］ 冯永谦：《叶茂台辽墓出土的陶瓷器》，《文物》1975年12期。

［67］ 彭善国：《法库叶茂台23号辽墓出土陶瓷器初探》，《边疆考古研究》（第9辑），科学出版社，2010年。

［68］ 张树范：《沈阳地区出土辽产陶瓷的类型简析》，《辽金历史与考古》（第3集），辽宁教育出版社，2011年；张树范：《沈阳地区出土辽代输入瓷器的类型与分期》，《边疆考古研究》（第15辑），科学出版社，2014年。

［69］ 周向永：《康平马莲屯两座墓葬的年代与族属考》，《沈阳考古文集》（第5集），科学出版社，2015年。

［70］ 冯永谦：《辽代陶瓷的成就与特点》，《辽海文物学刊》1992年2期；杨晶、乔梁曾在辽陶瓷器分期研究中，将盘口瓜棱陶壶、夹砂陶罐与其他辽陶瓷一并考察，见其《辽陶瓷器的分期研究》，《青果集——吉林大学考古专业成立二十周年考古论文集》，知识出版社，1993年。

［71］ 如李红军、赵红认为"辽三彩对唐三彩有继承的一面，又有创新的一面。所谓继承主要是对唐三彩传统工艺和技法的继承，尤其是对唐三彩印花工艺的继承；而二者之间的差异，主要是契丹民族风格同中原风格的差异，它是由契丹民族的生活习俗和审美情趣决定的"。参见李红军、赵红：《辽三彩与唐、宋三彩的鉴别研究》，《美术观察》1998年5期。

［72］ 彭善国：《辽代陶瓷的考古学研究·绪言》，吉林大学出版社，2003年，68页。因辽产陶瓷中包括的陶器不代表辽代陶瓷手工业的主要成就而未予专门讨论，仅作为研究的参考。

　　　　　　　　　　　　沈阳考古文集（第9集）

［73］　王纯婧：《辽代鸡冠壶研究综述》，《辽宁省博物馆馆刊》（第3辑），辽海出版社，2008年。

［74］　如张松柏在《关于鸡冠壶研究中的几个问题》一文中，认为提梁类鸡冠壶在尚未考证出古代名称的前提下，还是按壶体最具代表性的特征命名较为适宜，认同日本学者提出的马镫壶的命名。收入魏坚主编：《内蒙古文物考古文集》（第二辑），中国大百科全书出版社，1997年。

［75］　董新林：《辽代墓葬形制与分期略伦》，《考古》2004年8期。

［76］　李文信先生当时将鸡冠壶作为一个类型而共分五式，另两式为扁身单孔式和扁身双孔式。李文信：《辽瓷简述》，《文物参考资料》1958年2期。

［77］　刘茜：《辽代陶瓷鸡冠壶造型研究》，《陶瓷研究》2019年2期。

［78］　董健丽：《辽代宗教瓷器述论》，《北方文物》2009年2期。

［79］　该墓资料未发表，该器图片刊于沈阳市考古所：《沈阳考古发现六十年·出土文物卷》，辽海出版社，2008年，133、207页。

［80］　资料未发表，该器图片刊于沈阳市考古所：《沈阳考古发现六十年·出土文物卷》，辽海出版社，2008年，117、205页。

［81］　李文信：《辽瓷简述》，《文物参考资料》1958年2期。此说影响深远。

［82］　李红军：《辽代三彩"温盘"辩》，《辽海文物学刊》1992年1期，140～142页。

［83］　李文信：《辽瓷简述》，《文物参考资料》1958年2期；冯永谦：《建平、新民的三座辽墓》，《考古》1960年2期。有的高座笔洗在笔洗对应一侧即是砚台，由砚台和笔洗对扣而成为一体，使用时可以分开。

［84］　塔拉、陈永志：《内蒙古地区出土瓷器概述》，《中国出土瓷器全集4·内蒙古卷》，科学出版社，2008年。

［85］　除统计的辽墓及辽代遗址以外，在沈阳还有几处辽金遗址中也出土了不少辽代陶器，鉴于大多为残器或器物残片，且大部分辽金地层不够明确，故本文未做详细统计，只做一般参考。本文的统计也难免有所遗漏者。

［86］　武家昌：《康平海州辽墓清理简报》，《辽海文物学刊》1988年1期。

［87］　法库卧牛石村辽代遗址出土的1件于腹部两侧饰对称的横鸡冠状耳，法库大六家子辽井出土的2件肩部均贴附对称竖桥耳。

［88］　彭善国：《试析辽陶瓷折肩罐》，《装饰》2016年8期。

［89］　宋雨晗：《东北地区契丹——辽陶器初探》，吉林大学硕士学位论文，2015年。

［90］　沈阳市文物考古研究所：《沈阳热闹路天主教修女院古代墓群2006年考古发掘报告》，《沈阳考古文集》（第1集），科学出版社，2007年。

［91］　赵晓刚：《沈阳城区辽代墓葬拾遗》，《辽金历史与考古》（第四辑），辽宁教育出版社，2013年。

［92］　北京市文物工作队：《辽韩佚墓发掘报告》，《考古学报》1984年3期。

［93］　中国硅酸盐学会：《中国陶瓷史》，文物出版社，1982年，298、299页。

［94］　王秋华：《惊世叶茂台》，百花文艺出版社，2002年，89～94页。

［95］　李含笑、彭善国：《辽代篦纹陶器施纹工艺研究——以城岗子城址出土陶器为例》，《北方文物》2019年1期。

[96] 内蒙古文物考古研究所、赤峰市博物馆、阿鲁科尔沁旗博物馆：《辽耶律羽之墓发掘简报》，《文物》1996年1期。

[97] 定县博物馆：《河北定县发现两座宋代塔基》，《文物》1972年8期。

[98] 陕西省考古研究所：《五代黄堡窑址》，文物出版社，1997年，40页。

[99] 辽宁省文物考古研究所：《关山辽墓》，文物出版社，2011年，50、51页。

[100] 江西省文物考古研究所、景德镇民窑博物馆：《景德镇湖田窑址——1988～1999年考古发掘报告》，文物出版社，2007年，79页。

[101] 江西省文物考古研究所、景德镇民窑博物馆：《景德镇湖田窑址——1988～1999年考古发掘报告》，文物出版社，2007年，271页（Cc型97E·T2①：11）。

[102] 赵晓刚、郑玉金：《康平张家窑林场辽墓群的发现与初步研究》，《沈阳考古文集》（第7集），科学出版社，2019年。

[103] 如辽产陶瓷中龙柄洗、扁壶、盘口穿带瓶、鱼龙形注壶等器物就鲜有发现。

[104] 刘辉、刘丹：《论辽代陶瓷鸡冠壶的实用性》，《北方文物》2010年3期。

[105] 如内蒙古自治区敖汉旗羊山M1东南壁壁画的备宴图、河北宣化张世卿墓壁画，都可见鸡腿瓶是插在木架上特制的孔内使用的。

[106] 中国硅酸盐学会：《中国陶瓷史》，文物出版社，1982年，319页。

[107] 这里的西方是指与中国有密切关系的中亚、西亚和欧洲的国家和地区。齐东方：《唐代金银器研究》，中国社会科学出版社，1999年，305页。

[108] 彭善国：《辽代陶瓷的考古学研究·绪言》，吉林大学出版社，2003年，1页。因辽产陶瓷中包括的陶器不代表辽代陶瓷手工业的主要成就而未予专门讨论，仅作为研究的参考。

[109] 彭善国：《辽陶瓷形制因素论稿》，《内蒙古文物考古》2004年1期。

[110] 李声能、赵菊梅：《辽代陶瓷的文化内涵研究》，《辽金历史与考古》（第二辑），辽宁教育出版社，2010年；陈仲琛、陈文霖：《辽瓷中的民族文化元素简析》，《中国陶瓷工业》，2016年3期。

[111] 付承章：《论辽代陶瓷中的伊斯兰文化元素——以七连环图案为例》，《草原文物》2018年2期。

[112] 乔梁：《契丹陶器的编年》，《北方文物》2007年1期。

[113] 李逸友：《略论辽代契丹与汉人墓葬的特征和分期》，《中国考古学会第六次年会论文集》（1987年），文物出版社，1990年，189页。

[114] 有研究将沈阳地区的辽墓分成东西两大区，西区即大体位于辽河西部，包括康平、法库及新民等地，东区即大体位于辽河以东，主要为沈阳市区的辽墓。林栋：《沈阳地区辽墓初探》，《沈阳考古文集》（第2集），科学出版社，2009年，236～247页。

[115] 刘未：《辽代契丹墓葬研究》，《考古学报》2009年4期。其中，早期头下军州指辽太祖太宗时期所设置的头下军州。法库县已有包家屯镇南土城子村古城址经考证为辽原州城址，同镇的三合城村古城址考证为福州城址，这两个头下军州约设立于辽太宗时期。而另两个头下军州渭州（城址位叶茂台镇西二台子古城址）和宗州（州领主为汉族，城址位于四家子蒙古族乡四家子村古城址）设于辽圣宗时期。详见冯永谦：《辽代原州、福州考》，《北方文物》1988年2期；冯永谦：《辽志十六头下州地理考》，《辽海文物学刊》1988年1期；刘浦江：《辽朝的头下制度与头下军

州》，《中国史研究》2000年3期。

[116]　徐秉琨、孙守道：《东北文化——白山黑水中的农牧文明》，商务印书馆（香港）有限公司，1998
　　　　年，159页。

[117]　辽代早期，从辽建国的916年到宋辽"澶渊之盟"的1004年前后，即从10世纪初到11世纪初的80
　　　　余年；辽代中期，从"澶渊之盟"后的1005年到1055年，即11世纪上半叶的50年；辽代晚期，从
　　　　1056年到辽朝灭亡的1125年，即11世纪中叶到12世纪初的约70年。

辽代砖、石、土混筑墓葬初探

林 栋

（沈阳市文物考古研究所）

辽代墓葬是现存研究辽代历史文化的珍贵实物资料。在数量众多、内涵丰富的辽代墓葬中，有一类用砖、石、土不同建筑材料混合建造而成的墓葬，占有一定比例，特征较为明显，但一直未能引起更多的关注，相关研究成果甚少。近年来，随着辽宁康平张家窑林场辽墓群等新墓葬发现，进一步丰富了这类混合建筑材料辽墓的资料，本文拟在较为全面收集和整理此类墓葬资料的基础上，对辽代混合筑墓葬的类型、演变及分布的情况进行初步的探索。

一、类 型 划 分

根据目前已发现辽代砖、石、土混筑墓葬的情况，首先可根据建筑材料的不同将其分为砖石混筑和石土混筑两大类。具体情况如下。

（一）甲类：砖石混筑

甲类墓葬建筑材料由墓砖和石块混合组成，基本为有墓门的单室或多室墓。根据墓葬形制和砖石混筑结构的不同，可分为多室墓和单室墓二型。

1. A 型：多室墓

由主室和耳室等多个墓室组成。根据墓葬形制变化和材料使用情况的不同，分二亚型。

Aa型 除主室外均有两个耳室，可分为三式。

Ⅰ式：墓主室平面为方形。墓室的主体部分以石材为主，仅墓顶等局部使用青砖建造。白玉都墓[1]仅主室顶部用砖。七家子墓[2]主室和耳室墓壁为石材，墓顶为砖筑。蔡家沟墓[3]耳室和主室顶部为石筑，主室壁用砖（图一，1）。耶律霞兹墓地M3[4]墓室前半部耳室使用砖筑，主室全部使用石筑（图一，2）。

Ⅱ式：主室平面为圆形。墓室前半部使用砖筑，主室全部使用石筑，以查干坝M11[5]为代表（图一，3）。

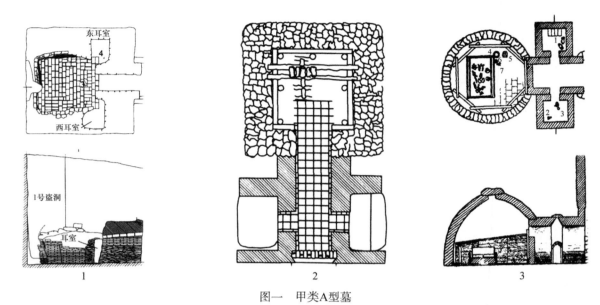

图一　甲类A型墓

1、2.甲类Aa型Ⅰ式（蔡家沟墓、耶律霞兹墓地M3）　3.甲类Aa型Ⅱ式（查干坝M11）

Ⅲ式：主室平面为多角形。清河门M2[6]主室平面为八角形，墓门和墓底使用青砖。龟山M1[7]主室平面呈六角形，耳室全部石筑，主室为砖筑。

三式的变化趋势为主室平面逐渐由方形到圆形，再到多角形。墓室用砖的比例逐渐增加，用石的比例逐渐减少，最终墓室的主体部分（主室）全部采用砖筑。

Ab型　由前室和后室（主室）组成，没有耳室。银窝沟墓[8]前后室均为圆形。前室为石筑，后室为砖筑。

另外的浩特花M3大型多室墓，报道过于简略[9]，只知为砖石混筑，主室平面为十角形，具体情况不详。

2. B型：单室墓

B型墓葬仅有一个墓室，根据墓葬形制和砖石混筑方式不同，可分为二亚型。

Ba型　墓室壁不带小龛，以石壁砖顶的混筑方式居多。分三式。

Ⅰ式：墓室平面为方形。南林子墓[10]为砖壁石板盖顶。大沙力土墓[11]石壁砖顶（图二，1）。

Ⅱ式：墓室平面为圆形。均为石壁砖顶。包括光明街M3[12]、涿鹿县墓[13]。

Ⅲ式：墓室平面为多角形。甬道顶部为石筑，其余部分为砖筑。以新甸乡墓[14]为代表。

Bb型　墓壁为砖壁，带两个小龛。封山屯墓[15]墓室平面呈圆形，墓室和甬道均为砖壁石顶（图二，2）。

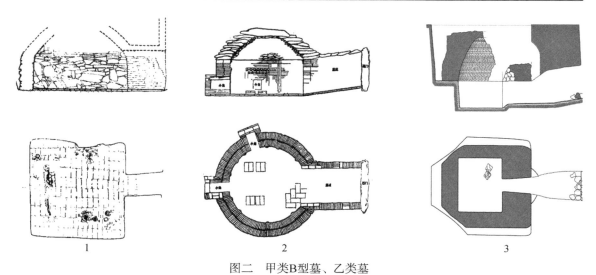

图二　甲类B型墓、乙类墓
1. 甲类Ba型Ⅰ式（大沙力土墓）　2. 甲类Bb型（封山屯墓）　3. 乙类（长白山Ⅰ区M5）

（二）乙类：石土混筑

乙类墓葬均为方形单室，以原始土圹壁为墓壁，上部用石块砌筑穹隆顶，即土圹石顶墓。根据甬道形制差别分三式。

Ⅰ式：土圹甬道。以友爱墓[16]为代表。

Ⅱ式：过洞甬道，但过洞中部有一个天井。以张家窑林场长白山Ⅰ区M1为代表[17]。

Ⅲ式：过洞甬道，不带天井。以张家窑林场长白山Ⅰ区M5[18]为代表（图二，3）。

变化趋势主要为甬道由开放的土圹式，变为带一个开放天井的过洞式甬道，再到完全封闭式的过洞甬道。

二、年代与分期

（一）年　　代

1. 甲类

Aa型Ⅰ式的白玉都墓、七家子墓时代在10世纪中期，蔡家沟墓、耶律霞兹M3时代大体在10世纪后期；Ⅱ式的查干坝M11时代大体在11世纪前期；Ⅲ式的清河门M2出土有纪年墓志，时代为1057年，龟山M1的时代大体在11世纪后期。

Ab型的银窝沟墓时代较晚，在11世纪后期以后。另外的浩特花M3时代也在11世纪后。

Ba型Ⅰ式的南林子墓时代大体在10世纪中期，大沙力土墓时代大体在11世纪前期；

Ⅱ式的光明街M3时代为11世纪前，涿鹿县墓时代在11世纪后；Ⅲ式的新甸乡墓时代同样在11世纪后。

甲Bb型的封山屯墓时代较早，大体在10世纪初。

2. 乙类

乙类Ⅰ式的友爱墓时代大体在10世纪前期；Ⅱ式的长白山Ⅰ区M1的时代在10～11世纪之交，Ⅲ式的长白山Ⅰ区M5的时代大体在11世纪前期。

（二）分　　期

根据以上各类型墓葬的时代及演变情况，现可将其划分为三期4段。

一期：时代大约为整个10世纪。共分两个发展阶段。总体上为初步发展期。本阶段的总体特点是混筑墓葬数量少，类型单一，体现出了砖石和土石混筑墓葬初创期的特征。砖石混筑墓葬中石材使用比例较高。墓葬平面形状主要为方形，仅有个别圆形墓。

1段：时代大体为10世纪前期。墓葬组合主要包括甲类Bb型的封山屯墓和乙类Ⅰ式的友爱墓。

2段：时代大体为10世纪中后期。墓葬组合包括甲类的Aa型Ⅰ式、Ba型Ⅰ式，乙类Ⅱ式。多室墓开始出现。

二期3段：时代大体为11世纪前期，为混筑墓葬的发展壮大时期。墓葬数量和组合更加丰富。砖石混筑墓葬中，多室墓石材主要用于墓室后部主室，前半部为砖筑。单室墓墓壁多为石筑，墓顶为砖筑。墓砖使用的比例有所增加。墓室平面形状以圆形为主，方形依然存在。

墓葬组合包括甲类Aa型Ⅱ式和Ba型Ⅰ式、Ⅱ式，乙类Ⅲ式。

三期4段：时代大体为11世纪中后期。共一个发展阶段。基本延续了上一时期的发展态势。砖石混筑墓葬在墓葬形制和演变上有了进一步的发展，使用墓砖的比例进一步增加。石土混筑墓葬逐渐消失。墓葬平面形状主要流行多角形，圆形依然存在。

墓葬组合包括甲类Aa型的Ⅲ式，Ab型和Ba型的Ⅱ式、Ⅲ式。

分期具体情况见附表。

三、地域分布与文化内涵

从总体分布上看，辽代砖石混筑墓葬应起源于内蒙古契丹族集中活动的心腹地带，并随时代发展逐步南下扩散，二期在辽西和辽中地区都有分布，自三期开始进入关内河北地区。三期圆形墓甲类Ab型的银窝沟墓、甲类Ba型Ⅱ式的涿鹿县墓，墓室仍保留圆形，且仅见于河北地区，当地正是圆形砖室墓起源和持续流行的中心范围，始终保留了圆形墓的传统。

从墓葬族属上看，内蒙古和辽宁地区混筑墓葬随葬品等方面体现出较明显的契丹族文化特色，墓主多为契丹族人。关内混筑墓葬的墓主应与本地其他墓葬族属相同，基本上为辽代汉族。从时代和特征上看，明显受到了契丹统治中心区的影响。从墓葬等级上看，契丹族的砖石混筑墓葬中，亦有一部分级别较高的多室墓，但较大型高等级砖室墓还有较大差距，墓主人身份通过个别墓志资料可以有所了解，大体应为契丹中小贵族。关内河北涿鹿县墓墓主原报告推测为僧人。单室墓的等级总体上要低于多室墓。

从建筑材料的文化传统上看，北方少数民族具有选用石材建造墓葬的传统，石椁墓在辽西地区有悠久的历史，而使用墓砖则是中原汉族王朝的习俗。辽代石筑墓葬应受到同处于我国东北地区，时代更早的高句丽、渤海等古族石室墓葬的影响。辽代砖石混筑墓葬中用砖的比例有逐渐加大的趋势，应是随着时代发展，中原汉族先进文化不断渗入，辽朝封建进程不断加深的体现。在康平张家窑林场长白山Ⅰ区墓群中，除发现有乙类土石混筑墓葬的Ⅱ式（M1）和Ⅲ式（M5）外，还有一座完全使用石材建筑的石室墓M6。三座墓葬同处一个墓地，排列存在规律，时代先后顺序较为明确，石室墓M6的时代大体在11世纪中期，要晚于前两座土石混合墓葬。体现出同一地区土圹石顶墓葬逐步向石室墓转化的发展轨迹，虽目前仅此一例，但仍应具有一定的代表意义，说明10世纪中叶乙类土石混筑墓的消亡，可能是被石室墓逐步取代的结果。而11世纪后期，石室墓的数量总体明显减少，这应与辽晚期砖室墓和砖石混筑墓进一步发展，逐渐取代完全石材墓葬的历史进程有关。

注　释

［1］　阜新蒙古族自治县文化馆：《辽宁阜新县白玉都辽墓》，《考古》1985年10期。

［2］　辽宁省文物考古研究所、阜新市文物管理委员会办公室、彰武县文物管理所：《辽宁彰武的三座辽墓》，《考古与文物》1999年6期。

［3］　赵晓刚、林栋：《辽宁法库县蔡家沟发现一座辽墓》，《考古》2013年1期。

［4］　韩宝兴、李宇峰：《辽宁建平县丰山村辽耶律霞兹墓地发掘简报》，《辽金历史与考古》（第一辑），辽宁教育出版社，2009年，41～48页。

［5］　董文义：《巴林右旗查干坝十一号辽墓》，《内蒙古文物考古》1984年。

［6］　李文信：《义县清河门辽墓发掘报告》，《考古学报》1954年2期。

［7］　靳枫毅、徐基：《辽宁建昌龟山一号辽墓》，《文物》1985年3期。

［8］　赵志厚：《滦平县银窝沟砖室墓清理简报》，《文物春秋》1991年4期。

［9］　塔拉、杨杰、董新林：《扎鲁特辽墓发掘有重要收获》，《中国文物报》1999年12月15日1版。

［10］　辽阳市文物管理所：《辽阳发现辽墓和金墓》，《文物》1977年12期。

［11］　阜新市博物馆筹备处：《辽宁阜新县契丹辽墓的清理》，《考古》1995年11期。

［12］　抚顺市博物馆：《抚顺市光明街辽墓发掘简报》，《辽海文物学刊》1987年2期。

［13］ 张家口地区博物馆：《河北涿鹿县辽代壁画墓发掘简报》，《考古》1987年3期。

［14］ 王玉芳：《岫岩新甸乡发现辽代壁画墓》，《辽海文物学刊》1994年1期。

［15］ 扎鲁特旗文物管理所：《扎鲁特旗封山屯契丹墓清理简报》，《北方文物》1990年3期。

［16］ 巴林右旗博物馆：《内蒙古巴林右旗友爱辽墓》，《文物》1996年11期。

［17］ 沈阳市文物考古研究内部资料，待刊。

［18］ 沈阳市文物考古研究内部资料，待刊。

附表　辽代砖、石、土墓葬分期表

时代	形制	墓葬名称	地点	主室尺寸/米	建筑材质	其他
一期1段： 10世纪前期	甲Bb	封山屯墓	内蒙古扎鲁特旗	直径3.5	石顶砖壁	甬道顶石
	乙Ⅰ	友爱墓	内蒙古巴林右旗	4.45-4.45-3.7	土壁石顶	小帐版画
一期2段： 10世纪中后期	甲AaⅠ	白玉都墓	辽宁阜新	2-2	主顶砖	
		七家子墓	辽宁阜新	2.9-2.9	石壁砖顶	
		蔡家沟墓	辽宁法库	2.8-2.7	耳室主顶石	甬道顶砖
		耶律霞兹M3	辽宁建平	4.7-4.7	主石耳砖	木椁室
	甲BaⅠ	南林子墓	辽宁辽阳	1.46-1.56-1.46	石板盖顶	石门楣
	乙Ⅱ	长白山IM1	辽宁康平		土壁石顶	过洞甬道
二期3段： 11世纪前期	甲AaⅡ	查干坝M11	内蒙古巴林右旗	直径4	主石耳砖	围栏木床棺
	甲BaⅠ	大沙力土墓	辽宁彰武	1.6-1.7	石壁砖顶	砖床合葬
	甲BaⅡ	光明街M3	辽宁抚顺	内径3.05	石壁砖顶	砖床木棺
	乙Ⅲ	长白山IM5	辽宁康平		土壁石顶	过洞甬道
三期4段： 11世纪中后期	甲AaⅢ	清河门M2	辽宁义县	4	门墓底砖	二次合葬
		龟山M1	辽宁建昌	3.8-3.1	耳石主砖	随葬品丰富
	甲Ab	银窝沟墓	河北滦平	2.5-1.8　4.4-2.5	前石主砖	前室外壁石
	甲A	浩特花M3	内蒙古扎鲁特旗		砖石混	木护板
	甲BaⅡ	涿鹿县墓	河北涿鹿		石壁砖顶	
	甲BaⅢ	新甸乡墓	辽宁岫岩	对角线4.5	甬道顶石	青石板墓门

《重修安宁寺碑记》疏证[*]

赵晓刚　马静男

（辽宁大学历史学部考古文博学院）

《重修安宁寺碑记》[1]见于《沈阳碑志》第355～360页，该碑于1985年发现于苏家屯区奉集堡镇安宁寺旧址，砂岩石质，分碑首、碑身、碑座三部分，首身连体。碑方首抹角，阳面浮雕二龙戏珠纹，额刻"万古流芳"四个大字，边框刻划缠枝纹，高0.65、宽0.68、厚0.24米；碑身长方体，碑阳和碑阴均阴刻，高1.08、宽0.65、厚0.24米；碑座为亚腰形，长0.91、宽0.55、高0.36米。

该碑石虽因日久风吹雨淋，碑文有部分脱落，然大体尚能识读，了解其意。该碑以往未见著录，且安宁寺在史志中记载亦颇为简略，加之碑文中还记述了民国时期沈阳地区的一些史实，对于考证地方历史有一定的帮助，因此笔者在此略作疏证，以求教于方家。

一、碑文识读

该碑碑文为楷书阴刻，碑题"木甲公重修安宁寺碑记"，竖式19行，满行39字，全文共计600余字（图一）。碑阴刻捐资修寺者名及捐款数额，竖式30行，全文1000余字（×略）。兹录碑记全文如下：

> 塔山安宁寺者自唐朝建筑以来所经□□□□□□□□□□□□□前
> 殿三间立碑两面一述其神□□」英武一述其寺僧之由来惟□□□寺
> □□□□□□□□□纲来如管下人大戒少□□」也迨至清乾
> 隆年间安实僧□□□□□□□□□□□有□□□□□□□□□云寺
> 僧**敢**□□」规二者公□□安经□争□□□□不□者□□□是庙□得其
> □□□□□□□□□□□□□□□」拈香礼□□木会首□□□□□□□请
> 临济派僧人一名代□□□□事□□□□□□□」其故何也□其能□□

---

* 本文系2019年度国家社科基金重大项目"满族民间历史档案资料整理研究与数据库建设"阶段成果（项目编号：19ZDA181）。

规□□□安宁寺之住持僧沙门派□**此**□□**而**□□□□□□□□□□□」
绪三十年日俄争战俄兵蹂躏于此而瓦砾皆空住持僧避乱省垣□□□春
□□□□□□□□□□**盖**宿舍三间未及数年武昌起义国体变更自治成立藉官
名义暗结日本**筑**□山名假公□□□□□」会首习显等见事不公率寺僧宽祥宽福
出首力争而主权挽回沈阳县公署有案可查不□□□□□」富强心其英风岂能徒
受欺侮而甘居林下兄弟二人遂同出庙入伍公会视庙内香火无人□□□□」本庙
同派之僧人真明代理将及二年公会提倡重修后殿三间真明皆有协助之功已勒碑
石**勿**□□」述也孰知天定胜人岂得强作若寺僧宽祥宽福自知命途多舛近来痛洗
前愆于今六月间邀集□□」会首等和衷共济重修前殿三间志在恢复本寺原状虽
曰神佛之感应而实系住持僧等之自□□□」是会首等有鉴及此竭力协助募化布
施不惮劳瘁除修佛殿之余又筑东西廊房两所墙垣□□足□」观瞻自此之后住持
僧等操持庙事果能始终一致不但安宁寺之前途有望而公会□□□□□□□」
也所以一切事实载碑鼓励公会愿住持僧等勿贪**当**无受戒之苦楚而□受戒之
□□□□□□□」以志不忘云尔」中华民国十八年古历九月二十日□立

（碑文中仿宋者为原书中认为模糊难断之字，黑体者为作者从碑刻拓片中新识读出
来的字。）

二、碑文结构

碑阳文字多有漫漶，全文并不能通读，只能略知其大意。从结构看，全文可分三
部分。

第一部分，从开头至宿舍三间，说明了安宁寺的位置、来历和发展经过。

开篇即说明了安宁寺位于塔山，其始建于唐，当时有前殿三间，碑两甬。唐后直接
到了清朝乾隆年间，具体事迹不详。时至光绪三十年，安宁寺被日俄战争的炮火所毁，
事后仅得恢复宿舍三间。

第二部分，从未及数年至足□观瞻，介绍了民国年间安宁寺险被人侵占，而最终得
以重建之经过。

民国建立后，当地官员竟然暗中勾结日本人，意图侵占安宁寺的庙场。因此处字迹
不清，具体情况尚难明了。但公会为安宁寺主持了公道，替寺僧宽祥和宽福出头，争回
了庙产。然而，在事件之中，宽祥和宽福受到了欺侮，故而事后愤然离开了寺庙，参加
了军队。公会找到真明代管安宁寺，并助其修复后殿三间。数年后，宽祥和宽福出于虔
诚，又回到寺庙并依靠公会的支持，最终恢复了安宁寺原貌。

第三部分，从自此之后至结尾，说明立碑缘由，以公会的名义劝诫住持僧侣要勤操
寺务，不忘修寺之事。

因有宽祥和宽福愤然离寺之举，故而公会在寺庙修缮完工之时，特意立此碑石。一则将捐资修寺者名字勒石以纪其功德；二则劝诫安宁寺的僧众要始终坚持操持寺务，这样安宁寺才能香火旺盛。

三、碑文中相关史实考证

1. 安宁寺的始建年代推测

安宁寺在《全辽志》《辽东志》《盛京通志》（康熙二十三年近卫本）等志书中均未见有记载。《盛京通志》（乾隆武英殿本）中记载最详："安宁寺，在城东南五十里塔山上。正殿三楹，前殿三楹，东耳房三楹，钟鼓楼一座，大门一楹。"[2]在《奉天通志》卷九十二建置六祠庙沈阳县下记："安宁寺，在城东南。"[3]《沈阳县志》卷十三宗教道教下记："安宁寺，在城东南。"[4]据碑文记载，安宁寺为唐时建筑，乾隆年间似曾有过什么活动，光绪三十年庙宇被俄军所毁，1912年后先修筑后殿三间，民国十八年六月又筑前殿三间，九月又修筑东西廊房两所，建起墙垣，庙宇基本恢复。

据《隋唐时期沈阳地区行政建置述略》[5]一文可知，沈阳地区的唐代遗存除几座高句丽山城址外，尚未有其他发现。位于苏家屯区的塔山山城，即唐代安东都护府下盖牟州之所在。据此，安宁寺修建于此时是有可能的。

然而根据史书记载，当时唐在高句丽旧地设置的羁縻州"并无城池。是高丽降户散此诸军镇，以其酋渠为都督、刺史羁縻之"[6]。而且由于高句丽遗民的不断叛乱，唐对辽东地区的统治并不稳固，修建寺庙又非一朝一夕之事，恐在此时难以实现。此外，遍观沈阳现存古建筑或古建筑遗址，目前尚未发现有明确的唐代建筑，最早的为辽代所建。再有，从《全辽志》《辽东志》《盛京通志》（康熙二十三年近卫本）等志书中未见收录的情况看，该寺不可能是唐代所建。

根据我们对塔山山城的调查，山上发现最多的是高句丽时期和辽代的遗物，而没有发现明确的唐代遗物。城址的西南角发现有较多的辽代沟纹砖。据《盛京通志》（康熙二十三年近卫本）记载："塔山，城东南四十里，山上有城，周围二里半，东南一门，塔一座。"我们推测发现辽砖的位置应该就是塔的位置。

据《沈阳市文物志》塔山山城址条记载："明代曾在城内建安宁寺，久已不存。现仅留下明万历、清乾隆年间及民国十八年的3块石碑。城址后山顶上原有六角砖塔一座，早年已倒毁，故此才有塔山之名。"[7]

我们在塔的周围发现有大量的明清青砖。《沈阳市文物志》中除此碑外，还收录有"奉集堡塔山安宁寺碑"和"塔山九圣祠碑"（以上碑刻现今均收藏于沈阳碑林博物馆）。其中《塔山九圣祠碑》为清道光二十八年（1848年）所立，"奉集堡塔山安宁寺碑"因碑文漫漶，年代不详，但据碑石材质为小豆石，首身一体的形制分析，应为明代碑刻。因此笔者认为安宁寺应该修建于明代，在乾隆年间、道光年间均曾有维修等行为。寺庙的位置就在塔山辽塔下方的城内山坳平台上，寺庙建筑的原因可能亦与该塔的存在有关。

2. 安宁寺的建筑规模

据志书记载，安宁寺有正殿三楹，前殿三楹，东耳房三楹，钟鼓楼一座，大门一楹。这应该是寺庙始建时的规模。而且，据碑文所载，当时庙里应该还有两甬碑。当然，辽代的佛塔亦是寺庙的重要组成部分。寺庙在光绪三十年日俄战争时被俄军所毁，只余瓦砾。此后建筑应有大门、围墙、东西廊房、前殿三间、后殿三间、佛塔一座，规模较之前多了西廊房。

3. 公会所指为何

安宁寺在《沈阳县志》中被列于"道教"之下，据此我们可知该寺庙应为一道教场所。因而，碑文中提到的"公会"应该是指"中华全国关东道教总分会"。

据《沈阳县志》记载：（该会）"附设外攘关路北太清宫，其立会宗旨在根据道德阐明正教出也入世化而为一，于民国元年十月初五日成立，会中职员悉属义务，由诸山道侣选举，设正会长一，以监院兼任，副会长二，分科五，总务、理财、演教、文牍、评议，各置科长一。科员无定额，教内会员二百九十二，教外会员千余。每岁春秋开大会二次，常年经费归本院筹办。""中华全国道教总分会"属"中华全国道教总会"的下属机构，"中华全国道教总会"设于北京白云观。

4. 寺庙为何会毁于日俄战争

日俄战争爆发于光绪三十年（1904年），是日本帝国和俄罗斯帝国为争夺朝鲜半岛和中国东北地区的战争。日俄战争的陆上战场是清朝本土的东北地区，而清朝政府却被逼迫宣布中立，甚至为这场战争专门划出了一块交战区。1905年2月下旬，俄国以沙河为屏障，将部队在河的北岸一字排开，先守后攻。日本野津大将所属第四军25万日军与李尼维大将率领的30万俄军血战7昼夜（史称沙河会战），双方各伤亡7万和9万人。而塔山正位于沙河北岸，其所在的区域及其以西约5千米的魏家楼子和烟龙山正是日俄战争沙河会战双方激烈交战的主战场。现在魏家楼子城址内和烟龙山上还分别竖立着"奉天会战日军第四军战绩碑"和"日俄奉天会战沙俄纪念碑"。因此日俄战争沙河会战期间，安宁寺被俄军占领，用于构筑沙河防线，寺内僧侣只能远逃到奉天省城。塔山上的辽塔疑为充作炮兵瞭望点而被轰毁[8]，而位于塔侧的安宁寺亦难逃被彻底损毁的命运，只余断瓦残垣。

5. 民国时安宁寺重建经过

武昌起义之后，沈阳地区未经革命洗礼，只是在1912年经过改组成为中华民国政府下的地方政权。而经过日俄战争之后，日本的势力已遍布东北南部。安宁寺的命运此时亦受时局影响，寺庙只经简单修复，只剩宿舍三间。然而就是如此窘迫，这所剩不多的庙产还被当地官员暗中勾结日本势力所侵占。此时，中华全国关东道教总分会在会首刁显的主持下，率领安宁寺的僧人宽祥和宽福据理力争，最终保住了庙产。虽然如此，但在此过程中寺僧恐多受日本人的欺侮，故而事后寺僧宽祥和宽福一同出寺参军。公会为保寺庙香火，又选派本寺同派的真明前来主持安宁寺，并协助其将安宁寺的三间后殿进行了修复。

时至民国十八年，宽祥和宽福又重新回到寺庙，意图恢复安宁寺原状。在公会的大力协助下，到处募化，最终有500余人进行了捐助，最多者捐款30元，最少者1元。在广大信众的捐助下，安宁寺终于又恢复了原先的模样。

四、余　论

安宁寺为奉天城郊一微名小寺，地方史志所记者太过简略，而且明万历和清乾隆年间的碑石已不知所踪，唯此碑保存了该寺的一些相关史料。作为地方史研究者，笔者试图在此将该碑所蕴含的历史信息铺陈给大家。然而，限于笔者能力，加之碑文的漫漶，其中还有诸多信息未能完全呈现。此外，据碑文所载，当地官员意图侵占庙产的事件在沈阳县公署已立案，当有档案可查。笔者亦未能查阅到相关档案，此诚为遗憾。若本文能有抛砖引玉之功，异日更有新材料得以还原当日真相，暴露意图侵占庙产为恶之官员，背后为怅之日本人的丑陋嘴脸，则斯愿足矣！

注　释

［1］　沈阳市文物考古研究所：《沈阳碑志》，辽海出版社，2011年，355～360页。

［2］　（清）阿桂等纂修：《盛京通志》（百三十卷本），辽海出版社，1997年，1461页。

［3］　王树楠、吴廷燮、金毓黼等纂：《奉天通志》，东北文史丛书编辑委员会，1983年，2104页。

［4］　曾有翼等纂修：《沈阳县志》卷十三，奉天作新印刷局印，民国六年。

［5］　赵晓刚：《隋唐时期沈阳地区行政建置述略》，《沈阳考古文集》（第1集），科学出版社，2007年，258～263页。

［6］　（后晋）刘昫等撰：《旧唐书·地理志》，中华书局出版，1527页。

［7］　沈阳市文物管理办公室编纂：《沈阳市文物志》第二章第二节，沈阳出版社，1993年，50、51页。

［8］　张志强：《沈阳城市史》，东北财经大学出版社，1993年，138页。

沈阳地区索尼家族封赠碑

李 鑫

（沈阳市文物考古研究所）

在现存沈阳地区碑刻中，满蒙贵族碑刻占很大比例，而这些碑刻又以诰封碑和墓志为主。清代是等级制度高度发达的社会，对皇室和品官用碑，在规格、形制、题字等方面，都有严格的规定。"顺治十三年春正月，内三院奏言：封赠等官墓碑，考之会典，止有碑之大小，其碑上就应用何文未有成例，故查明封赠之官，墓碑称'诰赠某官某人之墓'，亦有子孙自将封赠诰命之文刊刻碑文者，亦有不刊者。今臣等议，臣子荣亲以王言为重，凡蒙恩封赠官员，拟应子孙自备石碑，各将所得诰命刊刻，以垂永久。从之。"[1]根据已有资料可知，索尼谱从这一定制，于顺治十三年四月开始，先后在沈阳（清盛京）立了《辅政大臣索尼碑》《清诰赠特黑讷及夫人之碑》《清扈世穆及夫人诰赠碑》《索尼诰封碑》《索尼纪世德碑序》等封赠碑，这几通碑为我们研究索尼家族历史提供了系统翔实的资料。

一、碑刻基本情况及碑文

1.《辅政大臣索尼碑》

此碑立于清顺治十三年（1656年）四月，今已不存。碑文见于《奉天通志》卷二百五十九，记述了索尼的身世、功绩及蒙恩封赠的诰命之文。碑文如下：

　　辅政大臣索尼碑　索尼碑序　內大臣一品伯男索尼恭記　尼幼失父母孑然一身以布衣侍衛　太宗皇帝致身勞瘁夙夜匪懈戮力征討見利不趨臨難不退矢心忠懇盡所當行蒙　太宗皇帝睿鑒顯庸擢為親臣倅□內外事務□澤洊加迨　皇上定鼎燕京任以股肱心膂輔弼左右不意奸黨潛起逆謀雖流謫困窮而　皇上鑒其端心貞志不為祿餌所二竭其忠直頂戴　天恩不從亂黨不虧臣節　褒嘉臣尼克盡忠義以定國亂誠為藎臣是以擢為內大臣錫之　誥命授一等伯世襲罔替免死罪二次嗣又特降溫旨以爾索尼較之古人猶自过之真无愧社稷之臣又　覃恩三世　曾祖父母　祖父母　父母咸膺　寵贈此皆　父母所貽之□澤也尼何人斯承此　隆遇敢不對揚　天子之明命勒之碑版榮施奕葉使我　父母幽靈洞鑒樂　聖澤之無疆

後世子孫免篤忠貞報　皇恩於弗替敬於墓道之前恭立碑石述尼志行鏤之誥命之
後用彰　帝眷傳之億萬斯年謹記　順治十三年四月吉日敬立

2.《清诰赠特黑讷及夫人之碑》

1983年发现于沈阳市妇婴医院。碑阳下角及碑阴边有残，青石质。首高77、宽
89.5、厚22.5厘米。碑身高169、宽84、厚19.5厘米。座长104、宽59、厚43.5厘米。竖
式，碑首浮雕二龙戏珠纹。碑身边框8厘米，浮雕云龙纹。首阳如意云额框，额题双线阴
刻满汉两种文字"敕封"二字。碑阳阴刻满汉两种文字，汉字68字，碑阴阴刻汉字楷书
12行，全文500余字。镌刻于清顺治十三年（1656年）四月。现藏于舍利塔盛京碑林。

碑文如下：

碑阳

正一品」

皇清誥贈光祿大夫牛彔章京一等伯總理朝內事務內大臣加議政大臣特黑
訥」一品夫人納喇氏」之碑

順治拾三年肆月吉旦曾孫內大臣一等伯索尼　立」

碑陰

曾孫內大臣正一等伯索尼恭□碑記　尼以布衣仰賴祖宗餘澤　備員熙朝致
身忘家□侍」太宗皇帝戮力疆場誓秉忠誠深蒙　太宗皇帝洞鑒不棄微勞屢被顯
擢迨」皇上定鼎燕京協侍　左右謬承股肱心膂輔弼之任尼感戴　天恩矢竭忠貞
不肯比周乱党有亏臣节荷蒙　皇上睿鑒褒嘉謂尼克盡忠義治定國亂誠為忠義之
臣錫之」恩綸又　覃恩三世曾祖父母祖父母父母感應　寵贈此皆祖宗積福之所
致也尼何人斯被茲　恩遇敢不對扬」天子之休命壽之貞瑉以為奕世光榮恭奉」
皇綸勒之石碑用垂永久庶子子孫孫世篤忠貞報　君恩於弗替恭立曾祖父母石碑
勒記於誥命之前」奉」天承運」皇帝制曰興朝開創之業端藉元勳良臣輔弼之材
寔資世德式遵令典用沛洪恩爾特黑訥乃一品伯總理朝內事務內大臣兼掌牛彔加
議政大臣索尼之曾祖父□」深支茂蓋積德於乃躬故發祥於奕世曾孫有慶惟爾之
休茲以覃恩贈爾為光祿大夫牛彔章京一等伯總理朝內事務內大臣加議政大臣賜
之誥命□□□□」麻而□至□傳始大菏帝眷之方來尚其欽承式佑爾後」制曰德
隆宗祐於開國為崇功恩及曾闈於承家為異數庸領寵命以著殊伍爾一品伯總理朝
內事務內大臣兼掌牛彔加議政大臣索尼曾祖母納喇氏慶□曾孫」重嫱培德□啟
後人□水求之深□用恩榮之遠被茲以覃恩贈爾為一品夫人於戲徽音邈矣佑祚胤
而克昌寵覬恭然保昭融于無斁傳之永遠眠此伍禎」

3.《清扈世穆及夫人诰赠碑》

1985年发现，砂岩质。碑首高81、宽96、厚33厘米。碑身高181、宽91、厚28厘米。碑座残长140、残宽85、高57厘米。竖式，首身连体。首雕刻二龙戏珠，首阳额题双线篆书"敕建"二字。首阴双线雕刻满汉两种文字。汉文篆书"诰命"二字。两侧边框10.5厘米宽雕刻龙珠云纹。碑阳阴刻满汉合文，汉文楷书竖式4行（阳），全文50余字，碑阴阴刻满汉两种文字，汉文楷书竖式10行（阴），全文500余字，镌刻于清顺治十三年（1656年）四月。碑身残，赑屃座无首。现藏于舍利塔盛京碑林。

碑文如下：

碑阳

正一品

皇清誥贈光祿大夫牛彔章京一等伯總理朝內事務內」大臣加議政大臣扈世穆正一品夫人納喇氏」之碑

順治拾叁年肆月」吉旦　孫內大臣一等伯索尼　立

碑阴

□男內大臣正一品伯索尼恭□□記　尼以布衣仰賴祖宗餘澤　俻員熙朝致身忘家□侍」太宗皇帝戮力疆場誓秉忠誠深蒙　太宗皇帝洞鑒不棄微勞屢被顯擢迨」皇上定鼎燕京協侍　左右謬承股肱心膂輔弼之任尼感戴　天恩矢竭忠貞不肯比周亂黨有虧臣節荷蒙　皇上洞鑒褒嘉謂尼克盡忠義治定國□誠為忠義之臣錫之」恩綸又　覃恩三世曾祖父母祖父母父母咸應　寵贈此皆祖宗積福之所致也尼何人斯被茲　恩遇敢不對揚　天子之休命壽之貞瑉以為　世光榮恭奉」皇綸勒之石碑用垂永久庶子子孫孫世篤忠貞報　君恩於弗替恭立祖父母石碑勒記於誥命之前」奉」天承運皇帝制曰貽厥孫謀忠盡識世傳之澤繩其祖武恩榮昭上之休忠厚之道攸存激勸之典斯在爾贈扈世穆乃一等伯總理朝內事務內大臣兼掌牛彔加議政大臣索尼之祖父爾有」貽謀臣故乃孫傳至再世克勤王家褒寵之恩宜及大父□□□恩贈爾為光祿大夫牛彔章京一等伯總理朝內事務內大臣加議政大臣錫之誥命於戲」再世而昌無忘貽德之報崇階特晉用昭寵錫之恩奕代垂休九原如在」制曰孝子之念王母情無異於慈帷興朝之獎勞臣恩並隆於祖列爰沛貤封之命用慰報本之懷爾一等伯總理朝內事務內大臣加議政大臣索尼祖母納喇氏爾有貽恩迨於」再世乃孫襲慶繼懋國家嘉爾□儀宜錫褒寵茲以覃恩贈爾為一品夫人於戲章服式賁沛介錫於太母綸綍寵頒保昌隆於百禩永承家慶以妥幽靈」

4.《索尼诰封碑》

此碑立于清顺治十六年（1659年），碑今已不存。碑文见于《奉天通志》卷二百五十九，碑文如下：

> 索尼诰封碑　顺治十六年
> 诰命
> 奉　天承運　皇帝制曰父有令德子職務在顯揚臣著賢勞國典必先推錫用申新命以表前休爾邵斯榜式乃一等伯總理朝內事務內大臣兼掌牛彔加議政大臣索尼之父識天之命盡臣之誼志切來歸忠誠已著迨爾子功懋旂常益見傳來之訓茲以覃恩贈爾為光祿大夫牛彔章京一等伯總理內朝事務內大臣加議政大臣錫之誥命於戲率行式穀澤流青史之光教孝作忠榮耀紫綸之色永培祀胤益庇昌隆　制曰國之最重者惟是忠藎之臣家所由興者以有劻勞之母特頒恩用慰子情爾一等伯總理朝內事務內大臣兼掌牛彔加議政大臣索尼之母黑攝裏氏慈能育子教可傳家念茲靖共之猷實本恩勤之訓母德既著渥典宜加茲以覃恩贈爾為一品夫人於戲頒爵用以榮親褒忠因之教孝錫隆恩於不匱表嘉譽於來茲欽服寵綸用光泉壤

5.《清索尼纪世德碑序》

此碑立于清康熙六年（1667年）六月，碑今已不存。碑文见于《奉天通志》卷二百五十九，碑文如下：

> 《清索尼紀世德碑序》康熙六年
> 皇清輔政大臣一等公男索尼恭記　索尼仰承世德幸際昌期恭蒙　太祖高皇帝　太宗文皇帝　世祖章皇帝三朝簡任歷參機密　恩眷有加□進一等伯寵贈三世又以第五□□□□□□□□子心裕尚　公主遭遇之隆古今罕覯業勒貞珉傳諸永世矣復蒙　世祖皇帝於彌留之日頒示　遺詔首命為輔臣贊理政務尼欽承　顧命益矢公忠□□□翊　聖躬下螯庶續又蒙　太皇太后篤眷世勳擇尼長男噶布喇第二女冊立為　皇后正位中宮六載以來□□□□□工□□我　皇上俯念成勞特舉懋功之典復於所得一等伯外授為一等公世襲罔替伏念尼歷事　四朝鞠躬盡瘁臣節應爾曷敢言功□□命再□□□殊寵戚□勳門恩榮莫并撫躬□省何以克承此皆我　先妣先考　積德凝庥冥漠啟佑之所致也敢不敬銘碑版備頌　天恩慰幽靈於九京賁榮光□□□願我子若孫勉思□烈世為忠貞以上報　皇仁永永無斁而已謹記　康熙六年六月吉日敬立

二、碑文相关研究

这五通封赠碑原立于何处已不可考，甚至其中的三通碑已不存，不过这五通碑共涉及了索尼家族成员10余人，碑文内容从索尼的家世、经历、政绩、本人及覃恩三世之封赠到第五子尚公主、长子第二女册立为皇后……信息量极为庞大，内容远详于官书。史籍多为后人所撰，记载难免含混和矛盾，碑志则是当时人记当时事，相比史籍更为真实可信，因此，这五通封赠碑是我们研究索尼家族历史的极为珍贵的实物资料。

"索尼，赫舍里氏，满洲正黄旗人，父硕色，大学士希福兄也，太祖时，自哈达挈家来归，太祖以其兄弟父子并通国书及蒙、汉文字，命硕色与希福同直文馆，赐号巴克什。授索尼一等侍卫，从征界藩、栋鄂。天聪元年，从太宗攻锦州，侦敌宁远，并有功。"[2]从这段文字我们看不出硕色兄弟自哈达挈家来归的具体时间，但可以理解为自哈达挈家来归后，硕色、希福、索尼兄弟父子同时受封，但是，对照《辅政大臣索尼碑》碑文后，史籍的含混与矛盾就显露无遗。"尼幼失父母孑然一身以布衣侍卫太宗皇帝致身劳瘁夙夜匪懈戮力征讨见利不趋临难不退矢心忠荩尽所当行蒙太宗皇帝睿鉴显庸擢为亲臣俾□内外事务……"根据碑文，我们不难推断，硕色应该是在归附努尔哈赤后不久就已经过世，他过世时索尼年纪尚幼，授索尼一等侍卫，应该是"挈家来归"的多年以后，如果按碑文所载"以布衣侍卫太宗"，那么，索尼的一等侍卫甚至都可能是太宗时期所封，至少也是在从征界藩之后，索尼从征界藩，应该是萨尔浒之战的征界藩，往往史书轻描淡写的一笔，就是古人波澜壮阔的一生。

赫舍里是索尼家族的姓氏，由汉语音译满语得来。在其他史料也有"黑舍利""赫舍哩"等不同写法，后《八旗满洲氏族通谱》统一译为"赫舍里"，关于赫舍里姓氏的来源，大致有两种说法：一说赫舍里以地为姓。"赫舍里，原系河名，因以为姓。"[3]此处赫舍里是以地（河流名）为姓。而在赫舍里氏分布地域里，何绍一支正是居住于"赫舍里河"，但从清代东北地区水系中并未找到以"赫舍里"为名的河流，拉林河上游有一河名为"哈萨里必拉"。其中，"必拉"译作汉语为河流，而哈萨里译成汉语是否为"赫舍里"，则有待进一步考证。另一说为赫舍里以部为氏。"赫舍哩，本金部名，见金史，以部为氏。"[4]在这里，赫舍里氏被认为以金朝部落纥石烈为姓，据《辽史》卷二十七记载："四年春正月，如春州。初，女直起兵，以纥石烈部人阿疏不从，遣其部撒改讨之。"纥石烈这个词汇在辽末金初时代登上历史舞台。"金姓纥石烈，译汉姓为高，清姓赫舍哩。"[5]故赫舍里氏来源于金代纥石烈部部名还是较为可信的。索尼家族先祖为穆瑚禄，官至都督，"先是穆瑚禄都督世代居都英额地方，后迁居白河，又迁哈达国，穆瑚禄都督生子八人，长曰瑚新布禄，次曰丹楚，三曰达柱，四曰岱音布禄，五曰阿音布禄，六曰拖灵阿，七曰特赫讷（碑文刻为特黑讷），八曰噶尔柱费扬古。特赫讷之子瑚什穆巴颜（碑文刻为扈世穆）生二子曰硕色巴克什（碑文刻为邵斯榜式），希福巴克什。兄弟二人，各率所属来归。为满洲著姓"[6]。穆瑚禄八子中，以特赫讷一支最为显著，而索尼为特赫讷之曾孙。

硕色巴克什，特赫讷第三子瑚什穆巴彦之子（巴彦在蒙古语中是富的意思），《八旗满洲氏族通谱》中提到穆瑚禄带着家族由都英额迁往白河后又迁至哈达，穆瑚禄迁至哈达后，居住地很接近马市，这就为硕色兄弟向汉人及蒙古人学习语言文化提供了极大的便利，后来太祖以兄弟二人通满、汉、蒙古文字同直文馆，赐号"巴克什"（巴克什是满语，指有学问、熟悉事务的人，清代作为掌管文案者的官称。天聪五年七月设六部，改巴克什为笔帖式）。由于硕色早亡，所谓同直文馆，其实是希福一个人在战斗。在文馆期间，希福翻译了大量的汉书并记注政事。顺治元年，翻译辽、金、元三史。书中详细记录了对君主治理国家有益的史事，希福在上疏中说："窃稽史册所载，得失之故最详……是以人君政治之得失，儒者比尽书无遗，意欲敬慎于今而垂法于后也。"用满文翻译汉文经典，以前朝史事给统治者提供借鉴，这正是希福翻译汉书的目的。天聪十年，后金改文馆为内三院（弘文院、秘书院、内院），希福作为国史院承政，授弘文院大学士，主持参与了《清太祖武皇帝实录》的修纂。1636年实录修成时举行了盛大的仪式。当众人将实录进呈给太宗时，上表曰："内国史院大学士希福、刚林，率内院满洲、蒙古、汉人官员……编译成书。繇此丰功懋绩，彪炳丹青。"[7]太宗赏赐了诸大臣，其中希福的赏赐最多。

硕色兄弟二人归附太祖的时间应在哈达被努尔哈赤攻灭后，哈达被灭于万历二十九年（1601年），这一年索尼刚刚降生。几年后硕色去世，希福顺理成章成为家族掌门人。也因此有了"索尼，希福从子也"[8]的记载。索尼登上政治舞台应该始于从征界藩之后。自幼失去父亲庇护的索尼，启蒙教育应该是在希福的监护下完成的，索尼的天资一定是异于常人的，为索尼提供良好的教育，希福也许会不遗余力，但索尼能在政坛大放异彩与叔父相得益彰甚至后来居上，超强的个人能力不容忽视，希福毕竟有自己的子女，如果能力相当，资源的天平倾向哪里是不言而喻的。索尼在政坛崭露头角是在皇太极即位以后，索尼跟随皇太极东征西讨，先后参加过百余场战役，其中最著名的是喀尔喀一战。天聪二年，皇太极应蒙古各部请求亲征喀尔喀，派希福为使臣让科尔沁部发兵协助征讨林丹汗，但图谢图额驸奥巴不予理睬，"屡背约，私与明通，复征兵不至"，且不再听后金调遣。太宗又命索尼饬责奥巴。奥巴听说索尼到科尔沁后，派人前去迎接并用酒肉款待示好，索尼坚决不吃："尔汗有异心，尔物安可食焉？"索尼拿出御旨，上面写着痛斥奥巴并与之断交的言辞，奥巴这才认识到问题的严重性，"叩首悔罪，愿入朝。索尼与阿珠祜偕其大臣党阿赖先归奏状，帝甚悦"。

崇德八年皇太极逝世。豪格与多尔衮争皇位，索尼联合两黄旗大臣力主立皇子福临继位，又与谭泰等五人立盟誓辅幼主，为顺治即位立下汗马功劳。顺治帝登基后，因年幼由多尔衮总理朝政。顺治元年（1644年）跟随多尔衮入关，定京师，顺治五年（1648年）索尼以不阿附多尔衮，被削职遣守昭陵。多尔衮死后，顺治八年（1651年）世祖福临亲政，称其为"真忠节臣"，特旨召还，为表彰他的功劳，"累进一等伯世袭，擢内大臣，兼议政大臣，总管内务府……"，晋升一等伯的诰命恩旨史书记载较为笼统，立于顺治十三年（1656年）四月的《辅政大臣索尼碑》则比《清史稿》的记载更为翔实，补充了"免死罪二次嗣又特降温旨以尔索尼较之古人犹自过之真无愧社稷之臣又覃恩三世曾祖父母祖父母父母咸膺宠赠"等内容。

顺治初年定的覃恩封赠制，一品官准封赠三代，尚存者曰封，去世则曰赠，《清诰赠特黑讷及夫人之碑》、《清扈世穆及夫人诰赠碑》、《索尼诰封碑》就是索尼依制为曾祖父母、祖父母、父母所立的诰赠碑，其中的《索尼诰封碑》是索尼父母诰赠碑，立于顺治十六年，碑今已不存，碑的命名源自《奉天通志》，很明显，《索尼诰封碑》的命名是错误的，改为《清邵斯（硕色）及夫人诰赠碑》则更为恰当。

顺治十八年，按世祖所拟遗诏，索尼与苏克萨哈、遏必隆、鳌拜四人共同辅佐新君即位，索尼为辅政大臣之首。至此，索尼走上了自己政治生涯的巅峰。"康熙六年三月，遂与苏克萨哈、遏必隆、鳌拜共为奏请上亲政。上未即允，而诏褒索尼忠，加授一等公，与前授一等伯并世袭，索尼辞，不许……"《清索尼纪世德碑序》详细镌刻了史书的这段记载，碑文还提及了第五子心裕尚公主，长子第二女被孝庄皇太后选中册立为皇后之隆遇，该碑立于康熙六年六月，同月，索尼卒，谥文忠。六年七月康熙亲政，"以第五子心裕袭一等伯，法保袭一等公。长子噶布喇官领侍卫内大臣，孝诚皇后父也，十三年，后崩，推恩所生，授一等公，世袭。第三子索额图，自有传"[9]。

索尼一生共有六个儿子，次子夭折，长子噶布喇、三子索额图、四子柯尔坤、五子心裕、六子法保。几个儿子中，索额图是能力最强的一个。康熙即位后，辅臣鳌拜专权跋扈，时索额图为一等侍卫，他以训练宫内小太监摔跤为名，待鳌拜上朝时趁其不备一举将他擒住。康熙八年鳌拜被拘禁，其同党亦被清除，索额图被授为国史院大学士。作为索尼能力最出众的儿子，擒鳌拜前只是个一等侍卫，正三品官员，擒鳌拜后才官升一品，索尼死后，一等伯和一等公分别由第五子和第六子承袭，索额图却两次失去承袭父爵的机会，究其原因，可能与其生母的出身有一定关系。

索额图对生母的身世一向讳莫如深，康熙四十七年（1708年）初春，康熙帝通过朱谕向明珠问询清入关前的一些事情，索额图生母因何罪而被处死就是其中一件。要探究索额图生母身世，就不能绕开皇家的一段尘封往事——"正蓝旗事件"。努尔哈赤继妃富察衮代生二子一女，五子莽古尔泰、三女哈达公主莽古济、十子德格类。莽古尔泰位列四大贝勒第三位，为皇太极所猜忌，天聪五年（1631年），他因为在皇太极面前拔刀，被革去贝勒，次年十二月暴毙。德格类以军功封多罗贝勒，兄长死后接管正蓝旗，天聪九年（1635年）和兄长一样暴死。莽古济初嫁嫁给哈达贝勒孟哥布禄的儿子吴尔古代，生有两个女儿，一个嫁给皇太极长子豪格，一个嫁给代善的儿子岳托。额驸吴尔古代死后，莽古济又被皇太极做主嫁给蒙古敖汉部的索诺木杜陵。皇太极称帝前夕，莽古济的家奴冷僧机告发莽古尔泰、德格类在生前与莽古济等人结党谋逆，而后皇太极下令彻查，果然在莽古尔泰家中搜出十几块刻有"金国皇帝之印"的信牌，额驸索诺木杜陵也落井下石，转为证人，人证物证俱全，举国哗然。其时，莽古尔泰和德格类均已暴毙，所谓证据也不过是死无对证。莽古济谋逆罪名很快就定下来了，这位骄横任性的三公主顶着一个庶人的名分走上了不归路，同时被处死的还有莽古尔泰的三个儿子、努尔哈赤继妃富察衮代与前夫所生之子昂阿拉以及正蓝旗将士一千余人，这就是"正蓝旗事件"，这是一场后金建国以来最为残酷的政治倾轧，也是皇太极在登上帝位之前，为彻底扫清道路所施行的必然手段，正蓝旗的兵权自此正式收入皇太极手中。

"正蓝旗事件"与索额图生母身世有何关联呢？据明珠回忆，索额图生母是原正蓝旗都统图木布禄的族人，内佐领屯塔西之女，以罪人之女的身份嫁与索尼为妾，后又因"挑唆生事，虚伪不端"，受到审讯后被诛杀（见中国第一历史档案馆馆藏满文朱谕、满文奏折）。索额图以庶出之子、母为罪奴的身份从家族子弟中脱颖而出，登上权力的巅峰，超强的实力和个中艰辛不言而喻。

鳌拜及党羽被清除后，康熙开始掌握朝中实权，索额图因擒鳌拜有功，深受康熙信任和倚重。康熙九年十月，改内三院为内阁，索额图为保和殿大学士，任纂修《清世祖实录》的总裁官，十一年告成，加太子太保。然而索额图权势日盛，办事也愈加专横。在撤藩问题上，索额图意见与明珠相悖。再加上二人早有宿怨，因而相互倾轧，各结党羽，造成了不良的政治影响。康熙十九年索额图以病请解大学士任，康熙允准。康熙二十五年，索额图复被启用，授为领侍卫内大臣，官一品。当时清政府正在黑龙江流域反击沙皇俄国的入侵，经过两次雅克萨之战，俄国不得不接受清政府发出的谈判的倡议，索额图作为钦差大臣在尼布楚与俄国使团进行了谈判。谈判时索额图不卑不亢，为维护国家主权据理力争，最终签订了《尼布楚条约》，使这一地区维持了长达一百多年的和平局面。康熙二十九年，喀尔喀地区形势愈加紧张，索额图参加了清军攻打噶尔丹的战役。战中关键时刻，由于多次违抗圣意，又临敌怯懦，逡巡退后，索额图屡次遭到斥责。康熙四十年九月，索额图以老乞休。然而早在此前就有人举报他有不臣之举，康熙未加处理。乞休后的索额图广结党羽，企图协助太子胤礽顺利登上皇位。四十一年康熙南巡时，太子胤礽随驾至德州时病重，康熙召索额图来德州侍疾，一边暗自观察二人举动，一边派人在京城搜集罪证。康熙四十二年五月，康熙帝搜集到了充足的罪证，下令严查索额图及其同党，并将其拘禁于宗人府。索额图最终在禁所被处死，此后其同党及子孙皆被革退，赫舍里氏家族自此衰落。

赫舍里家族中，特赫讷（特黑纳，索尼曾祖父）一支为官者甚众。据《八旗满洲氏族通谱》统计，以希福、索尼、索额图为代表，仅担任三品以上大员的就有16人，其中一品大员有8人。职位涉及内弘文院大学士、尚书、领侍卫内大臣等，由此可见该支系在清朝的政治生活中发挥了极为重要的作用（图一）。

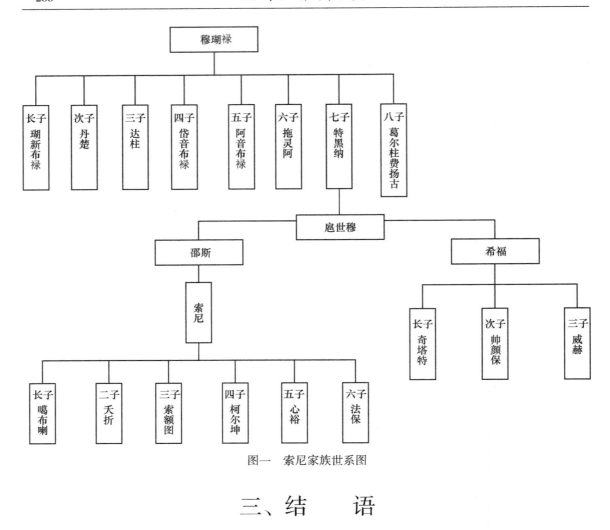

图一　索尼家族世系图

三、结　语

　　纵观以索尼为代表的赫舍里家族，为后金、清朝的巩固与发展做出了卓越的贡献，从沈阳地区的这五通索尼家族封赠碑，我们大致能梳理出索尼家族兴盛发展的脉络。同时，我们通过对碑文的研究，还找出了史书记载的混乱和矛盾之处。沈阳作为清朝的肇兴之地，除了索尼家族封赠碑外，还有许多开国功臣的墓碑，这些墓碑多为敕封或诰命碑，这些碑刻为我们研究清代满族八旗丧葬制度、诰封制度及清初历史提供了重要的实物资料。

注　释

［1］　巴泰、图海等纂修：《清世祖章皇帝实录》卷九，华文书局股份有限公司影印本，1982年。

［2］　赵尔巽等撰：《清史稿第三十二册》卷二百四十九，中华书局，1977年。

［3］　弘昼：《八旗满洲氏族通谱（影印本）》卷九，辽沈书社出版、辽宁省新华书店发行，1989年。

［4］　乾隆官修：《清朝通志》卷二，浙江古籍出版社，2000年。

［5］　郑天挺：《探微集（修订本）》，中华书局，2009年。

［6］ 弘昼：《八旗满洲氏族通谱（影印本）》卷九，辽沈书社出版、辽宁省新华书店发行，1989年。

［7］ 乾隆官修：《清朝通志》卷二，浙江古籍出版社，2000年。

［8］ 阿桂等纂修：《盛京通志》卷六十九，辽海出版社，1997年。

［9］ 赵尔巽等撰：《清史稿第三十二册》卷二百四十九，中华书局，1977年。

考古地层学概述

张长江

（宁夏回族自治区文物考古研究所）

地层学首先出现在地质学中，后引入考古学，因基本原理类似，在考古学研究中又有其自身特点，为区分两种地层学，称之为"考古地层学"。考古地层学是考古学研究的重要方法之一。张忠培先生曾说："如果把近代考古学比喻为一部车子的话，地层学和类型学则是这车子的两轮。没有车轮，车子是不能行驶的；没有地层学和类型学，近代考古便不能存在，更不能向前发展。近代考古的水平，首先取决于运用地层学和类型学的程度。"[1]

考古地层学在考古学中具有极其重要的地位，因而国内外的相关研究从未中断，并随时代的发展而不断地深入。如国外巴尔克尔（P. Barker）的《了解考古发掘》[2]，哈里斯总结的《考古地层学原理》[3]，以及国内苏秉琦、殷玮璋的《地层学与器物形态学》[4]，张忠培先生的《地层学与类型学的若干问题》[5]，俞伟超先生的《关于"考古地层学"的问题》[6]，严文明先生的《考古遗址发掘中的地层学研究》[7]等。本文在上述研究成果的基础上，分四部分内容对考古地层学进行系统概述；第一部分是概述考古地层学发展的简史，第二部分介绍一些比较成熟的概念和原理，第三部分介绍考古地层学的应用和发展，最后一个部分对全文进行总结，并提出一些关于考古地层学理论和实践的认识。

一、发 展 简 史

为了更好地进行对比，突出国内外发展的阶段和特点，下文分两部分介绍考古地层学发展简史。

（一）国　　外

有关考古地层学发展简史研究专著不多，结合一些学者对国外考古地层学的研究成果，将其发展简史划分为四个阶段。

1. 萌芽期（15世纪末～18世纪末）

15世纪末期，受文艺复兴影响，欧洲的古物学迅速发展，收藏者对古物搜寻的热情持续高涨，与此同时私人发掘逐渐出现。17世纪英国的约翰·奥布里（John Aubrey）详细报道了巨石柱群和埃夫伯里石柱群，认为是宗教礼仪活动场所，或者是凯尔特巫师的神庙，奥布里被称为"英国的第一位考古学家"。

1784年，任美国第三任总统的托马斯·杰弗逊（Tomas Jefferson，1743～1826年）在美国弗吉尼亚州发掘一处印第安人墓葬时，区分出了不同时期堆积的地层，指出了那些骨架是不同的时期埋进去的，因此他提出发掘时应该注意地层关系，但并未对当时的田野发掘产生较大的影响。

2. 形成期（19世纪初～19世纪90年代）

19世纪初，一些地质学家发表了重要的著作。如英国地质学家威廉·斯密斯（William Smith）的《生物化石确定地层法》、查尔斯·赖尔（Charles Lyell）的《地质学原理》等，判明了有些人类骨骼或石质工具与绝灭动物有着共存关系，地层学可以作为一种判断相对年代的方法，这些地质学家及其著作为考古地层学的发展做出了很大贡献。19世纪中叶，沃尔塞通过对丹麦沼泽地区的研究，从地层学上证明了"三期说"的正确性。1860年吉赛普·菲奥雷利（Giuseppe Fiorelli）接手庞贝城的发掘工作，揭开建筑的结构布局，逐层细致地发掘，保留了建筑原有的细部特征。吉赛普·菲奥雷利是地层分析的开创者之一。19世纪70年代，海因里希·施利曼（Heinrich Schliemann）在发掘特洛伊古城时，剖开遗址的剖面，划分人类活动的层位，把地层学广泛运用于考古发掘中。另外，他将发现的东西全部收集起来，保存每一件器物，详细记录发现的地层，并对重要的器物进行绘图和照相。这是第一次按照地层学原理进行发掘，对后来的田野考古产生了巨大的影响。

3. 发展期（19世纪90年代～20世纪40年代）

19世纪90年代，英国的毕德·里弗斯（Pitt Rivers）明确地指出在各个遗址发现的物品不是游离的。他已经很清楚地认识到了辨别地层的重要性，特别是在判断相对年代的方面。另外，毕德·里弗斯的发掘工作组织得井然有序，是当代科学发掘的典范，被誉为"科学发掘之父"。他的鲍克利·第基的壁垒下罗马钱币断面图，标志着考古地层学已基本成熟。

20世纪初，欧洲的考古学者在克里特与爱琴海、埃及、美索不达米亚平原等地的发掘取得了丰硕的成果，如1901年伊文思在《评论月刊》上发表了关于克诺萨斯的重大发现，引起了巨大的轰动。20世纪30年代英国著名的考古学家惠勒在发掘英国梅登堡遗址时确立了"惠勒式发掘法"，即是在要进行发掘的地方先布置一些探方，然后从上而下进行发掘，发掘时保留隔梁，以方便考古施工和观察剖面，发现遗物时要对其空间位置以及所属地层单位等信息进行记录。惠勒的学生肯尼恩在 50 年代发掘耶利哥遗址时出色地运用了这一方法，所以也有人也称之为"惠勒-肯尼恩法"。

4. 新阶段（20 世纪 50 年代至今）

1953 年，美国学者戈登·威力的关于秘鲁北部海岸维鲁河谷研究的著作出版，标志着聚落考古正式被引入到考古学的前沿。20 世纪 60 年代，北美兴起了新考古学。在新考古学中，地层学变为了埋藏学，将一个遗址堆积的形成划分为沉积前、沉积后和发掘出土三个阶段，在埋藏学中，结构性原则得到进一步深化，对遗存本身的辨析不但要考虑时间的先后、空间的布局，还要考虑人类行为或自然原因，考古遗存被置于一个更广泛和细致的结构关系网络中加以观察[8]。

同是 60 年代，巴尔克尔倡导的全面揭露发掘法（open-area excavation）（又被称为"开放空间发掘法"）逐渐发展起来。不再将遗址规划成一个个探方，而是采用累积剖面的观念（剖面随地层逐层清理而不断绘制和登记），也促使隔梁失去了观察垂直层位的实际作用。全面揭露发掘法被称作"由点到面"的变化[9]。

1973 年，英国考古学家爱德华·哈里斯（Edward C. Harris）在英国温彻斯特发掘时，首次使用了一种全新的记录方法，被称为"哈里斯矩阵"，这种方法体现了哈里斯对考古地层学的新认识和新思想。

（二）国　　内

我国考古地层学是从西方国家引进的，起点比较高，发展也比较迅速，关于国内考古地层学发展阶段的划分，不同学者依据不同的划分依据提出了不同的观点。如刘斌、张婷的《建国后考古地层学的发展》[10]在论述中华人民共和国成立后考古地层学发展时，更多的是按照地层学（也可以说整个考古学）在几次国内政治文化大环境变化的背景下，将中华人民共和国成立后考古地层学分为学习探索期、基本停滞期、全面总结期。苏秉琦先生曾将使用地层学的方法划分为三个阶段，即按深度划分土层阶段、按土质土色结合出土物划分阶段和同一地层依据遗迹关系划分阶段[11]。笔者依据苏秉琦先生的观点，进一步总结，将国内考古地层学的发展划分为四个阶段。

1. 按深度划分地层

1921 年，瑞典人安特生（J. G. Andersson）在河南渑池县发现了仰韶文化，发掘时按深度进行划分地层，因此他弄混了一些出土物的层位关系，也没有区分出仰韶文化和庙底沟二期文化的文化层。李济先生在山西夏县西阴村以及主持安阳殷墟的发掘中，基本上也是采用这一方法。

2. 按土质土色划分地层

1931年梁思永先生主持安阳后岗的发掘，发现了仰韶、龙山（河南）和小屯的三叠层，判断出小屯的殷代遗存晚于龙山文化，龙山文化又晚于仰韶，开始了真正按地层学原理，按土质土色划分地层进行发掘。后岗三叠层的发掘标志着考古地层学在我国的确立。40年代，夏鼐先生在甘肃临洮寺的齐家墓葬的填土中发现彩陶片，依据地层学原理，订正了安特生的六期说，把仰韶、半山的年代放在了齐家之前。50年代后，夏鼐先生在主持国内的研究所工作和考古教育中都非常重视地层学，对我国广大考古人员的发掘产生了巨大的影响。

3. 注重层位关系

第三个阶段是在第二个阶段的基础上进一步细化和发展。1951年苏秉琦率队对陕西长安县沣河沿岸客省庄、马王村及附近一些遗址做了调查和发掘工作。1956年苏秉琦发表了《西安附近古文化遗存的类型和分布》[12]，将文化层下叠压的其他遗迹同文化层分开来，揭示了遗迹堆积与地层堆积在考古层位学上具有相同的意义，两者在有序的堆积中均属于独立的堆积单位，都可以进行分期。这次发掘对我国考古地层学具有重要的意义，深刻地影响和规范了田野考古发掘，也开始了注重层位关系进行发掘的阶段。

1958年张忠培先生开始主持元君庙发掘，逐渐纠正了过去认为某一遗迹单位包含另一遗迹单位的观念。20世纪60～70年代，邹衡先生的著作中多次出现"层位""层位关系"，并且将"层位关系"作为了节标题。中国的考古层位学的形成应在20世纪80年代，其标志是在苏秉琦和张忠培的文章中都出现了"层位学"的概念[13]。

4. 新阶段

国内考古地层学发展的新阶段是以聚落考古、全面揭露发掘法、哈里斯矩阵等在国内的应用和发展为特征的。20世纪80年代张光直先生来到中国并比较全面地介绍了国外的聚落考古的理论和方法，90年代以来，在河南班村遗址、山东日照、内蒙古赤峰阴河等地开展了聚落调查和聚落遗址发掘和研究。中国境内第一次运用全面揭露发掘法进行考古发掘则是在2001年，中法两国的考古学者联合对河南南阳龚营县遗址进行发掘。我国田野考古工作中采用的系统图是对哈里斯矩阵的进一步发展、修订和完善，它的核心思想根源于哈里斯矩阵的理念。

二、基本概念和原理[14]

在考古地层学发展的历史进程中，不少前辈已经提出了一些概念和原理，而理解考古地层学的基本概念和原理是学习好这门学问的前提，对我们探讨和研究考古地层学具有非常重要的意义。下面对一些比较成熟的基本概念和原理进行简明扼要的介绍。

（一）基本概念

1. 考古地层学

是一种通过判定遗址中诸堆积形成的先后过程或次序来研究遗存之间的相对早晚关系的学说。

2. 原生堆积层

是指遗存中人们遗留下来的而未经后代扰动的堆积层。

3. 次生堆积层

是指遗存中经过自然力量翻动再形成的堆积层。

4. 扰乱地层

是指由于人为力量翻动早期文化层而形成的堆积层，一般是指某个遗存某个时期的耕土层或荒地层。

5. 倒装地层

在某些坡度较大的地段，或者是断崖、陡壁地段，高处所存在的古代文化层，因雨水冲刷、断崖逐渐崩塌或者一些人为因素，原生的文化层就会自上而下地依次向低地移动，原来处于上面的晚期土层，在挪动到新位置之后，便会被压在底下，而原来处于下面的早期土层，则会堆在上面。

6. 活动面

是指遗址中古代人当时进行活动的依托面或承载面，又称为地面。关键活动面是指那些可以把平面上诸多遗迹现象连接起来的"桥梁"式遗存，其中最典型的是路面。

7. 典型剖面

是指遗址中能够反映遗址堆积全貌，说明遗存顺序，交代比较多的层位关系，表现地层堆积与遗迹堆积的关系，增加平面图的辅助手段的剖面。

8. 叠压关系

一个堆积层位压于另一个堆积层的现象叫作"叠压"。两个或两个以上的文化堆积层相互重叠，这种关系就是叠压关系。

9. 打破关系

是指遗迹在形成时破坏了原先的堆积，这种现象叫作打破关系。

10. 平列关系

在层位堆积中除叠压、打破关系之外还存在一种平列关系，所谓的"平列"即叠压在同一地层之下而又同时打破同一地层的堆积单位，年代不一定是同时的，其关系存在多种可能性。

（二）基 本 原 理

关于考古地层学的原理，一直是考古地层学研究的重要内容，诸多学者都已经对其进行过总结和阐述。现阶段来说，国外有关考古地层学原理以哈里斯的为代表，国内的则以俞伟超先生的为主。

1. 国外

哈里斯将考古地层学原理分为四条[15]，分别是叠压律（Law of superposition）、原始水平律（Law of original horizontality）、原始连续律（Law of original continuity）和地层接续律（Law of stratigraphical succession）。

（1）叠压律

在层位和分界面遗迹中，上面的层位时代晚，下面的时代早，这是因为每层都是在已经存在的地层之上形成的。确定了叠压关系，才能分析地层分界面，才能确定地层序列。

（2）原始水平律

地层是按照横向水平面形成的，这是自然力量决定的。考古层位堆积的形成在没有受到任何外力影响下，都将呈水平分布。挖掘的一条沟渠，最先堆积的表面应该是不平整的，然后随着不断地堆积，逐渐趋于水平。如果在考古实践中，比较水平的表面上突然发现了这种不平整，就要考虑它的形成的原因了。

（3）原始连续律

原始形成的任何堆积其边缘都应该逐渐变薄而结束。如果在考古实践中遗址堆积出现了垂直表面，肯定是受到了自然或人为因素的破坏，那么其他连续的部分就需要去寻找，缺少的部分就需要去解释。

（4）地层接续律

在遗址地层序列中的任何一个层位都是在叠压其上层单位的最下部和叠压于其下层单位的最顶部之间形成的。地层之间的直接接触，体现了地层接续律，核心是一者接续代替另一者。地层接续律中，各遗迹的分界面是接续律的关键。哈里斯强调层位的确认不是靠包含物，而是靠地层之间的序列关系，靠地层接续律。

2. 国内

俞伟超先生在他的《关于"考古地层学"问题》中系统地论述考古地层学的原理，将考古地层学的原理分为五条[16]。

（1）遗址中的文化层堆积是按时间的早晚自下而上地依次堆积而成的。

如果某个地点已经有了最初的文化层，后来又有人在此处生存活动，就会形成一种多层的遗址，在这种多层叠压关系的遗址中，下文化层和遗迹单位形成年代要早于上文化层和遗迹单位，下层早于上层，是地质学原理中最基本的一条定律。

（2）同一文化层和同层单位的形成和遗留形式不是水平的。

保存到今天的文化层往往是一些极不规整的形态，主要有三个原因：第一，使用前的地面原本就坑坑洼洼、倾斜不平，在这种地点人类活动遗留下来的文化层和各种遗迹，当然会高低起伏不平。第二，人们的生产生活、改造居住的环境等活动，造成了文化堆积高低不平。第三，后来在此处的人们的生产生活，会破坏前人遗留下来的文化层，早期文化层就会被削低、切割或整个被挖掉。由于这些原因，同一文化层和同层单位的形成和遗留形式很难是水平的。

（3）次生堆积会形成早、晚颠倒的倒装地层。

次生堆积常会出现原生堆积上下颠倒的倒装现象。在坡度较大或者断崖、陡壁下的地段，因雨水冲刷或断崖逐渐崩塌，原生的古代文化层就会自上而下地依次向低地移动，原来是上面的晚期土层，在挪动到新位置之后，便会被压在底下，而原来是下面的早期土层，则会堆在上面。

（4）形成不同文化层的原因，关键在于堆积内容的变更；而文化层的堆积厚度，不是估计形成时间的尺度。

堆积内容在一定程度上反映了古人的社会生产生活，一个遗址堆积内容没有变更就说明附近的古人的生产生活没有较大的变化，也就说明了文化没有较大的变化，没有较大的文化差异就不能划分多个文化层。

文化层厚度不是衡量其形成时间长短的尺度。如由被抛弃的垃圾形成一个文化层可能需要很长时间，而同一天坍塌的一组房屋可能立即形成一片很厚的地层，所以不能将文化层的厚度作为估计形成时间的尺度。

（5）遗迹形成和遗迹内的文化堆积，在形成时间上的距离是不等的。

遗迹本身的形成年代与遗迹内的文化堆积的形成年代是有时间距离的，一般来说，不可能遗迹本身刚形成就被废弃掉，并立即堆满文化层，通常都是用了一段时间之后，才被废弃掉而逐渐堆满的。

遗迹本身的形成年代与遗迹内的文化堆积形成的年代时间距离是不等的。像比较容易损坏的、规模比较小的建筑物，一般使用时间较短，那么遗迹本身与其内部文化堆积形成的时间距离就不会很大。而一些大型的建筑物可能会使用数百年，甚至上千年，就不能仅仅根据后来的填充物来判断其建造年代，而只能作为断定废弃年代的标尺。

另外还有一些学者提出，人们的活动是在当时的地面上进行的，所以遗迹和遗迹堆积的形成是和当时的地面相联系的，人类在活动的同时也在破坏原有的地层和遗迹，就导致了现在的地层交界面往往不是下层堆积的原有表面。另外，晚期堆积可以出早期遗物，早期堆积不能出现晚期遗，这个是很好理解的。

三、运用和发展

（一）考古地层学的应用

明确了考古地层学的基本概念和原理之后，就需要运用这些概念和原理指导考古工作。考古地层学在田野考古的应用主要体现在三个方面[17]；指导田野考古工作、全面系统地收集蕴含各种信息的资料和对所有资料做好科学的记录工作。

1. 指导田野考古工作

考古地层学在指导田野考古工作上有重要的意义。如依据土质、土色和包含物来划分文化层和遗迹，获得相关的层位关系资料；平剖面结合，立体式地分析研究文化堆积和遗迹之间的层位关系；遵循由晚及早的发掘原则，逐层地揭露，更加科学地揭露遗迹的面貌等。

2. 全面系统地收集蕴含各种信息的资料

考古地层学在收集蕴含各种信息的资料方面的应用主要体现在田野发掘中的资料收集，发掘资料的重要性就在于它有层位关系，资料收集要按照最小单位进行收集，对于可能有共存关系的遗物，要尽可能揭露出来。如果所要收集的资料处于两个单位的分界处，难以确定属于哪个单位的，就要把它归入晚期的单位中，因为按照地层学原理，晚期的单位可以出现早期的遗存，而早期的单位不能出现晚期遗存。

3. 考古地层学在资料记录工作中的应用

田野考古发掘水平的高低、质量的优劣最终是要通过各种记录来具体体现的。采集的标本应记录其出土单位及层位。重要的或较为完整的遗物要记录准确的出土位置并作为小件遗物进行单独存放。文化层和遗迹的记录要有绘图资料、影像记录和文字描述，其中的叠压、打破等关系要能体现出来，剖面图和平面图都要准确全面。

此外，考古地层学在建立考古文化时空框架、解决编年问题方面也有着重要的应用，而且还可以为研究其他学科如考古区系的划分、器物类型学、环境考古等提供比较科学准确的地层信息。

（二）考古地层学在新阶段的应用和发展

1. 在全面揭露发掘法中的应用和发展

全面揭露发掘法是将整个遗址作为一个单位来发掘，不留隔梁和关键柱，以便更清晰方便地观察和判断堆积的平面范围和分界面等细节。它要求发掘者依据土质土色及其他现象将遗址堆积划分为若干个堆积单位，按出现顺序编流水号，判断考古单位之间的叠压、打破关系，从而分析考古单位之间的早晚关系，然后按照操作规程进行发掘，进而对各堆积单位性质进行辨识。这些堆积单位是同级的，相互之间并无隶属关系，一个堆积单位可能代表一次可以辨识的行为结果。

在记录方面，采用卡片的形式，可分地层卡、灰坑卡、墓葬卡等。各类卡片由于记录单位的性质不同而各有侧重，但要点和内容大多相同，如层位关系、土质土色、分布范围等。全面揭露发掘法在绘制层位关系图时，多采用哈里斯矩阵。哈里斯矩阵是由一张印制许多长方形表格的登记表来登记遗迹和地层关系。长方形方框分别代表着一个遗址的不同地层和遗迹单位，通过这张表来反映遗址内不同堆积单位之间的先后早晚关系。

全面揭露发掘法的终极目标是将"聚落"的理念融入田野考古发掘中，将遗址的考古转化为聚落的考古，从而实现将遗址考古研究提升到聚落考古研究的高度[18]。

全面揭露发掘法作为一种新生的发掘方法具有很多优点，如注重横向关系和水平联系，注重堆积的平面范围和分界面遗迹，发掘记录格式比较统一，对信息的采集和记录以及考古测量的准确度要求比较高，有利于较大程度地收集考古信息，还原堆积单位的原貌等。但它同样具有一些比较明显的缺点，如全面揭露发掘法绘制的发掘树状图、数字编号与地层遗迹完全没有内在的联系，不易记忆，查阅和检索堆积单位情况时非常烦琐。

2. 在聚落考古中的应用和发展

聚落考古是以聚落为单位进行的考古学研究，通过对遗迹现象从时间、空间和功能三个方面进行连接组成有意义的、不同层次的聚落组成单位，通过层位学、类型学等对聚落或聚落之间的布局、相互关系、历史演变等方面进行研究。崔格尔将聚落考古简明定义为"用考古学的材料对社会关系进行研究"[19]。张光直亦曾说"聚落考古是在社会框架内来做考古资料的研究"[20]。

一般认为聚落考古包括三个方面的内容[21]。聚落形态和内部结构的研究；聚落分布和聚落关系的研究；聚落形态历史演变的研究。在这三个方面，考古地层学都有着很大的作用。

在研究单个聚落形态和内部结构时，同期诸堆积单位的平面布局的确定是首要任务。而要探讨平面布局的基础是这些单位具有同时性，地层学在这方面提供的证据是比较有说服力的。另外，一些新概念的提出，如"活动面""关键层面"等，对地层以及遗迹之间的关系确定、划分、研究就有了更高的要求，没有考古地层学的支撑，这些工作是很难深入进行的。

在研究聚落分布和聚落之间的关系时，考古地层学也有着很重要的作用。如在实际工作中，不同聚落之间常会存在一些重要的遗迹，这些遗迹性质的确定对于聚落分布和聚落关系的研究是非常关键的，而考古地层学对于遗址性质的确定是至关重要的。

聚落形态历史演变的研究是建立在第一个方面之上的。如果单个聚落研究得不够深入，聚落形态和内部结构的研究弄不清楚，基础都未做好，那么对聚落形态历史演变的研究就无从谈起了。所以要充分利用考古地层学，做好研究的基本工作，把某个文化或某一区域考古文化聚落的演变的各个阶段进行串联和对比，找出发展演变的轨迹和规律性。

地层堆积物的收集与地层记录方法在聚落考古中要求更加严格。如越来越多的遗址开始采用筛土的方法来获得更加完整的遗物，曾经被认为无用的动物骨骼在现在许多遗址发掘中也会将其作为遗物小件进行采集，以研究当时人们的取食方式和食物种类构成。地层记录方法也越来越细化，更多地采用比较系统和规范的表格，表格的原则就是以能发现的最小时间单位和最小行为结果为最基本层次来进行基础资料的原始记录。

聚落考古作为目前美国考古学界非常热门，国内考古学界力推的一种高层次的考古研究手段，具有非常多的优点。如聚落考古规模较大，提供的信息数量大、质量高，资料的收集和记录更加完整和细化；重视遗迹遗物的位置、状态、埋藏环境、功能作用的研究，有利于清晰深刻地了解遗迹遗物的性质和作用以及相互之间的关系；在研究中注重整体性和立体性，有利于更好地还原当时的社会，重建古代人类社会生活。但聚落考古也有一些缺点，如在一些有多个时期的聚落遗址，叠压打破关系非常复杂，土质土色比较混乱多变地方，实际的发掘工作中，想清理出范围较大的活动面和一些关键面是非常困难的。

四、结　语

本文对考古地层学发展简史、基本概念以及运用和发展进行了系统的梳理，由此对考古地层学有了较为全面的了解，在此基础上可以得到一些认识：考古地层学是一步步发展的，人们对于考古地层学的理解是随着考古实践和理论的深入而不断丰富和进步的；我国的探方发掘法已经形成了一套比较完整的理论实践体系，也适合我国遗址普遍比较复杂的实际情况，但其中的问题也是不能忽视的，如发掘过程中隔梁和关键柱会割裂遗迹本身的完整性、发掘记录格式不统一、考古测量准确性不高等，这些问题在实际操作中很少能得到比较好的解决，这就需要我们去借鉴全面揭露发掘法和哈里斯矩阵在这方面的一些优点；在考古发掘中，究竟采用哪种方法或者是两者结合以某一种为主，还要看具体的发掘对象更适合什么，除了要采用合适的发掘方法外，还要尽可能将工作做细做全，尽可能地区分遗迹堆积，尽可能地全面规范系统收集和记录资料，多使用先进设备和现代科技手段，以使我们的考古工作更加科学高效且能够复原。

注　释

［ 1 ］ 张忠培：《地层学与类型学的若干问题》，《文物》1983年5期。

［ 2 ］ Barker P. *Understanding Archaeological Excavation*. St. Martin's Press, 1986.

［ 3 ］ Harris E C. *Principles of Archaeological Stratigraphy* (Second Edition). Academic Press, 1989.

［ 4 ］ 苏秉琦、殷玮璋：《地层学与器物形态学》，《文物》1982年4期。

［ 5 ］ 张忠培：《地层学与类型学的若干问题》，《文物》1983年5期。

［ 6 ］ 俞伟超：《考古学是什么》，《俞伟超考古学理论文选》，中国社会科学出版社，1996年。

［ 7 ］ 严文明：《走向21世纪的考古学》，三秦出版社，1997年。

［ 8 ］ 李静：《关于考古地层学、类型学的一点思考》，《科学咨询（科技·管理）》2015年8期。

［ 9 ］ Greene K. *Archaeology-An Introduction*. The University of Pennsylvania press, 2002: 64.

［ 10 ］ 刘斌、张婷：《建国后考古地层学的发展》，《文博》2003年3期。

［ 11 ］ 苏秉琦、殷玮璋：《地层学与器物形态学》，《文物》1982年4期。

［ 12 ］ 苏秉琦、吴汝祚：《西安附近古文化遗存的类型和分布》，《考古》1956年2期。

［ 13 ］ 苏秉琦、殷玮璋：《地层学与器物形态学》，《文物》1982年4期；张忠培：《地层学与类型学的若干问题》，《文物》1983年5期。

［ 14 ］ 主要来自于俞伟超先生等一些前辈的著作中，不再一一介绍。

［ 15 ］ Harris E C. *Principles of Archaeological Stratigraphy* (Second Edition). Academic Press, 1989.

［ 16 ］ 俞伟超：《考古学是什么》，《俞伟超考古学理论文选》，中国社会科学出版社，1996年。

［ 17 ］ 栾丰实、方辉、靳桂云：《考古学理论·方法·技术》，文物出版社，2002年。

［ 18 ］ 霍东峰、陈醉：《"全面揭露发掘法"与"探方揭露发掘法"评议》，《考古》2015年11期。

［ 19 ］ Trigger B G. Settlement Archaeology. Its Goals and Promise. *American Antiquity*, 1967, 32 (2).

［ 20 ］ 张光直：《考古学专题六讲》，文物出版社，1986年。

［ 21 ］ 严文明：《聚落考古与史前社会研究》，《文物》1997年6期。

吉林双辽四合村辽墓颅骨形态学研究 *

邱雨萱[1]　肖晓鸣[2]　解　峰[3]

（1. 山东大学文化遗产研究院；2. 辽宁大学考古文博学院；3. 吉林省文物考古研究所）

一、引　　言

双辽四合古墓发现于吉林省四平市双辽市服先镇四合村。双辽市位于科尔沁草原边陲，处在吉林省、辽宁省和内蒙古自治区的交界处，该地历史悠久，为游牧文化与农耕文化的交织地。2020年4月，双辽市服先镇四合村村民意外发现一座古墓。同年7月吉林省文物考古研究所对该墓葬进行了抢救性发掘。双辽四合古墓是一座保存相对完好的单体砖室墓葬，有一条墓道，墓室内部南北略长，墓道残存7米，未发现被盗掘的痕迹，墓室内有一木椁，为六边形，通过叠涩结构层层堆叠而成，整体底大口小，向内收缩。墓室内共发现三具人骨，为三人合葬墓，其中木棺床之上有两人，砖砌棺床之上有一人，三具人骨保存都相对完整。根据出土器物，推测该墓葬应为一处辽墓[1]。

本文对出土的三具人骨进行观察、测量和人种成分分析，为进一步研究辽代居民的颅骨特征、健康情况和古代其他人群之间的种系关系，提供一份人骨研究报告。

二、材料与方法

1. 材料现状

双辽四合村辽墓可供研究的人骨共3例（M1：A、M1：B、M1：C）。总体来看，人骨保存情况基本完好：No.1（M1：A）颅骨左侧蝶骨、颧骨以及枕骨底部部分残缺，左侧下颌C和P1，以及右侧下颌C缺失，其余部分保存基本完整；No.2（M1：B）颅骨右侧颧骨残缺，其余部分保存基本完整；No.3（M1：C）额骨部分残缺，左侧上颌骨、蝶骨和颞骨部分残缺，下颌骨左侧髁突残破，其余部分保存基本完整。

---

* 本文得到国家社会科学基金青年项目（编号：18CKG026）资助。

2. 研究方法

本文对双辽四合古墓出土的人骨材料的性别年龄鉴定标准参考《体质人类学》[2]各项标准，并对三例颅骨的形态特征进行观察和测量，观察标准参考《人体测量手册》[3]。

基于对三具男性颅骨的观察与测量，初步判断该颅骨组归属于亚洲蒙古人种范畴内，且具有一致性，故将双辽四合辽墓出土人骨统称为双辽四合组。为进一步确定双辽四合组人群在颅骨特征上与现代亚洲蒙古人种各区域类型人群之间的亲疏关系，将其各项测量数据的平均值与现代亚洲蒙古人种各区域人种类型的变异范围[4]进行比较。

采用欧式距离系数[5]、平均值组间差异均方根[6]和聚类分析的方法来比较分析双辽四合组与各近代组、各古代组之间的种系渊源关系。

三、结　　果

双辽四合组的颅骨观测结果报告如下，该组颅骨的主要测量项目平均值见表一。

No.1（M1：A）：该个体为35～40岁的男性。颅指数（90.12）、颅宽高指数（92.26）和颅长高指数（83.14）显示该个体的颅型特点为超圆颅型、中颅型和高颅型；额顶宽指数（63.13）表现为狭额型；枕骨大孔指数（88.00）属阔型；上面指数（57.28）为狭上面型；面部突度指数（95.51）属于正颌型；眶指数Ⅰ（82.44）和眶指数Ⅱ（88.81）均属于中眶型；鼻指数（42.40）显示为狭鼻型；下颌骨指数（56.63）落入长狭下颌型的范围内。颅形为楔形，眉弓突度稍显，颅顶缝发育较复杂，前囟段、顶孔段和后段均为深波型，顶段为复杂型，前额倾斜，眶形为椭圆形，鼻根区略有凹陷，鼻前棘稍显，梨状孔为梨形，梨状孔下缘为钝型，犬齿窝略有浅凹，具有铲形门齿，乳突发育中等，枕外隆突稍显，翼区为H顶蝶型，无下颌圆枕，下颌角区为外翻型，颏型方形，颏结节发达。

No.2（M1：B）：该个体为20～25岁的男性。颅指数（86.31）、颅宽高指数（91.72）和颅长高指数（79.17）显示该个体的颅型特点为特圆颅型、阔颅型和高颅型；额顶宽指数（65.70）显示为狭额型；枕骨大孔指数（79.22）属狭型；上面指数（53.64）落入中上面型的范围内；面部突度指数（90.03）属于正颌型；眶指数Ⅱ（90.96）属于高眶型，眶指数Ⅰ缺失；鼻指数（45.52）属于狭鼻型；腭指数（108.15）落入阔腭型的范围内。颅形为楔形，眉弓突度发育中等，颅顶缝发育较复杂，前囟段为复杂型，顶段和后段均为锯齿型，顶孔段为微波型，前额倾斜，眶形为椭圆形，鼻根区略有凹陷，鼻前棘稍显，梨状孔为梨形，梨状孔下缘为鼻前窝型，犬齿窝发育中等，具有铲形门齿，乳突发育中等，枕外隆突稍显，翼区为H顶蝶型，无下颌圆枕，下颌角区为外翻型，颏型圆形。

　　No.3（M1：C）：该个体为25～30岁的男性。颅指数（90.48）、颅宽高指数（90.79）和颅长高指数（82.14）显示该个体的颅型特点为特圆颅型、阔颅型和高颅型；额顶宽指数（62.07）落入狭额型的范围内；枕骨大孔指数（85.38）属中型；上面指数（54.80）落入中上面型的范围之内；面部突度指数（93.87）属于正颌型；眶指数Ⅰ（77.48）属于中框型，眶指数Ⅱ缺失；左侧上颌骨残缺，无法判断梨状孔形状。颅形为楔形，眉弓突度发育中等，颅顶缝发育较复杂，前囟段和顶孔段均为深波型，顶段为锯齿型，后段为复杂型，前额倾斜，眶形为椭圆形，鼻根区无凹陷，鼻前棘稍显，梨状孔下缘为混和型，犬齿窝略有浅凹，腭圆枕呈峰状，乳突发育中等，枕外隆突稍显，左侧翼区为H顶蝶型，右侧翼区为翼上骨型（数量为1），无下颌圆枕，下颌角区为外翻型，颏型方形，颏结节发达。

表一　双辽四合组颅骨主要测量项目的平均值　　　（单位：毫米，度）

马丁号	测量项目	平均值	马丁号	测量项目	平均值
1	颅骨最大长（g-op）	169.33		额侧角Ⅱ∠g-m and FH	77.33
5	颅基底长（n-enba）	99.67		前囟角∠g-b and FH	43.67
8	颅骨最大宽（eu-eu）	150.67	72	总面角∠n-pr and FH	85.17
9	额骨最小宽（ft-ft）	95.82	73	中面角∠n-ns and FH	91.00
11	耳点间宽（au-au）	133.67	74	齿槽面角∠ns-pr and FH	84.00
12	枕骨最大宽（ast-ast）	112.01	75	鼻梁侧角∠n-rhi and FH	64.17
7	枕骨大孔长（enba-o）	37.32	77	鼻颧角∠fmo-n-fmo	148.52
16	枕骨大孔宽	31.38		颧上颌角∠zm-ss-zm	129.33
17	颅高（b-ba）	138.00		鼻梁角	21.33
21	耳上颅高（po-po）	117.00		面三角∠pr-n-ba	62.93
23	颅周长（g-op-g）	510.67		面三角∠n-pr-ba	72.17
24	颅横弧（po-b-po）	315.33		面三角∠n-ba-pr	44.89
25	颅矢状弧（n-o）	353.67		枕角∠L-O and FH	115.67
26	额骨矢状弧（n-b）	123.33	65	下颌髁突间宽（cdl-cdl）	127.96
27	顶骨矢状弧（b-l）	115.33	66	下颌角间宽（go-go）	108.12
28	枕骨矢状弧（l-o）	110.33	67	髁孔间径	46.51
29	额骨矢状弦（n-b）	109.47	68	下颌体长	50.51
30	顶骨矢状弦（b-l）	103.43	69	下颌联合高（id-gn）	33.06
31	枕骨矢状弦（l-o）	95.62	69-1	下颌体高Ⅰ L	31.68
40	面底长（pr-enba）	92.89		下颌体高Ⅰ R	31.14
43	上面宽（fmt-fmt）	104.91		下颌体高Ⅱ L	30.58
44	两眶宽（ek-ek）	99.15		下颌体高Ⅱ R	30.84
45	面宽/颧点间宽（zy-zy）	136.86	69-3	下颌体厚Ⅰ L	14.63
46	中间宽（zm-zm）	101.17		下颌体厚Ⅰ R	13.91

续表

马丁号	测量项目	平均值	马丁号	测量项目	平均值
47	全面高（n-gn）	122.88		下颌体厚ⅡL	15.93
48	上面高（n-pr）	73.80		下颌体厚ⅡR	15.71
	上面高（n-sd）	75.66	70	下颌支高L	66.33
50	前眶间宽（mf-mf）	14.45		下颌支高R	66.42
51	眶宽（mf-ek）L	44.05	71	下颌支宽L	46.11
	眶宽（mf-ek）R	44.13		下颌支宽R	48.07
51a	眶宽（d-ek）L	39.84	71a	下颌支最小宽L	36.08
	眶宽（d-ek）R	41.46		下颌支最小宽R	36.89
52	眶高L	36.19		颏孔间弧	51.67
	眶高R	35.28	8:1	颅指数	88.97
MH	颧骨高（fmo-zm）L	46.14	17:1	颅长高指数	81.48
	颧骨高（fmo-zm）R	46.86	17:8	颅宽高指数	91.59
MB	颧骨宽（zm-rim. Orb.）L	25.42	9:8	额顶宽指数	63.63
	颧骨宽（zm-rim. Orb.）R	27.27	16:7	枕骨大孔指数	84.20
54	鼻宽	24.83	48:45	上面指数	55.24
55	鼻高（n-ns）	56.31	52:51	眶指数Ⅰ	79.96
SC	鼻最小宽	7.34	52:51a	眶指数Ⅱ	89.88
60	上颌齿槽弓长（pr-alv）	49.29	54:55	鼻指数	43.96
61	上颌齿槽弓宽（ekm-ekm）	63.77	63:62	腭指数	100.42
62	腭长（ol-sta）	41.53	40:5	面部突度指数	93.14
63	腭宽（enm-enm）	40.20	68:65	下颌骨指数	56.63
FC	两眶间宽（fmo-fmo）	97.18	48:17	垂直颅面指数	54.82
DC	眶间宽（d-d）	19.51	47:45	全面指数	56.63
32	额侧角Ⅰ∠n-m and FH	83.33			

四、比较与分析

1. 与现代亚洲蒙古人种各区域类型人群的比较

　　为进一步确定双辽四合组人群在颅骨特征上与现代亚洲蒙古人种各区域类型人群之间的亲疏关系，现将其各项测量数据的平均值与现代亚洲蒙古人种各区域人种类型的变异范围[7]进行比较。比较项目包括颅骨面部测量值和指数项目两个方面，共有16项，具体项目见表二。

表二　双辽四合组与现代亚洲蒙古人种各区域类型的比较（男性）

马丁号	项目	双辽四合组	现代亚洲蒙古人种				
			北亚类型	东北亚类型	东亚类型	南亚类型	变异范围
1	颅长（g-op）/毫米	169.33（3）	174.90~192.70	180.70~192.40	175.00~182.20	169.90~181.30	169.90~192.70
8	颅宽（eu-eu）/毫米	150.67（3）	144.90~151.50	134.30~142.60	137.60~143.90	137.90~143.90	134.30~151.50
17	颅高（b-ba）/毫米	138.00（3）	127.10~132.40	132.90~141.10	135.30~140.20	134.40~137.80	127.10~141.10
9	最小额宽（ft-ft）/毫米	95.82（3）	90.60~95.80	94.20~96.60	89.00~93.70	89.70~95.40	89.00~96.60
32	额角（n-mFH）/度	83.33（3）	77.30~85.10	77.00~79.00	83.30~86.90	84.20~87.00	77.00~87.00
45	颧宽（zy-zy）/毫米	136.86（3）	138.20~144.80	137.90~144.80	131.30~136.00	131.50~136.30	131.30~144.80
48	上面高（n-sd）/毫米	75.66（3）	72.10~77.60	74.00~79.40	70.20~76.60	66.10~71.50	66.10~79.40
72	面角（n-prFH）/度	85.17（3）	85.30~88.10	80.50~86.30	80.60~86.50	81.10~84.20	80.50~88.10
77	鼻颧角（fmo-n-fmo）/度	148.52（3）	147.00~151.40	149.00~152.00	145.00~146.60	142.10~146.00	141.10~152.00
8:1	颅指数/%	88.97（3）	75.40~85.90	69.80~79.00	76.90~81.50	76.90~83.30	69.80~85.90
17:1	颅长高指数/%	81.48（3）	67.40~73.50	72.60~75.20	74.30~80.10	76.50~79.50	67.40~80.10
17:8	颅宽高指数/%	91.59（3）	85.20~91.70	93.30~102.80	94.40~100.30	95.00~101.30	85.20~102.80
48:17	垂直颅面指数/%	54.82（3）	55.80~59.20	53.00~58.40	52.00~54.90	48.00~52.20	48.00~59.20
48:45	上面指数/%	55.24（3）	51.40~55.00	51.30~56.60	51.70~56.80	49.90~53.30	49.90~56.80
52:51	眶指数R/%	79.96（2）	79.30~85.70	81.40~84.90	80.70~85.00	78.20~81.00	78.20~85.70
54:55	鼻指数/%	43.96（2）	45.00~50.70	42.60~47.60	45.20~50.20	50.30~55.50	42.60~55.50

注：组别数据中的"（　）"内数字为例数

从16项比较数据来看，双辽四合组有13项落入现代亚洲蒙古人种的变异范围，未落入现代亚洲蒙古人种的变异范围内的项目共有3项。未落入变异范围的项目中，颅长值（169.33）与现代亚洲蒙古人种变异范围的下限几乎重合，整体属于偏小类型，更接近南亚类型的下限值。如前所述，该组居民的颅长值整体偏小，因而导致颅指数（88.97）明显偏高，游离于变异范围之外，与北亚类型的上限值更加接近；颅长高指数（81.48）属于高颅型，但同样受到颅长值影响，颅长高指数也相对偏高，高于变异范围的上限值，相比而言与东亚类型的上限值更相近。

比较的16个项目中，双辽四合组标本共有7项数据落入北亚类型变异范围，除此之外，最小额宽和颅指数都接近于北亚类型的上限，面角接近于北亚类型的下限，其余项目均游离于北亚类型变异范围之外。该组标本与东北亚类型相比，共有8项数据落入其变异范围，其余均未落入该类型的变异范围内，但其所表现出的短而阔颅型和前额倾斜的特征，与东北亚类型所具有的长颅型以及额部明显向后倾斜的特点有明显的区别。与东亚类型相比，该组标本共有5项数据落入东亚类型变异范围，其余11项均在东亚类型的变异范围之外，并且东亚类型多表现为中颅型的特点与该组标本的圆颅型特点有明显区别。该组标本仅有1项数据落入南亚类型的变异范围，即颅高，基本可以确定该组标本与南亚类型在主要的种系特征上有较大的差距。

综上所述，双辽四合组的圆颅型特征、垂直颅面指数表现出的低颅高面性质、面部突度指数表现的正颌型以及前额倾斜的颅面形态等特征，明显属于现代亚洲蒙古人种北亚类型。游离于北亚类型的变异范围以外的颅长高指数、上面高和垂直颅面指数3项数据，与东亚类型的上限值最接近，表现出与东亚类型的种系特征相似的特点；而与多为长颅型和额部明显向后倾斜的东北亚类型，以及垂直颅面指数较小、面部扁平性质相对较弱的南亚类型的区别明显。由此可见，双辽四合组的种系成分以北亚类型为主，一定程度上与东亚类型有相似之处，与东北亚类型有明显的形态距离，与南亚类型之间的差距最大。

2. 与若干近代颅骨组的比较

为了进一步确定双辽四合组与各近代居民组之间的种系渊源关系，结合以往的相关研究，本文选择了6个近代颅骨组（表三）与之进行比较，选取了表三所列出的18个项目进行对比，采用计算本文标本与各近代组之间的欧式距离系数和平均值组间差距均方根的比较方法[8]。比较结果见表四和表五。

从计算结果来看，双辽四合组与近代朝鲜组之间的函数值最小，其次为蒙古组，与华南组、因纽特组、华北组和通古斯组之间的函数值则较大。表明双辽四合组在颅骨形态基本特征上与近代朝鲜组最为接近，其次为蒙古组，与华南组、华北组、因纽特组和通古斯组之间的差距较大。

表三　双辽四合组与各近代颅骨组的比较（男性）

马丁号	项目	双辽四合组	华南组（哈罗弗）	华北组（步达生）	朝鲜组（岛五郎）	蒙古组（杰别兹）	因纽特组（杰别兹）	通古斯组（杰别兹）	同种系标准差
1	颅长（g-op）/毫米	169.33（3）	179.90	178.50	175.00	182.20	181.80	185.50	5.73
8	颅宽（eu-eu）/毫米	150.67（3）	140.90	138.20	142.40	149.00	140.70	145.70	4.76
17	颅高（b-ba）/毫米	138.00（3）	137.80	137.20	140.00	131.40	135.00	126.30	5.69*
9	最小额宽（ft-ft）/毫米	95.82（3）	91.50	89.40	92.40	94.30	94.90	90.60	4.05
45	颧宽（zy-zy）/毫米	136.86（3）	132.60	132.70	134.70	141.80	137.50	141.60	4.57
48	上面高（n-sd）/毫米	75.66（3）	73.82	75.30	73.90	78.00	77.50	75.40	4.15
51	眶宽（mf-ek）R/毫米	44.13（2）	42.10	44.00	43.30	43.20	43.40	43.00	1.67
52	眶高R/毫米	35.28（2）	34.60	35.50	34.90	35.80	35.90	35.00	1.91
54	鼻宽/毫米	24.83（2）	25.25	25.00	25.70	27.40	24.40	27.10	1.77
55	鼻高（n-ns）/毫米	56.31（3）	52.60	55.30	53.60	56.50	54.60	55.30	2.92
72	面角（n-prFH）/度	85.17（3）	84.70	83.39	83.70	87.50	83.80	86.60	3.24
8:1	颅指数/%	88.97（3）	78.75	77.56	81.50	82.00	77.60	78.70	2.67
17:1	颅长高指数/%	81.48（3）	77.02	77.02	80.10	<72.12>	74.26	68.09	2.94
17:8	颅宽高指数/%	91.59（3）	97.80	99.53	98.50	<88.19>	95.95	86.68	4.30
9:8	额宽指数/%	63.63（3）	<64.94>	64.69	<64.89>	<63.29>	67.45	62.18	3.29*
48:45	上面指数/%	55.24（3）	55.70	56.80	/	55.01	56.07	53.25	3.30**
52:51	眶指数R/%	79.96（2）	84.90	80.66	80.80	82.90	83.00	81.50	5.05
54:55	鼻指数/%	43.96（3）	47.40	45.23	48.20	48.60	44.80	49.40	3.82

注：①表中"（）"内的数字为例数；"<>"内的数值是根据平均值计算的近似值。②标有"*"的采用欧洲同种系标准差，标有"**"的采用挪威组同种系标准差，其余采用埃及组的同种系标准差。③华南、华北、朝鲜、蒙古、因纽特、通古斯组等现代组的数据转引自相关文章[29]

3. 与若干古代颅骨组的比较

为了进一步讨论双辽四合组与北方地区其他古代居民之间的种系亲缘关系，考虑了时代背景、空间范围、文化差异和种族渊源等因素，选取夏家店上层文化合并组[9]、关马山组[10]、水泉组[11]、叭沟组[12]、东大井组[13]、三道湾组[14]、朝阳鲜卑组[15]、完工组[16]、扎赉诺尔组[17]、南杨家营子组[18]、喇嘛洞组[19]、巴音哈达组[20]、水泊寺廉租房组[21]、大同北魏组[22]、郑州唐代组[23]、萧氏后族组[24]、耶律羽之组[25]、山嘴子组[26]、郑州宋代组[27]、尼尔基达斡尔组[28]等20个古代颅骨组，采用计算欧氏距离系数值方法进行对比分析，并根据欧氏距离系数绘制聚类图。选取的比较项目见表六，聚类分析结果见图一。

通过计算双辽四合组与其他古代对比组之间的欧氏距离系数，绘制聚类图来分析各个组之间的相互联系。根据聚类图结果来看，双辽四合组与耶律羽之组之间的距离最接近，其次是萧氏后族组，与其他各组之间的距离都较大，大约在数值10以外。

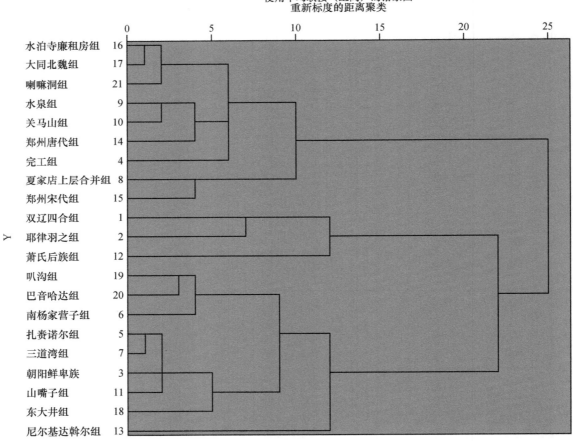

图一　双辽四合组与各古代组聚类图

表四　双辽四合组与各近代颅骨组之间的欧式距离系数值

系数值 ＼ 组别	华南组	华北组	朝鲜组	蒙古组	因纽特组	通古斯组
全部项目（18项）	5.09	5.38	3.92	4.92	5.27	6.79

表五　双辽四合组与各近代颅骨组之间的平均数组间差异均方根函数值

函数值 ＼ 组别	华南组	华北组	朝鲜组	蒙古组	因纽特组	通古斯组
全部项目（18项）	1.38	1.45	1.05	1.30	1.44	1.79

　　通过聚类图（图一）可见，在刻度20～25处，大致能分为三个大组群，第一大组群包括水泊寺廉租房组、大同北魏组、喇嘛洞组、水泉组、关马山组、郑州唐代组、完工组、夏家店上层合并组、郑州宋代组。这一组群的体质特征与现代蒙古人种东亚类型最为接近，兼有现代蒙古人种东北亚类型和现代蒙古人种北亚类型的混合特征，主要包括了代表古东北类型和古中原类型的古代居民。其中郑州唐代组和郑州宋代组体质特征以古中原类型为主，并体现了混合体质性状的趋势，应与受到西北羌族和北方游牧民族居民的影响有关。

　　第二大组群包括双辽四合组、耶律羽之组、萧氏后族组，这一组群均为辽代契丹族居民，双辽四合组与耶律羽之组距离最近，其次是萧氏后族组，表明双辽四合组居民为辽代契丹贵族的可能性较大，并且这三组的体质特征都表现出以现代蒙古人种北亚类型为主，同时与现代蒙古人种东亚类型有相似之处的特点。

表六　双辽四合组与各古代颅骨组的比较（男性）　　　（单位：毫米，度）

马丁号	项目	双辽四合组	夏家店上层合并组	关马山组
1	颅长（g-op）	169.33	181.19	181.30
8	颅宽（eu-eu）	150.67	136.20	139.94
17	颅高（b-ba）	138.00	140.70	141.79
9	最小额宽（ft-ft）	95.82	89.00	92.93
45	颧宽（zy-zy）	136.86	133.75	140.14
48	上面高（n-sd）	75.66	75.10	74.60
51	眶宽（mf-ek）R	44.13	42.80	42.94
52	眶高R	35.28	34.44	31.92
54	鼻宽	24.83	28.08	26.50
55	鼻高（n-ns）	56.31	53.60	54.11
72	面角（n-prFH）	85.17	80.60	85.72
8：1	颅指数	88.97	75.06	77.05
17：1	颅长高指数	81.48	78.26	78.60

续表

马丁号	项目	双辽四合组	夏家店上层合并组	关马山组
17：8	颅宽高指数	91.59	103.60	101.47
9：8	额宽指数	63.63	65.35	65.63
48：45	上面指数	55.24	56.15	54.76
52：51	眶指数R	79.96	80.48	74.43
54：55	鼻指数	43.96	52.43	48.67
马丁号	项目	水泉组	叭沟组	东大井组
1	颅长（g-op）	183.33	186.00	185.50
8	颅宽（eu-eu）	143.08	148.00	147.10
17	颅高（b-ba）	141.83	124.00	133.50
9	最小额宽（ft-ft）	92.86	93.00	86.80
45	颧宽（zy-zy）	134.69	137.00	136.50
48	上面高（n-sd）	75.38	74.50	72.60
51	眶宽（mf-ek）R	44.23	43.20	43.50
52	眶高R	32.66	35.25	33.60
54	鼻宽	27.54	25.25	27.00
55	鼻高（n-ns）	54.02	57.00	56.40
72	面角（n-prFH）	83.29	90.00	88.70
8：1	颅指数	78.09	80.43	79.60
17：1	颅长高指数	77.35	67.40	69.50
17：8	颅宽高指数	99.02	83.78	88.20
9：8	额宽指数	64.90	62.84	59.01
48：45	上面指数	56.57	54.38	52.40
52：51	眶指数R	73.86	81.62	74.20
54：55	鼻指数	51.14	44.39	47.70
马丁号	项目	尼尔基达斡尔组	三道湾组	朝阳鲜卑组
1	颅长（g-op）	182.80	181.69	185.00
8	颅宽（eu-eu）	143.70	148.51	150.00
17	颅高（b-ba）	130.70	130.65	131.50
9	最小额宽（ft-ft）	90.30	93.36	91.50
45	颧宽（zy-zy）	135.00	141.08	137.75
48	上面高（n-sd）	76.70	78.91	76.05
51	眶宽（mf-ek）R	35.80	43.24	43.90
52	眶高R	43.30	34.20	33.40
54	鼻宽	26.10	27.43	25.75

续表

马丁号	项目	尼尔基达斡尔组	三道湾组	朝阳鲜卑组
55	鼻高（n-ns）	54.50	56.38	52.40
72	面角（n-prFH）	/	87.50	85.50
8：1	颅指数	79.30	81.88	81.13
17：1	颅长高指数	71.80	72.00	71.02
17：8	颅宽高指数	91.10	88.02	87.67
9：8	额宽指数	62.90	62.94	61.00
48：45	上面指数	59.00	56.21	55.20
52：51	眶指数R	82.60	78.22	76.05
54：55	鼻指数	48.20	48.86	49.12
马丁号	项目	完工组	扎赉诺尔组	南杨家营子组
1	颅长（g-op）	184.25	185.65	179.63
8	颅宽（eu-eu）	140.60	147.84	144.75
17	颅高（b-ba）	139.00	130.64	126.00
9	最小额宽（ft-ft）	91.00	93.57	90.00
45	颧宽（zy-zy）	142.50	138.48	136.75
48	上面高（n-sd）	77.50	76.75	76.75
51	眶宽（mf-ek）R	43.25	42.76	41.38
52	眶高R	33.75	33.36	34.07
54	鼻宽	26.25	27.18	27.00
55	鼻高（n-ns）	59.00	56.89	57.50
72	面角（n-prFH）	88.00	86.63	91.16
8：1	颅指数	76.44	79.70	79.90
17：1	颅长高指数	75.54	70.65	70.20
17：8	颅宽高指数	98.94	88.58	87.06
9：8	额宽指数	64.89	63.29	62.51
48：45	上面指数	54.40	55.04	55.70
52：51	眶指数R	78.01	79.18	81.34
54：55	鼻指数	45.41	47.68	47.16
马丁号	项目	喇嘛洞组	巴音哈达组	水泊寺廉租房组
1	颅长（g-op）	177.95	182.50	180.53
8	颅宽（eu-eu）	144.43	146.40	144.37
17	颅高（b-ba）	136.30	120.90	137.64
9	最小额宽（ft-ft）	92.53	89.90	94.28

续表

马丁号	项目	喇嘛洞组	巴音哈达组	水泊寺廉租房组
45	颧宽（zy-zy）	136.96	133.30	137.84
48	上面高（n-sd）	75.15	76.15	74.58
51	眶宽（mf-ek）R	44.02	42.85	42.23
52	眶高R	33.80	35.77	33.64
54	鼻宽	26.71	26.63	26.87
55	鼻高（n-ns）	54.16	54.37	54.87
72	面角（n-prFH）	85.83	89.80	86.60
8：1	颅指数	80.96	80.22	80.02
17：1	颅长高指数	77.28	66.25	76.34
17：8	颅宽高指数	94.42	82.58	95.46
9：8	额宽指数	63.49	61.41	66.06
48：45	上面指数	54.76	57.13	51.79
52：51	眶指数R	76.92	83.48	79.29
54：55	鼻指数	49.09	48.98	49.76
马丁号	项目	大同北魏组	郑州唐代	郑州宋代
1	颅长（g-op）	182.50	183.49	177.51
8	颅宽（eu-eu）	144.40	140.45	133.47
17	颅高（b-ba）	137.90	142.69	134.93
9	最小额宽（ft-ft）	94.90	91.59	87.72
45	颧宽（zy-zy）	137.10	139.90	136.51
48	上面高（n-sd）	71.60	69.67	72.78
51	眶宽（mf-ek）R	41.60	43.66	44.62
52	眶高R	34.10	34.71	34.82
54	鼻宽	27.20	27.55	26.92
55	鼻高（n-ns）	54.80	53.28	53.08
72	面角（n-prFH）	85.40	84.13	83.60
8：1	颅指数	79.10	75.36	75.28
17：1	颅长高指数	75.50	76.46	75.18
17：8	颅宽高指数	95.40	101.32	102.06
9：8	额宽指数	65.72	66.50	64.82
48：45	上面指数	55.50	51.75	51.73
52：51	眶指数R	81.30	79.38	78.26
54：55	鼻指数	49.40	51.10	52.38

马丁号	项目	耶律羽之组	山嘴子组	萧氏后族组
1	颅长（g-op）	171.00	186.30	180.55
8	颅宽（eu-eu）	154.50	149.60	154.33
17	颅高（b-ba）	133.25	135.50	135.30
9	最小额宽（ft-ft）	92.83	93.10	88.18
45	颧宽（zy-zy）	142.50	136.50	136.50
48	上面高（n-sd）	78.35	77.34	77.65
51	眶宽（mf-ek）R	44.25	42.65	44.30
52	眶高R	36.70	32.88	36.30
54	鼻宽	26.78	27.02	27.48
55	鼻高（n-ns）	57.78	57.34	57.38
72	面角（n-prFH）	86.00	85.75	88.00
8：1	颅指数	90.31	80.35	85.49
17：1	颅长高指数	77.41	72.74	75.66
17：8	颅宽高指数	85.68	90.36	88.49
9：8	额宽指数	59.63	62.23	57.12
48：45	上面指数	54.88	55.77	57.55
52：51	眶指数R	83.18	77.09	82.67
54：55	鼻指数	46.17	46.84	47.86

　　第三大组群包括朝阳鲜卑组、三道湾组、山嘴子组、扎赉诺尔组、东大井组、叭沟组、南杨家营子组、巴音哈达组、尼尔基达斡尔组，这一组群的体质特征与现代蒙古人种北亚类型最相似，同时兼有现代蒙古人种东亚类型和现代蒙古人种东北亚类型的特点，包括了代表汉魏时期内蒙古和辽宁地区北方游牧民族的鲜卑族居民。其中山嘴子组作为辽代契丹族平民代表，最先与朝阳鲜卑组、三道湾组和扎赉诺尔组鲜卑组居民聚类，未与代表辽代契丹族贵族代表的耶律羽之组和萧氏后族组聚类，表明了契丹族与鲜卑族之间的密切关系，以及契丹族贵族和平民之间的区别。尼尔基达斡尔组代表了清代中晚期达斡尔族居民，与现代蒙古人种北亚类型特别是通古斯组居民在颅骨特征上较为一致，同时与辽代契丹人颅骨特征存在很大程度的相似性，该组在刻度10～15与山嘴子组等聚类，也进一步说明达斡尔族其实是一个多源多流的民族[30]。

　　总体来看，双辽四合组居民的身份基本能确定为辽代契丹贵族，其所在的第二大组群先与第三大组群聚类，表明辽代契丹族与鲜卑族之间的密切关系，并且与现代蒙古人种北亚类型的体质特征最为接近；第二大组群和第三大组群聚类后，最后与第一大组群聚类，表明契丹族与现代蒙古人东亚类型也有相似的体质特征，并且说明契丹族和鲜卑族都与古东北类型人种有一定的联系，辽代契丹族应该还受到前代古中原类型的影响。与鲜卑族相比，契丹族具有更多的东亚类型性状，如高颅、狭额等，鲜卑族则表现出更为明显的北亚类型性状，这或与契丹族在偏晚时段与东亚人种的祖先类型居民长期的杂居与通婚有关[31]。

五、结　语

结合体质人类学和考古学的研究结果，对双辽四合组古代居民进行具体的种系特征分析，得出的结论主要有以下几点：

（1）双辽四合组的颅骨、面部形态特征可以概括为：颅形呈楔形，颅部特征以特圆颅型、阔颅型和高颅型为主；面部特征显示为狭上面型，主要为狭额型；枕外隆突不发达，乳突和眉弓发育中等。眶形以椭圆型和中眶型为主。犬齿窝发育程度较弱，鼻根凹陷较浅，表现为狭鼻型。鼻颧角较大，显示出该组居民具有较大的面部扁平度。

（2）与现代亚洲蒙古人种各区域人种类型进行比较，观测结果表明，该组居民的种系成分以北亚类型为主，与东亚类型在一定程度上有相似之处，与东北亚类型有明显的形态距离，与南亚类型之间的区别最明显。

（3）与现代亚洲蒙古人种的各近代组之间的欧式距离系数和平均值组间差异均方根的比较结果表明，在颅骨特征上，双辽四合组与近代朝鲜组最为接近，往后为蒙古组，与其形态学关系较为疏远为华南组、华北组、因纽特组和通古斯组。

（4）与相关古代组居民的聚类分析结果表明，双辽四合组与以耶律羽之组和萧氏后族组为代表的辽代契丹贵族的颅骨形态特征最接近；接着与代表鲜卑族居民的若干古代组聚类，显示了契丹族与鲜卑族之间的密切关系，且进一步表明双辽四合组与现代蒙古人种北亚类型的体质特征最相似；最后与兼有现代蒙古人种东北亚类型和现代蒙古人种北亚类型的混合特征，主要包括了代表古东北类型和古中原类型的若干古代组居民聚类，表明契丹族与现代蒙古人东亚类型也有相似的体质特征，与古东北类型人种有一定联系，并且应该还受到前代古中原类型的影响。

通过对双辽四合组辽墓的人骨材料进行种族特征的研究，对辽代契丹族种系有了更深入的认识，结合以往相关研究，契丹族居民体质特征与现代北亚蒙古类型最为接近，表明北亚类型的种族特征反映了辽代契丹族的主要种系特征。同时个别契丹族个体所表现的高颅倾向，表明东亚蒙古类型的祖先类居民也曾参与到契丹族居民的种系构成。与鲜卑族相比，契丹族具有更多的东亚类型性状，如高颅、狭额等，鲜卑族则表现出更为明显的北亚类型性状，这或与契丹族在偏晚时段与东亚人种的祖先类型居民长期的杂居与通婚有关[32]。

本文通过对吉林省双辽市四合村辽墓出土的人骨材料的初步研究，利用人类骨骼考古学中的基本研究方法，初步提取出研究样本中的信息。该墓葬出土的器物较少，缺乏有关墓主身份的关键信息，在考古学文化背景缺乏以及有限的历史文献记载的情况下，本文为将来进一步研究该墓葬代表人群背后的文化属性提供辅助性帮助，为将来更加深入研究辽代契丹族与古代其他人群之间关系提供了一份初步的研究报告，使将来的研究数据能够更加完整全面。

注　释

[1]　该墓葬发掘简报未发表，墓葬基本情况参考自网络视频资料：《2020考古进行时第三季：双辽四合古墓发掘纪实》，2020年。

[2]　朱泓：《体质人类学》，高等教育出版社，2004年。

[3]　邵象清：《人体测量手册》，上海辞书出版社，1985年。

[4]　现代亚洲蒙古人种各区域类型的变异范围数据转引自潘其风、韩康信：《柳湾墓地的人骨研究》，《青海柳湾》，文物出版社，1984年。

[5]　欧式距离系数计算公式为：$D_{ij} = \sqrt{\dfrac{\sum_{k=1}^{m}(X_{ik}-X_{jk})^2}{m}}$

公式中的i、j代表颅骨组，k代表比较项目，m代表项目数。D_{ij}值（欧氏距离系数）越小则表明两对照组之间在形态学上越为相近。

[6]　平均值组间差异均方根公式为：$\sqrt{\dfrac{\sum \dfrac{d^2}{\delta^2}}{n}}$

其中d为两个对比组之间每项平均值的组差，δ为同种系标准差，n为比较项目数，运用该公式计算所得的函数值越小，则表明该两组对比组之间的关系越密切。

[7]　现代亚洲蒙古人种各区域类型的变异范围数据转引自潘其风、韩康信：《柳湾墓地的人骨研究》，《青海柳湾》，文物出版社，1984年。

[8]　欧式距离系数计算公式与平均值组间差异均方根公式见注释〔5〕〔6〕。

[9]　朱泓：《夏家店上层文化居民的种族类型及相关问题》，《中国古代居民的体质人类学研究》，科学出版社，2014年。

[10]　朱泓、贾莹：《九台关马山石棺墓颅骨的人种学研究》，《考古》1991年2期。

[11]　朱泓、魏东：《内蒙古敖汉旗水泉遗址出土的青铜时代人骨》，《中国古代居民的体质人类学研究》，科学出版社，2014年。

[12]　张全超、周蜜：《内蒙古兴和县叭沟墓地汉魏时期鲜卑族人骨研究》，《边疆考古研究》（第4辑），科学出版社，2006年。

[13]　陈靓、朱泓、郑丽慧：《内蒙古东大井东汉时期鲜卑墓葬人骨研究》，《内蒙古文物考古》2003年1期。

[14]　朱泓：《察右后旗三道湾汉代鲜卑族颅骨的人种学研究》，《内蒙古文物考古文集》（第2辑），中国大百科全书出版社，1997年。

[15]　朱泓：《朝阳魏晋时期鲜卑墓葬人骨研究》，《辽海文物学刊》1996年2期。

［16］　潘其凤、韩康信：《东汉北方草原游牧民族人骨的研究》，《考古学报》1982年1期。

［17］　朱泓：《扎赉诺尔汉代墓葬第三次发掘出土颅骨的初步研究》，《人类学学报》1989年2期。

［18］　潘其凤、韩康信：《东汉北方草原游牧民族人骨的研究》，《考古学报》1982年1期。

［19］　陈山：《喇嘛洞墓地三燕文化居民人骨研究》，吉林大学博士学位论文，2009年。

［20］　阿娜尔、朱泓：《内蒙古鄂托克前旗巴音哈达墓地北魏时期人骨研究》，《边疆考古研究》2018年
　　　　1期。

［21］　李鹏程：《山西省大同市水泊寺廉租房墓地人骨研究》，辽宁大学硕士学位论文，2018年。

［22］　张振标、宁立新：《大同北魏时期墓葬人骨的种族特征》，《文物季刊》1995年3期。

［23］　孙蕾：《郑州汉唐宋墓葬出土人骨研究——以荥阳薛村遗址和新郑多处遗址为例》，吉林大学博士
　　　　学位论文，2013年。

［24］　顾玉才、陈山、张全超：《辽代萧氏后族墓地出土人骨的研究》，《边疆考古研究》（第4辑），
　　　　科学出版社，2006年。

［25］　周蜜：《内蒙古阿鲁科尔沁旗辽代耶律羽之墓地人骨研究》，吉林大学硕士学位论文，2004年。

［26］　朱泓：《内蒙古宁城山嘴子辽墓契丹族颅骨的人类学特征》，《人类学学报》1991年4期。

［27］　孙蕾：《郑州汉唐宋墓葬出土人骨研究——以荥阳薛村遗址和新郑多处遗址为例》，吉林大学博士
　　　　学位论文，2013年。

［28］　张全超、孙志超、张群等：《黑龙江省尼尔基库区的清代达斡尔人骨》，《人类学学报》2015年3期。

［29］　周蜜：《内蒙古阿鲁科尔沁旗辽代耶律羽之墓地人骨研究》，吉林大学硕士学位论文，2004年。

［30］　张全超、孙志超、张群等：《黑龙江省尼尔基库区的清代达斡尔人骨》，《人类学学报》2015年3期。

［31］　顾玉才、陈山、张全超：《辽代萧氏后族墓地出土人骨的研究》，《边疆考古研究》（第4辑），
　　　　科学出版社，2006年。

［32］　顾玉才、陈山、张全超：《辽代萧氏后族墓地出土人骨的研究》，《边疆考古研究》（第4辑），
　　　　科学出版社，2006年。

沈阳孝信汉墓地人骨研究

吴　静

（沈阳市文物考古研究所）

一、孝信汉墓地概况

1. 孝信汉墓地考古发掘概况

孝信汉墓地位于沈阳市沈北新区道义街道蒲新路北侧的孝信汉村。2020年9月，沈阳市文物考古研究所对沈阳市沈北新区的孝信汉村进行考古勘探，勘探面积为121808平方米，发现一处墓群。2020年10月21日～11月30日进行考古发掘，发掘面积为1000平方米，根据墓内随葬品的情况，发掘者推断这批墓葬属于清代中晚期。

依据现场及在辽宁大学实验室内的鉴定，该批标本为120例人骨，但保存状况较差。所有墓葬均为竖穴土坑墓，其中35座双人合葬墓、35座单人墓葬、4座三人合葬墓、1座四人合葬墓，合葬墓均为同穴异棺，此外还有三座墓葬M7、M8、M15，未见人类遗骸。在可观察到的葬式中，该墓地人群仅存在1例侧身屈肢葬，其余均是仰身直肢葬。本文将双人墓中左右都鉴定明确的墓做了统计，在表一、表二中可以看到，左右两侧人骨均可鉴定的合葬墓有6座，其中具有"男左女右"葬俗的墓有4座，"女左男右"的墓有2座，这6座可能都为夫妻合葬墓。在三人合葬墓中，性别全部明确的仅有M64，中间为一男性，两侧为女性。在对可鉴定性别的合葬墓中发现其中有10例墓左都为女性，这可能为此后考古工作者诠释该墓地的文化信息，以及探讨当时此地社会风俗面貌提供一些线索。该墓地中出现的三人以及四人合葬墓也侧面反映了当时生活在这里的人群存在着一夫多妻制的婚俗情况。

2. 孝信汉墓地相关历史背景

沈阳最早的城，被称为"侯城"，始建于战国，与辽东等五郡同时修建[1]，此后历代在此地均有建置。沈阳这一名称正式出现在史料上为元贞二年（1296年），元代重新建土城，设沈阳路。明代洪武十九年（1386年），又将"沈阳路"改称为"沈阳中卫"。明代天启元年（即后金天命六年，1621年），努尔哈赤攻占沈阳。天命十年（1625年），努尔哈赤指出："沈阳形胜之地。西征明，由都尔鼻渡辽河，路直且近。

表一 孝信汉个别双人合葬墓性别年龄表

墓号	性别	年龄	年龄段
男左女右			
M24左	♂	50±	中年期
M24右	♀	?	?
M47左	♂	?	?
M47右	♀	26～29	壮年期
M62左	♂	24～28	壮年期
M62右	♀	24～35	壮年期
M70左	♂	?	成年期
M70右	♀	?	成年期
女左男右			
M54左	♀	?	?
M54右	♂	30～35	中年期
M77左	♀	?	成年期
M77右	♂	30～35	壮年期

注：♂为男性，♀为女性，？为未知

表二 孝信汉墓地三人合葬墓以及四人合葬墓统计表

墓号	性别	年龄	年龄段
三人合葬墓			
M31左	?	?	?
M31中	♀	20±	青年期
M31右	♂	39～43	中年期
M53中	?	?	?
M53右	?	?	?
M57左	?	?	成年期
M57中	?	40～45	中年期
M57右	♂	40～45	中年期
M64左	♀	35～40	中年期
M64中	♂	35～40	中年期
M64右	♀	30～35	壮年期
四人合葬墓			
M65左一	?	?	成年期
M65左二	♀	30～32	壮年期
M65右一	?	?	成年期
M65右二	♀	?	成年期

注：♂为男性，♀为女性，？为未知

北征蒙古，二三日可至。南征朝鲜，可由清河路以进。且于浑河苏克苏浒河之上流伐木、顺流下。以之治宫室、为薪。不可胜用也。时而出猎。山近兽多。河中水族。亦可捕而取之。"[2] 故将首都从辽阳东京城迁至沈阳。天聪八年（1634年），清太宗皇太极传谕，改沈阳为"天眷盛京"，简称"盛京"，满语"穆克敦"[3]。顺治元年（1644年），清世祖福临迁都北京后，尊盛京为陪都。

清代时期沈阳地区的人员来往较为繁杂。后金天命十年（1625年），诸多满洲贵族随努尔哈赤从辽阳迁至沈阳即满洲八旗。这一部分人员构成复杂，除了女真各部人员，还有努尔哈赤在统一各部过程中归顺的蒙古族、朝鲜族、锡伯族、高丽以及被掠的汉人均被编入八旗中[4]，这些人与满洲人通婚通居，逐渐形成一个新的满族共同体[5]。顺治时期，由于迁都北京，盛京地区人口骤减，清廷便下令颁布"辽东招民开垦条例"，鼓励汉人地主、官吏招民出关。这些应召中，据文献记载甚至还有远在浙江义乌的人，如陈达德，该人招领一百多农民出关并被封为辽阳县令[6]。康熙时期再次颁布招民令，也使得大量汉人出关，这些汉人主要来自山东、直隶、山西、河北等地区，盛京各地人口便开始增加，后期随着关外汉族人口增加，清廷贵族感到受到威胁，便开始限制汉人出关。康熙七年时辽东招垦令被明令禁止，但仍有一些汉民到辽东定居垦荒，康熙二十八年奉天一带严格划定了旗界民界，但实际上奉天内早已"旗民杂处"[7]，并且当遇到关内灾荒时，清廷也会放宽限制，山东、直隶等地灾民大量涌入关外。除这些之外，来辽的还有因各种原因被清廷流放到这里的流人，这些流人来源十分广泛，张缙言曾言，宁古塔"流徙来者，多吴、越、闽、广、齐、楚、梁、秦、燕、赵之人"[8]。综上所述，清代的沈阳地区实际上是一个多民族杂居之地。

二、古人口学研究

1. 性别和年龄鉴定

在对考古发掘中出现的人骨材料进行传统体质人类学研究时，首先应对其进行正确的性别年龄鉴定。通过对人类遗骸各部位骨骼以及牙齿的观察研究判断其性别与死亡年龄。在观察研究中无法忽视的问题是，除了受墓主人生前健康状况的影响，还受环境、土质、气候等等外部原因的影响，很多时候人骨保存情况不尽如人意，无疑为进行性别与年龄的鉴定增加了非常大的难度。在考古发掘以及提取与后期清理过程中也可能对人骨造成不同程度的二次伤害，从而影响性别与年龄鉴定的准确性。除此之外，在鉴定时还存在一些有个体差异的现象，部分男性个体可能会显得较为纤细，而女性个体则更加粗壮一些，这些女性的骨骼往往会更具有男性特点或者说倾向于一般状态下的男性，而处于性别判断的临界点。同时也局限于鉴定者的个人鉴定水平，如果出现误差那将对于后续的研究出现错误的引导。性别、年龄的鉴定是研究一批人骨材料中最基础性和最重要的部分，也是对人骨材料进行其他综合性研究的一个前提条件。具体鉴定方法主要依据吴汝康[9]、邵象清[10]、朱泓[11]等诸位学者提出的准则。

（1）性别鉴定

本文研究对象是沈阳孝信汉清代墓地出土的120具人骨标本，性别鉴定主要是通过男女两性生物学差异较为明显的颅骨（包含下颌骨）与骨盆为主并辅以其他骨骼上的两性差异表现进行。在鉴定结果的记录上，男性个体记为"♂"；女性个体记为"♀"；性别特征疑似男性个体的记为"♂？"；疑似女性个体的记为"♀？"；不能显示出性别特征信息的个体记为"？"。

（2）年龄鉴定

在年龄的鉴定上主要通过观察耻骨联合面发育程度、牙齿的磨耗程度、颅骨骨缝愈合程度，以及耳状关节面、骨化点发育等情况来判断个体的年龄。在年龄的鉴定中，考虑个体差异性的问题，所以无法给出一个非常精确的数值，基本范围差在5岁以内，而一些保存状况差且年龄特征不是非常明确的个体范围差会更大。因此本文运用年龄分期记录法来对个体年龄的阶段来记录。婴儿期为0～2岁，幼儿期为3～6岁，少年期7～14岁，青年期为15～23岁，壮年期为24～35岁，中年期为36～55岁，老年期为56岁及其以上。对于骨骼保存状况比较差、无法精确到年龄期的标本则用"未成年""成年"或者"老年"作记录。年龄无法鉴定标为"？"。

沈阳孝信汉墓地出土共120具人骨。详细鉴定结果详见表三。

表三　孝信汉墓地人骨性别及年龄鉴定表

标本编号	性别	年龄/岁	年龄段	标本编号	性别	年龄/岁	年龄段
M1	？	？	？	M13左	♀	25～30	壮年期
M2	♀	？	成年期	M13右	？	41～46	中年期
M3	♀	？	？	M14左	？	？	？
M4	♀	？	？	M14右	？	25～30	壮年期
M5	？	30～35	壮年期	M16左	♀	？	？
M6	？	25～30	壮年期	M16右	？	25～30	壮年期
M9	♂	30～35	壮年期	M17	？	？	成年期
M10左	？	？	？	M18左	？	？	？
M10右	？	38～40	中年期	M18右	？	？	？
M11左	？	35～40	中年期	M19左	？	？	？
M11右	♂？	？	？	M19右	？	？	？
M12	？	？	？	M20左	？	？	？
M20右	♀	？	成年期	M38右	？	？	？
M21左	♂	？	成年期	M39	♀？	？	？
M21右	♀？	？	成年期	M40	？	39～43	中年期
M22左	？	36～40	中年期	M41	？	？	？

标本编号	性别	年龄/岁	年龄段	标本编号	性别	年龄/岁	年龄段
M22右	?	?	?	M42	?	22～23	青年期
M18右	?	?	?	M43	♂	20～25	壮年期
M19左	?	?	?	M44	♂	?	?
M19右	?	?	?	M45左	?	30～35	中年期
M20左	?	?	?	M45右	♂?	?	?
M20右	♀	?	成年期	M46	♀	20±	青年期
M21左	♂	?	成年期	M47左	♂	?	?
M21右	♀?	?	成年期	M47右	♀	26～29	壮年期
M22左	?	36～40	中年期	M48	♂	20±	青年期
M22右	?	?	?	M49	♂	35～40	中年期
M23左	♂	?	成年期	M50左	♂	55～X	老年期
M23右	?	30～35	壮年期	M50右	♀?	30～35	中年期
M24左	♂	50±	中年期	M51	♀	25～29	壮年期
M24右	♀	?	?	M52	♀	20～25	壮年期
M25	♀	25～30	壮年期	M53中	?	?	?
M26	♂	20～23	青年期	M53右	?	?	?
M27左	♂	20～25	壮年期	M54左	♀	?	?
M27右	?	?	?	M54右	♂	30～35	中年期
M28	♀	25～30	壮年期	M55左	?	?	?
M29左	?	?	成年期	M55右	?	?	?
M29右	?	?	?	M56左	?	?	?
M30左	?	36～40	中年期	M56右	?	?	成年期
M30右	?	?	?	M57左	?	?	成年期
M31左	?	?	?	M57中	?	40～45	中年期
M31中	♀	20±	青年期	M57右	♂	40～45	中年期
M31右	♂	39～43	中年期	M58左	♂	30～34	壮年期
M32	♂	?	?	M58右	?	?	成年期
M33左	?	?	?	M59	♀	30～35	壮年期
M33右	?	?	?	M60左	?	?	?
M34	♂	30～35	壮年期	M60右	?	?	?
M35左	?	?	成年期	M61	♂	25～30	壮年期
M35右	♀	?	?	M62左	♂	24～28	壮年期
M36	♀	30～35	壮年期	M62右	♀	24～35	壮年期
M37左	♂?	?	?	M63	♂	?	成年期
M37右	♂	30～35	壮年期	M64左	♀	35～40	中年期

续表

标本编号	性别	年龄/岁	年龄段	标本编号	性别	年龄/岁	年龄段
M38左	?	39～43	中年期	M64中	♂	35～40	中年期
M64右	♀	30～35	壮年期	M70左	♂	?	成年期
M65左一	?	?	成年期	M70右	♀	?	成年期
M65左二	♀	30～32	壮年期	M71	♂	35～39	中年期
M65右一	?	?	成年期	M72	?	22～23	青年期
M65右二	♀	?	成年期	M73	?	25～30	壮年期
M66右	♂?	?	成年期	M74	?	?	?
M67左	♂	30～35	壮年期	M75左	?	?	成年期
M67右1	?	?	?	M75右	?	?	?
M67右2	?	?	?	M76	♀	30～35	壮年期
M68左	?	?	成年期	M77左	♀	?	成年期
M68右	♀	25～29	壮年期	M77右	♂	30～35	壮年期
M69左	♀	?	成年期	M78	♂	25～30	壮年期
M69右	?	?	成年期				

2. 性别与年龄统计分析

人口是推动历史前进的主要载体，是社会存在与发展的根本前提和必要条件，是促进社会生产力的最活跃的因素。无论古代还是现代，庞大的人口数量都具有双面性，一方面庞大的人口可能会出现人口红利，促进社会发展，也一定程度上体现了国家的强盛度，但是另一方面，人口的庞大也会引起层出不穷的社会问题。为了了解孝信汉墓地人口分布情况，本节将利用古人口学的方法通过对其人口性别结构、死亡年龄结构以及其平均寿命等进行研究。

（1）性别构成分析

在孝信汉墓全部鉴定的120例标本中，性别明确者有63例（含疑似），性别不详者57例，鉴定率为52.5%。其中可鉴定的男性有32例（包含疑似男性4例），女性31例（包含疑似女性4例）。孝信汉墓地性别构成见图一、性别鉴定结果见图二。

在探讨孝信汉墓地古代居民的性别构成时，本文主要引用人口学概念中的性别比，也就是用男性与女性人口比例的方法来对该墓地进行人口分析。当性别比值为100时表示男女两性人口处于平衡的状态，大于100时说明男性人口占比大于女性人口，小于100时则表明女性的人口占比大于男性。通常我们会将墓地人群男女两性的性别与现代出生人口性别比来进行对比，以探讨其性别比的高与低。性别比计算方法为：性别比例等于男子数除以女子数的商再乘100[12]。通过计算可得孝信汉人口性别比为：RS=PM/PF×100=32/31×100%=103.22。该墓地男女两性比值在国际社会公认的出生人口性别比

图一　孝信汉墓地性别构成图　　　　图二　孝信汉墓地性别鉴定结果饼状图

正常范围值（103～107）内。

孝信汉墓地中无婴儿期、幼儿期以及少年期的死亡标本，死亡年龄处在老年期的仅有一例，性别为男性。本文仅有青年期、壮年期、中年期的性别比，分别为：100、84.61、350。此性别比可以明显反映该墓葬中青年期死亡的居民男女两性一致；壮年期死亡居民女性多男性少；中年期死亡居民男性多女性少。整体而言，各年龄段中的男女性别比较为不均衡。为了进一步了解孝信汉墓地人口性别比的状况，本文选择与孝信汉墓地人群时代相近的几组人群进行对比：山西榆次高校园区组[13]、湖北郧县马檀山组[14]、沣西新城曹家寨组[15]。在表四中可以看到这四组中山西榆次组性别比较高一些，其余二组性别比数值差距并不明显，前三组均高于自然出生人口性别比，只有孝信汉清代的性别比基本符合自然出生人口性别比。

表四　孝信汉墓地古代居民与其他组古代居民性别比统计图

对比组	年代	男性/人	女性/人	性别比（人）
山西榆次高校园区组	清代	98	67	146.26
湖北郧县马檀山组	清代	45	40	112.50
沣西新城曹家寨组	清代	47	40	117.50
沈阳孝信汉清代组	清代	32	31	103.22

在表四中可以看到前三组的性别比都较为不均衡。造成两性性别关系失去平衡的原因众多，根据以往的学者对各个时期的性别比研究总结出以下一些原因：首先便是埋藏原因，基于不同年龄、性别的人骨质差异较大，通常情况下男性骨骼的含钙量高于女性的，使得其保存情况各有不同。其次便是技术原因，一个是鉴定者使用的鉴定标准不同，一个是对于长期埋藏于地下，同时埋藏中受自然与人为因素影响而人骨保存度极其低，故很难辨认其性别。还有自然原因，在不同气候环境以及饮食等条件下，主要表现在恶劣条件下，男性婴儿出生率较高[16]，从而导致性别比例失调。此外，由于社会生产力低下，人们会有意识地进行杀老、杀婴儿等行为。同时，宗教、习俗、中国传统意识观念等因素也会导致男女两性比例的失衡。孝信汉墓地中的人骨生存时代为清代中晚期，因此我们把关于性别比的问题聚焦在清代中晚期。清代中期自乾隆六年（1741年）到咸丰元年（1851年）的111年间人口激增，是中国历史上人口空前发展的时期[17]。到

清晚期时（1851～1911年），社会动荡不安，受太平天国运动和外国列强入侵等影响，人口略减。有据可查的宣统年间东北人口性别比是125.87。在清乾隆十八年时奉天的人口性别比为113.4，到清宣统年间时奉天的人口性别比已经上升到123.72，嘉庆元年黑龙江的人口性别比为132.3，到了宣统年间减少到120.75[18]。清代晚期直隶青县的人口性别比达到118.48。通过这些大量文献相关记载不难看出，清代中后期性别比也呈现出男多女少的情况。但是孝信汉墓地中可鉴定的男女两性之比却显示出略低于当时社会背景之下的性别比。

孝信汉墓地性别比为103.22，男女两性数量差距较小，这个比值是符合现代的自然人口比的，但是在与其他清代组对比中，以及参考清代东北地区文献中所记载的性别比来说，这个比值可能略低于当时社会背景之下的性别比，这种现象产生的原因可能与人骨的保存状况有关，首先便是出土人骨受生前的健康状况影响，去世后骨骼可能难以保存，其次便是受死后骨骼所处的埋藏环境影响，孝信汉墓地所处的位置邻近蒲河，受到埋藏地土壤的土质与湿度影响，人骨加速腐朽，故该墓地的人骨保存状况极差，很多人骨严重破碎，仅剩一些性别特征不明，无法鉴定的残片。由于鉴定不明，无法确定墓主性别，从而产生误差。由此可见，文中计算出的孝信汉墓地的性别比值可能并未完整揭示孝信汉墓地的人口性别，但也具有参考意义。

（2）死亡年龄分析

由于出土人骨保存状况极差，因此在出土的120例个体中，年龄明确的有55例，鉴定率为45.83%，其中年龄明确的男性有21例；年龄明确的女性有17例（含有1例疑似女性）；性别不详但年龄确定的有17例。

孝信汉墓地的古代居民死亡的年龄段排序为壮年期＞中年期＞青年期＞老年期，婴儿期与幼儿期合并为未成年期均为零。死亡年龄的高峰期主要集中在壮年期，占比为54.54%，其次是中年期，占比为32.73%，青年期死亡个体数量比较少，占比为10.91%，老年期的占比仅为1.82%。

在表五男女两性死亡年龄的分布统计图中可以看到，孝信汉墓地男性居民死亡高峰期在壮年期，占总男性总数的52.38%，其次是中年期，占男性总数的33.33%，青年期占男性总人数的9.52%，未成年男性为0，老年男性为4.77%。女性死亡年龄集中在壮年期，占女性总人数的76.48%，死亡率远高于男性。死亡年龄在中年期的女性占女性总数的11.76%，远低于同年龄期死亡的男性，死亡年龄在青年期的女性占女性总人数的11.76%，少于青年期男性，但两性差距不大。

男性死亡年龄多集中在壮年期和中年期可能与当时男性所承担的较强的社会劳动有关，由此推测，孝信汉墓地可能是一座清代平民墓地。女性死亡高峰期在壮年期很可能是与女性怀孕、分娩以及产褥期有关。未成年的个体在本次鉴定中没有发现可能是由于土壤埋藏环境状况较差，并且未成年人的骨骼发育不完全，骨骺端也没有愈合，骨质较成年个体来说保存时间较短，难以保存。该墓中的老年个体发现也较少，可能是随着年龄的增长，身体不断衰老，钙和维生素D等摄入不足导致骨质疏松，骨质较差在墓中无法很好保存，残存下来的零星碎片更是无法识别。

表五　孝信汉墓地古代居民的性别与各死亡年龄阶段分布情况统计表

年龄阶段/岁	男性/%		女性/%		性别不详/%		总计/%	
婴儿期（0～2）	0	0.00	0	0.00	0	0.00	0	0.00
幼儿期（3～6）	0	0.00	0	0.00	0	0.00	0	0.00
少年期（7～14）	0	0.00	0	0.00	0	0.00	0	0.00
青年期（15～23）	2	9.52	2	11.76	2	11.76	6	10.91
年龄阶段/岁	男性/%		女性/%		性别不详/%		总计/%	
壮年期（24～35）	11	52.38	13	76.48	6	35.29	30	54.54
中年期（36～55）	7	33.33	2	11.76	9	52.95	18	32.73
老年期（56～x）	1	4.77	0	0.00	0	0.00	1	1.82
合计	21	100.00	17	100.00	17	100.00	55	100.00
未成年（年龄不详）	0		0		0		0	
成年（年龄不详）	5		7		11		23	
未判定（年龄不详）	6		7		29		42	
总计	32		31		57		120	

（3）与其他古代居民进行比较

为了更进一步了解孝信汉墓地古代居民年龄死亡特点，本文选择了在时代上相距较近的古代居民进行比较，包括山西榆次高校区组、沣西新城曹家寨组、湖北郧县马檀山组进行比较（表六）。

表六　孝信汉墓地及其他两组年龄段占比对比表

对比组	未成年	青年期	壮年期	中年期	老年期
孝信汉墓地组	0.00%	10.91%	54.54%	32.73%	1.82%
沣西新城曹家寨组	3.26%	5.43%	21.7%	48.91%	20.65%
湖北郧县马檀山组	3.57%	7.14%	48.81%	40.48%	0.00%
山西榆次组	3.82%	5.73%	51.3%	35.03%	3.82%

通过图三孝信汉墓地居民与其他三组各阶段死亡率比较可以看出，孝信汉组与湖北郧县马檀山组以及山西榆次高校园区组的比例较为接近。三者死亡高峰期都集中在壮年期，而沣西新城曹家寨的死亡率高峰期则在中年期。

（4）人口寿命研究

在当前多学科交叉研究的新形势下，在一些墓葬出土人骨的人口学研究中，诸多学者借鉴了许多现代人口统计学的概念以及研究人口的方法，如计算平均死亡年龄以及计算该人群的平均预期寿命。

在平均年龄的计算中，鉴定结果是整数值如20±，计算时直接取整数20，鉴定结果

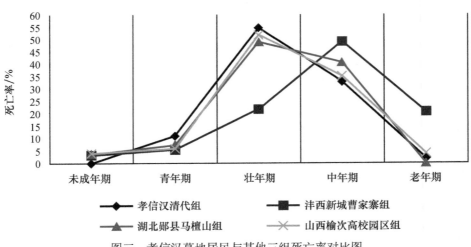

图三　孝信汉墓地居民与其他三组死亡率对比图

是在一定年龄范围的取该年龄范围的中间数，个体性别不确定的如"性别不详、疑似男性、疑似女性"等是不算在内的。在孝信汉墓地人群平均年龄的计算中，计算方法是用已知确切死亡年龄的个体数年龄的总和除以确切个体数，求得其平均死亡年龄[19]。通过运算可知，该墓地古代居民总人口的平均死亡年龄为31.07岁，女性平均死亡年龄为28.41岁，男性平均死亡年龄为33.10岁。

人类寿命的长短受到许多方面的制约，如社会经济的发展、医疗、卫生、体质遗传因素以及个人的生活方式。虽然我们难以预测某一个人的寿命长短，但是我们可以利用科学的计算方法计算出假定在一定死亡水平下人口的平均预期寿命，平均预期寿命是指达到某一确切年龄X岁的一批人按照某一死亡水平计算的他们未来可能存活的平均时间长度[20]。这不仅反映着一个国家社会经济生活状况，也是度量人口健康状况的重要指标。在现代人口统计学中，学者常用制作生命表来反映平均预期寿命。由于本文的研究对象为出土人骨，具有特殊性以及局限性，在实际研究中出土人骨的年龄都是以某一个年龄段的形式表现，本文在制作生命表时，是假设墓主人的出生时间一致，只是处于不同年龄阶段，生命表中不包括疑似性别。生命表制作方式参考的是宋先杰先生的制作方法[21]。

表七　孝信汉墓地古代居民男性人口简略生命表

年龄组 （x）	死亡概率 （qx）/%	各年龄组死亡人数 （dx）	尚存人数 （lx）	各年龄组内生存人年数 （Lx）	未来生存人年数之累计 （Tx）	平均预期寿命 （ex）
0～	0.00	0	21	21	682.5	32.5
1～	0.00	0	21	84	661.5	31.5
5～	0.00	0	21	105	577.5	27.5
10～	0.00	0	21	105	472.5	22.5
15～	0.00	0	21	105	367.5	17.5
20～	19.05	4	21	95	262.5	12.5

年龄组 （x）	死亡概率 （qx）/%	各年龄组死亡人数 （dx）	尚存人数 （lx）	各年龄组内生存人年数 （Lx）	未来生存人年数之累计 （Tx）	平均预期寿命 （ex）
25～	17.65	3	17	75	167.5	9.85
30～	57.14	7	13	47.5	92.5	7.11
35～	66.67	4	6	22.5	45	7.5
40～	66.67	2	3	10	22.5	7.5
45～	0.00	0	1	5	12.5	12.5
50～	100.00	1	1	5	7.5	7.5
55～	100.00	1	1	2.5	2.5	2.5

表八　孝汉墓地古代居民人口女性简略生命表

年龄组 （x）	死亡概率 （qx）/%	各年龄组死亡人数 （dx）	尚存人数 （lx）	各年龄组内生存人年数 （Lx）	未来生存人年数之累计 （Tx）	平均预期寿命 （ex）
0～	0.00	0	16	16	469.5	29.34
1～	0.00	0	16	64	453.5	28.34
5～	0.00	0	16	80	389.5	24.34
10～	0.00	0	16	80	309.5	19.34
15～	0.00	0	16	80	229.5	14.34
20～	18.75	3	16	72.5	149.5	9.343
25～	53.85	7	13	47.5	77	5.92
30～	83.33	4	5	6	27.5	29.5
35～	100.00	1	1	1	2.5	2.5

表九　孝信汉墓地古代居民总人口简略生命表

年龄组 （x）	死亡概率 （qx）/%	各年龄组死亡人数 （dx）	尚存人数 （lx）	各年龄组内生存人年数 （Lx）	未来生存人年数之累计 （Tx）	平均预期寿命 （ex）
0～	0.00	0	55	55	1777.5	32.32
1～	0.00	0	55	220	1722.5	31.32
5～	0.00	0	55	275	1502.5	27.32
10～	0.00	0	55	275	1227.5	22.32
15～	0.00	0	55	275	952.5	17.32
20～	16.30	9	55	250	677.5	12.32
25～	31.10	14	45	190	427.5	9.5
30～	51.60	16	31	115	237.5	7.66
35～	53.30	8	15	55	82.5	5.5
40～	85.70	6	7	20	32.5	4.64
45～	0.00	0	1	5	12.5	12.5

续表

年龄组 （x）	死亡概率 （qx）/%	各年龄组死亡人数 （dx）	尚存人数 （lx）	各年龄组内生存人年数 （Lx）	未来生存人年数之累计 （Tx）	平均预期寿命 （ex）
50～	100.00	1	1	5	7.5	7.5
55～	100.00	1	1	2.5	2.5	2.5

从表七～表九的简略生命表中可以看出，孝信汉组男性居民平均预期寿命32.5岁，女性平均预期寿命为29.34岁，总人口平均预期寿命为32.32岁。

通过图四中可以看到，平均死亡年龄男性＞总人口＞女性，平均预期寿命男性＞总人口＞女性。纵向上来说男性、女性以及总人口的平均死亡年龄和平均预期寿命均相差较小，横向上来说男性的平均死亡年龄和平均预期寿命均大于女性和总人口。这可能因为男性年龄明确的个体数比女性多，且其死亡在40～、45～、50～岁这三个年龄组的男性是多于女性的。总人口的平均预期寿命与平均年龄均低于男性且高于女性。

图五反映出孝信汉墓地古代居民男女两性的死亡年龄和死亡概率对比情况。从0岁到15岁，男女两性死亡概率是一致的。从20岁开始女性死亡概率飞速上升，在35岁达到顶峰。数据上显示男性20岁死亡概率略高于女性，但是相差不大，所以折线图中对比不明显，但从25岁到35岁男性死亡概率开始低于女性，这可能是由于这一阶段女性处于生育阶段，在此年龄阶段死亡率高。在40岁以后男性死亡率比女性要高，这可能是男性作为家庭的主要劳动力，所承担的劳动较为繁重，导致其在这一阶段死亡率高。

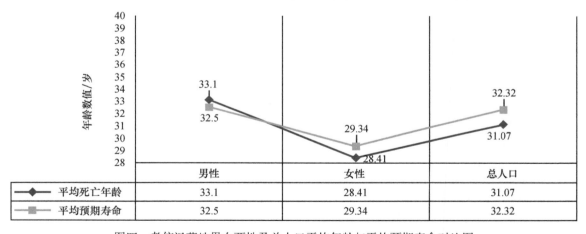

图四　孝信汉墓地男女两性及总人口平均年龄与平均预期寿命对比图

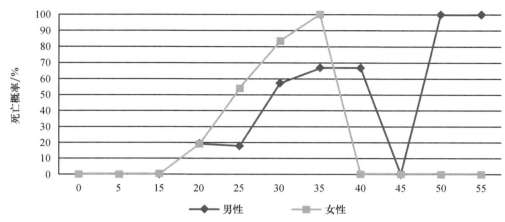

图五　孝信汉墓地男女两性各阶段死亡概率对比图

三、颅骨的非测量性状研究

颅骨上一些无法用测量值大小来表示的特征，只能根据一些特定的形态观察标准并使用形容词描述的方式加以区别的性状称为非测量性状[22]，它也是研究颅骨形态学特征的方法之一，并且受颅骨保存状况影响较小，因此在人骨研究中被诸多学者采用，其与测量性状研究一样具有同等重要的意义。对颅骨非测量特征的观察包括连续性形态和非连续性形态两种。连续性形态是指具有多个分级或分型的性状，而非连续性形态则是其中某些性状不具有多级分类的条件，只能用"存在""缺失"来表示。

1. 颅骨的连续性形态特征观察

本文中连续性形态特征的观察项目包括颅型、眉弓突度、鼻根点凹陷、前额形态、矢状缝前囟段、矢状缝顶端、矢状缝顶孔段、矢状缝后段、眶形、顶孔、乳突、枕外隆突、铲形门齿、犬齿窝、眶型、梨状孔形状、梨状孔下缘、鼻前棘、翼区、腭形、颏形、下颌角和下颌角圆枕等23项。一般可以通过分级划分为不同的存在程度。观察方法主要依据吴汝康[23]、邵象清[24]、朱泓[25]、李法军[26]等诸位学者的相关文献。

在孝信汉墓地120例颅骨（包括下颌骨）中，有28（不含疑似）例成年男性个体颅骨，27（不含疑似）例成年女性个体颅骨，由于颅骨保存较差，所以在每个观察的项目上，观察标本量是不尽相同的。未成年标本以及"性别不详"（其中包含疑似女性和疑似男性）标本不列入统计之中。

对孝信汉古代居民连续性形态特征分类及频率进行统计的观察结果如下：

（1）颅形：男性的颅骨形态以圆形为主（占60%），楔形（占40%）次之，未见椭圆形、卵圆形、五角形以及菱形。女性颅型全部为楔形（占100%），未见圆形、椭圆形、卵圆形、五角形以及菱形。女性的楔形出现率高于男性。

（2）眉弓突度：孝信汉墓地古代居民中男性的眉弓突度主要以中等（占33.33%）和

显著（占33.33%）为主，其次便是微显（占16.67%）和稍显（占16.67%）。女性以微显（占77.78%）为主，稍显（占11.11%）和中等（占11.11%）次之。男女两性都无粗壮和特显出现。

（3）鼻根点凹陷：孝信汉男性鼻根点凹陷以1级（占40%）为主，2级（占30%）和0级（占30%）次之。女性鼻根点凹陷程度全部为0级（占100%）。可以看出，孝信汉墓地男女两性的鼻根点发育都不甚明显，但相对而言本墓地男性发育程度还是大于本墓地女性。

（4）颅顶骨缝：前囟段男女两性均以微波形为主且均未见直线形。除微波形外，男性深波形（占15.79%）和复杂形（占15.79%）次之，锯齿形（占10.53%）再次之，还有2例男性前囟段已经愈合（占10.53%）。女性除微波形外，锯齿形（占20%）次之，复杂形态（占10%）的仅有1例，以及还有2例前囟段已经愈合的（占20%），此段颅顶缝表现较为简单；在顶段中男女两性均是以锯齿形为主，愈合次之，深波形再次之，均未见直线。最后男性的顶段还有2例复杂形（占10.53%），未见微波形。女性还有1例复杂形（占7.69%）和2例微波形（占6.25%），这表明此段较复杂。在顶孔段，男性以直线形（占23.53%）和深波形（占23.53%）为主，其余还有8例（占47.06）已经愈合，以及1例微波形（占5.88%）。女性顶孔段以深波形（占23.53%）为主，微波形（占37.5%）次之，直线性（占12.5%）再次之。男女两性均未见锯齿形和复杂性，故此段较简单。在后段，男性以深波形（占25%）为主，锯齿形（18.75）次之，微波形（占28.57%）再次之，且男性有7例后段愈合（占43.75%）；而女性以锯齿形（占50%）为主，复杂形和深波形各占25%。两性均未见直线形。由此可见，在后段男女两性皆表现出较复杂的形态。

（5）前额：孝信汉居民男女两性的前额差异较为明显，男性以倾斜（占71.42%）为主，平直（占14.29%）和中等（占14.29%）次之。女性则以平直（占62.5%）为主，中等（占37.5%）次之，未见倾斜。

（6）眶形：男性中，圆形、椭圆形以及斜方形均各占28.57%，方形（占14.29%）次之。女性可以观察到眶形的仅有两例，一个是圆形（占50%）另一个为椭圆形（占50%）。男女两性的眶形均未见长方形。

（7）梨状孔：男性的心形梨状孔和梨形梨状孔居多，均各占42.86%，圆形（占14.29%）次之。女性以梨形（占66.67%）为主，心形（占33.33%）次之，未见圆形梨状孔。

（8）梨状孔下缘：男性以锐型和钝型为主，均各占33.33%，鼻前窝型（占22.22%）次之，鼻前沟型1例（占11.11%）。女性以锐型（占66.67%）为主，鼻前窝型和混合型均各有1例，均各占16.67%，且女性未见钝型和鼻前沟型。

（9）鼻前棘：孝信汉墓地男女两性面颅骨破碎严重，可以观察到鼻前棘的不多，男性的鼻前棘以不显（占33.33%）为主，稍显（占25%）次之。女性可观察到鼻前棘的仅有1例表现为不显（占100%）。

（10）犬齿窝：按照李法军先生发表的《头骨三项非测量特征在中国古代人群中的分布差异》中描述的位置，位于上颌骨的前外侧面，它介于眶下孔的下方，上颌骨颧突的前方和恒前臼齿根尖上方之间。一般在犬齿根尖后外侧1.5厘米处[27]。孝信汉墓地人群中男性以无犬齿窝为主（占75%），中等的占25%。女性以无犬齿窝为主（占60%），且有一例中等（占20%），一例较深（占20%）。

（11）上颌中门齿形：铲形门齿的特征较为好辨认，一般出现于上颌门齿，特别是上颌中门齿，其特征为在齿冠舌面近中缘和远中缘各有一条明显的唇型嵴，致使齿冠舌面出现一个明显的窝，形如铲，故称为铲形门齿[28]。孝信汉男女两性可观察到的门齿留存较少，男性铲形门齿占66.67%，非铲形门齿占33.33%。女性仅可观察到1例为铲形门齿（占100%）。

（12）翼区：孝信汉古代居民男性以H型（占63.64%）为主，愈合（占36.36%）次之。女性也以H型（占75%）为主，愈合（占25%）次之。

（13）乳突：孝信汉墓地男女两性乳突还是具有一定性别差异的，男性乳突以中等（52.38）为主，大（28.57%）次之，小（14.29）再次之，特大有1例（占4.76%）。女性以小（占50%）为主，中等（48.39%）次之，出现了1例极小（占3.32%），未见大和特大。

（14）枕外隆突：男性以稍显（占37.5%）为主，其次是中等和极显，这两项各占18.75%。非常发达至喙嘴的有2例占12.5%，还有1例枕外隆突缺如占6.25%。女性的枕外隆突以缺如（55.56%）为主，稍显（占40%）次之，未见中等、显著、极显以及喙嘴型。

（15）齿弓形状：男性以抛物线形（占54.55%）为主，椭圆形（占45.45%）次之，女性以椭圆形（占85.71%）居多，抛物线形（占14.29%）次之。男女两性皆没有U型和不对称型。

（16）腭圆枕：孝信汉墓地可观察到男女两性的腭圆枕皆为缺如，其中男性有11例，女性6例，这也可能跟孝信汉墓地人群饮食条件有关。

（17）下颌角形：孝信汉男性下颌角多以外翻型（占58.82%）为主，直型（占41.43%）次之，未见内翻型和不对称型。女性则以直型（占71.43%）为主，外翻型（占28.57%）次之，未见内翻型和不对称型。两性差异还是较为明显的。

（18）下颌圆枕：男女两性均未出现下颌圆枕，这应该与之饮食结构有着莫大关系，可能该墓葬人群的食物多以精细农业产品为主。

（19）颏形型：男性以方形（占52.38%）为主，圆形（33.33%）次之，尖型（占14.29%）再次之。而女性以圆形（占40%）为首，其次为尖形和方形，各占30%。男女两性均未出现不对称形颏形。

（20）顶孔：男性顶孔仅有左侧或右侧单侧1孔的占37%，多个孔的占50%且其中存在一例单侧左边有2个孔，一列左侧有1个孔的同时右侧有2个孔，1例在颅顶缝中间有1孔的同时左侧也有1孔。顶孔缺如的有2例（占12.5%）。女性可观察到顶孔的有7例（占

100%），其中6例都是右侧顶孔，1例左侧顶孔。

通过对目前孝信汉墓地男女两性可观察到的连续性形状统计可以看出，孝信汉墓地人群的颅型以圆形和楔形为主，男性眉弓突度总体中等偏显著，而女性则以稍显为主，这也符合男女两性的差异，鼻根点总体凹陷较浅，颅顶缝整体上呈现简单和复杂两者交替出现的状态，梨状孔以梨型为主，眶形则以圆形和椭圆形为主，梨状孔下缘多呈现的是锐型和钝型，鼻前棘不发达，犬齿窝多为无，铲形门齿为主，翼区以H型为主，乳突以中等为主，枕外隆突不甚发达，以稍显为主，腭形以椭圆形和抛物线型为主，腭圆枕无，下颌圆枕无，颏形以方形为主。以上的这些形态特征表明孝信汉墓地居民应归属于亚洲蒙古人种的范畴。

2. 颅骨的非连续性形态特征观察

颅骨的非连续性特征不具有多级分类的条件，所以我们一般常用"存在"或者"缺失"的方式来表示，通过对其各种性状出现的频率的统计判断其群体间的关系。本节中所选用的颅骨（包括下颌骨）共120例，其中男性有28例（不含疑似），女性27例（不含疑似），在具体的统计表中，也将疑似男性与疑似女性排除掉。由于颅骨的不完整性，在每个观察项目上，观察标本量都不相同。观察方法主要是依据王令红[29]、张银运[30]、李法军[31]等相关著述的描述。

依据观察结果，将孝信汉古代居民非连续性形态特征出现频率进行统计，结果详见表一〇。需说明在表一〇中RO为仅右侧出现，OL为仅左侧出现，RL两侧同时出现，OO两侧同时缺失，A代表出现个数，N代表样本数，P代表出现率。

表一〇　孝信汉古代居民颅骨非连续性形态特征频率统计

非连续性特征项目	男性							女性						
	RO	OL	RL	OO	A	N	P/%	RO	OL	RL	OO	A	N	P/%
前囟骨	/	/	0	19	0	19	0	/	/	0	10	0	10	0
冠状缝小骨	0	0	0	20	0	20	0	0	0	0	9	0	9	0
矢状缝小骨	/	/	0	18	0	18	0	/	/	0	8	0	8	0
人字点小骨	/	/	3	13	3	16	18.75	/	/	0	8	0	8	0
人字缝小骨	2	1	4	5	7	12	58.33	3	0	1	5	4	9	44.44
印加骨	/	/	0	16	0	16	0	/	/	0	8	0	8	0
星点小骨	3	1	0	5	4	9	44.44	0	1	0	5	1	6	16.67
顶切迹骨	2	1	0	9	3	12	25.00	1	0	0	5	1	6	16.67
枕乳缝间骨	0	0	0	10	0	10	0	0	0	0	3	1	4	25.00
额中缝	/	/	4	17	4	21	19.04	/	/	0	9	0	9	0
眶上孔	1	6	4	6	11	17	64.71	4	3	2	2	9	11	81.82
眶上切迹	4	2	7	7	13	20	65.00	4	2	3	2	9	11	81.00

续表

非连续性特征项目	男性							女性						
	RO	OL	RL	OO	A	N	P/%	RO	OL	RL	OO	A	N	P/%
额切迹/孔	3	4	4	9	11	20	55.00	4	0	1	5	5	10	82.00
眶下孔	1	3	9	0	13	13	100.00	0	1	5	0	6	6	100.00
眶下缝	3	0	1	6	4	10	40.00	1	0	2	2	3	5	60.00
二分颧骨	4	2	0	7	6	13	46.15	0	0	1	5	1	6	16.67
颧面孔	6	2	7	0	15	15	100.00	0	3	6	0	9	9	100.00
外耳道骨肿	0	0	0	15	0	15	0	0	0	0	8	0	8	0
鼓板开裂	2	1	3	13	6	19	31.56	1	0	0	9	1	10	10.00
顶孔	2	6	6	2	14	16	87.50	6	1	1	0	8	8	100.00
乳突孔	2	5	5	12	12	24	50.00	4	0	1	0	5	5	100.00
枕横缝残存	1	3	0	6	4	10	40.00	0	0	1	3	1	4	25.00
二分枕髁关节面	0	0	0	9	0	9	0	0	0	0	2	0	2	0
髁前结节	0	0	2	7	2	9	22.22	0	0	0	3	0	3	0
咽窝	/	/	2	9	2	11	18.18	/	/	1	1	1	2	50.00
髁管	3	1	2	3	6	9	66.67	2	0	1	2	3	5	60.00
旁髁突	0	0	1	6	1	7	14.29	0	0	0	2	0	2	0
二分舌下神经管	0	3	2	5	5	10	50.00	1	1	0	3	2	5	40.00
颈静脉孔骨桥	0	0	1	9	1	10	10.00	0	0	0	4	0	4	0
卵圆孔不全	0	0	2	10	2	12	16.67	0	0	0	4	0	4	0
维萨里孔	1	0	0	8	1	9	11.11	1	1	0	3	2	5	40
棘孔开放	1	0	2	9	3	12	25.00	1	0	0	3	1	4	25.00
卵圆孔棘孔融合	0	0	0	14	0	14	0	1	0	0	4	1	5	20.00
翼棘孔	0	0	3	0	3	3	100.00	0	0	0	4	0	4	0
颞颧孔	2	5	4	1	11	12	91.67	5	2	0	0	7	7	100.00
内侧腭骨桥	0	0	1	14	1	15	6.67	0	1	0	6	1	7	14.29
外侧腭骨桥	0	0	0	15	0	15	0	0	0	0	6	0	6	0
副腭小孔	0	4	3	5	7	12	58.33	0	2	0	2	2	4	50.00
下颌舌骨沟骨桥	0	0	0	13	0	13	0	0	0	0	9	0	9	0

通过对表一〇中孝信汉组49项非连续性特征进行统计，按其频率的高低可分为三种类型[32]。

（1）高频型（P%≥60%）：男性颅骨非连续形态中出现频率较高的性状有7项：眶下孔、颧面孔，这两项出现率均为100%，颞颧孔出现率≥90%，顶孔的出现率≥80%，眶上孔、髁管，以及眶上切迹出现率≥60%。女性非连续形态高频出现的有10项：其中眶下孔、颧面孔、顶孔、颞颧孔、乳突孔的出现率均达到100%，眶上孔、眶上切迹、额切迹/孔出现率≥80%，髁管和眶下缝的出现率为60%。

（2）中频型（60%＞P%≥30）：这一频率区间男性颅骨非连续形态中出现的有10项：人字缝小骨、额切迹/孔、乳突孔、二分舌下神经管、副腭小孔出现频率均≥50%。星点小骨、二分颧骨、眶下缝、枕横缝残存出现率均≥40%。骨板开裂（胡施克孔）出现频率≥30%。女性颅骨非连续形态出现的有5项：咽窝、副腭小孔≥50%。人字缝小骨、二分舌下神经管、维萨里孔出现频率≥40%。

（3）低频率型（30%＞P%≥5%）：在此频率区间中，男性颅骨出现的非连续形态性状有11项：顶切迹小骨、髁前结节、棘孔开放出现率≥20%。人字点小骨、额中缝、咽窝、旁髁突、卵圆孔不全、维萨里孔、颈静脉孔骨桥出现率≥10%。内侧腭骨桥出现率≥5。女性颅骨出现非连续形态性状有9项：枕乳缝间骨、枕横缝残存、棘孔开放、卵圆孔棘孔融合出现率≥20。星点小骨、顶切迹骨、二分颧骨、骨板开裂、内侧腭骨桥出现率均≥10。

在目前可以观察到非连续性形态特征的标本中，男性的非连续性形态特征出现率较高的为眶下孔、颧面孔、颞颊孔、顶孔、眶上孔、髁管，以及眶上切迹，其中眶下孔和颧面孔出现率为100%。女性非连续性形态特征出现率较高的为眶下孔、颧面孔、顶孔、颞颊孔、乳突孔、眶上孔、眶上切迹、额切迹/孔、髁管、眶下缝，其中眶下孔、颧面孔、顶孔、颞颊孔、乳突孔的出现率为100%。男女两性非连续性形态特征在眶下孔和颧面孔上的出现率是具有一致性的。

四、颅骨的测量性状研究

1. 颅骨测量数据统计

颅骨测量性状的研究是在体质人类学研究中非常重要的一环。颅骨上有较多的测点与测量项目，通过测量值算出来的指数对于分析人群的归属有着重要的意义。本文中纳入统计的男性有颅骨28例，女性有28例，合计56例，疑似性别与性别不详不统计在内。本文测量时所采用的标准依据《人体测量手册》[33]和《体质人类学》[34]两本著作中提到的方法，其中还初步计算了该人群的平均值与标准差以及变异系数。孝信汉清代组古代居民各项目测量项目中详见表一一和表一二。

表一一　孝信汉墓地男性颅骨测量数据表

马丁号	测量项目	例数	最小值	最大值	平均值	标准差	变异系数
1	颅骨最大长g-op	6	162	193	175	10.03	5.73
5	颅基底长n-enba	7	71.6	108	94.38	11.18	11.85
8	颅骨最大宽eu-eu	10	142	167	153.1	7.16	4.68
9	额骨最小宽ft-ft	12	80.6	105	92.74	5.67	6.11
11	耳点间宽au-au	8	124.4	142	131.11	5.32	4.06

马丁号	测量项目	例数	最小值	最大值	平均值	标准差	变异系数
12	枕骨最大宽ast-ast	12	103.1	117.7	109.68	4.72	4.3
7	枕骨大孔长enba-o	7	32.5	40.2	36.43	2.11	5.79
16	枕骨大孔宽	6	28	32.6	29.82	1.6	5.37
17	颅高b-ba	7	115	137	129	7.15	5.54
21	耳上颅高po-po	3	106	115.5	111.67	4.09	3.66
23	颅周长g-op-g	5	515	570	530.4	20.07	3.78
24	颅横弧po-b-po	6	305	350	326.33	15.27	4.68
25	颅矢状弧n-o	9	340	393	360.78	14.61	4.05
26	额骨矢状弧n-b	18	113	130	123.78	4.34	3.51
27	顶骨矢状弧b-l	18	88	133	118.11	10.54	8.92
28	枕骨矢状弧l-o	10	105	132	115.1	8.13	7.06
29	额骨矢状弦n-b	17	104.1	115.4	110.58	3.27	2.96
30	顶骨矢状弦b-l	18	80.4	120.6	106.22	9.2	8.66
31	枕骨矢状弦l-o	10	90.6	107	96.97	5.31	5.48
40	面底长pr-enba	2	91.5	109	100.25	8.75	8.73
43	上面宽fmt-fmt	8	90.7	106.6	101.67	4.64	4.56
44	两眶宽ek-ek	5	95	140.2	105.56	17.36	16.45
46	中面宽zm-zm	0	0	0	0	0	0
48	上面高n-pr	6	87	109	97.73	6.49	6.64
48	上面高n-sd	0	0	0	0	0	0
50	前眶间宽mf-mf	4	68	86	77.41	7.26	9.38
51	框宽mf-ek L	4	73	87.5	80.61	6.23	7.73
	框宽mf-ek R	5	10.76	22.4	18.34	4.15	22.63
51a	框宽d-ek L	5	39	43.2	41.38	1.65	3.99
	框宽d-ek R	6	40	43	41.69	1.04	2.49
52	眶高L	3	37.66	40.5	38.85	1.2	3.09
	眶高R	2	37.52	41	39.26	1.74	4.43
MH	颧骨高fmo-zm L	5	33.26	39	36.61	2.09	5.71
	颧骨高fmo-zm R	6	34.1	41	37.37	2.73	7.31
MB	颧骨宽zm-rim. Orb.L	4	43.4	51.48	48.22	3.04	6.3
	颧骨宽zm-rim. Orb. R	4	48	50.6	49.15	0.93	1.89
54	鼻宽	4	23.5	31.7	27.7	3.23	11.66
55	鼻高n-ns	4	23.5	34.8	28.28	4.12	14.57
SC	鼻最小宽	6	22.76	29	25.51	2	7.84
SS	鼻最小宽高	4	52.3	61.5	56.70	3.71	6.54

马丁号	测量项目	例数	最小值	最大值	平均值	标准差	变异系数
60	上颌齿槽弓长pr-alv	5	5.7	9.12	7.30	1.17	16.03
61	上颌齿槽弓宽ekm-ekm	5	1	2.5	1.90	0.49	25.79
62	腭长ol-sta	6	44.6	60.3	51.72	4.82	9.32
63	腭宽enm-enm	5	34.1	69	57.56	12.14	21.09
FC	两眶内宽fmo-fmo	7	40	47.7	44.69	2.73	6.11
FS	鼻根点至两眶内宽矢高 n to fmo-fmo	8	32.3	42.4	37.64	3.42	9.09
DC	眶间宽d-d	7	83.7	99.9	93.85	4.8	5.11
32	额侧角Ⅰ∠n-m and FH	5	11	14	12.40	1.02	8.23
	额侧角Ⅱ∠g-m and FH	2	21	22.26	21.63	0.63	2.91
	前囟角∠g-b and FH	4	67	80.5	73.63	5.38	7.31
72	总面角∠n-pr and FH	2	80	87	83.5	3.5	4.19
73	中面角∠n-ns and FH	2	86	89.5	87.75	1.75	1.99
74	齿槽面角∠ns-pr and FH	2	72	77	74.5	2.5	3.36
77	鼻颧角∠fmo-n-fmo	4	142.83	151.64	146.36	3.48	2.38
	颧上颌角∠zm-ss-zm	2	116.31	134.95	125.63	9.32	7.42
	面三角∠pr-n-ba	2	54.83	67.96	61.39	6.57	10.7
	∠n-pr-ba	2	64.59	69.58	67.08	2.5	3.73
	∠n-ba-pr	2	47.45	55.5	51.47	4.03	7.83
66	下颌角间宽go-go	2	100	107	103.5	3.5	3.38
67	髁孔间径	17	44.4	53	47.49	2.21	4.65
68	下颌体长	2	69.72	90	79.86	10.14	12.7
68-1	下颌体最大投影长	3	101.4	106.66	104.19	2.16	2.07
69	下颌联合高id-gn	9	26.6	41.5	34.9	4.87	13.95
69-1	下颌体高ⅠL	19	21	35.7	29.57	3.72	12.58
	下颌体高ⅠR	18	16.4	34.4	27.89	4.41	15.81
	下颌体高ⅡL	19	16	33	27.14	5.08	18.72
	下颌体高ⅡR	16	16.2	32.3	27.44	3.93	14.32
69-3	下颌体厚ⅠL	19	10	18.8	12.98	2.11	16.26
	下颌体厚ⅠR	18	9.6	19	12.50	2.18	17.44
	下颌体厚ⅡL	19	7.5	21.5	16.16	3.45	21.35
	下颌体厚ⅡR	16	8.14	21.6	16.44	3.03	18.43
70	下颌支高L	9	58.6	70	63.94	3.58	5.6
	下颌支高R	5	44	69	60.592	8.73	14.41
71	下颌支宽L	9	39.7	45	41.92	1.81	4.32

续表

马丁号	测量项目	例数	最小值	最大值	平均值	标准差	变异系数
	下颌支宽R	4	41.3	48.7	43.86	2.9	6.61
71a	下颌支最小宽L	11	13.2	33	29.63	5.35	18.06
	下颌支最小宽R	10	27	35	31.27	2.44	7.8
79	下颌角	3	118	128	121.5	4.6	3.79
	颏孔间弧	17	47	60	55.37	3.46	6.25
8:1	颅长宽指数	5	82.9	103.08	90.19	7.74	0.08
17:1	颅长高指数	6	66.84	80.59	74.43	4.67	0.06
17:8	颅骨宽高指数	6	68.86	89.4	81.25	8.71	0.11
9:8	额宽指数	9	54.49	65.62	60.24	3.38	0.06
16:7	枕骨大孔指数	6	71.89	88.35	82.29	5.08	0.06
40:5	面突指数	2	97.34	105.31	101.33	3.98	0.04
48:17	垂直颅面指数pr	2	63.65	63.7	63.67	0.02	0.0003
48:17	垂直颅面指数sd	2	64.81	66.11	65.46	0.65	0.009
54:55	鼻指数	4	43.67	49.14	46.01	2.25	0.05
52:51	眶指数L	5	81.94	94.87	88.56	5.25	0.06
	眶指数R	5	83.72	98.32	90.69	5.65	0.06
52:51a	眶指数L	3	87.41	96.35	90.69	4.02	0.04
	眶指数R	2	87.8	90.88	89.34	1.54	0.02
54:51	鼻眶指数L	5	54.58	74.36	61.57	6.71	0.11
	鼻眶指数R	5	53.91	69.05	60.63	4.91	0.08
54:51a	鼻眶指数L	3	62.61	75.52	67.19	5.89	0.08
	鼻眶指数R	2	62.69	62.85	62.77	0.08	0.001
SS:SC	鼻根指数	5	17.54	35.71	26.01	6.30	0.24
61:60	上颌齿槽指数	4	69.16	134.52	110.27	24.78	0.22
17:（1+8）/2	高平均指数	5	69.91	81.46	77.06	4.68	0.06
71:70	下颌支指数L	9	57.54	76.79	66.11	5.59	0.08
	下颌支指数R	2	67	73.6	70.28	3.28	0.04

表一二　孝信汉墓地女性颅骨测量数据表

马丁号	测量项目	例数	最小值	最大值	平均值	标准差	变异系数
1	颅骨最大长g-op	4	164	170	166	2.34	1.41
5	颅基底长n-enba	2	91	96	93.5	2.5	2.67
8	颅骨最大宽eu-eu	4	140	148.5	142.37	3.56	2.5
9	额骨最小宽ft-ft	6	74	93	87.83	6.77	7.71
11	耳点间宽au-au	5	114	127	119.06	4.44	3.73

续表

马丁号	测量项目	例数	最小值	最大值	平均值	标准差	变异系数
12	枕骨最大宽ast-ast	7	97	106.4	102.76	3	2.92
7	枕骨大孔长enba-o	3	29.7	38	35	3.76	10.74
16	枕骨大孔宽	4	26	31.58	28.89	1.97	6.82
17	颅高b-ba	2	122	126	124	2	1.61
21	耳上颅高po-po	3	110.5	116	112.37	2.57	2.29
23	颅周长g-op-g	3	475	490	484.33	6.65	1.37
24	颅横弧po-b-po	5	304	326	314.4	7.73	2.46
25	颅矢状弧n-o	7	304	370	344	20.42	5.94
26	额骨矢状弧n-b	11	104	130	121.18	7.60	6.27
27	顶骨矢状弧b-l	6	115	130	119.67	5.12	4.28
28	枕骨矢状弧l-o	8	97	125	106	8.6	8.11
29	额骨矢状弦n-b	11	102.4	115.4	108.49	3.93	3.62
30	顶骨矢状弦b-l	6	100	114	106.28	4.48	4.21
31	枕骨矢状弦l-o	8	84.7	103	90.8	5.62	6.19
43	上面宽fmt-fmt	2	89.3	101.5	95.4	6.1	6.39
44	两眶宽ek-ek	2	86	95	90.5	4.5	4.97
46	中面宽zm-zm	2	91.2	100.26	95.73	4.53	4.73
50	前眶间宽mf-mf	2	17	20	18.5	1.5	8.11
51	框宽mf-ek L	2	38.68	42.4	40.54	1.86	4.59
	框宽mf-ek R	4	37	43	39.73	2.14	5.38
52	眶高L	3	35	40.84	37.28	2.55	6.84
	眶高R	5	34	42.1	37.78	2.63	6.96
MH	颧骨高fmo-zm L	2	34.2	43	38.6	4.4	11.39
	颧骨高fmo-zm R	3	37.6	49	42.2	4.91	11.63
MB	颧骨宽zm-rim. Orb. L	2	21	25	23	2	8.69
	颧骨宽zm-rim. Orb. R	2	18.5	21	19.75	1.25	6.33
55	鼻高n-ns	2	47	48.36	47.68	0.68	1.43
SC	鼻最小宽	2	7	8.5	7.75	0.75	9.68
63	腭宽enm-enm	2	36.68	36.8	36.74	0.06	0.16
FC	两眶内宽fmo-fmo	4	85	94.5	90.03	3.43	3.81
FS	鼻根点至两眶内宽矢高ntofmo-fmo	4	12	13.5	12.75	0.56	4.39
32	额侧角Ⅰ∠n-m and FH	3	80	87.5	82.5	3.54	4.29
	额侧角Ⅱ∠g-m and FH	3	72	84	76.67	5.25	6.85
	前囟角∠g-b and FH	3	44.5	49	47.5	2.12	4.46

续表

马丁号	测量项目	例数	最小值	最大值	平均值	标准差	变异系数
73	中面角∠n-ns and FH	2	82	83	82.5	0.5	0.61
77	鼻颧角∠fmo-n-fmo	3	145.32	151.67	148.21	2.62	1.77
67	髁孔间径	9	41.3	49.5	44.06	2.72	6.17
69	下颌联合高id-gn	2	26.4	32	29.2	2.8	9.59
69-1	下颌体高ⅠL	11	14	35.7	25.57	5.66	22.13
	下颌体高ⅠR	8	13.5	31.5	24.19	5.41	22.36
69-1	下颌体高ⅡL	11	15	31.7	24.85	4.53	18.23
	下颌体高ⅡR	9	20	30.8	24.45	3.06	12.51
69-3	下颌体厚ⅠL	11	10	16.5	12.20	1.70	13.93
	下颌体厚ⅠR	10	10.3	15	12.03	1.28	10.64
	下颌体厚ⅡL	10	9.1	20	16.16	2.84	17.57
	下颌体厚ⅡR	9	9.7	21.3	16.47	3.13	19
	下颌支宽R	2	31.1	39	35.05	3.95	11.27
71a	下颌支最小宽L	3	26	31	29.1	2.21	7.59
	下颌支最小宽R	2	25	30.5	27.75	2.75	9.91
	颏孔间弧	9	46	59	51.56	3.95	7.66
8:1	颅长宽指数	4	84.85	90.55	86.95	2.56	0.03
17:1	颅长高指数	2	73.94	76.83	75.385	1.445	0.02
17:8	颅骨宽高指数	2	84.85	86.52	85.68	0.84	0.009
9:8	额宽指数	4	52.86	66.43	60.04	4.82	0.08
52:51	眶指数L	2	93.07	96.32	94.69	1.63	0.02
	眶指数R	3	86.29	97.91	92.27	4.75	0.05
SS:SC	鼻根指数	2	11.76	14.28	13.02	1.26	0.09
17:(1+8)/2	高平均指数	2	79.74	80.64	80.19	0.45	0.01

2. 颅骨测量特征形态分析

指数一般比相关部分绝对值的测量更为恒定，因此在人类群体间的比较研究中有重要价值[35]。依据孝信汉清代组所有男女两性成年个体标本测量数据，统计了孝信汉清代组古代居民颅骨的主要测量指数，结果如下。

颅长宽指数项目中，男性以圆颅型和超圆颅型为主，特圆颅型次之，其平均指数为90.19，落在超圆颅型范围里。女性圆颅型、特圆颅型、超圆颅型均衡分布，平均指数为86.95，落在特圆颅型范围。男女两性均未见长颅型与中颅型。

颅长高指数中，男性以正颅型为主，高颅型次之，低颅型再次之，平均指数落74.43，落在正颅型范围。女性正颅型和高颅型均衡分布，平均指数75.38，落在高颅型范围。

颅宽高指数中，男女两性均以阔颅型为主，均未见中颅型和狭颅型。男性平均指数为66.08，落在阔颅型范围。女性指数为85.68，落在阔颅型范围中。

额顶宽指数中，男性以狭额型为主，未见中额型与阔额型，平均指数为60.24，落在狭额型范围。女性以狭额型为主，中额型次之，未见阔额型，平均指数为60.04，落在狭额型范围中。

鼻指数中，男性以狭鼻型为主，中鼻型次之，平均指数为45.83，落在狭鼻型范围之中。

眶指数ⅠR中，男性以高眶型为主，中眶型次之，未见低眶型，平均指数为89.87，落在高眶型范围。女性以高眶型为主，未见中眶型和低眶型，平均指数为92.27，落在高眶型范围。

腭指数中，男性以狭腭型为主，阔腭型次之，平均指数为79.76，落在狭腭型范围。女性仅见一例，为狭腭型。

在面突指数上，仅有男性2例，存在1例正颌型、1例突颌型，平均指数为101.32，落在中颌型范围。

上颌齿槽指数中，仅有6例男性，以短颌型为主，中颌型次之、长颌型再次之平均指数为113.62，落在中颌型范围。

总面角指数中，仅有2例男性，1例为中颌型、1例为平颌型，平均指数为83.5，落在中颌型范围。

中面角指数中，男性以平颌型为主，未见其他，平均指数为87.75，落在平颌型范围；女性以中颌型为主，未见其他，平均指数为82.5，落在中颌型范围里。

齿槽面角中，仅存在2例男性，均以突颌型为主，平均指数为74.5，落在突颌型范围。

以上颅骨测量数据表明孝信汉墓地男性鼻颧角的变异范围在142.83～151.64°，平均值为146.36°。女性鼻颧角的变异范围是145.32°～151.67°，平均值为148.21°。鼻颧角为钝角，说明该墓葬人群的面部略扁平。

根据以上分析，孝信汉墓地居民颅骨特征可概括为颅型是圆颅型、超圆颅型；颅长高以正颅型和高颅型相结合，颅宽高为阔颅型，额顶宽显示明显的狭额型，在面颅上为高眶形、狭腭形，面部略扁平。其中男女两性存在差异的为，中面角男性为平颌型，而女性为中颌型。男性齿槽面角为突颌型，总面角为中颌型与平颌型混合，上颌齿槽为中颌型，这些指数项目中均无女性数值。

五、种系类型研究

1. 种系纯度检验

为了更加确定孝信汉人群的种系关系，本文利用颅骨的颅长数据、颅宽数据以及颅指数数据平均值的标准差来判定其的同种系与异种系，进而检测其种系纯度。检测方法为：如果待检测组的颅长标准差及颅宽标准差的值高于6.5，那该组颅骨可能是异种系，若该组人颅指数标准差的值低于3.3，颅长标准差的值低于5.5，则说明该组为同种系，此方法是在1903年由学者皮尔逊（Karl Pearson）提出的[36]。

孝信汉清代组的男性颅长标准差为10.03，颅宽标准差为7.16，均高于上述方法中的指标，男性颅指数标准差是7.74，女性的颅长标准差为2.34，颅宽标准差为3.56，颅指数为2.56，这样表明该人群中男性是异种系的可能性更大。

将孝信汉男女两性颅骨相关标准差及指数与皮尔逊和莫兰特（G. W. Morant）[37]选取的可能为同种系的若干组、同种系的殷墟小墓组[38]以及异种系的殷墟祭祀坑组[39]进行了对比分析。

根据表一三可知，孝信汉清代组的男性的颅长标准差与颅宽标准差均大于皮尔逊大组和莫兰特大组以及殷墟中小墓和殷墟祭祀坑的数值，颅指数也均大于莫兰特以及殷墟两组。而孝信汉女性的颅长标准差与颅宽标准差则均小于皮尔逊大组、莫兰特大组以及殷墟中小墓和殷墟祭祀坑，颅指数均小于莫兰特大组以及殷墟两组。通过以上对比可以推测孝信汉墓地男性可能为异种系，女性可能是同种系。

表一三　孝信汉组古代居民颅宽、颅长以及颅指数标准差与其他组对比表

	组别	颅长标准差	颅宽标准差	颅指数标准差
皮尔逊	阿伊努组（Ainos）	5.94	3.9	
	巴伐利亚组（Bavarians）	6.09	5.85	
	帕里西安组（Parisians）	5.94	5.21	
	纳夸达组（Napadas）	5.72	4.62	
	英国组（English）	6.09	4.8	
莫兰特	埃及E组（Egyptians）	5.73	4.76	2.67
	纳夸达组（Napadas）	6.03	4.6	2.88
	维特卡普组（Whitechapel English）	6.17	5.28	2.97
	莫非尔德组（Moorfields English）	5.9	5.31	3.27
	刚果尼格罗组（Congo Negroes）	6.55	5.00	2.83
国内	殷墟中小墓组	5.79	4.44	2.85
	殷墟祭祀坑组	6.2	5.9	3.98
	孝信汉男性组	10.03	7.16	7.74
	孝信汉女性组	2.34	3.56	2.56

2. 孝信汉成年男性内部聚类分析

选取了成年男性颅骨中相对完整的颅骨M37右、M47左、M77右、M57右、M31右、M346例成年男性颅骨上的14项测量数值进行了人群内部的聚类分析。由于保存状况影响，个别缺项的数值选取了整组男性的平均值代替。

在图六的聚类分析中，看到在0～5刻度中，M47左先与M37右聚在一起形成第一组聚类，表明这两例个体的颅骨特征较为相近。刻度5～10中，M77右与M57右聚到一起形成第二组聚类，随后M34在15刻度上与第一组和第二组聚在一起形成第三组，最后M31右与第三组聚集。

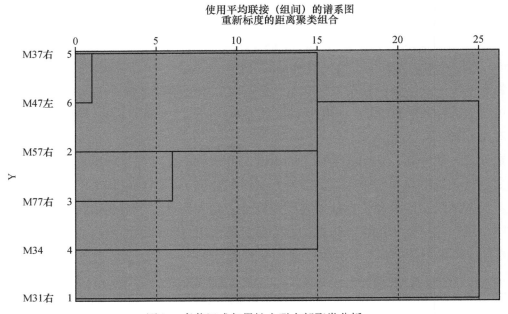

图六　孝信汉成年男性人群内部聚类分析

3. 与三大人种的种系比较

本文选取了现代三大人种[40]的9项差异比较明显的有代表性的测量项目的数据与孝信汉清代组的相应项目的平均值进行对比，这些项目体现了不同人种之间的面部形态差异。

从表一四可以看出，孝信汉清代组垂直颅面指数的变异并未落入尼格罗人种与欧罗巴人种，并超过了蒙古人种的上限，而除此之外的其他诸项均与蒙古人种契合，这也说明该人群确实为蒙古人种，并未混有其他。而这超出的一项可能与颅骨在埋藏过程中的轻微变形导致数据的偏差有关。

表一四 孝信汉古代居民颅骨若干测量项目与三大人种的比较

测量项目	孝信汉清代组	尼格罗人种	欧罗巴人种	蒙古人种
齿槽面角	74.50	61～72	82～86	73～81
鼻颧角	146.36	140～142	约135	145～149
上面高	77.49	62～71	66～74	70～80
面宽	—	121～138	124～139	131～145
眶高L	36.16	30～34	33～34	34～37
垂直颅面指数	65.46	47～53	50～54	52～60
犬齿窝深浅	浅	深	深	浅

4. 与现代亚洲蒙古人种区域类型比较

在上文初步研究中我们得知孝信汉清代组归属于亚洲蒙古人种范畴，为了进一步确定该组人群在颅骨特征上与其他现代亚洲蒙古人种区域类型人群之间的关系，本文将孝信汉清代组的男性颅骨测量的数据与其他亚洲蒙古人种各类型[41]进行对比。

从表一五可以看到，孝信汉清代组各项测量数据的平均值在北亚类型中有颅长、颅高、最小额宽、鼻指数4项；落在东北亚蒙古人种类型中的有面角、颅长高指数、鼻指数4项；落在东亚蒙古人种类型中的有颅长、最小额宽、面角、颅长高指数、鼻颧角、鼻指数6项；落在南亚蒙古人种类型中的有颅长、最小额宽、面角3项。由此我们可推测孝信

表一五 孝信汉组与现代亚洲蒙古人种各区域类型的比较（男性）

马丁号	项目	孝信汉清代组	北亚类型	东北亚类型	东亚类型	南亚类型	变异范围
1	颅长g-op	175	174.90～192.70	180.70～192.40	175.00～182.20	169.90～181.30	169.90～192.70
8	颅宽eu-eu	153.1	144.90～151.50	134.30～142.60	137.60～143.90	137.90～143.90	134.30～151.50
17	颅高b-ba	129	127.10～132.40	132.90～141.10	135.30～140.20	134.40～137.80	127.10～141.10
9	最小额宽ft-ft	92.74	90.60～95.80	94.20～96.60	89.00～93.70	89.70～95.40	89.00～96.60
32	额角n-mFH	76	77.30～85.10	77.00～79.00	83.30～86.90	84.20～87.00	77.00～87.00
45	颧宽zy-zy	—	138.20～144.80	137.90～144.80	131.30～136.00	131.50～136.30	131.30～144.80
48	上面高n-sd	80.2	72.10～77.60	74.00～79.40	70.20～76.60	66.10～71.50	66.10～79.40
72	面角n-prFH	83.5	85.30～88.10	80.50～86.30	80.60～86.50	81.10～84.20	80.50～88.10
77	鼻颧角fmo-n-fmo	146.36	147.00～151.40	149.00～152.00	145.00～146.60	142.10～146.00	141.10～152.00
8:1	颅指数	90.19	75.40～85.90	69.80～79.00	76.90～81.50	76.90～83.30	69.80～85.90
17:1	颅长高指数	74.43	67.40～73.50	72.60～75.20	74.30～80.10	76.50～79.50	67.40～80.10
17:8	颅宽高指数	81.25	85.20～91.70	93.30～102.80	94.40～100.30	95.00～101.30	85.20～102.80
48:17	垂直颅面指数	65.64	55.80～59.20	53.00～58.40	52.00～54.90	48.00～52.20	48.00～59.20
48:45	上面指数	—	51.40～55.00	51.30～56.60	51.70～56.80	49.90～53.30	49.90～56.80
52:51	眶指数R	89.875	79.30～85.70	81.40～84.90	80.70～85.00	78.20～81.00	78.20～85.70
54:55	鼻指数	45.83	45.00～50.70	42.60～47.60	45.20～50.20	50.30～55.50	42.60～55.50

汉人群主体特征偏东亚蒙古人种类型，并混有少量的北亚蒙古人种类型和东北亚蒙古人种类型的特征。

5. 与明清及近现代组人群相比较

在与其他人群聚类中，本文用到的方法主要是在统计学相关软件SPSS上，据欧式距离系数[42]进行系统聚类分析以判断各组人群的相似性。

孝信汉清代组人群的生存时代较晚，故为进一步探讨关于孝信汉清代组的居民与其他相关联的人群之间的关系，本文选取了时代相对近的明清组和近代组人群，对比组情况介绍如下：

山西榆次高校园区组：2011年在山西榆次高校新校区发掘的明清时期墓葬，主体与蒙古人种的东亚类型与东北亚类型相近，混入了少量的欧罗巴人种的因素[43]。

天津桃花园组：2004~2005年天津市文化遗产中心发掘了位于天津市蓟县县城东北部府君山麓的桃花园明清时期墓群。该墓葬人群与现代亚洲蒙古人种的东北亚类型更为接近，体质特征与北京组和华北组较为接近[44]。

太原组：本组材料来自山西医院解剖室，距现代华北人更为接近[45]。

长春组：人骨材料选自延边医学院人体解剖学教研室收集的长春地区现代人颅骨[46]。

抚顺组和北京组：转引韩康信《沈阳郑家洼子的两具青铜时代人骨》中提到的两组人群[47]。

吉林组和华北组：转引韩康信、潘其风《安阳殷墟中小墓人骨的研究》[48]。

在图七中，可以看到在以上9组中，在0~5刻度中长春组和吉林组先聚集在一起称之为第1组，这可能是因为这两组地域关系非常密切。华北组与北京组首先聚在一起，桃花

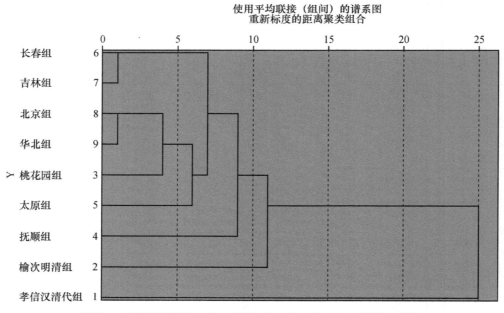

图七　孝信汉清代组人群与明清及近现代人群对比组聚类分析图

园组又与华北组北京组的集合聚成一类，文中称之为第2组，这可能由于北京与天津同在华北地区。在5～10刻度中，太原组与第2组形成聚合为第3组，随后第3组又与第1组聚合为第4组，抚顺组与第四组聚类成第5组。在10～15刻度中，榆次明清组与第5组聚类。在20～25刻度中，孝信汉代清代组才与上述整体形成聚合。可以发现在与明清及近代组的聚类中，孝信汉清代组距离以上参与聚类的人群都关系极远。

6. 与其他相关人群对比

考虑沈阳地域因素以及与沈阳历史背景因素选取的相关的几组人群如下。

沈阳郑家洼子组：郑家洼子出土的两具人骨材料都属于50～60岁老年男性，经研究学者推测该人群具有明显的东亚蒙古人种特征[49]。

关马山组：这是一组战国时代的人骨材料，出土于吉林省九台市关马山村。通过对其颅骨的测量研究推测该人群属于亚洲蒙古人种范畴，并与东北亚类型、东亚类型有着联系，与华北组和朝鲜组之间关系更密切[50]。

西团山组：人骨材料来自吉林市西团山古墓葬，可详细测量的仅2具颅骨，学者通过测量研究认为该人群更为接近通古斯族。

夏家店上层文化合并组：这一合并组包括三组人群有红山组、夏家店和南山根组，其种系属于以东亚类型为主并混有北亚蒙古人种[51]。

平安堡组：辽宁省彰武县平安堡遗址于1988年秋由辽宁省文物考古研究所和吉林大学考古学系联合发掘。居民的重要颅面部形态特征接近东亚蒙古人，但同时也混有北亚与东北亚蒙古人种[52]。

顺山屯组：该组人骨出土辽宁省康平县，属于青铜时代，其基本体质特征为亚洲蒙古人种的东亚类型，但同时又混入了个别的北亚类型[53]。

喇嘛洞组：喇嘛洞组人骨材料出土于辽宁省朝阳市，该组居民体质特征与东亚蒙古人种更接近，并混有北亚和东北亚蒙古人种[54]。

鲁中南组：该组材料出自山东鲁中南地区，时代为周—汉代，经研究其人群都属于东亚蒙古人种类型，亲缘关系与黄河流域古代类群较近[55]。

北京西屯汉代组：本组材料出土于北京延庆西屯，该墓葬出土人骨时代跨度较广，在其对比中本文主要选取其汉代组的人群，该人群经学者研究推测其特质特征属于亚洲蒙古人种并且与现代亚洲蒙古人种的东亚类型相似[56]。

在图八中，可以看到在0～5刻度中鲁中南地区组先与北京西屯汉代组聚在一起，其次关马山组与鲁中南以及北京西屯聚类到一起，为行文方便将这组取名为1组，北京西屯汉代的体质特征为黄河流域的古中原类型[57]，与东亚蒙古人种更为接近，鲁中南地区组人群也与黄河流域的古代人群亲缘关系较近并且也属于东亚类型[58]，故这两组先聚在一起，其次是关马山组，关马山组人群体质特征也属东亚类型并混有北亚因素，故又与其上两组人群聚类。夏家店上层文化合并组与顺山屯组聚到一起，夏家店文化上层

使用平均联接（组间）的谱系图
重新标度的距离聚类组合

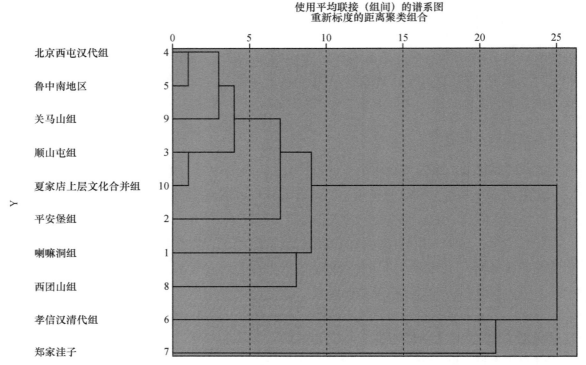

图八　孝信汉清代组人群与其他相关人群对比组聚类分析图

合并组的体质特征以东亚为主并混有北亚蒙古人种，顺山屯组人群的体质特征也以东亚为主，个别混有北亚蒙古类型，这一组取名为2组，然后2组又与1组聚类形成第3组大聚类。在5～10刻度，平安堡与东亚蒙古人种最为接近并同时混有北亚和东北亚，故与上述第3组聚合，在文中称其为第4组。西团山组人群具有北亚和东亚相结合特点，喇嘛洞以东亚蒙古人种为主并混有北亚与东北亚成分，故这两组聚类到一起形成第5组聚类，并且第5组的混合特征与第4组聚类形成第6组。在20～25刻度中，首先是郑家洼子与孝信汉聚类形成第7组，最后这一组在25刻度上又与上述第6组聚类在一起。通过以上分析可以看到孝信汉清代组与上述几组的关系都非常远，可窥该人群的种系较为复杂。

　　考虑沈阳地域因素，选取了一些先秦时期东北地区土著类型人群。这些人群时代较早，体质特征的变化较为稳定，相对单纯。但聚类图显示出孝信汉人群与这些东北古代土著类型距离较远。在时代上，孝信汉清代组人群与其同时代相关的两组人群以及现代各组人群的亲缘关系都较为遥远。参考其历史背景，清初时期清朝大将在北京地区与山东地区掠夺合计六十万人口，这些被掠夺来的人口也以汉人居多[59]，所以选取了北京延庆西屯组与鲁中南组，但是在聚类中孝信汉也与该人群距离非常远。因此认为孝信汉人群的种系成分应是较为复杂的。

六、结　论

在前几节中分别讨论了孝信汉墓地古代居民的性别、死亡年龄、颅骨的非测量性状研究、颅骨的测量性状研究以及该人群的种系研究，主要结论如下：

（1）孝信汉墓地居民共有120例个体，其男性32例（含疑似）、女性31（含疑似）。性别鉴定率为52.5%，性别比为103.22，男女性别比基本符合自然出生人口性别比的范围，年龄明确的有55个，鉴定率为45.83%，其中性别明确的男性为21例；性别明确的女性有17例；性别不详但年龄确定的有17人，孝信汉墓地的古代居民死亡的年龄段排序为壮年期>中年期>青年期>老年期，婴儿期与幼儿期合并为未成年期均为零。死亡年龄的高峰期主要是集中在壮年期，占比为54.54%，其次是中年期占比为32.73%，青年期死亡个体数量比较少，占比为10.91%，老年期的占比仅为1.82%。该墓地古代居民总人口的平均死亡年龄为31.07岁，总人口平均预期寿命为32.32岁。女性平均年龄为28.41岁，平均预期寿命29.53岁。男性平均年龄为33.1岁，平均预期寿命32.5岁。女性死亡率高峰期在壮年期可能与生育分娩有关，男性死亡率高峰也在壮年期和中年期可能与当时男性承担更多的高强度的劳动有关。

（2）该人群颅骨的非测量研究中分为连续性形态观察与连续性形态观察，首先在连续性形态观察中发现孝信汉墓地人群的颅型以圆形和楔形为主，男性眉弓突度总体中等偏显著，而女性则以稍显为主，这也符合男女两性的差异，鼻根点总体凹陷较浅，颅顶缝整体上呈现简单和复杂两者交替出现的状态，梨状孔以梨型为主，眶形则以圆形和椭圆形为主，梨状孔下缘多呈现的是锐型和钝型，鼻前棘不发达，犬齿窝多为无，铲形门齿为主，翼区以H型为主，乳突大小中等，枕外隆突稍显，腭形以椭圆形和抛物线型为主，腭圆枕无，下颌圆枕无，颏形为方形。就这些可观察到的颅骨中，以上的这些形态特征表明孝信汉墓地居民应归属于亚洲蒙古人种的范围。

在非连续性形态观察中男性出现率较高的为眶下孔、颧面孔、颞颊、顶孔、眶上孔、髁管，以及眶上切迹，其中眶下孔和颧面孔出现率为100%。女性非连续性形态特征出现率较高的为眶下孔、颧面孔、顶孔、颞颊孔、乳突孔、眶上孔、眶上切迹、额切迹/孔、髁管、眶下缝，其中眶下孔、颧面孔、顶孔、颞颊孔、乳突孔的出现率为100%。男女两性非连续性形态特征在眶下孔和颧面孔上的出现率是具有一致性的。

（3）通过对孝信汉清代人群男女两性颅面测量数据的统计及形态特征分析，孝信汉居民颅骨特征为圆颅型、超圆颅型；颅长高以正颅型和高颅型相结合，颅宽高为阔颅型，额顶宽显示明显的狭额型，在面颅上为高眶形、狭腭形、面部略扁平。其中男女两性存在差异的为，男性中面角为平颌型，而女性为中颌型。男性齿槽面角为突颌型，总面角为中颌型与平颌型混合，上颌齿槽为中颌型，这三个指数项目中均无女性数值，故无法进行男女两性的统计对比。

（4）在对孝信汉人群的种系类型研究中，先对孝信汉墓地男女两性颅骨的种系纯度进行检验，结果发现男性可能为异种系，女性可能为同种系。通过与三大人种比较确定该人群属于蒙古人种范围，与现代亚洲蒙古人种各类型的比较，推测其与东亚蒙古类型更为接近并有少量北亚与东北亚蒙古类型。最后将该组人群与明清时期人群、现代组人群、东北地区先秦时期各组人群，以及根据该人群历史背景因素选取的北京延庆西屯汉代组和鲁中南地区组等18组人群进行聚类分析，以探索该人群与其他相关人群之间的联系。其结果为孝信汉人群与以上18组人群关系都相距甚远，这也进一步说明了孝信汉清代组人群来源的复杂性。

孝信汉的样本数量虽然可观，但是保存质量差，在对其牙齿进行DNA提取中，实验人员也发现其牙齿样本质量差，一些重要的信息捕捉率较低，这也就更需要对其进行传统体质人类学上的分析。但由于新冠肺炎疫情关系，在本次研究中，并未全面揭示该人群的人骨信息，如缺少对孝信汉墓地人群的身高体质量以及古病理学的研究与分析，这也是本文的不足之处，希望在以后能够将其完善。

注　释

[1]　姜念思：《沈阳史话》，沈阳出版社，2008年。

[2]　《清太祖高皇帝实录》，中华书局，1986年。

[3]　姜念思：《清代盛京城规划理念探析》，《中国名城》2011年3期。

[4]　王丹丹：《清代中后期沈阳满汉融合研究——以地方志文献为中心》，湖南大学硕士学位论文，2019年。

[5]　王丹丹：《清代中后期沈阳满汉融合研究——以地方志文献为中心》，湖南大学硕士学位论文，2019年。

[6]　《清世祖实录》，中华书局，1985年。

[7]　《盛京通志》卷12，3页上。

[8]　张缙彦：《域外集·六博围棋说》，黑龙江人民出版社，1984年。

[9]　吴汝康、吴新智、张振标：《人体测量学》，科学出版社，1984年。

[10]　邵象清：《人体测量手册》，上海辞书出版社，1985年。

[11]　朱泓：《体质人类学》，高等教育出版社，2004年。

[12]　王建华：《黄河中下游地区史前人口性别构成研究》，《考古学报》2008年4期。

[13]　侯侃：《山西榆次高校新校区明清墓葬人骨研究》，吉林大学硕士论文，2013年。

[14]　周蜜、田桂萍：《湖北郧县李泰家族墓群马檀山墓地明清时期人骨研究》，《江汉考古》2015年6期。

[15]　赵东月、刘昊鹏、杨磊：《沣西新城曹家寨清代墓地古人口学初步研究》，《人类学学报》2021年40卷。

[16]　王建华：《黄河中下游地区史前人口研究》山东大学博士论文，2005年。

[17]　姜涛：《清代人口统计制度与1741～1851年间的中国人口》，《近代史研究》1990年5期。

[18]　赵英兰：《清代东北人口的统计分析》，《人口学刊》2022年4期。

［19］ 宋先杰：《平均预期寿命及生命表方法在考古学中的应用》，《江汉考古》2019年4期。

［20］ 宋先杰：《平均预期寿命及生命表方法在考古学中的应用》，《江汉考古》2019年4期。

［21］ 宋先杰：《平均预期寿命及生命表方法在考古学中的应用》，《江汉考古》2019年4期。

［22］ 邵象清：《人体测量手册》，上海辞书出版社，1985年。

［23］ 吴汝康、吴新智、张振标：《人体骨骼测量手册》，科学出版社，1984年。

［24］ 邵象清：《人体测量手册》，上海辞书出版社，1985年。

［25］ 朱泓：《体质人类学》，高等教育出版社，2004年。

［26］ 李法军、王明辉、朱泓等：《鲤鱼墩：一个华南新石器时代遗址的生物考古学研究》，中山大学出版社，2013年。

［27］ 李法军：《头骨三项非测量特征在中国古代人群中的分布差异》，《人类学学报》2009年1期。

［28］ 邵象清：《人体测量手册》，上海辞书出版社，1985年。

［29］ 王令红：《华北人头骨非测量性状的观察》，《人类学学报》1988年1期。

［30］ 张银运：《人类头骨非测量性状述评》，《人类学学报》1993年4期。

［31］ 李法军、王明辉、朱泓等：《鲤鱼墩：一个华南新石器时代遗址的生物考古学研究》，中山大学出版社，2013年。

［32］ 聂颖：《伊犁恰甫其海水库墓地出土颅骨人类学研究》，吉林大学硕士论文，2014年。

［33］ 邵象清：《人体测量手册》，上海辞书出版社，1985年。

［34］ 朱泓：《体质人类学》，高等教育出版社，2004年。

［35］ 邵象清：《人体测量手册》，上海辞书出版社，1985年。

［36］ Pearson K. Homogeneity and Heterogeneity in collections of crania. *Biometrika*, 1903 (29).

［37］ Morant G M. A Study of the Australian and Ta Smanian Skulls, Based on Previously Published Measure Measuremeuts. *Biometrik*, 1927, 19 (3-4).

［38］ 韩康信、潘其风：《安阳殷墟中小墓人骨的研究》，《安阳殷墟头骨研究》，文物出版社，1985年。

［39］ 韩康信、潘其风：《安阳殷墟中小墓人骨的研究》，《安阳殷墟头骨研究》，文物出版社，1985年。

［40］ 侯侃：《山西榆次高校新校区明清墓葬人骨研究》，吉林大学硕士学位论文，2013年。

［41］ 现代亚洲蒙古人种各区域类型的变异范围数据引自潘其风、韩康信：《柳湾墓地的人骨研究》，《青海柳湾》，文物出版社，1984年，272页。

［42］ 欧式距离系数计算公式 $D_{ij} = \sqrt{\dfrac{\sum_{k=1}^{m}(X_{ik} - X_{jk})^2}{m}}$，$i$ 和 j 代表两个不同的颅骨组，k 代表参与比较的项目，m 代表比较项目数。D_{ij} 值越小则表明这两个对比组之间的关系有可能越近，反之，则关系越远。

［43］ 侯侃：《山西榆次高校新校区明清墓葬人骨研究》，吉林大学硕士学位论文，2013年。

［44］ 张敬雷、李法军、盛双立等：《天津市蓟县桃花园墓地人骨研究》，《文物春秋》2008年2期。

［45］ 王令红、孙凤喈：《太原地区现代人头骨的研究》，《人类学学报》1988年3期。

［46］ 侯侃：《山西榆次高校新校区明清墓葬人骨研究》，吉林大学硕士学位论文，2013年。

［47］ 韩康信：《沈阳郑家洼子的两具青铜时代人骨》，《考古学报》1975年1期。

［48］　韩康信、潘其风：《安阳殷墟中小墓人骨的研究》，《安阳殷墟头骨研究》，文物出版社，1985年。

［49］　韩康信：《沈阳郑家洼子的两具青铜时代人骨》，《考古学报》1975年1期。

［50］　朱泓、贾莹：《九台关马山石棺墓颅骨的人种学研究》，《考古》1991年2期。

［51］　朱泓：《夏家店上层文化居民的种族类型及相关问题》，《中国古代居民体质人类学研究》，科学出版社，2014年。

［52］　朱泓：《中国古代居民体质人类学研究》，科学出版社，2014年。

［53］　朱泓：《中国古代居民体质人类学研究》，科学出版社，2014年。

［54］　陈山：《喇嘛洞墓地三燕文化居民人骨研究》，吉林大学博士论文。2009年。

［55］　尚虹、韩康信、王守功：《山东鲁中南地区周—汉代人骨研究》，《人类学学报》2002年1期。

［56］　周亚威：《北京延庆西屯墓地人骨研究》，吉林大学博士学位论文，2014年。

［57］　周亚威：《北京延庆西屯墓地人骨研究》，吉林大学博士学位论文，2014年。

［58］　尚虹、韩康信、王守功：《山东鲁中南地区周—汉代人骨研究》，《人类学学报》2002年1期。

［59］　王丹丹：《清代中后期沈阳满汉融合研究——以地方志文献为中心》，湖南大学硕士学位论文，2019年。

附表　孝信汉墓地人群与其他各组人群聚类数据表

孝信汉墓地男性内部人群聚类分析数据表

对比组 测量项目	M31右	M57右	M63	M67左	M77右	M34	M37右	M47左
颅长	193	182	162	169	174	170	175	175
颅宽	160	151	167	160	152	153.1	151	146
颅高	129	135	115	134	130	137	129	129
额骨最小宽	105	95	91	95	92	96	90	94
眶宽	41.67	42	41.67	41.67	42.3	42.22	43	40
眶高	37.37	38.3	37.37	37.37	40.4	41	36	34.1
鼻宽	25.35	29	25.35	25.35	26	22.76	25.7	23.58
鼻高	56.18	61.5	56.18	56.18	59	56.18	52.3	54
鼻颧角	146.36	151.64	146.36	146.36	147.29	142.83	146.36	143.68
颅指数	82.9	82.97	103.08	94.67	87.35	90.19	90.19	90.19
颅长高指数	66.84	74.18	70.99	79.29	74.71	80.59	74.43	74.43
颅宽高指数	80.62	89.4	68.86	83.75	85.52	76.74	76.74	76.64
眶指数	89.87	91.19	89.87	89.87	95.5	98.32	83.72	85.25
鼻指数	45.83	47.15	45.83	45.83	44.08	45.83	49.14	43.67

孝信汉墓地人群与明清及近现代人群数据表

对比组 测量项目	孝信汉清代组	榆次明清组	桃花园组	抚顺组	太原组	长春组	吉林组	北京组	华北组
颅长	175	178.48	181.22	179.94	175.51	178.4	178.4	178.3	178.5
颅宽	153.1	132.7	140.95	139.7	137.73	141.4	141.1	139.5	138.2
颅高	129	135.6	139.14	139.2	135.15	135.1	135.15	137.3	137.2
上面高n-sd	80.19	76.52	72.42	76.24	75.82	75.4	75.38	74.1	75.3
眶宽R	41.67	41.1	43.6	42.8	42.46	44.86	44.86	44	44
眶高R	37.37	35.36	35.63	35.6	35.99	36.02	36.02	35.5	35.5
鼻宽	25.35	24.84	24.73	25.7	24.52	26.99	26.99	25	25
鼻高	56.18	53.53	55.49	47.9	54.16	55.06	55.06	54.7	55.3
颅指数	75.16	74.41	77.85	76.8	78.47	80.3	79.09	78.24	77.56
颅长高指数	74.43	76.01	76.94	75.8	77	76.2	75.76	77.01	77.02
颅宽高指数	81.25	102.62	98.92	98.8	98.13	95.6	95.78	98.42	99.53
眶指数R	89.88	86.26	81.85	83.26	84.76	80	80.29	80.68	80.66
鼻指数	45.83	46.55	44.74	47.56	45.27	49.1	49.02	45.7	45.23

续表

对比组 测量项目	孝信汉清代组	喇嘛洞组	平安堡组	顺山屯组	北京西屯汉代组	鲁中南地区	西团山组	关马山组	夏家店上层文化合并组
颅长	175	177.94	188.5	183.5	181.79	180.91	178.18	181.3	181.19
颅宽	153.1	144.43	135.75	136.5	140.28	141.06	138.18	139.94	136.2
颅高	129	136.3	141.65	139.25	139.78	137.33	134.67	141.79	140.7
上面高n-sd	80.19	75.15	74.4	72.5	74.1	70.5	78.27	74.6	75.1
眶宽R	41.67	44.02	43.2	42	44.3	43.5	42.47	42.94	42.8
眶高R	37.37	33.8	34.75	33.25	35.2	33.8	37.87	31.92	34.44
鼻宽	25.35	26.71	24.5	26	27.23	26.4	28	26.5	28.08
鼻高	56.18	54.16	52.4	52.5	54.58	53.2	55.93	54.11	53.6
颅指数	75.16	80.96	72.01	74.46	77.24	78	75.99	77.05	75.06
颅长高指数	74.43	77.28	75.18	75.86	76.88	75.6	75.3	78.6	78.26
颅宽高指数	81.25	94.42	104.42	101.74	99.6	97.1	97.37	101.47	103.46
眶指数R	89.88	76.92	80.47	80.95	79.34	77.7	83.87	74.43	80.48
鼻指数	45.83	49.09	46.92	48.64	49.86	49.7	50.83	48.67	52.43

孝信汉墓地人群与其他相关人群数据表

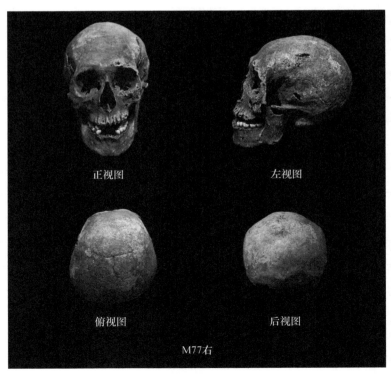

正视图　　　　　　　　　左视图

俯视图　　　　　　　　　后视图

M77右

附图　孝信汉墓地男性颅骨

（注：由于新冠肺炎疫情封校影响，故并未拍摄到孝信汉墓地女性颅骨的图片）

利用便携式 X 射线荧光光谱仪探究古代陶器分类问题

——以沈阳乐业街西遗址出土陶器为例

刘 函

（沈阳市文物考古研究所）

便携式X射线荧光光谱仪的突出特点是轻便、可携带。适用原位无损检测。在实际应用中，便携式X射线荧光光谱仪还有诸多优点，例如，不需要（或只需要简单的）样品预处理；分析过程快；可实时观察分析结果；界面简单直观，易于被使用者熟悉和掌握。

一、X射线荧光分析技术与便携式XRF分析仪技术特点

1. X射线荧光分析技术

在文物保护及检测中，分析存在于颜料、金属及各类文物之中的化学元素，能够更好地增进对文物本身的认知，并对制作者所使用的工艺有所了解。X射线荧光分析技术（X-ray Fluorescence，XRF）就是一种对元素进行定性和定量分析的手段。

X射线荧光分析仪的基本工作原理是以能量色散型X射线为测量的理论基础，由放射源发出的辐射到达样品上，激发出样品的X射线荧光辐射。这种荧光辐射由样品中各种元素发出的特征X射线组成，通过计数器来测量X射线荧光辐射，所获信息由微型计算机处理后，便可得到被分析元素的名称和含量值。

X射线荧光的具体检测方法是通过装有准直器的激发头将具有一定能量的X射线发射在被分析的器物上。在器物上形成直径约0.5毫米的光斑（分析区域）。被分析区域的原子受到X射线的轰击，其内层某一能量及轨道的电子被逐出。其他处于更高能量级的电子轨道就会自动填充内层轨道上的空缺。同时放出一个X射线光子荧光，放出光子的能量为这一原子上述两个轨道的能级差，这就是该元素的特征值，通过接收器收集所激发的荧光，就可以对器物的一些特殊区域进行准确的全元素定性定量分析，进而明确构成器物的材质。在文物分析中，便携式XRF荧光仪，可因器物具体情况放置，不须采样，可对文物任意部位进行无损分析，包括古代金属器、壁画、各类绘画、艺术陶瓷等[1]。

2. 便携式 X 射线荧光光谱仪的无损优势分析及仪器的技术特点

（1）在无损分析中的应用优势

文物在很多情况下很难移动，难以搬移或揭取至实验室进行研究。即便是保存在博物馆的文物，有进行整体检测分析的需要时，常常不仅因为文物的规格或者易碎性，而且出于安全考虑，阻止了这些作品的移动。在这些情况下，就有了采取便携式小型仪器进行操作的需求。

X射线荧光分析是一种非破坏性（无损）分析技术，因为不需要从待测的文物上提取样品，分析时X射线荧光发射器距文物表面1～3厘米，故一方面不对文物造成破坏，另一方面不存在提取样品的污染等问题。另外便携式X射线荧光分析仪，体量很小，可以方便地安置在"现场"。

现在常用的便携式X射线荧光分析仪除小型和可移动性之外，还拥有很高的性能，也就是能量解析度高（能够区分邻近的X射线，区别存在于文物之中的各种化学元素），能够以很高的计算率进行工作，具有减少现场检测时间的特点。

（2）X射线荧光分析仪的基本工作原理

X射线荧光分析仪的基本工作原理是以能量色散型X射线为测量的理论基础，由放射源发出的辐射到达样品上，便激发出样品的X荧光辐射。这种荧光辐射由样品中各种元素发出的特征X射线组成。用正比计数器来测量X射线荧光辐射，所获信息由微型计算机软件处理后，便可得到被分析元素的名称和含量值。

使用X荧光技术，既可以进行定性分析，也可以进行定量分析。定性分析就是仅识别存在于受检样本之中的化学元素；定量分析就是确定受检样本中已经识别出的化学元素的百分比构成。比如在颜料和壁画中，只要识别出存在的化学元素，通过这些化学元素，就可以知道所使用的颜料的类型。这样就能够收集与制作者有关绘画技术的信息。另外，通过这种分析，还可以识别不同年代的颜料，如在文物成型之后在修复时又添加上去的颜料。如果样品是金属合金制成的，那么就可以计算各种金属的化学构成百分比，由此确定金属文物的合金类型，或者识别出哪些部分是后来加上去的。

3. 便携式 XRF 的实际应用

便携式XRF分析仪具有非破坏性的巨大优势，因为这种分析不会改变文物的保存现状，这种方法的局限性就是在壁画或彩绘元素分析时不能够区分不同的绘画层。这就要求必须同时采用多种分析技术，以便获得尽可能多的信息或者对获得的不同信息进行对比。

实际上，在选择检测方法时，XRF分析应该发挥指向性的作用，即首先对文物进行初步总体的多点检测，另外再结合检测结果少量提取样本，结合其他分析技术进行分析，对化学结构和剖面结构进行深入分析。

目前便携式XRF分析仪已经广泛应用在我国的各大考古研究机构，主要用于现场检测，包括金属文物、壁画和彩绘等。在考古遗物和艺术品研究领域，便携式X射线荧光光谱仪已经取得比较普遍的关注和认可。以美国赛默飞世尔科技（Thermo Fisher Scientific）生产的尼通XL3t系列便携式X射线荧光光谱仪为例，其代表性应用有：①颜料或染料的区别和鉴别，如分析俄罗斯17和18世纪的纺织品[2]、希腊青铜时代（公元前3000～前1600年）粉色颜料[3]和瑞士13世纪的教堂壁画[4]；②黑曜石制品及陶器的原料追踪，如分析近东地区的黑曜石制品和楔形文字碑片[5]，埃及中北部的陶器[6]；③无机物的化学组成分析，如研究塞浦路斯青铜时代陶器[7]、西班牙沉积区的岩石样本[8]、英国17～20世纪的苏格兰彩色玻璃窗[9]、智利南部地区的岩画[10]和智利北部地区出土印加时期青铜制品[11]、意大利博物馆保存的19世纪日本漆器[12]以及澳大利亚北部距今28000年的彩色岩石[13]等。

二、遗 址 概 况

乐业街西遗址，位于沈阳市沈北新区乐业街西，裕农路南。东距国道京抚线（G102）、京哈高速公路（G1）0.4、1.8千米。地处辽东山地向辽河平原低山丘陵地带，地貌以平缓的波状岗丘为主，整体地势从东北向西南缓斜。辉山余脉向西北方向前出，形成多道横向的黄土岗，岗间形成洼地，从北向南有大洼、二洼、三洼，该遗址地处三洼南岗北坡，地势南高北低、西高东低。东北距蒲河约3千米，西南、西距蒲河支流1.1千米、0.9千米。

为配合城市基本建设，2021年5月7日，沈阳市文物考古研究所对"沈北新区乐业街西地块"项目进行考古勘探工作，并于同年5月20日完成。共发现辽金时期遗址1处，位于该项目用地范围东南部，初步判定的遗迹有窑址5座、灰坑15个，包含物有沟纹砖、青灰色瓦块、白瓷片等，并将其定名为"乐业街西遗址"。

2021年9月30日，在收到国家文物局批准考古发掘申请及颁发考古发掘证照后，沈阳市文物考古研究所立即组织人员于10月9日入驻工地，进行考古工作。截至12月3日，揭露窑址4座，清理完成3座。初步确定乐业街西遗址是一处以烧造建筑饰件为主的窑厂遗址。

乐业街西遗址共发现房址3座，窑址5座，灰坑6处。房址均为高台建筑，其中F1台基略低，其西、北部的砖墁甬路保存较好，结构清晰，东部、南部破坏严重。F2在F1的西面，台基较高，不见甬路，发现2铺火炕和多个灶址。F3与F1南北相对，西侧界线一致，北侧甬路较为清晰，台基北部有3处踏步。台基外围有大量的瓦砾堆积，局部为原位堆积。发现的建筑构件有板瓦、筒瓦、瓦当、滴水等，建筑饰件以鸱吻、脊兽为主。板瓦、筒瓦多素面，瓦当有兽面纹、人面纹、莲花纹、莲瓣纹等，滴水纹饰丰富，以几何文、戳印纹为主，建筑饰件有鸱吻、凤鸟、鱼等形象，多系二次烧制而成。一些建筑构件和饰件以穿钉固定，个别瓦件有铁钉尚存。还发现了鎏金铁质、石质、玉质佛像残件各1尊。

　　窑址均为马蹄形，结构基本一致，由操作间、窑门、火膛、窑床、烟囱组成。Y1、Y2共用一个操作间，均为双烟囱，Y1火塘底部发现木炭和疑似煤渣的物质。Y3操作间内发现鸱吻、瓦当、瓷碗残件等，单烟囱，火塘底部发现木炭。Y4、Y5为券顶窑门。6处灰坑依次排列在F3东部，其中4处为瓦砾坑，坑内堆满残瓦砾，个别夹杂一些建筑饰件和器皿残片。

　　整个发掘区域可分为窑厂区和建筑区，其时代重合、位置临近、面貌相同、功能相关。初步判断，窑厂是为营建建筑而专设的窑厂，其产品以建筑饰件为主。

三、实验样品的选取

　　本次实验从乐业街西遗址的出土遗物中，共选取62件样品进行检测分析（样品详情见表一）。由于本次实验选取的样品大多数为残件或标本，因此不标记具体出土编号。

表一　检测样品的出土地点统计

发掘区域	出土地点	数量
建筑区（房址）	T0902	2
	T0903	1
	T0802	13
窑厂区（窑址）	Y1	3
	Y2	3
	Y3	8
	Y5	20
	H4	9
	H5	1
	H9	1
	H10	1

四、样品处理、实验结果

　　实验样品预处理：使用美国赛默飞世尔科技生产的Niton XL3t960便携式X射线荧光光谱仪，对陶片样本进行分析。所有样本在分析前经过防水砂纸打磨，保证有足够面积和不同部位的光滑面可供分析。

　　由于Niton XL3t960便携式X射线荧光光谱仪检测到多达33种元素，但一些元素的含量存在缺省、波动剧烈或相对误差较大，故需要对数据进行预处理。

对Niton XL3t960便携式X射线荧光光谱仪数据的预处理按照以下三个步骤进行：

首先，观察62个陶片的实验结果。如果某一个或某几个元素的测量值同时在多个样本上出现缺省或低于仪器检测限，该元素及其测量值即被剔除。经过此步骤，排除铀（U）、金（Au）、硒（Se）、汞（Hg）、钨（W）、铜、钴、钪（Sc）、硫（S）、镉（Cd）、银（Ag）和钯（Pd）共计12种元素。

其次，观察剩余的元素及其含量，如果同一样品的实验数据（通常3个以上）在某一个元素的含量上同时出现剧烈变动（3个或3个以上数量级的变化），这个元素随即被剔除；如果这种情况同时出现在几个元素的测量值上，则该元素相应实验数据将被剔除。

最后，经过上述两个步骤后，利用剩余元素的测量值及测量时产生的绝对误差（由仪器自动记录），计算每一种元素在测量时的相对误差（即绝对误差除以测量值，以百分比表示），剔除整体而言相对误差较大（超过25%）的元素。至此，共剩下15个含量相对稳定的主量、次量和微量元素（实验结果见附表）。

五、统计分析与实验结果讨论

1. 统计分析

层次聚类分析是本次实验主要使用的多变量统计分析手段。其目的是计算62组实验数据在变量（即元素）上的相似或差异程度，帮助识别可能反映考古学信息的陶片集群。利用产地分析中最常使用的聚类算法和相似度测量方法进行层次聚类分析。

主要使用的聚类算法和相似度测量方法包括：全联法和余弦相似性；全联法和欧氏距离；全联法和皮尔逊相关系数，最小方差法和欧式距离平方。对每一个数据集而言，采用上述方法会得到结构有所差异的系统树图，观察并选择一个结构最清晰的系统树，用于后续的比较分析。

```
GET
FILE='/Users/liuxiaole/Desktop/乐业街西/无标题2.sav'.
DATASET NAME 数据集1 WINDOW=FRONT.
CLUSTER   Zn Ni Fe Mn Ti Zr Sr Rb Ba Ca K Cr V Cs Te
/METHOD WARD
/MEASURE=SEUCLID
/ID=地点单位
/PRINT SCHEDULE
/PLOT DENDROGRAM VICICLE.
```

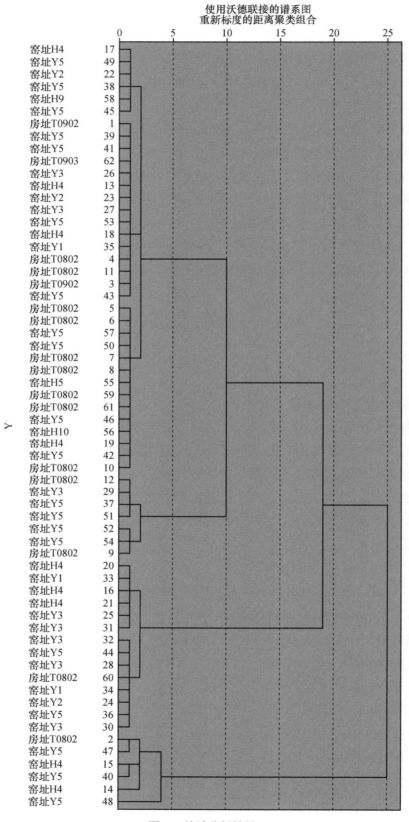

图一　统计分析结果

2. 实验结果讨论

根据统计分析结果，实验编号14（窑址H4）和48（窑址Y5）的2件实验样品的实验结果与其余60件样品的实验结果存在较大差异。将剩余的60件实验样品分成9组。分组结果见表二。

表二　实验样品分组结果

分组号	实验号	发掘区域
第1组	17，49，22，38，58，45	窑厂区
第2组	1，39，41，62，26，13，27，53，18，35，4，11，3，43	建筑区+窑厂区
第3组	5，6，57，50，7，8，55，59，61，46，56，19，42，10	建筑区+窑厂区
第4组	12，29，37，51	建筑区+窑厂区
第5组	52，54，9	建筑区+窑厂区
第6组	20，33，16，21，25，31	窑厂区
第7组	32，44，28，60，34，24，36，30	建筑区+窑厂区
第8组	2，47	建筑区+窑厂区
第9组	15，40	窑厂区

六、结　　论

结合图一和表二进行分析，第2、3、4、5、7、8组中均包含来自两个发掘区域的实验样品；第1、2、3组的组间关联较为密切，第4组和第5组的组间关联较为密切，第6组和第7组的组间关联较为密切，而第8、9组与实验号14、48的2件样品关联较为密切，但是仍然能够体现出实验号14、48样品实验结果的特殊性。

由此推测，虽然62件实验样品的原材料可能取自不同批次或不同地点，但是可以推断建筑区和窑厂区出土的部分遗物样品可能来自相同或相近的原料产地。窑厂区的少部分实验样品可能有单独的原料来源或者非本地原料。

注　释

［1］　崔强、张文元、苏伯民：《便携式X荧光光谱仪在莫高窟壁画原位无损检测的初步应用》，《敦煌研究》2010年6期。

［2］　Sotiropoulou S, Perdikatsis V, Apostolaki C, et al. Lead pigments and related tools at Akrotiri, Thera, Greece. Provenance and application techniques. *Journal of Archaeological Science*, 2010 (37).

［3］　Cavallo G, Vergani R C, Gianola L, et al. Archaeological, stylistic and scientific research on 11th-13th century AD painted fragments from the San Giovanni Battista Church in Cevio (Switzerland). *Archaeometry*, 2012 (54).

［4］　Frahm E. Validity of "off-the-shelf" handheld portable XRF for sourcing Near Eastern obsidian chip debris.

Journal of Archaeological Science, 2013 (40).

［ 5 ］　Goren Y, Mommsen H, Klinger J. Non-destructive provenance study of cuneiform tablets using portable X-ray fluorescence (pXRF). *Journal of Archaeological Science*, 2011 (38).

［ 6 ］　Morgenstein M, Redmount C A. Using portable energy dispersive X-ray fluorescence (EDXRF) analysis for on-site study of ceramic sherds at El Hibeh, Egypt. *Journal of Archaeological Science*, 2005 (4).

［ 7 ］　Frankel D, Webb J M. Pottery production and distribution in prehistoric Bronze Age Cyprus. An application of pXRF analysis. *Journal of Archaeological Science*, 2012 (39).

［ 8 ］　Figueroa-Cisterna J, Bagur-Gonzalez M G, Morales-Ruano S, et al. The use of a combined portable X ray fluorescence and multivariate statistical methods to assess a validated macroscopic rock samples classification in an ore exploration survey. *J. talanta*, 2011 (85).

［ 9 ］　Kennedy C J, Murdoch K R, Kirk S. Characterization of archaeological and in situ Scottish window glass. *Archaeometry*, 2013 (5).

［ 10 ］　Maire R, Tourte B, Jaillet S, et al. Geomorphic and archeological features of coastal caves in Madre de Dios archipelago (Patagonia, Chile). *Proceedings of 15th International Congress of Speleology*. Texas: Kerrville, 2009.

［ 11 ］　Garrido F, Li T. A handheld XRF study of Late Horizon metal artifacts. Implications for technological choices and political intervention in Copiapo, northern Chile. *Archaeological and Anthropological Sciences*, 2017 (9).

［ 12 ］　Salvemini F, Grazzi F, Agostino A, et al. Noninvasive characterization through X-ray fluorescence and neutron radiogaphy of an ancient Japanese lacquer. *Archaeological and Anthropological Sciences*, 2013 (5).

［ 13 ］　David B, Barker B, Petchey F, et al. A 28000 year old excavated painted rock from Nawarla Gabarnmang, northern Australia. *Journal of Archaeological Science*, 2013 (40).

附表　陶器样本检测结果

序号	地点	出土地点	实验号	Zn	Ni	Fe	Mn	Ti	Zr	Sr	Rb	Ba	Ca	K	Cr	V	Cs	Te
1	房址	T0902	126	60	80	23450	750	4870	350	190	100	740	8150	21190	60	130	80	80
2	房址	T0802	129	100	100	33500	410	5270	220	190	110	830	36770	20190	90	180	80	90
3	房址	T0902	130	60	90	18380	490	4580	470	170	90	680	5630	26060	50	90	70	90
4	房址	T0802	131	40	70	19300	520	4970	440	170	90	710	5610	20790	60	120	70	80
5	房址	T0802	132	70	90	29940	770	5200	330	150	100	800	5570	22110	70	130	80	120
6	房址	T0802	133	70	90	30390	650	5760	340	160	110	820	5200	23140	100	160	90	100
7	房址	T0802	134	80	100	31070	4230	5090	350	180	100	790	5200	19800	80	110	80	90
8	房址	T0802	135	70	140	30050	2900	5590	340	160	90	780	6010	20410	110	140	70	90
9	房址	T0802	136	70	90	16890	510	3250	320	180	110	920	9750	49090	50	100	100	140
10	房址	T0802	137	80	70	29960	800	4340	360	160	100	760	9310	20630	80	110	70	110
11	房址	T0802	138	40	70	20100	640	4480	380	190	100	700	6980	20840	70	100	60	90
12	房址	T0802	139	70	70	23790	890	2620	350	160	110	1070	9330	29890	40	90	150	230
13	窑址	H4	140	70	100	26660	310	8090	410	190	60	440	8220	18630	110	200	60	70
14	窑址	H4	141	40	70	8820	410	1560	360	340	60	510	28620	24500	20	70	80	110
15	窑址	H4	142	50	90	31550	770	4370	300	200	80	700	26970	15660	50	130	120	180
16	窑址	H4	143	90	150	50000	590	6730	230	130	90	850	4570	20360	100	180	90	110
17	窑址	H4	144	110	60	25610	400	3800	240	170	90	860	3970	13240	80	100	100	140
18	窑址	H4	145	70	40	21600	420	4740	420	260	80	680	6770	16610	70	120	80	90
19	窑址	H4	146	110	80	29580	410	6240	240	190	100	760	7100	19550	100	150	70	80
20	窑址	H4	147	130	120	52740	660	6660	220	150	120	830	5520	26470	120	210	90	100
21	窑址	H4	148	110	100	48510	450	6950	220	190	110	1140	5290	22450	120	210	90	120
22	窑址	Y2	149	50	70	23730	300	3790	200	200	80	1170	3430	11560	60	110	100	150
23	窑址	Y2	150	60	90	25010	420	6580	210	210	90	960	6820	19400	100	170	80	100
24	窑址	Y2	151	80	100	44090	420	6020	220	250	100	1240	8740	20660	110	150	80	90
25	窑址	Y3	152	130	80	49450	660	4850	210	150	120	990	3510	18700	90	140	110	160
26	窑址	Y3	153	110	100	27180	370	6690	240	200	90	890	6830	20810	110	190	70	100
27	窑址	Y3	154	90	110	24070	450	6000	230	190	90	980	5790	17810	110	150	90	100
28	窑址	Y3	155	110	100	40930	640	3310	210	170	110	1320	3450	11340	60	100	150	220
29	窑址	Y3	156	130	90	24970	620	4460	320	160	100	860	5250	27900	70	100	100	130
30	窑址	Y3	157	90	110	38080	630	6380	270	180	110	830	6980	23840	90	160	80	100
31	窑址	Y3	158	100	110	54080	1690	5470	220	200	100	1270	5790	18530	110	170	80	80
32	窑址	Y3	159	30	90	39110	610	6510	270	90	50	510	4820	14350	100	220	90	120
33	窑址	Y1	162	140	80	46970	690	4960	250	160	110	890	4630	25410	90	140	100	150
34	窑址	Y1	163	90	80	45010	680	4270	210	140	110	920	4440	15300	90	120	110	140
35	窑址	Y1	164	40	90	26730	570	8430	340	110	40	550	5610	14590	130	240	90	120

续表

序号	地点	出土地点	实验号	Zn	Ni	Fe	Mn	Ti	Zr	Sr	Rb	Ba	Ca	K	Cr	V	Cs	Te
36	窑址	Y5	165	70	100	45740	440	6960	210	150	100	920	6520	21290	130	210	90	100
37	窑址	Y5	166	110	50	27940	490	3770	340	150	110	880	6130	33360	60	110	110	160
38	窑址	Y5	167	50	60	24390	430	6600	400	70	50	530	4310	9900	90	200	90	140
39	窑址	Y5	168	60	80	23470	420	5430	380	170	90	750	6810	20220	90	120	80	90
40	窑址	Y5	169	60	70	22250	860	3370	270	360	60	820	25450	14750	40	80	120	170
41	窑址	Y5	170	70	70	26690	530	4450	360	150	100	780	7520	21460	60	120	90	130
42	窑址	Y5	171	90	50	28790	400	5480	340	160	100	670	6650	18210	80	130	70	90
43	窑址	Y5	172	40	60	13850	150	7410	350	130	50	430	5540	15220	120	180	70	100
44	窑址	Y5	173	90	100	40070	410	6000	250	170	110	820	4880	18010	100	120	90	100
45	窑址	Y5	174	50	150	32750	330	4120	200	120	70	1200	3770	13020	80	140	150	180
46	窑址	Y5	175	100	60	30990	570	4560	330	150	90	730	6280	18390	70	140	70	100
47	窑址	Y5	176	40	120	30420	810	4740	300	240	90	600	46220	27870	50	110	100	130
48	窑址	Y5	179	100	70	4270	750	1280	320	430	90	730	57080	26090	10	40	80	100
49	窑址	Y5	180	70	0	25550	290	3200	280	190	90	1100	4440	13330	60	90	120	200
50	窑址	Y5	181	50	90	33870	370	5770	240	190	100	790	6050	21020	150	190	80	100
51	窑址	Y5	182	110	50	17360	410	4280	380	150	100	760	9200	33950	60	90	80	100
52	窑址	Y5	183	70	100	23450	660	4450	380	160	100	830	5900	42260	80	100	90	100
53	窑址	Y5	184	60	80	23400	440	4750	350	160	90	720	5110	17830	70	100	70	90
54	窑址	Y5	185	130	100	26690	470	4770	350	150	100	820	5600	42360	70	110	90	120
55	窑址	H5	186	60	80	27910	500	5000	310	190	90	1010	5500	19740	90	120	90	110
56	窑址	H10	187	70	80	30450	430	4940	390	160	100	760	5580	19540	70	140	90	110
57	窑址	Y5	188	70	100	30700	520	5200	350	150	110	820	6020	24580	90	110	80	100
58	窑址	H9	189	70	0	25570	420	2940	180	220	80	920	5700	9710	70	70	90	130
59	房址	T0802	190	60	80	28510	570	5540	310	160	90	880	5170	19760	70	160	80	100
60	房址	T0802	191	70	80	40790	4160	3730	310	170	80	910	5870	14000	70	140	100	130
61	房址	T0802	192	60	60	27820	770	3980	320	170	90	1040	4140	18570	70	90	90	120
62	房址	T0903	193	60	110	26990	640	5020	340	210	90	1100	6660	21880	70	150	90	110

时间、空间、秩序：田野考古摄影的维度 *

宋振军[1]　王　闯[2]

（1.辽宁大学广播影视学院；2.辽宁大学考古文博学院，沈阳市文博中心）

当下，摄影已经完全介入考古活动中，凡考古必有摄影。考古工作者尽力用足摄影这种工具，尤其是无人机等一些前沿技术只要产生必应用，手段不断更新，力图通过技术手段取得考古的突破。人们接受摄影在考古方面的应用，同时投入资金购买设备、培训工作人员。机械复制和现代技术给考古插上便捷的翅膀，但也出现照片最后在电脑中沉睡的状况，没有真正发挥其作用。从网络上文献看，关于如何拍摄的文章比较多，也有一些摄影在考古上应用个案介绍（涉及遥感或航空影像的较多），但反思考古摄影的地位和作用的少，大量摄影工作是否给考古一个革命性的促进现在鲜有人去讨论，探讨如何利用照片拓展考古领域研究的几乎没有。这时候我们应该反向思考摄影对考古的意义。

考古摄影范围很广，包含考古发掘拍摄、考古调查拍摄、文物拍摄、考古宣传拍摄等，这样的分类又不是完全的并列关系，有的时候有交叉，如发掘和考古调查中也涉及文物的拍摄。本文"田野考古摄影"着重指田野调查和田野考古过程中为了论证或揭示某个现象或问题进行的摄影活动，不含展示和宣传作用。

一、摄影在中国考古中的应用

摄影在考古上的应用已经有100多年的历史。早期的应用主要是外国人。

中日甲午海战及日俄战争后日本在中国取得了一系列特权，于是大批日本学者来中国进行考古或者考古调查。最早使用相机进行考古的是鸟居龙藏，1896年也就是摄影术公布57年后受东京帝国大学的委派，他带着相机到台湾进行人类学、考古方面的调查。1901年八国联军进北京后小川一真作为摄影师随同东京帝国大学博士伊东忠太、土屋纯一、奥山恒五郎到北京考察，拍摄了紫禁城及其他一些宫殿楼阁的建筑照片并出版了画

*　本文得到2022年度辽宁省社会科学规划基金项目"大凌河流域夏家店下层文化遗址航空影像数据采集与研究"资助（编号L22BK001）；2022年度面上项目"满铁影像资料的梳理与研究"资助（编号LJKMR20220421）。

册《北京城写真》。1902～1914年大谷光瑞率队分三次前往和田、库车、吐鲁番、西安，发掘吐鲁番、楼兰、库车等地古迹。1915年香川默识将大谷探险队三次所获文物、文书，选出一些有代表性的编为《西域考古图谱》，选图600多张，首次公布了大谷探险队所获的西域考古相关历史文物、文献。1922年关野贞、常盘大定、田中俊逸、外村太治郎在调查天龙山石窟遗迹时，指导专业摄影师平田饶精心拍摄，"1924年，（关野贞）委托庆应大学的中国留学生甯超武去再次摄影，1925年常盘大定委托甯超武、赵青誉与太原美丽兴照相馆再去拍摄"[1]。1936年日本学者水野清一、长广敏雄考察龙门石窟并于1941年出版《龙门石窟的研究》一书。

除日本学者外，骗走大量敦煌文物的英国考古学家斯坦因1907年编著了《古代和田》（*Ancient Khotan*），详细介绍了第一次到塔克拉玛干沙漠考古探险的全过程，包含300多幅图片及地图勘测图，涉及发掘和田地区和尼雅的古代遗址、古楼兰遗址。1907年法国汉学家沙畹及摄影师一行人等短短数月间遍历我国河南、四川、山西、山东、陕西、辽宁、北京等地名胜古迹，采集了至可宝贵的一手图文资料（石窟造像、金石拓片等），归国后于1909年在巴黎发布了《中国北部考古图录》（*Mission archéologique dans la Chine septentrionale*）。另一位法国汉学家谢阁兰（Victor Segalen）于1909年、1914年和1917年先后多次参加中国的考古远征，足迹遍布中国的大江南北，拍摄并出版了《谢阁兰的中国考古摄影集》，内含照片数百幅，地点涉及明十三陵、四川、陕西、南京、杭州等地，题材多为石窟造像、陵墓石刻、古碑汉阙等。法国汉学家伯希和（Paul Pelliot）于1920～1924年出版了《敦煌石窟》（*Les Grottes de Touen-houang*），收录1908年他的考察团从新疆进入敦煌所拍摄的洞窟、彩塑、壁画等照片计约300幅。照片为摄影师努瓦特（Charles Nouette）拍摄。

从目前发现的画册上看，民国以前外国人在中国的考古行为以考古调查为主，大谷光瑞、斯坦因等也进行了考古发掘，不过涉及发掘的照片较少。

从现有文献上看民国到中华人民共和国成立后我国的一些著名考古学家比如李济、梁思永、苏秉琦及建筑历史学家梁思成等都把摄影作为记录考古或者古建筑调查的一个重要手段。不过出版画册的较少。现在在很多地方考古所都能看到保存完好的考古底片。近些年航空摄影广泛应用于考古调查。其中比较典型的如1996年4月26日～5月28日中国历史博物馆航空考古工作小组和洛阳文物工作队在洛阳地区开展了一次航空摄影考古，这是我国境内首次开展的航空摄影考古调查工作[2]，1997年10月内蒙古文物考古所和中国历史博物馆共同合作，以三位德国专家为顾问对内蒙古东部赤峰市等地区进行了为期一个月的航空摄影考古[3]。除航空摄影外近些年来又有三维建模加入考古活动中。三维建模是以拍摄为基础通过Agisoft等软件复原立体空间，由原来的三维空间被压缩成平面转变为再以三维的影像记录三维空间。利用了摄影的纪实性、纪录功能，考古过程中用相机随时记录成为常态。

二、时间、空间、秩序

考古摄影属于纪实摄影，偶有涉及艺术摄影中的并置、重构等。从网络上看几乎所有人都把摄影（含摄像）用在考古上解释为记录某一事件。和刑侦摄影一样，记录不是目的，我们要做的是证明，用考古过程的影像来证明历史上发生的事情。这种证明可能在发掘当时，也可能会持续很长时间。影像在求证的方面不追求艺术效果，即使涉及光影等也是为求证服务。摄影之于考古的意义主要涉及三个方面：时间、空间、秩序。

1. 时间

摄影是瞬间艺术，它能够使生活中的某个瞬间定格，变成永久的存在。考古是不可重复的试验，尤其是挖掘过程。有些丝织品、木制品在刚出土时能够显示出原始纹饰、文字，但是瞬间被氧化，这是大多数抢救性挖掘不能回避的问题。还有基于考古成本的原因，我们不可能把某一状态永久保留，又不能在短时间分析完全，一旦进行下一步将打破原有的迭代关系，这时候就要通过影像记录下来。考古摄影给我们慢慢思考的机会，是考古活动和摄影活动完美的结合，是把考古过程中某一瞬间或某一时间段（摄像）特定内容定格。考古过程会呈现无数的细节，摄影甚至摄像不可能把所有细节都记录下来，即使全方位记录后期使用时也没有意义。我们只能选取最有意义的点进行定格，这也就决定了考古摄影只能是碎片性的记录。

考古影像记录的是挖掘时的瞬间，挖掘时的时间和遗址历史上的年代存在一个映射关系。根据考古地层学原理，年代越早的越位于下层，被挖掘出的时间越晚。时间能反映灰坑的迭代关系。不过在考古过程中物件和时间又不是完全的一一映射，比如同一灰坑中出现数件文物，这些文物有的用了10年，有的用了100年，通过出土时的时间就没法判断制造的年代，这就需要后面提到的秩序来判断。文物的摆布空间同样能证明历史事件发生的时间。打开一个墓穴，现场的文物放置关系能够显示出埋葬时的时间关系，这也能还原墓室主人所处年代的丧葬文化。

考古影像经过时间的变化能反映文物或遗迹的变化，可以探讨如何对文物进行保护。前面提到的关野贞等在调查天龙山石窟遗迹时拍摄了大量的照片。不久这些地方就遭到以日本山中商会的山中定次郎为代表的日本人也包括一些中国人的盗割和破坏。常盘大定写道，1925年时他的学生拍摄的天龙山石窟已经是"几无幸免，尽遭破坏，其状不忍卒睹"，"有价值者已大半佚失"[4]。而今天再翻开常盘大定的照片和当年他发出感慨时又完全不一样了。所以通过影像的"凝固"能够反映出文物的破坏或者"衰变"的状况。

考古摄影关联着时间的概念，在拍摄时就应该注意。比如拍摄的角度是否能反映时间的顺序。同时挖掘相邻两个灰坑，同时出土一些文物，如果在拍摄前考虑二者的时间关系，在后期研究过程中就会思索两批文物的年代关系。反过来如果拍摄时不注意，考古记录又是分头写的，等整理文物的时候没有人会注意这批文物的时间关联，更不会找出问题所在。"目前的状况依然是历史学家没有足够认真地把图像当作证据来使用……使用摄影档案的历史学家人数相当少，相反，绝大多数历史学家依然依赖档案库里的手抄本和打字文件。"[5]在考古调查时更应该注意前期拍摄的图片，最好能在同一地点以同样的视角再一次拍摄。这样对比就能发现环境变化情况，遗迹被破坏的情况，有没有必要抢救性挖掘，如何进行保护等。在遗址和文物保护方面如果能够生成时间-衰变数学模型则是最理想的。

考古是现代与古代的对接，考古摄影是用现代的时间反映历史上的时间。这两个时间的对应关系非常复杂，仅有部分保存良好的墓葬是历史上某一特定时间原始状态的完美呈现，大多数场合我们见到的是灰坑、破碎的陶器等都是原始人遗弃的东西，还包括盗墓以及因自然原因造成的挤压、冲刷等，这也就给我们拍摄时确定时间关系带来了巨大的难度。

2. 空间

拍摄过程是将三维空间转换为二维空间的过程，所以拍摄离不开空间。考古发掘是一个"镂空"的过程。把覆土等不必要的部分剔除，让文物、痕迹等显露出来。通过挖掘的方式不断探究遗迹遗址内部结构，在挖掘过程中会给我们呈现出不同的剖面，这个剖面显示着灰坑的分层、文物的摆放等关系。通过影像纪录这些剖面的分布关系，以此能够推演出一些内容，比如通过墓葬内部器物的分布看原始社会尊卑关系等。在这个过程中不断形成稍纵即逝的立体空间。这个空间随着时间的变化不断发生变化。除了建模外，大多数照片都是形成二维影像。这就引起一个问题，平面的影像能否通过空间想象变成一个立体的空间，这是考古摄影需要解决的问题。

考古过程中不可能仅挖一个探方，经常是多探方同时跟进，通过肉眼观察我们能了解不同探方的关系。而拍摄就存在这样一系列问题：同一时间段，是否多探方进行拍摄；拍摄后的照片能否反映多探方间的关联；不同探方的灰坑跨界怎么通过图片反映出来。最关键的是同一时间内不同空间发生的事情，脱离考古者的回忆别人能否读懂。

考古摄影的空间还体现在不同地区的遗迹对比上。在赤峰的阴河两岸分布着许多"夏家店下层文化"遗址（图一、图二），包含一些古城址，还有大量的陶片。这些遗存间有没有姻缘或者是继承关系，他们之间有没有器物的交换，一些器物是否产地一样，古城的建造是否有同一的工匠按照统一的规格。通过不同空间的影像对比可以揭示不同地方的类属关系、姻缘关系。

这样看来在摄影过程中考虑空间问题远比时间问题复杂。考古过程每天都有不同的变化，拍摄的图片动辄几百几千张，空间的变化不能完全靠记忆。在通过影像呈现空间状态时能让人瞬间看明白最关键之处。关于空间就涉及摄影的一些基本知识，比如主体

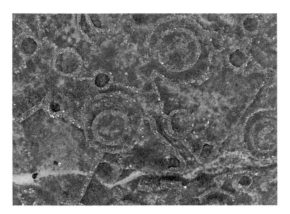

图一　赤峰松山区初头郎镇三座店石头城遗址

图二　赤峰市松山区初头郎镇棺材沟石头城遗址

和陪体、视角、透视、光影、平面构成、立体构成、色彩构成……在拍摄过程中广角镜头是能够解决空间狭小的唯一办法，但产生的畸变改变了空间现状。通常情况下广角镜头主光轴周围变形很小，四周大，所以可以通过这种思路去解决。同时目前的全景VR可以通过动态效果解决变形的问题，又能随时展示空间的变化。航空摄影是近些年发展起来的，主要解决从高角度看考古现场的问题，这是普通相机很难实现的视角。原来在

图三　敖汉旗大甸子古城航空影像

低角度看不出来的效果通过航空影像一目了然，尤其在大型遗址调查时（图三）。通过航空影像我们能看见考古符号间的构成关系，空间摆布关系。包括洪水遗址、色彩的区别、植物标记、土壤标记、潮湿标记、耕地上的农作物标记、谷类庄稼标记的变化过程等[6]。建模和考古视频是体现空间关系的最好手段。

3. 秩序

在中国农村一个地区的房子大致相同，因为房子的造型、大小、结构、样式是历史传承下来的，主要决定于气候、人们的生产生活方式。而现在主要决定于当地的木匠和瓦匠，他们虽然没有制式一说，但大都结构相同。在史前，制陶肯定不是所有地区都有的，在大甸子遗址考古过程中发掘出很多制陶的遗址，显然这里是制陶的集中点。可以想象这里制出的陶器会向周围扩散。所以对周围陶器的研究是研究当时人们生产生活关系的一条重要线索。这就涉及秩序。

在考古摄影中秩序包含两个方面：显性秩序和隐性秩序。显性秩序指我们看得见的，比如发掘现场器物的摆放、石头城中房子的位置规律、墓穴中祭祀品的放置原则。这些规律容易被发现，对于摄影者来说就是要把这些秩序表现出来，不需要读者再去分

析。比如对古墓的拍照应该顺墓道方向逐渐进入主室，而不是杂乱的。对古城址的拍摄应该找到城门的位置、找到主要街道。通过航拍等高角度拍摄全景，凸显排列规矩等。隐性秩序是在考古现场或者通过单张照片不能发现的，这就需要对相关知识有详细的了解，并且对现场进行缜密分析。以前面提到的大甸子大规模制陶遗址被发掘就很容易让我们联想到周围遗址出土的陶器和此处有关，此处生产的陶器一定会向周围辐射。所以在考古过程中进行陶器图片的拍摄和分析很关键。一个考古摄影工作者，如果能找到一些隐性秩序，他的活动将对考古结论有着重要的帮助作用。

　　考古过程是不断解决问题的过程，也是不断出现谜团的过程。长期以来人们习惯重视显性结论。比如一个多年争论不休悬而未决的问题，通过某个墓葬中的墓志铭解决了。对于大多数隐性问题，很少投入大量精力去思考探究。在考古过程中通过秩序的分析是为探究谜团提供一个基本的方法。德国摄影师伯恩·贝歇（Bernd Berher）夫妇1959年开始拍摄破旧的德国工业建筑，并通过类似九宫格形式进行展示用以揭示相似建筑的不同，从此开启了"类型学"摄影（也被称为"杜塞尔多夫"学派）。后来又延伸到建筑、工业、器物等。类型学摄影对考古有着重要的意义。通过对比很容易找到相似器物、建筑等的关系。有的时候在考古现场或者是拍摄现场找不到秩序，但在后期分析照片时能发现秩序。在这里考古摄影和考古挖掘是两个并列的工作，都是揭示一些重要的规律。有秩序的很好地表现秩序，没有秩序的发现秩序是对考古摄影的基本要求。照片的拍摄者应该对以往类似考古环节了解，尤其是熟悉曾经的照片或图片，这样能够发现问题，在问题导向下拍摄更完美。比如以往考古过程中是否出现与本次出土类似的器物；可否在某个地点以同一视角不断拍摄考古进程，形成地层的对比关系。可否对一个遗址多次拍摄记录文物被破坏或者是自然风化的过程。

　　从前面的分析上看，考古摄影并不是简单地拍摄清晰、拍摄出细节。"德亦偶从事于斯术，初也觉其易，渐乃知其难。"[7]时间、空间、秩序是考古摄影的三个维度，它们互相关联。随着时间的变化空间和秩序都将发生变化，空间和秩序的变化一定是在一定时间段内发生的，秩序的变化一定会引起空间的变化。考古摄影是在拍摄者和观看者之间建立一种联系，这种联系对研究很有意义。摄影过程很多时候是在混乱中寻找秩序。

三、考古摄影的从属地位决定容易忽略三个维度

　　通过前面的论述可以看出，考古过程中的摄影有两个主要问题：为考古提供证据，通过影像发现问题。考古摄影是让参与考古的人恢复考古过程中的记忆，让没有参与考古的人充分了解现场。摄影过程是通过现代影像推演原始画面的过程，不是简单的传统胶片影像或者是数字影像的机械复制。但目前考古摄影的作用远没有发挥出来。因为考古经费的使用主要在挖掘过程。大多数考古都是重挖掘过程，轻事后整理；重现场分

析，轻事后分析。一次考古要拍摄几千甚至数万张照片，除了部分重要的照片公布外大多数都在领队手中，并不能共享。这就决定了没有参与考古的人只能利用现有结论进行研究，而不能独立分析，客观上造成"使用摄影档案的历史学家人数相当少，绝大多数历史学家必须依赖档案库里的文献"。考古摄影成为挖掘的附属品，对影像的研究远弱于考古现场的直观经历和对考古现场的文本叙述。有时候摄影者并不是考古行家。摄影和考古两个环节割裂开来。摄影的过程只想拍摄，甚至想到如何拍摄出艺术效果，至于怎么用就不管了，更不用谈时间、空间、秩序的关系了。

考古摄影是在恰当的时间合理反映出现场空间并能描述出合理秩序。随着考古挖掘的结束，遗迹就消失了，这些必须通过影像来反映。有的时候同一遗址经过一段时间后重新挖掘，前期的影像就尤为重要。考古摄影属于纪实摄影一类，纪实摄影一定带有主观性的，比如不同人拍摄的纪实摄影内容肯定不同，体现在时间空间上不同。还有选择的样本不同拍摄出来的效果也不同，在考古摄影里面尽量要求看照片的效果和考古现场体会到的一样，这样一个准则就能评判拍摄效果的如何。在考古现场考古人员已经对现场进行了一次心理复制，而且这种印象会留在脑海中。拍摄是对重要的信息进行第二次过滤。考古过程会给人留下大量的选题，这些选题都需要考古结束后去慢慢思考。通常在考古结束后我们要根据考古简报和留下的影像资料去重构考古场景、推断历史场景。现在很多工作都是线性的，即随着考古的每一个环节记录，如果忘了一件事情我们去翻看影像。我们要做反向工作，就是通过图像反推考古的过程和结论。像其他类型的历史证据一样，图像或至少是大部分图像在被创作的时候并没有想到将来会被历史学家所使用[8]。照片和视频都有这样的特点，只有在使用的时候才知道拍摄得不够好、不够用。图像的拍摄者不能只关心自己想要传达的信息，不想将来怎么使用。

考古的话语权大都垄断在现场发掘的工作人员手中，这样很容易形成他的结论权威。而这个结论一旦失误则会造成重大损失。图像可以有很多种阐释，通过对图像的不同阐释可以打破考古发掘者的话语垄断。非常遗憾的是目前还没有发现"根据图像考证……"的相关文章。主要是前面提到的图像共享的机制还没有建成。考古影像是一个系统，有的时候单凭一张照片说明一个史实是不充分的，而把这些照片串起来过程就是研究，其中起主要作用的是考古当事人。

四、结　语

考古摄影不但要解决影像清晰的问题，更要重视在论证过程中的作用。书写历史需要历史文献、历史文物和地下发掘[9]，考古的过程就是一次历史书写的过程，所有人都力图实现无限逼近历史真实情况。在历史的书写过程中图像和文字是相伴的。早期以图像为主，因为图像的生产相对复杂，后期以文字为主，摄影术诞生后，这种迅速生成过程很快成为人们的工具，其记录功能在很多方面得到迅速应用。历史是客观的，但是历史的书写一定带有大量的主观性。历史研究的是历史问题，而不是追求再现历史的全景[10]。由于史料的限制，早期的很多史料并不一定准确，甚至导致某人揣测的观点被不断使用、引用，作为公理普遍运用。考古摄影的作用在于帮助揭露历史真相，矫正原有的错误观点。

注　释

[1] 张明杰：讲稿｜明治维新以来日本涉华学术调查. http://www. yidianzixun. com/article/0Jv8eHcD. 2018-08-29/2023-1-05.

[2] 杨林：《遥感与航空摄影考古在中国的首次尝试——河南洛阳地区航空摄影考古勘察工作追记》，《中国历史文物》2002年3期。

[3] 塔拉、张文平、王晓琨：《试从天上看昔日人间——内蒙古东部赤峰等地区航空摄影考古纪实》，《内蒙古文物考古》1998年1期，78～84页。

[4] 回归佛首与湮灭在历史尘埃中的天龙山石窟. https://baijiahao. baidu. com/s?id=1692086601330959674 &wfr=spider&for=pc. 2021-2-19/2023-1-05.

[5] 〔英〕彼得·伯克（Peter Burke）著，杨豫译：《图像证史》，北京大学出版社，2008年。

[6] 许志勇：《航空摄影与考古的基本方法》，《北方文物》2001年1期。

[7] 杜德荃：《摄影谈》，《东吴学报》1919年2期。

[8] 〔英〕彼得·伯克（Peter Burke）著，杨豫译：《图像证史》，北京大学出版社，2008年。

[9] 陈先达：《历史与历史的书写》，《贵州师范大学学报（社会科学版）》2021年3期，1～15页。

[10] 陈先达：《历史与历史的书写》，《贵州师范大学学报（社会科学版）》2021年3期，1～15页。

图 版

1. F2发掘后

2. Z1覆扣的陶器

3. H15清理后

马贝遗址遗迹

图版二

2. H56发掘后

4. G3发掘后（左为北）

1. H54清理后

3. H63发掘后

马贝遗址遗迹

1. 陶碗（H26：6）

2. 陶壶（M2：1）

3. 陶网坠（H26：1）

4. 陶网坠（H51：6）

5. 石加重器（TN030E185④：2）

6. 石范（TN040E177④：7）

马贝遗址出土遗物

1. 墓葬俯视图

2. 封堵墓门

3. 墓门清理后

4. 东后室

5. 西后室

下伯官一号魏晋墓

2021年麦子屯西墓葬发掘全景

1. 2021SHMM4：1

2. 2021SHMM20：1

3. 2021SHMM24：1

麦子屯西墓葬出土银扁方

1. 2021SHMM37：1

2. 2021SHMM41：1

3. 2021SHMM60：1

麦子屯西墓葬出土银扁方

1. 瓷盅（2021SHMM7：1）

2. 银耳环（2021SHMM40：1）

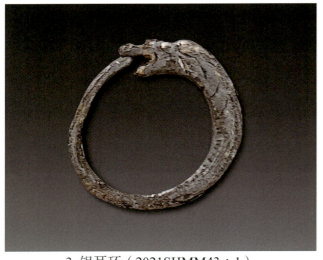

3. 银耳环（2021SHMM43：1）

4. 陶盆（2021SHMM1：1）

5. 银发簪（2021SHMM18：1）

麦子屯西墓葬出土遗物

2. 2021SHMM27：3

4. 2021SHMM54：1

3. 2021SHMM38：1

1. 2021SHMM26：4

麦子屯西墓葬出土陶盆